十三經清人注疏

公羊義疏

四

〔清〕陳立 撰
劉尚慈 點校

公羊義疏三十八

南菁書院　句容陳立卓人著

文元年盡二年

○春秋公羊經傳解詁文公第五【疏】校勘記云：「唐石經文公第六卷五。」魯世家：「三十三年，釐公卒，子興立，是爲文公。」釋文：「文公名興，僖公子，母聲姜。諡法：『慈惠愛民曰文，忠信接禮曰文。』」

○元年，春，王正月，公即位。【疏】通典：「博士徐禪議曰：按，文公之書即位也，僖公未葬。蓋改元之道，宜其親告，不以喪闕。昔代祖受終，亦在諒陰〔一〕。既正其位於天郊，必告成命於父祖。事〔二〕莫大於正位，禮莫盛於改元。傳曰：『元，始也，首也，善之長也，故君道重焉。』」白虎通爵篇曰：「三年，然

〔一〕「諒陰」，通典作「諒闇」，義同。
〔二〕「事」，原訛作「子」，叢書本同，據通典校改。

後受爵者，緣孝子之心未忍安吉也。故春秋：『魯僖公三十三年十二月乙巳，公薨于小寢。文公元年春，王正月，公即位。四月丁巳，葬我君僖公。』」穀梁傳曰：「繼正即位，正也。」莊氏存與春秋正辭云：「即位者何？正位也。惡乎行之？朝正于廟則行之，受之祖以爲國紀，事畢而反喪服，喪畢而請命于天子。於先君之薨也，受命爲喪主，庶莫敢干焉。文公即位何以書？先君以正終，嗣君以正始，雖不受命，於即位無譏焉。」按：隱將讓桓，不書即位，成公意。莊、閔、僖繼弑君，不書即位。桓亦繼弑君，書即位，爲著其惡。入春秋後，惟文之即位得正，故書之。

○二月，癸亥，朔，日有食之。【注】是後楚世子商臣弑其君，楚滅江、六，狄比侵中國。【疏】左氏、穀梁無「朔」字。王氏經義述聞云：「謹案，『朔』衍字也。漢書五行志載此經無『朔』字，而引董仲舒、劉向説於下，仲舒傳公羊，向傳穀梁，皆無『朔』字可知也。志又曰：『凡春秋日食三十六。穀梁以爲，朔二十六，晦七，夜二，二日一。公羊以爲，朔二十七，二日七，晦二。』今以二傳之例考之，凡日食言日不言朔者，穀梁皆以爲晦日，（隱公三年傳〔一〕曰「言日不言朔，食晦日也」是也。）公羊皆以爲二日，（隱公三年傳説「言日不言朔」曰：「或失之前，朔在前也。」何注曰：「謂二日食。」）偏數春秋日食，言日不言朔者凡七：一爲隱公三年二月己巳，二、僖公十二年三月庚午，三、文公元年二月癸亥（左氏、穀梁皆無「朔」字），

〔一〕「傳」字原脱，叢書本同，據經義述聞校補。

四、宣公八年七月甲子，五、宣公十年四月丙辰，六、宣公十七年六月癸卯，七、襄公十五年八月丁巳也。此七日者，皆言日不言朔，故穀梁以爲晦日，公羊以爲二日，故志曰穀梁以爲晦七，公羊以爲二日七也。若如今本公羊，文公元年日食，『二月癸亥』下有『朔』字，則非二日矣。則公羊以爲二日者，但有六事，志何以云二日七乎？更以公羊朔二十七考之，所謂朔二十七者：一爲桓公三年七月壬辰朔，二、桓公十七年十月朔（穀梁以此爲二日，不以爲朔，所謂二日一也，故穀梁以爲朔者止二十六也），三、莊公二十五年六月辛未朔，四、莊公二十六年十二月癸亥朔，五、莊公三十年九月庚午朔，六、僖公五年九月戊申朔，七、文公十五年六月辛丑朔，八、成公十六年六月丙寅朔，九、成公十七年十二月丁巳朔，十、襄公十四年二月乙未朔，十一、襄公二十年十月丙辰朔，十二、襄公二十一年九月庚戌朔，十三、襄公二十一年十月庚辰朔，十四、襄公二十三年二月癸酉朔，十五、襄公二十五年七月甲子朔，十六、襄公二十五年八月癸巳朔，十七、襄公二十七年十二月乙亥朔，十八、昭公七年四月甲辰朔，十九、昭公十五年六月丁巳朔，二十、昭公十七年六月甲戌朔，二十一、昭公二十一年七月壬午朔，二十二、昭公二十二年十二月癸酉朔，二十三、昭公二十四年五月乙未朔，二十四、昭公三十一年十二月辛亥朔，二十五、定公五年三月辛亥朔（五行志所引如是，今本公羊「三」作「正」矣），二十六、定公十二年十一月丙寅朔，二十七、定公十五年八月庚辰朔也。此二十七者皆言朔，故曰公羊以爲朔二十七。若文公元年二月癸亥下亦有『朔』字，則是朔二十八矣。志何以云二十七乎？自顏師古注漢書劉向傳日食三十六，引春秋文元年二月癸亥朔，則唐初已衍『朔』字，不始於開成石經矣，當据五行志删正。」包氏慎言云：「經二月書癸亥朔，正月三月朔皆癸亥，二月則癸巳，非癸亥也，與二月癸亥又不合。」元志：「姜岌云：『二月甲午朔，無癸亥。三月癸亥朔〔一〕，入食限。』大衍亦以爲然。」沈氏欽韓云：「以今曆推之，是歲三月癸亥朔，加時在晝，去交分三十六日〔二〕五千九百十七分入食限，失閏月，宋志翰林天文鄭昭晏以爲，其年三月癸巳朔，去交分入食限。」劉歆以爲，正月朔，燕、越分。臧氏壽恭左氏古義推之云：「是年入甲申統一千一百一十七年，積月一萬二千五百七十八，閏餘十三，是歲有閏，積日三十七萬一千四百三十九，小餘十七，大餘三十九。正月癸亥朔，又置上積日，以統法乘之，以十九乘小餘十七併之，滿周天，除去之，餘五十三萬一千二百七十四，滿統法而一，得積度三百四十五度，餘五百七十三，命如法，合辰在斗七度。」○注「是後」至「中國」。○校勘記出「狄比侵中國」，云：「宋本同。閩、監、毛本比誤北。」按：舊疏云：「即下四年『夏，狄侵齊』、七年『夏，狄侵我西鄙』之屬是也。」正比侵之證。狄在齊、魯之西，不得云北侵也。楚世子商臣弑其君，在下冬十月。楚滅江、六：四年「秋，楚人滅江」，五年「秋，楚人滅六」是也。五行志下之下：「文公元年『二月，癸亥，日有食之』，董仲舒、劉向以爲，先是大夫始執國政，公子遂如京師，後楚世子商臣殺父，齊公子商人弑君，皆自立。宋子哀來奔，晉滅江，楚滅六，大夫公孫敖、叔彭生並專會盟。」按：晉亦楚之誤。

〔一〕「朔」字原脱，叢書本同，據元史校補。

〔二〕「三十六日」，原訛作「二十六日」，據春秋左氏傳補注及春秋大事表校改。

○天王使叔服來會葬。

其言來會葬何？【注】据奔喪以非禮書，歸含且賵不言來。【疏】注「据奔」至「禮書」。○定十五年：「邾婁子來奔喪。」傳：「其言來奔喪，非禮也。」○注「歸含」至「言來」。○下五年，「王使榮叔歸含且賵」是也。釋文：「歸含本又作唅。五年經同。」

會葬，禮也。【注】但解會葬者，明言來者常文，不爲早晚施也。常事書者，文公不肖，諸侯莫肯會之，故書天子之厚，以起諸侯之薄，蓋以長補短也。叔服者，王子虎也；服者，字也；叔者，長幼稱也。不繫王者，不以親疏録也。不稱王子者，時天子諸侯不務求賢而專貴親親，故尤其在位子弟，刺其早任以權也。魯得言公子者，方録異辭，故獨不言弟也。諸侯得言子弟者，一國失賢輕。【疏】注「但解」至「施也」。○隱元年：「其言來何？不及事也。」注：「比於去來爲不及事，時以葬事畢，無所復施，故云爾。去來所以爲及事者，若已在於内者。」是含賵襚等事，及事不言來，不及事則言來也。其會葬、奔喪，及事不及事皆言來。此經會葬，則及事言來也。下五年，「葬我小君成風」下乃云「王使召伯來會葬」，是不及事言來也。其奔喪者，定十五年：「邾婁子來奔喪。」注：「但解奔喪者，明言來者常文，不爲早晚施。」是與其事會葬同也。○注「常事」至「短也」。○正以僖薨於去年十二月，今年四月葬，正合五月而葬之常。叔服之來文，在葬前，故謂之常事也。下七年：「秋，八月，公會諸侯、晉大夫盟于扈。」傳曰：「諸侯何以不序？大夫何以不名？公失序也。公失序奈何？諸侯不可使與公盟，眣晉大夫使與公盟也。」注：「文公爲諸侯所薄賤不見序，故深諱爲不可知之辭。」是文公不肖，諸侯莫肯會事也。按：下七年注又云：「文公内則欲久喪而後〔一〕不能，喪娶逆祀，外則貪利取邑。」因爲諸侯所賤等事皆在二年後，於此已見薄諸侯，或文公先已别有不肖之端，不僅如若等事也。襄三十一年：「滕子來會葬。」注：「此書者，與叔服同義。」然則此爲天子加恩，故書天子之厚，以起諸侯之薄。彼亦爲書滕子之厚，以見各國諸侯之薄也。○注「叔服」至「稱也」。○下三年：「王子虎卒。」傳：「王子虎者，天子之大夫也。外大夫不卒，此何以卒？新使乎我也。」故云知叔服，王子虎也。蓋虎名，服字，叔爲長幼稱。禮記檀弓云：「幼名，冠字，五十以伯仲者。」是也。通義云：「謹案，左傳云『内史叔服』，周官内史有下大夫二人，是下大夫書且字之證。」○注「不繫」至「録也」。○宣十五年：「王札子殺召伯、毛伯。」傳：「王札子者，長庶之號。」注：「子者，王子也。天子不言子弟，故變文上〔二〕札繫先王以明之。」然則彼以親疏録，故上繫王。此但録天子之厚，使來會葬，不必如王札子之書王服子矣。○注「不稱」至「權也」。○下三年「王子虎卒」〔三〕，是王之伯叔兄弟，宜如彼經稱王子矣，今不然，故解之。舊疏云：「言尤其在位子弟，則知聘使與會盟之時，不得稱子弟，若其卒與奔猶得稱之，何者？卒與出奔不復在位，何須刺其早任以權也？即下三年『王子虎卒』、襄三十年『王子瑕奔

〔一〕「文公」下原脱「内則」，「而」字下原脱「後」字，叢書本同，據公羊注疏校補。
〔二〕「上」，原訛作「王」，叢書本同，據公羊注疏校改。
〔三〕「王子虎卒」句，原作「王叔文公卒」，叢書本同。王子虎謚文，稱「王叔文公」，此處不當用謚號。經作「夏，五月，王子虎卒」，據改。

晉』之屬是也。」説苑建本云：「是故古者君始聽治，大夫而一言，士而一見，庶人有謁必達，公族請問必語，四方至者勿拒，可謂不壅蔽矣；分禄〔一〕必及，用刑必中，君心必仁，思君之利，除民〔二〕之害，可謂不失民衆矣；君身必正，近臣必選，大夫必兼官，執民柄者不在族，可謂不權勢矣。此皆春秋之義，而元年之本也。」新序三云：「樂毅曰：臣聞賢聖之君，不以禄私親，功多者授之；不以官隨愛，能當者處之也。」○注「魯得」至「弟也」。○桓三年「公子翬如齊逆女」、莊元年「公子慶父帥師伐於餘丘」之屬，是魯得稱公子也。方録異辭者，舊疏云：「謂上異於天子，下異於諸侯，見其爲新王之義，故曰方録異辭也。故獨不言弟者，謂尤其在位子弟，若其卒與出奔，不妨有之，即宣十七年『公弟叔肸卒』是也。」按：周道尊尊，殷道親親，春秋變周從殷，雖親親之厚，不任以事，示有制也。又以見魯之積弱，由於三桓擅政，而三桓之得權，始於莊公之寵任其弟之太過。聖人杜漸防微，不書公弟，亦春秋之微辭，若曰不可專任其弟爾。○注「諸侯」至「賢輕」。○宣二年「宋華元及鄭公子歸生戰于大棘」，又隱七年「齊侯使其弟年來聘」，桓十四年「鄭伯使其弟語來盟」，是諸侯得言子與弟矣，故解之。一國失賢輕者，春秋假魯爲萬世張義，故卑外諸侯爲一國也。

〔一〕「禄」，原訛作「程」，叢書本同，據説苑校改。
〔二〕「民」，原訛作「君」，叢書本同，據説苑校改。

○夏，四月，丁巳，葬我君僖公。【疏】包氏慎言云：「四月書丁巳，月之二十六日。」

○天王使毛伯來錫公命。【疏】杜云：「毛國伯爵，諸侯爲王卿士者。」正義：「僖二十四年傳有原伯、毛伯。杜云：『原、毛，皆采邑。』此毛與彼計是一人，而注不同者，此毛當是文王之子封爲圻外之國。於時諸侯無復有毛，或是世事王朝，本封絶滅。從此以後常稱毛伯，國名尚存，仍爲伯爵，必受得采邑，爲圻内諸侯，故注彼云『采邑』，此云『國』也。」馬氏宗槤左傳補注云：「通鑑外紀引王肅尚書注：『毛伯，文王庶子，是圻内之國。』元凱解爲諸侯爲王卿士者，非。」周禮小宗伯職：「賜卿大夫士爵〔一〕，則儐。」注：「賜猶命也。儐之，如命諸侯之儀。春秋文元年：『毛伯來錫公命。』傳曰：『錫者何？賜也。命者何？加我服也。』」疏云：「諸侯尊，故大宗伯儐之；卿大夫士卑，故小宗伯儐之。」則毛伯當卿矣。通典引段暢議：「賈逵以爲諸侯踰年即位，天子賜以命珪，合瑞爲信也。」按：命珪，新君即位皆宜頒賜，何以止見於文公即位之初？成公又何以遲至八年？桓公又在没後？且係常事，春秋無爲書之。

錫者何？賜也。命者何？加我服也。【注】復發傳者，嫌禮與桓公同，死生異也。主書者，惡天子也。古者三載考績，三考黜陟幽明。文公新即位，功未足施而錫之，非禮也。【疏】詩唐風無衣

〔一〕「爵」字原脱，叢書本同，據周禮校補。

云：「不如子之衣，安且吉兮。」傳：「諸侯不命于天子則不成爲君。」箋云：「武公初併晉國，心未自安，故以得命服爲安。」傳又云：「侯伯之禮七命，冕服七章。」知此賜文公，宜亦七章，蓋鷩冕之服也。○注「復發」至「異也」。○莊元年「王使榮叔來錫桓公命」，彼傳與此同，此復發，故解之。明彼爲贈死，此爲生者之服，文同實異，生死之殊，故復發傳也。○注「古者」至「幽明」。○書堯典文。伏生大傳曰：「書曰：三載考績，三考黜陟幽明。其訓曰：積不善至於幽六極，以類降，故黜之；積善至於明五福，以類相升，故陟之。」蓋今文家以幽明屬上讀也。漢書谷永傳：「待詔公車對曰：經曰：三載考績，三考黜陟幽明。」與此同。白虎通考黜篇兩引尚書曰：「三載考績，三考黜陟。」又漢書李尋傳尋對「災異」引經曰：「三載考績，三考黜陟。」合之史記五帝本紀云「三歲一考功，三考黜陟，遠近衆功咸興」，以遠近詁幽明，而下屬。史公多從安國問故，蓋古文尚書讀至黜陟絶也。繁露考功名篇：「考績之法，考其所積〔一〕也。」「考試之法：大者緩，小者急；貴者舒，賤者促。諸侯自試其國，州部時試其部，四試而一考。前後三考而黜陟，命之曰計。」公羊舊疏引書傳曰「三年一使三公黜陟」者，即謂巡行列國，考黜諸侯，由天子命之者也。○注「文公」至「禮也」。○北堂書鈔引韓詩傳曰「諸侯有德，天子賜之」，蓋小雅采菽篇注，明有德，始錫命也。穀梁傳：「禮有受命，無來錫命。錫命，非正也。」惠氏士奇春秋説云：「小雅瞻彼洛矣、大雅采菽、韓奕皆錫命諸侯之詩也。諸侯世子，除三年之喪，見天子，猶未爵命，服士服。故瞻彼洛矣之首章曰『韎韐有奭』。

〔一〕「積」，原訛作「績」，叢書本同，據春秋繁露校改。

韎韐者，士祭服之韠也。而采菽諸侯來朝曰『赤芾在股』，此諸侯既受爵命，得服赤韍。則未爵命而君其國，皆服元士之服與？路車、乘馬、玄衮及黼，即覲禮所以賜諸侯氏者。」「韓奕，乃韓侯入覲，其首章曰『王親命之』，其卒章曰『因以其伯』，則未入覲之先，已策命作伯矣。」「文元年、成八年，天子皆來錫命，未聞文、成二公入覲。」故穀梁言：「天子命，諸侯有往受而無來錫〔一〕。爲論甚正。」按：古者諸侯薨，有歸圭之禮：世子新立，服士服見王受命之後，乃復侯禮。故禮記疏引韓詩内傳云：「諸侯世子三年喪畢，上受爵命于天子，乃歸即位。」明爵爲天子有也。然春秋十二公皆無即位朝王之事，則歸圭之不行久矣，天子無緣錫之。此錫命，或常服之外，特有所加，故春秋譏其功未足施而錫之也。仍以何氏爲允。又按，竹書紀年宣王「七年〔二〕，王錫申伯命」，潛夫論三式篇：「周宣王時，輔相大臣以德佐治，亦獲有國，故尹吉甫作封、頌二篇。言申伯、山甫文德致昇平，而王封以樂土，賜以盛服也。」明有功始得加封矣。此與穀梁皆譏周天子非正，各有所主，無容混而一也。左傳僖十一年，晉惠新立，王賜之命，「受玉惰」。蓋亦有玉爲其表德與？但不必如韓詩爲即賜其所歸瑞圭耳。

○晉侯伐衛。

〔一〕穀梁傳作：「禮有受命，無來錫命。錫命，非正也。」

〔二〕「七年」上原衍「十」字，叢書本同，據竹書紀年校删。

○叔孫得臣如京師。【注】書者，與莊二十五年同。知不爲喪聘書者，聘爲貢職天子，當得異方之物以事宗廟，又欲以知君父無恙，不以喪廢，故不譏也。如他國，就不三年一譏而已。【疏】惠棟曰：「世本云：『桓公生僖叔牙，牙生戴伯兹，兹生莊叔得臣，得臣生穆叔豹。』」○注「書者」至「年同」。○莊二十五年：「公子友如陳。」注云：「如陳者，聘也。内朝聘言如，尊内也。書者，録内所交接也。」按：不發注於僖三十年「公子遂如京師」下者，彼方欲貶遂如晉，故不及解如義也。○注「知不」至「譏也」。○禮喪服「斬衰三年章」，有臣爲君，則得臣亦在喪中，出而行聘，嫌合示譏，故解之。桓元年注云：「王者與諸侯别治，勢不得自專朝，故即位比年使大夫小聘，三年使上卿大聘，四年又使大夫小聘，五年一朝。王者亦貴得天下之歡心，以事其先王，因助祭以述其職。」此得臣聘周，故不譏也。○注「如他」至「而已」。○如他國者，謂如鄰國也。故舊疏云：「聘是吉禮，又非君父之國，於喪宜廢故也。」何者？天子尊於己之君，聘問者所以修臣職，故不以私喪廢國典。亦如天子在喪，不廢天地之祭，亦以其尊於君父故也。鄰國與己尊同，則不得居喪行聘矣。下二年：「公子遂如齊納幣。」傳：「納幣不書，此何以書？譏。何譏爾？譏喪娶也。三年之内不圖昏。」舊疏云：「言就其重者，一譏而已，其餘從可知也。」故注云：「就不三年一譏而已。」

○衛人伐晉。

○**秋，公孫敖會晉侯于戚。**【疏】杜云：「戚，衛邑，在頓丘衛縣西。」大事表云：「世爲孫氏邑，會盟要地。孫林父出獻公後，以戚如晉。晉人爲之疆戚田。蒯聵自戚入于衛，蓋其地瀕河西，据中國之要樞，不獨衛之重鎮，亦晉、鄭、吴、楚之孔道也。今開州北七里有古戚地，亦曰戚田。晉衛縣爲今東昌府觀城縣，在今開州東接界。」清豐縣志：「戚城在縣南三十五里。」穀梁注云：「禮，卿不會公侯。春秋尊魯，内卿大夫可以會外諸侯。」

○**冬，十月，丁未，楚世子商臣弑其君髡**〔一〕。【注】楚無大夫，言世子者，甚惡世子弑父之禍也。不言其父，言其君者，君之於世子，有父之親，有君之尊。言世子者，所以明有父之親；言君者，所以明有君之尊。又責臣子當討賊也。日者，夷狄子弑父，忍言其日。【疏】包氏慎言云：「冬十月，書丁未，月之十九日。」葉鈔釋文、唐石經「髡」作「髡」，字从兀，从几者非。左氏作「頵」。漢書古今人表「楚成王惲」，師古曰：「左傳作頵，音於倫反。」按：説文頁部：「頵，頭頵頵，大也。从頁君聲。」「髡，鬄髮也。从髟兀聲。髡或从元。」元聲、君聲、軍聲，古皆通。史記楚世家云：「初，成王將以商臣爲大子，語令尹子上。子上曰：『君之齒未也，而又多内寵，絀乃亂也。』」「王不聽，立之。後又欲立子職。」「冬十月，商臣以宫衛

〔一〕「髡」，原訛作「髡」，叢書本同，字當从「兀」，説見下【疏】，據改。

兵圍成王。成王請食熊蹯而死，不聽。丁未，成王自絞殺。商臣代立，是爲穆王。」與左傳同。○注「楚無」至「禍也」。○下九年：「楚子使椒來聘。」傳云：「椒者何？楚大夫也。楚無大夫，此何以書？始有大夫也。」是楚至椒聘，始有大夫，此書世子，故解之。○注「不言」至「賊也」。○穀梁注引鄭嗣曰：「不言其父而言其君者，君之於世子，有父之親，有君之尊。言世子，所以明其親也；言其君，所以明其尊也。商臣於尊親盡矣。」本何義。隱十一年傳：「春秋君弑賊不討，不書葬，以爲無臣子也。」明弑君之賊，人人得討，故言其君也。○注「日者」至「其日」。○舊疏云：「如此注者，正決襄三十年『夏，四月，蔡世子般弑其君固』，何氏云：『不日者，深爲中國隱痛有子弑父之禍，故不忍言其日也。』是也。」通義云：「按，髡弑録日，知所聞之世始進楚，得日卒，與中國同。足明商臣不卒者，以弑父大惡絶也。春秋有弑父者三，般爲楚所討，止未成君，故獨於商臣見法。」按：所聞之世始内諸夏而外夷狄，春秋何恕於楚而進之，同於中國諸侯日卒？孔説非也。彼於襄三十年蔡弑君注又云：「弑君例不日者，君失德也。」獨不思君雖不君，臣不可以不臣。父有失德，即可躬行弑逆乎？亦近乎左氏「稱君，君無道」之謬説矣。

○公孫敖如齊。【注】書者，譏喪娶，吉凶不相干。【疏】左傳曰：「穆伯如齊，始聘焉，禮也。」疏引：「何君膏肓云：『三年之喪使卿出聘，於義左氏爲短。』鄭箴之云：『周禮諸侯邦交，歲相問也，殷相聘也，世相朝也。左氏合古禮，何以難之？』」劉氏釋曰：「周官、左氏同出劉歆。然所謂世相朝者，亦俟三年喪畢，朝于天子之後，豈宗廟之事皆未行而行朝聘者乎？然左氏此條，亦出附會，而杜氏短喪之説，遂以誣經蔑禮矣。」○注「書者」至「相干」。○莊元年穀梁傳：「衰麻，非所以接弁冕。」是吉凶不相干也。上注云：「如他國，就不三年一譏而已。」謂此及下二年「公子遂如齊納幣」也。

○二年，春，王二月，甲子，晉侯及秦師戰于彭衙。秦師敗績。【注】稱秦師者，愍其衆，惡其將，前以不用賢者之言，匹馬隻輪無反者，今復重師敗績。師敵君不正者，賤之，不嫌得敵君。【疏】包氏慎言云：「二月甲子，月之八日。」通義云：「用甲子者，戰，凶事也。辰在子卯，謂之疾日，唯凶事無避。」杜云：「馮翊郃陽西北有彭衙城。」大事表云：「今陝西同州府白水縣東北六十里，與郃陽接界有彭衙故城。」史記：「秦武公元年，伐彭戲氏。」正義曰：「彭戲，戎號，即彭衙。」秦文公於其地置泉縣。地理志：「左馮翊有衙。」師古曰：「即春秋所云『秦晉戰于彭衙』。」釋文：「彭衙，音牙，本或作牙。」一統志：「彭衙城在耀州白水縣東北。縣志今有彭衙堡，在縣東北四十里。」○注「稱秦」至「敗績」。○舊疏云：「以秦於是時未有大夫，則不合稱師，今而稱師，故解之。」「不用賢者之言云云，在僖三十三年，此年左傳云：『秦孟明視帥師伐晉，以報殽之役。』『秦師〔一〕敗績。晉人謂秦『拜賜』之師。』是孟明憤兵報復，敗殽人民，故愍其衆，惡其將也。惠氏士奇春秋説云：「秦誓編於書，盛稱秦穆之德，而春秋無善辭。秦用孟明，所謂仡仡勇夫也，既喪師于殽，匹馬隻輪無反，仍不悔過。甫及三年，復以憤兵而敗於彭衙。秦穆誠能詢兹黄髮，

〔一〕「師」，原訛作「帥」，叢書本不誤，據改。

焉用此仡仡勇夫而大辱國哉！故君子取於秦誓所謂不以人廢言，而春秋以其言行不相顧，故無善詞也。」○注「師敵」至「敵君」。○僖二十八年：「晉侯、齊師、宋師、秦師及楚師戰于城濮。楚師敗績。」傳：「子玉得臣則其稱人何？貶。曷爲貶？大夫不敵君也。」注：「臣無敵君之義，故絶，正也。」舊疏云：「彼是大夫，嫌其與君敵，故正之稱人。此師者，乃是秦之衆人，是以不勞正之耳。」通義云：「言晉侯及者，時秦伐晉，以報殽之役，常例受伐者爲主也。大夫不敵君，師得敵君者〔一〕，重師也。」然則，稱師者有二義：春秋爲別嫌之書，大夫位尊勢逼，故不許其得敵，以正義。師則不嫌敵君，重師，以民命爲重故也。繁露竹林云：「苦民尚惡之，況傷民乎！傷民尚痛之，況殺民乎！」是也。

○丁丑，作僖公主。

【疏】包氏慎言云：「丁丑，月之二十一日。」

作僖公主者何？爲僖公作主也。

【注】爲僖公廟作主也。主狀正方，穿中央，達四方，天子長尺二寸，諸侯長一尺。【疏】注「爲僖」至「主也」。○穀梁傳：「作，爲也，爲僖公主也。」注：「爲僖公廟作主也。」○注「主狀」至「一尺」。○舊疏云：「皆孝經説文。」穀梁注：「主狀正方，穿中央，達四方，天子長尺二寸，諸侯長一尺。」蓋本何義。彼疏引徐邈説同。通義云：「按，山海經曰：『桑封者，桑主也，方其下而鋭

〔一〕「者」，原訛作「也」，叢書本同，據公羊通義校改。

其上，而中穿之加金。』主之有穿，此其足證者。覲禮設方明以依神。方明以木爲之，方四尺，而設六玉。鄭司農曰：『設玉者，刻其木而著之。』若然，六面皆刻，而午貫相通，其所謂穿中央達四方者，與設玉加金事亦同矣，蓋古主之遺象。」通典引五經異義云：「主之制，正方，穿中央，達四方，天子長尺〔一〕二寸，諸侯長一尺。」初學記引五經要義同。曲禮疏引：「白虎通宗廟曰：『所以有主者，神無〔二〕依據，孝子以繼心也。主用木，木有始終，又與人相似也。』蓋記之以爲題〔三〕，欲令後可知也。方尺，或曰尺二寸。」按：許氏、雷氏皆與何合，蓋皆本孝經説文。白虎通言長短同，惟無天子諸侯之異，本佚文，其全書不可考矣。禮記祭法疏云：「按漢舊儀，高帝廟主九寸，前方後圓，圍一尺，后主七寸。」又穀梁疏載麋信注引衛次仲云：「宗廟主皆用栗，右主八寸，左主七寸，廣厚三寸。右主謂父也，左主謂母也。」漢舊儀亦次仲撰〔四〕，所説右主微異，與何氏及白虎通、異義、要義皆不合。又考續漢志注引漢舊儀，則八寸者小斂後所作虞主也。下言皇后主長七寸，高皇帝長九寸也，廟主也。是麋氏與曲禮疏所引漢舊儀可通矣。與此不同者，或周漢異制，且周尺短於漢尺與？舊疏又云：「卿大夫以下，正禮無主，故不言之。」按：通典引異義：「或曰：『卿大夫士有主否？』答曰：『按公羊説，卿大夫非有土之君，不得祫祭昭穆，故無主。大夫束帛依神，

〔一〕「尺」字原脱，叢書本同，據五經異義及通典校補。

〔二〕「無」，原訛作「所」，叢書本同，據禮記正義校改。

〔三〕「記之以爲題」，原誤倒作「題之以爲記」，據禮記正義校乙。

〔四〕「漢舊儀亦次仲撰」句有誤。漢舊儀，衛宏撰，衛宏字敬仲，非次仲。

士結茅爲菆。』」許慎据春秋左氏説曰：「衛孔悝反祏于西圃。祏，石主也，言大夫以石爲主。」鄭駁曰：少牢饋食，大夫祭禮也，束帛依神；特牲饋食，士祭禮也，結茅爲菆。」又御覽引鄭又云：「謹按，大夫以石爲主，禮無明文。大夫、士無昭穆，不得有主。今山陽民俗，祠有石主。」又哀六年左疏引鄭駁異義云：「大夫無主，孔悝之反祏，所出〔一〕公之主爾。」按：御覽所引亦鄭駁異義語。通典引鄭志：「張逸問：『許氏異義駁衛孔悝之石祏有主者何謂也？』答曰：『禮，大夫無主而孔獨有者，或時末代之君賜之，使祀其所出之君也。諸侯不祀天，而魯郊；諸侯不祖天子，而鄭祖厲王，皆時君之賜也。』」是也。按：説文示部：「祏，宗廟主也。周禮有郊、宗、石室。一曰大夫以石爲主。」宀部：「宔，宗廟宔祏〔二〕也。」皆用古左氏説，然不以爲正解。通典引徐邈説云：「左傳稱『孔悝反祏』，又公羊『大夫聞君之喪，攝主而往』，注又以爲斂攝神主而已，不暇待祭也，皆大夫有主之文。大夫以下不云尺寸，雖有主，無以知其形制，然推義謂亦應有。按，喪之銘旌，題别亡者，設重于庭，亦有所憑，祭必有尸，想像平〔三〕存。此皆自天子至士，並有其禮，但制度降殺爲殊，何至於主唯王侯而已？禮言重主道也。（按，檀弓文。）埋重則立主，今大夫、士有重，亦宜有主，以紀别座位。有尸無主，何以爲别？將表稱號題祖考，何可無主？今按，經傳未見大夫、士無主之義，有者爲長。」又魏書禮志：「清河王懌議曰：延業、盧觀前經詳議，並据許慎、鄭玄之説，謂天子、諸

〔一〕「出」，原訛作「主」，叢書本不誤，據改。
〔二〕「宔祏」，原訛作「主石」，叢書本同，據説文校改。
〔三〕「平」，原訛作「乎」，叢書本同，據通典校改。

侯作主，大夫及士則無。意謂此議雖出前儒之事，實未允情禮〔一〕。何以言之？原夫作主之禮，本以依神，孝子之心，非主莫依。今銘旌紀柩，設重憑神，祭必有尸，神必有廟，皆所以展事孝敬，想像平〔二〕存。上自天子，下逮於士，如此四事，並同其禮〔三〕。何至於主，謂惟王侯。禮云：『重，主道焉。』此爲埋重則立主矣。故王肅曰：『重，未立主之禮也。』士喪禮亦設重，則士有主明矣。孔悝反祏，載之左史；饋食設主，著於逸禮。大夫及士，既得有廟題紀祖考〔四〕，何可無主？公羊傳：『君有事于廟，聞大夫之喪，去樂卒事。大夫聞君之喪，攝主而往。』今以爲攝主者，攝神斂主而已，不暇待徹祭也。何休云：『宗人攝行主事而往也。』意謂不然。君聞臣喪，尚爲之不繹，況臣聞君喪，豈得安然代主終祭也？」

主者曷用？虞主用桑，【注】禮，平明而葬，日中而反虞，以陽求陰，謂之虞者，親喪以下壙，皇皇無所見〔五〕，求而虞事之。虞，猶安神〔六〕也。用桑者，取其名，與其麤觕，所以副孝子之心。禮，虞祭，天子九，諸侯七，卿大夫五，士三，其奠處猶吉祭。【疏】注「禮平」至「反虞」。○釋名釋喪制云：「既葬，還祭

〔一〕「禮」，原訛作「理」，叢書本同，據魏書校改。
〔二〕「平」，原訛作「生」，叢書本同，據魏書校改。
〔三〕「禮」，原訛作「理」，叢書本同，據魏書校改。
〔四〕「題紀祖考」，原訛作「題祖題考」，據魏書校改。
〔五〕「見」，據阮元校，當爲「親」字之誤。說又見下【疏】。
〔六〕「神」，據阮元校，此字衍。說又見下【疏】。

於殯宮曰虞。」禮記問喪曰：「送形而往，迎精而反〔一〕也。」注：「謂反哭及日中而虞也。」禮士虞禮鄭目録云：「士既葬其父母，迎精而反，日中而祭之於殯宮以安之之禮。」又士虞記曰：「日中而行事。」注：「朝葬，日中而虞。君子舉事必用辰正也。再虞、三虞皆質明。」禮記檀弓云：「既反哭，主人與有司視虞牲。」注：「日中將虞，省其牲。」又曰：「有司以几筵舍奠于墓左，反，日中而虞。」通典引射慈喪服變除：「爲父既葬，日中反哭。諸侯於太祖廟。别子爲卿大夫，亦於太祖廟。其非别子爲卿大夫，於皇考廟。上士於皇考廟。中士、下士於王考廟。皆升自西階，東面哭踊，虞祭於殯宮。」此謂反哭之處。檀弓曰：「反哭，反諸其所作也。」注：「親所行禮之處。」謂廟堂親平日行禮處也。是反哭於廟，虞於殯宮。方氏苞儀禮析疑云：「探死者之情，亦必先就祖妣，而後可反其私室。」顧氏湄作反哭不於廟辨，謂反哭宜在寢，徐氏乾學從之，非也。賈疏謂二廟者，反哭，先祖後禰，亦非。天子諸侯於其太廟，不必哭徧於七廟、五廟也。知士二廟者，唯反哭于祖廟而已。范甯同何氏。○注「以陽」至「神也」。○鄭目録云：「虞，猶安也。」「以下」二字誤，穀梁疏引作「親喪已入壙，皇皇無所見」。此「見」作「親」，亦誤。彼疏又引云：「虞，猶安也。」無「神」字，各本皆衍。通典引異義云：「主者，神象也。孝子既葬，心無所依，所以虞而立主以事之。」又御覽引白虎通云：「所以虞而作主何？孝子既葬，日中反虞，念親已殁，棺柩已去，悵然失望，彷徨哀痛，故設喪主以虞，所以慰孝子之心。虞，安其神也。」檀弓曰：「始死，瞿瞿然如有求而弗得。既葬，皇皇焉如

〔一〕「反」，原訛作「往」，叢書本同，據禮記正義校改。

有望而弗至。」又曰：「葬日虞，弗忍一日離也。」禮既夕三虞注云：「虞，安也。」雜記〔一〕：「報葬者報虞。」注：「虞，安神也。」蓋虞有安義。易中孚初九「虞吉」，荀注：「虞，安也。」廣雅釋詁云：「虞，安也。」故因以虞祭爲安神之祭也。○注「用桑」至「之心」。○穀梁疏引此「用桑者」上有「虞主」二字，下又有「桑猶喪也」四字。説文無「⿰牜甬」字，當作「⿰爿甬」。通典引五經異義云：「三王之世，小祥以前主用桑者，始死尚質，故不相變。」又類聚引五經要義云：「主者，神象也。凡虞主用桑，桑猶喪也。桑，禮取其名。」穀梁疏引何注下云：「徐邈注穀梁〔二〕盡與之同。」○注「禮虞」至「十三」。○舊疏云：「自諸侯七以下，雜記文。其天子九虞者，何氏差之耳。」按：彼記注云：「尊卑恩〔三〕之差也。天子至士，葬即反虞。」曲禮疏引異義：「公羊説：虞而作主。古春秋左氏説：既葬反虞，天子九虞。九虞者，以柔日九虞，十六日也。諸侯七虞，十二日也。大夫五虞，八日也。士三虞，四日也。既虞，然後祔死者於先死者。祔而作主，謂桑主也。期年，然後作栗主。許慎謹案，左氏説與禮記同。鄭君不駮。」孔氏廣森曰：「以士虞記，始虞、再虞用柔日，三虞用剛日，推之九虞者，當八虞用柔日，弟九虞則用剛日。此云九虞者以柔日，蓋有脱誤。按，禮記雜記下云：『士三月而葬，是月也卒哭。大夫三月而葬，五月而卒哭。諸侯五月而葬，七月而卒哭。士三虞，大夫五，諸侯七。』是公羊説九虞以下，尊卑之差，並與左氏、禮記合也。初虞皆與葬同日，故日中虞，其餘

〔一〕「雜記」，當爲「喪小記」之誤記。引文出自喪小記，雜記無之。

〔二〕「注穀梁」三字原脱，叢書本同，據穀梁注疏校補。

〔三〕「恩」字原脱，叢書本同，據禮記正義校補。

皆質明。此云日中而反虞，以陽求陰，專據初虞言也。檀弓正義云：『士三虞卒哭，同在一月。初虞，已葬日，而用柔。第二虞，亦用柔日。假令丁日葬，二日而虞，則己日二虞，後虞改用剛，則庚日三虞也。故鄭注士虞禮云：士則庚日三虞。』壬日卒哭也。士虞禮云：『明日祔于祖父。』則祭明日祔也。士之三虞用四日，則大夫五虞當八日，諸侯七虞當十二日，天子九虞當十六日。最後一虞與卒哭，例用剛日。」按：孔氏此疏極明，唯公羊言虞而作主，左氏僖三十三年傳祔而作主，二者微異。考鄭注檀弓「重主道也」，引公羊傳「虞主用桑」。注曲禮「措之廟，立之主」，引左傳「祔而作主」。正義申之云：「鄭君以二義雖異，其意則同，皆是虞祭總了，然後作主。以作主去虞實近，故公羊上係之於虞，作主謂之虞主，又作主爲祔所須。左氏據祔而言，故云祔而作主。鄭注檀弓又云：『重既虞而埋之，乃後作主。』是總行虞祭竟，乃埋重作主耳。下檀弓又云：『虞而立尸，有几筵，卒哭而諱，生事畢，而鬼事始已。既卒哭，宰夫執木鐸以命於宮中曰：『舍故而諱新。』鄭以爲人君之禮，明虞唯立尸，未作主也。」孔疏左氏，以此傳稱祔而作主者。虞而作主，禮本無文。以主唯一而已。按：異義引左氏説，明云虞而祔，用桑主，期年後用栗主。此真古文家劉歆等義。孔氏必欲彌縫杜預短喪之説，而因創此一主之議，若謂祔後即無事焉爾。○注「其奠處猶吉祭」。○檀弓曰：「是月也，以虞易奠。卒哭曰『成事』。是日也，以吉祭易喪祭。明日，祔于祖父。其變而之吉祭也。比至於祔，必於是日也接，不忍一日未有所歸也。」鄭注：「虞，喪祭也。既虞之後，卒哭而祭，其辭蓋曰『哀薦成事』，成祭事也。祭以吉爲成。」又云：「卒哭吉祭。」則吉祭即謂卒哭之祭，比祔後之祭猶爲喪祭。士虞禮疏云：「卒哭時虞爲吉祭，卒哭比祔爲喪祭。」是也。既夕篇云：「猶朝夕哭不奠。」注引檀弓「是日也，以虞易奠」解之，則虞而不奠，而云奠者，彼奠謂朝夕之奠。葬後以虞易奠，因亦名之曰奠。釋名釋喪制云：「奠，停也。」是也。其所奠之處，與卒哭祭同，謂仍在殯宫也。淩氏廷堪禮經釋例云：「賈疏云：『前有人解云：三虞與卒哭同爲一事。』雜記云：『上大夫之虞也少牢，卒哭成事，祔皆太牢。』鄭注：『卒哭成事，祔，言皆，則[一]卒哭成事，祔與虞異矣。』是微破前人三虞與卒哭同解者也。是三虞一祭，卒哭一祭，他又一祭，皆謂之成事也。敖氏繼公以三虞謂即卒哭，則鄭、賈已棄之説，不可從。」按：何氏謂其奠處猶吉祭，則亦以虞與卒哭祭爲二矣。杜氏又謂「虞則免喪，故曰卒哭」。諸侯七虞，意以七虞皆畢，乃免喪，免喪後日而卒哭。夫雜記明云諸侯五月而葬，七月而卒哭，是卒哭與虞異月矣。而釋例乃云「禮記後人所作，不與春秋同」，自飾其短喪之説，傷禮害義之尤者。孔疏必欲强和之，何耶？

練主用栗。【注】謂期年練祭也，埋虞主於兩階之間，易用栗也。夏后氏以松，殷人以柏，周人以栗。松猶容也，想見其容貌而事之，主人正之意也。柏猶迫也，親而不遠，主地正之意也。栗猶戰栗，謹敬貌，主天正之意也。禮士虞記曰：「桑主不文，吉主皆刻而謚之，蓋爲禘祫時别昭穆也。」虞主三代同者，用意尚麤觕，未暇别也。【疏】注「謂期年練祭也」。○禮士虞記曰：「朞而小祥。」注：「小祥，祭名。祥，吉也。」釋名釋喪制云：「期而小祥，孝子除首服，服練冠也。」吴氏紱云：「此即練祭也。以一朞言，則曰小祥。以服變除之節言，則曰練。左傳特記于主，以此推之，祥禫皆特祭，則於寢行之。可知敖氏繼公謂祭于祖廟

〔一〕「則」字原脱，叢書本同，據儀禮注疏校補。

不可從。」按：吳説是也。曲禮疏：「孝子親始死，哭，晝夜無時。葬後虞竟，乃行神事，故卒其無時之哭，猶朝夕各一哭，故謂其祭爲卒哭。卒哭明日而立主，祔於廟，隨其昭穆，從祖祔食。卒哭，主暫時祔廟，畢，更還殯宮室。至小祥，作栗主入廟，乃埋桑主於祖廟門左埋重處。故鄭云：『虞而作主，至祔，奉以祔祖廟，既事畢，乃反之殯宮也。』」其大夫士則曲禮疏引崔氏説云：「大夫士無主，以幣帛祔，祔竟，並還殯宮。至小祥，入廟也。」公羊禮説云：「『有桑主何又作栗主乎？』曰：『桑主不文，吉主則刻而謚之，藏於廟所，常奉祀。神無二主，故作栗主，則埋桑主也。』『於練何也？』曰：『十三月而練。練，祔廟，若不刻而謚之，何以別昭穆乎？』曰：『士虞禮何以卒哭之明日，以其班祔也？』曰：『爾雅：「祔，祪祖。」注：「附新死者於廟。」説文：「後死者合食於先祖。」雜記：「士三月而葬，是月而卒哭。諸侯五月而葬，七月而卒哭。」卒哭而祔，周制也。故檀弓曰：「殷練而祔，周卒哭而祔。孔子善殷。」雜記：「自祔，至於練、祥。」周祔在練前，殷祔在練後。練而作主，則於此時遷廟矣。』曰：『凡祔已，復於寢，如既祫主反其廟，練而後遷廟，信乎？』曰：『此鄭氏之創説。若穀梁之義，作主壞廟有時日，於練焉壞廟。壞廟之道，易檐可也，改塗可也。注据禮，親過高祖則毀其廟，以次而遷，將納新神，故示有所加。据此，安有祔祭之後復還於寢之禮？春秋變周之文，從殷之質，公、穀所説，皆殷禮。鄭注士虞，以爲卒哭而祔，似太早。故注檀弓云：「期而神之，人情然。」又不可以殷禮注儀禮，故依違其辭云：「如祫祭訖，主反於廟相似。」以經無正文故也。然似非喪事有進無退之義。賈疏不破注，非是。而楊士勛之背注，亦非也。左氏云：「卒哭而祔，祔而作主。」此正用周禮注者。因「特祀于主，烝嘗禘于廟」，遂謂祭祀于寢，不同於廟。三年禮畢大禘，乃皆同於吉，非左氏義也。』」按：凌先生分晰殷、周異制，殷練而祔，自最得正。周人以喪主先祔，復還於寢，誠與有進無退義乖。故孔子善殷。鄭氏自本周制説儀禮焉。○注「埋虞」至「栗也」。○檀弓疏引：「異義：『戴禮及公羊説虞主埋於壁兩楹之間。一説埋之於廟北牖下。左氏説虞主所藏無明文。』鄭校之云：『按士喪禮重與柩相隨之禮，柩將出，則重倚於道左。柩將入于廟，則重止於門西。虞主與神相隨之禮，亦當然。練時既特作栗主，則入廟之時，祝奉虞主於道左。』練祭訖，乃出就虞主而埋之，如既虞埋重於道左，則鄭以虞主埋於廟門外之西矣。」御覽引異義云：「虞主埋之廟北墉下，北方無事，虞主亦無事也。」北方無事二語，當即一説。埋之於廟北牖下語，較禮記疏所引爲詳。通典禮八引公羊説：「藏之太廟室西壁中，以備火災。」則與異義所載公羊説又異，皆與何君注不同。御覽引異義又曰：「春秋左氏傳曰：徙主祏于周廟。言宗廟有郊宗石室，所以藏栗主也。」虞主所藏無明文。昭十八年左傳疏引白虎通曰：「主祏納之西壁。」與通典所引公羊説同，蓋栗主與？通典引：「魏代，或問高堂隆曰：『昔受訓云，馮君八萬章句説，正廟之主，各藏太室西壁之中；遷廟之主，於太祖太室北壁之中。按逸禮，藏主之處似在堂上壁中。』答曰：『章句但言藏太祖北壁中，不言堂室。愚意以堂上無藏主，當室之中也。』」按：隸續嚴訢碑有治嚴氏春秋、馮君章句，則所載公羊説，其嚴氏春秋與？通典又引蜀譙周禮祭集志：「四時祭，各於其廟中神位。奥西牆下，東嚮。諸侯廟，木主在尸之南，爲在尸上也，東嚮，以南爲上。」續漢志注引漢舊儀曰：「高帝崩，三日小斂室中牖下，作栗木主，長八寸，前方後圓，圍一尺，置牖下。已葬，收主，爲木函，藏廟太室之中西牆壁埳中。望内外不出堂室之上。」賀循引漢儀云：「去地六尺一〔一〕寸，當祠則設座於埳中。」摯虞決疑云：「廟主藏於户之外西墉之中，有石函，名曰宗祏。中笥以盛主。」類聚引作「北墉」。按：西壁、北壁，説各不同。据馮君章句郊藏西壁者，正廟主藏北壁者，遷廟主也。宗祏蓋即説文之「郊宗石室」，與虞主無涉。然考曾子問云天子諸侯出，以遷廟主行，反必設奠，卒，斂幣、玉藏諸兩階之間，則又似遷主不拘在北壁下矣。鄭駮据埋重之禮，以爲埋虞主於廟門之道左，亦以意言之耳。穀梁疏引徐邈注與何君同。通義云：「按，雜記曰：『重既虞而埋之。』謂葬日反虞之後也，重主道也。虞而有主，則重無事，故埋矣。練而有吉主，虞主無事則亦埋矣。襄王使賜晉文公命，晉人受于武宫，設桑主，布几筵。彼似用殷主綴重之法，故武公虞主於時猶存。」又云：「按，異義：『公羊及禮戴説，虞主埋于堂兩楹之間。一説埋之廟北墉下。』何氏所稱，殊非師説。鄭司農云『埋于廟門外之道左』，似渫賤，不合禮意。」按：何氏謂兩階間，不必定在堂下，或亦即異義所稱之兩楹間與？然堂上堂下皆行禮趨走之處，以先人精神所依之主埋之其下，誠孔氏所謂渫賤也。似以一説埋之北墉者爲近理。周禮司巫職「共匰主」。説文：「匚，受物之器。」廣雅：「匧匰笥焉。」則匰即所以盛主者。蓋廟有石室，以匰盛主而藏之，以木謂之匰。衛宏漢舊儀所云：「已葬，收主，爲木函，藏廟太室西壁坎中，去地六尺一寸也。以石則謂之祏。」左傳莊十四年「典司宗祏」、昭十八年「徙祏于周廟」是也。説文所云「祏，宗廟之主」者，自謂主盛于祏，因祏爲主耳。一説

〔一〕「一」，原訛作「五」，叢書本同，據通典及下文所引衛宏漢舊儀校改。

所謂大夫以石爲主者，非正義也。衛氏所説係漢制，不必與周同。周人埋主亦宜有匱，亦不必用石，其石室所廟，蓋正廟主，即吉主，即練時所作之栗主也。○注「夏后」至「以異」。○論語八佾篇，又御覽引異義：「論語：哀公問主〔一〕於宰我，宰我答：夏后氏以松，夏人都河東，宜松也。殷人以柏，殷人都亳，宜柏也。周人以栗，周人都灃鎬，宜栗也。」又祭法疏引異義：「今春秋公羊説：祭有主者，孝子以主繼心，夏后氏以松，殷人以柏，周人以栗。古周禮説：虞主用桑，練主用栗。無夏后氏以松爲主之事。許君謹案：『從周禮説。』論語所云『爲社主』也，鄭氏無駮。」按：舊疏引鄭君論語注云謂「社主」，故於異義無駮也。左傳杜注云：「主者，殷人以柏，周人以栗。」正義：「論語：『哀公問主〔二〕於宰我，宰我對曰：夏后氏以松，殷人以柏，周人以栗。』先儒舊解或有以爲宗廟主者，故杜依用之。古論語及孔、鄭皆以爲社主，社爲木主者。古論不行於世，且社主周禮謂之田主，無單稱主也。以張、包、周等並爲廟主，故杜所依用。」然則，魯論作「問主」，故張、包、周説作廟主；古論語作「問社」，故孔、鄭皆以爲社主。据釋文云：「問社，鄭本作『主』，云：主，田主謂社。」則鄭仍魯論本，故从古論解爲社耳。若已作社，則無庸解爲社矣。又按：古論無考，以孔、陸、徐三家説考之，蓋當時各本皆作主，但魯論家訓爲廟主，古論家訓爲社主，淺人遂逕改主爲社耳。單稱主者，止廟主；田主則不得單稱主。若問社，則必係問立社之義，孔子無緣以社主答之，尤

〔一〕「主」，叢書本同，通典及今論語均作「社」。
〔二〕「主」，叢書本同，今論語作「社」。

不必以社所樹木對之也。宋氏翔鳳過庭録云：「如古論本作問社，則鄭方解爲社主文，亦必從古讀也，正不得反作問主。蓋集解采孔説，遂妄改作問社。左疏謂古論不行於世，公羊疏謂古文作社，亦約略言之而誤也。曲禮疏引白虎通云：『祭所以有主者，言神無所依據，孝子以主繼心焉。』論語曰：『魯哀公問主於宰我。宰我對曰：夏后氏以松，殷人以柏，周人以栗。』通典引異義云：『凡虞主用桑。練主，夏后氏以松，殷人以柏，周人以栗。』許氏受學于賈逵，異義所述必左氏古義也。然則，公羊言練主用栗者，專指周制言耳，夏、殷不必爾也。」○注「松猶」至「意也」。○曲禮疏引白虎通又云：「松者所以自悚動〔一〕，柏者所以自迫促，栗者所以自戰慄，亦不相襲。」按：松容、柏迫，皆疊韻爲訓。故史記張耳陳餘傳云：「柏人者，迫於人也。」漢書溝洫志：「魚弗鬱兮柏冬日。」注：「柏與迫同。」是也。國語「不過棗栗」，注：「栗，取敬栗。」穀梁莊二十四年同。蓋凡用栗者，多取謹敬義。宰我對哀公曰：「使民戰栗。」亦第據周禮告之耳。夏用人正，殷用地正，周用天正，故本而言之。○注「禮士」至「穆也」。○今士虞記無此文。姚氏鼐曰：「此是禮之逸篇，題云士虞記，而中廣言天子諸侯之禮。」續漢書禮儀志曰：「桑木主尺二寸，不書謚。」又初學記引五經要義：「練主用栗，栗者敬也。祭禮取其恭。」又云：「皆刻謚于其背。」穀梁疏引徐邈注與何同。書鈔引白虎通云：「蓋題之爲記，欲令後世可知也。方尺，或曰長尺二寸。孝子入宗廟之中，雖見木主，亦當敬焉。蓋始死尚質，又桑主皆特祀，故不須文；練後漸吉，故漸趨於文。又練主順人廟，令祀時別

〔一〕「松者」句，今曲禮疏及今輯本白虎通無此文。見於廣釋名釋喪制，曰禮記正義引白虎通義。

昭穆，故刻謚也。」通典引異義引：「春秋左氏傳曰：凡君薨，卒哭而祔，祔而作主，特祀于主，烝、嘗、禘于廟。主之制，四方，穿中央，達四方，皆刻謚于其背。」是古文家説亦如此。○注「虞主」至「别也」。○此麤觕二字，與上麤觕，皆當劃爲一，觕亦當爲⿰爿角。桑者喪也，取義於喪，故三代同。又以見虞主質、練主文也。

用栗者，藏主也。【注】藏于廟室中當所當奉事也。質家藏于堂。【疏】注「藏于」至「事也」。○校勘記云：「閩、監本同。毛本上『當』作『堂』，宜據正。儀禮經傳通解：『上當作常。』鄂本：『下當作常。』皆誤。」又云：「按，當作藏於廟中所常奉事也。質家藏于室。蓋各本有誤，俟再考。」今按：藏于廟室中，不誤也。上「當」當作「堂」，下「當」當作「常」，明堂上爲事主處，與室爲藏主處殊也。○注「質家藏于堂」。○校勘記云：「閩、監、毛本同，誤也。鄂本于作於，儀禮經傳通解堂作室，宜據以訂正。」文家尊尊，故藏于堂；質家親親，故藏于室。」按：衞次仲[一]説：藏之于室西壁埳中，去地一尺六寸。春秋變文從質，故據質家言之。

作僖公主何以書？【注】据作餘公主不書。

譏。何譏爾？不時也。其不時奈何？欲久喪而後不能也。【注】禮，作練主當以十三月。文公亂聖人制，欲服喪三十六月，十九月作練主，又不能卒竟，故以二十五月也。日者，重失禮鬼

[一]「衞次仲」，疑當作「衞敬仲」。衞敬仲即衞宏，著有漢舊儀。

神。【疏】注「禮作」至「月也」。○禮記喪服四制云：「期而練。」又云：「十三月而練冠。」是作練主當以十三月也。通義云：「穀梁傳曰：『立主，喪主於虞，吉主於練。作僖公主，譏其後也。』蓋殷練而祔，則作主當於祔；周卒哭而祔，練然後作主壞廟。魯自莊公之喪始不三年，無復練祥之節，雖祔從周法，而襲殷主於祔之名，是以左氏云：『卒哭而祔，祔而作主。』道魯事之實也。文公欲復三年之喪，失其舊章，遂乃矯枉過直，逾練猶未作主矣。喪辟不懷，故作主先時不譏，後時乃譏，内大惡諱，舉其可道者焉。傳復刺其後不能者，爲之没喪納幣故。」按：孔氏合左傳、公羊爲一，以祔而作主，即係栗主，爲魯失禮之實事，似可不必。蓋練主祔廟，則遷廟亦當在是時。檀弓疏引左氏以爲「三年喪畢乃遷廟」，故僖三十三年傳「烝、嘗、禘于廟」。服、杜皆以爲三年禘祭，乃遷此廟。鄭則以爲練時則不禘而遷廟主。故鄭注士虞禮「以其班祔」之下云：「練而遷廟。」又注鬯人：「廟用卣，謂始禘時。」鄭必謂以練者，以文二年「作僖公主」，穀梁傳曰：「於練焉壞廟，壞廟之道，易檐可也，改塗可也。」范甯云：「親過高祖則毁其廟，以次而遷，將納新神，故示有所加。」是鄭之所據。宋氏翔鳳論語發微云：「孔子以喪禮之失，由於本之不立。三年之喪，二十五月而畢。先王所以立中制節也，使哀戚之意不盡，而鰓鰓以求禮節，則有父在爲母齊衰，期年之後而食稻衣錦者矣；使制禮之意不明，而求所以隆於事親，則必至於爲三十六月之服而後已也。此其故以忠信之實不至，則戰栗之象不形，既徒事乎虚文，乃共流乎僭妄。君臣之惡，已成於積漸，篡逐之禍，遂行於數世。自文公之來，匪一朝一夕之故矣。子聞之，曰：『成事不説，遂事不諫，既往不咎。』謂既失禮宗廟，則諸侯僭天子、大夫僭諸侯之事成，故曰成事不説。公患三桓之侈，三桓亦患公之妄，皆無戰栗之意。孔子知諫之無益，故曰遂事不諫。然皆始於文公無君無天，以致政在大夫，陪臣執國命，其咎皆在於既往也。」○注「日者」至「鬼神」。○即隱五年注云：「失禮鬼神例日。」是也。

○三月，乙巳，及晉處父盟。【疏】包氏慎言云：「三月書乙巳，月之十九日。」

此晉陽處父也，何以不氏？【注】据晉陽處父伐楚救江。【疏】注「据晉」至「救江」。○即下三年「冬，晉陽處父帥師伐楚以救江」是也。大事表云：「陽爲處父食邑，漢陽邑縣是也。今太原太谷縣東南十五里有陽縣。」蓋陽處父以邑爲氏與？

諱與大夫盟也。【注】諱去氏者，使若得其君，如經言邾婁儀父矣。不地者，起公就於晉也。日者，起公盟也。俱没公，齊高徯不使若君，處父使若君者，親就其國，恥不得其君，故使若得其君也。如晉不書不致者，深諱之。【疏】注「諱去」至「父矣」。○舊疏云：「儀父事，在隱元年。凡五等諸侯失爵在名字之例者，但直書其名字，不言其氏，即倪黎來、蔡叔、邾婁儀父之類是也。今此處父無氏，故云使若得其君矣。」穀梁傳：「不言公，處父伉也，爲公諱也。」范云：「諱公與大夫盟，去處父氏。公親如晉，使若與其君盟，如經言邾儀父矣。」即本何君爲說。通義云：「諱與大夫盟，故不言公。貶處父者，起實公也，于防不去氏，説見前。又高徯無別見，若直言徯，嫌是齊之微者，須録其氏貴之，方起公盟。陽處父既於伐楚以名氏見，則不氏不嫌微者，乃深抑之，以著大夫不敵君之義，故亦得起公盟。」按：莊二十二年通義云：「與處父異者，徯大國之卿，命乎天子，本當言高仲，今言高徯，即是抑之。陽處父本當言名氏，故更貶去氏，其爲降一等同。」按：外大夫皆稱名，春秋所記各國大夫，豈無一命之天子者？孔氏説未當。○注「不地」至「晉也」。○穀梁傳云：「不書地者，公在晉也。」按：閔二年齊高子來盟，爲就我盟，故亦不書地。蓋凡書來盟、涖盟不地者，皆就乎其國也。○注「日者，起公盟也」。○穀梁傳曰：「何以知其與公盟？以其日也。」舊疏云：「正以微者盟例不日故也。」○注「俱没」至「君也」。○范亦云：「及齊高傒盟于防，不去高傒氏者，公不親如齊，不與其君盟，於恥差降。」○注「如晉」至「諱之」。○穀梁傳曰：「何以不言公之如晉？所恥也。出不書，反不致也。」彼疏云：「致者必有出，出者不必致。今出既不書，故反亦不致也。」此舊疏云：「正決下三年『冬，公如晉。十有二月，己巳，公及晉侯盟。四年，春，公至自晉』之文也。」今按：此注似未盡然。如書晉處父，即爲若得晉君，如邾婁儀父，則宜不没公矣。今仍没公，蓋若魯使微者與處父盟爾。于防不去氏，此去氏，此就晉盟，不見與於晉侯，恥愈甚。恥之甚，則諱之深，故貶去處父之氏。故穀梁曰「處父伉也，爲公諱也」，是也。而又書日，以起實公也，所謂没其文，不没其實也。

○夏，六月，公孫敖會宋公、陳侯、鄭伯、晉士縠盟于垂歛。【注】盟不日者，欲共盟誅商臣，雖不能誅，猶爲疾惡故也，褒與信辭也。不如平丘兩舉會盟詳録之者，時至即盟，會禮不成。【疏】校勘記出「垂歛」，云：「鄂本、監本同。唐石經、閩、毛本歛作斂。釋文垂歛，左氏作垂隴。」按：歛字，唐韻在儉部，隴字在腫部，儉、腫不相通，隴、歛蓋一聲之轉。顧氏炎武唐韻正云：「二十一侵部。或疑侵韻在古可入東者，詩七月『二之日鑿冰沖沖，三之日納于凌陰』，則讀陰爲雍矣。雲漢『后稷不克，上帝不臨。耗斁下土，甯丁我躬』，則讀臨爲隆矣。蕩『天生蒸民，其命匪諶。靡不有初，鮮克有終』，則讀諶爲戎矣。楚辭天問『比干何逆而仰沈之，雷開何順而賜封之』，則讀沈爲蟲矣。九辨『願賜不肖之軀而別離兮，放游志乎雲中。乘精氣之摶摶兮，騖諸神之湛湛。驂白霓之習習兮，歷羣靈之豐豐』，則讀湛爲蟲矣。素問調經論『血并於陰，氣并於陽，故爲驚狂。血并於陽，氣并於陰，乃爲炅中』，太玄經〔一〕進次四『日飛懸陰，萬物融融』，則亦讀陰爲雍矣。東觀漢記梁商誄云『孰云忠侯，不聞其音。背去國家，都茲玄〔二〕陰。幽居冥冥，靡所宜窮』，則音陰並讀爲雍矣。太玄經減測『善減不減，常自沖也。心減形身，困諸中也。減其儀，欲自禁也。減於艾，無以莅衆也』，則讀禁爲龔矣。元營『夫一一所以摹始而測深也，三三所以盡終而極崇也』，則亦讀深爲春矣。劉向九歎『吸精粹而吐氛濁兮，横邪世而不取容。行叩誠而不阿兮，遂見排而逢讒』，則讀讒爲崇矣。魏文帝黎陽詩『朝發鄴城，夕宿韓林。霖雨戒塗，輿人困窮』，後漢避殤帝諱，改『隆慮』爲『臨慮』，荀子書亦作『臨慮』，則讀『臨』爲『隆』矣。又如司馬相如長門賦以心、音、臨、風、淫、陰、襜、吟、南、與、中、宫、崇、窮同用。又若易豫六四『朋盍簪』，荀爽本作『宗』。書洛誥『毋若火始燄燄』，漢書梅福傳引作『庸庸』。詩『我躬不閱』，表記引作『我今不閱』。『與爾臨衝』，韓詩作『隆衝』。春秋『盟于垂隴』，公羊、穀梁作『垂歛』。左傳懿公奪『閻職』之妻，齊世家作『庸職』。而周禮、禮記、左傳窆、堋、封三

〔一〕太玄經，本書一律作太元經，作者陳立爲避康熙皇帝玄燁之名諱，改玄爲元。茲恢復本字。下同，徑改，不出校。

〔二〕「玄」，原作「元」，避諱改字，同上注，茲恢復本字。

字通用。禮明堂位魯有『崇鼎』，吕氏春秋以爲『岑鼎』。風俗通『空侯』本名『坎侯』。此皆出於土俗之殊，要不得以爲正音耳。」杜云：「垂隴，鄭地，滎陽縣東有隴城。」大事表：「今在開封府滎澤縣東北。」水經注濟水篇：「有垂隴城，濟瀆出其北。春秋文公二年，『晉士穀盟于垂隴』是也。京相璠曰：『垂隴，鄭地。』今滎陽東二十里有故隴城，是也。世謂之都尉城，蓋滎陽典農都尉治，故變垂隴之名矣。」一統志：「在開封府滎澤縣東北。」穀梁傳曰：「内大夫可以會外諸侯。」通義云：「黄仲炎曰：垂斂之盟，士穀主諸侯之盟；新城之盟，趙盾主諸侯之盟。而不以士穀、趙盾先諸侯者，存君臣之分也。」○注「盟不」至「辭也」。○垂斂之盟，謀誅商臣，何氏蓋别有所據。舊疏云：「正以共討臣惡逆，乃是義之高者，若能誅之，理應書見，似若昭四年經書『執齊慶封，殺之』。然今無其經，故知不能誅也。」按：會盟例，大信時，小信月，故書月爲褒與信辭。○注「不如」至「不成」。○即昭十三年，「公會劉子、晉侯以下于平丘。八月，甲戌，同盟于平丘」，是會盟兩舉也。此會禮未成，故但書盟耳。

○自十有二月不雨，至于秋七月。

何以書？記異也。【注】以不言旱。【疏】穀梁注：「建午之月，猶未爲災。」○注「以不言旱」。○僖二十一年「夏，大旱」之屬是也。

大旱以災書，此亦旱也，曷爲以異書？大旱之日短，而云災，【注】云，言〔一〕也。言有災。【疏】即僖二十一年傳曰：「何以書？記災也。」是也。○注「云言」至「有災」。○經義述聞云：「廣雅曰：『云，有也。』云災，言有災。有災與無災相對爲文，何知云之爲言，而忘乎云之爲有，故以迂回，失之。」

故以災書。此不雨之日長，而無災，故以異書也。【注】此禄去公室，政在公子遂之所致也。不就莊三十一年發傳者，此最甚事著。【疏】通義云：「異者，雖無害於人物，而其所效於國家者遠且大，不可不察。釋廢疾曰春秋凡書二十四旱，考異郵分爲四部，各有義焉。今撿經實二十六旱：凡大雩十九，大旱二，不雨二，歷時不雨加『自』文者三。是爲四部也，先言時月，而後言不雨，緩辭也；初見不雨，未以爲異，彌時彌月，然後異而録之。先言不雨，而後言『至于』某月，急辭也；一時不雨，固已異矣，自是冀其雨，以至于歷月、又月，異之甚也。春秋畏天勤民，覽其辭者，見其志焉。」是也。○注「此禄」至「致也」。○五行志中之上：「文公二年『自十有二月不雨〔二〕，至于秋七月』。文公即位，天子使叔服來會

〔一〕「言」，原訛作「有」，下【注】引起訖亦作「言」，叢書本同。【疏】引經義述聞所駁論者即此「言」字。據公羊注疏校改。

〔二〕「不雨」二字原脱，叢書本不誤，據補。

葬，毛伯賜命，又會晉侯于戚，公子遂如齊納幣，又與諸侯盟。上得天子，外得諸侯，沛然自大，躋僖公主〔一〕。大夫始顓政。」按：與何氏取象小異。通義云：「昔夏侯勝以洪範諫昌邑王，曰：『天久陰不雨，臣下有謀上者。』文公之篇書久不雨者三，卒致仲遂逆謀，嗣子遘禍，此其效也。」○注「不就」至「事著」。○莊三十一年：「冬，不雨。」傳：「何以書？記災也。」然則，彼一時不雨，故不發傳也。

○八月，丁卯，大事于太廟，躋僖公。【疏】包氏慎言云：「八月書丁卯，月之十四日。」釋文作「隮僖公」，云：「本又作躋，同。」鄂本脱僖字。

大事者何？大祫也。【注】以言大，與有事異。又從僖八年禘數之，知爲大祫。【疏】注「以言」至「事異」。○舊疏云：「宣八年『夏，六月，辛巳，有事于太廟』，彼是時祭，不言大，故知此言大者，是大祭明矣。」通義云：「稱大祫者，對時祭之祫爲大也。時祫不及毁廟，故曾子問曰：『祫祭于祖。』則祝迎四廟之主，彼則王制所謂祫禘、祫嘗、祫烝者也。經不言祫，言大事者，重是事也。國之大事，在祀與戎。故戎稱大事，書曰『我有大事休』，是也。祀稱大事，此經是也。」按：穀梁傳曰：「大事者何？大是事也，著祫、嘗。」正以此祫比時祫爲大，嘗祭比時祭爲大也。禮記禮器云：「大饗，其王事與？」注：「盛其饌與貢，謂

〔一〕「主」字原脱，叢書本同，據漢書校補。

祫祭先王。」明饗祭之大謂祫也。詩商頌序：「玄鳥，祀高宗也。」箋云：「祀當爲祫。」「古者，君喪三年既畢，禘於其廟，而後祫祭於太祖。明年春，禘於羣廟。自此之後五年而再殷祭，一禘一祫，春秋謂之大事。」疏云：「大宗伯及王制注皆云：『魯禮，三年喪畢，祫於太廟。明年春，禘於羣廟。自此之後，五年而再殷祭，一禘一祫，春秋謂之大事。』」按：僖公於三十三年十二月薨，至此年八月，文公未應除喪，尚未合行宗廟之祭。傳不言譏者，舉其躋僖公之重者焉。其喪祭之譏，在從可知之數矣。○注「又從」至「大祫」。○舊疏云：「春秋説文云：『三年一祫，五年一禘。』僖八年『秋，七月，禘于太廟』，從此以後三年一祫數，則十一年祫，十四年祫，十七年祫，二十年祫，二十三年祫，二十六年祫，二十九年祫，三十二年祫，文二年祫也。若作五年一禘數，則從僖八年禘，十三年禘，十八年禘，二十三年禘，二十八年禘，三十三年禘，文五年禘。則文二年非禘年，正當合祫，故知此年爲祫矣。其間三五參差，隨次而下，或有同年時，知非祫與禘相因，而數爲三年五年者。若從僖八年禘，十一年祫，十六年禘，十九年祫數之，至僖三十二年禘，文公二年祫，亦相當，但於五年而再殷祭之言不合，故不得然。」按：舊疏前一説太數，後一説太疏，均與五年再殷祭之説不合。且何氏第云從僖八年禘數之，並未言禘祫是年並舉，何所憑而知十一年祫也？唐韋縚禘祫年數議以爲五年再殷，通計其數，一祫一禘遞相承矣。今廟禘各自數年，兩歧俱下，不相通計，或比年頻祫，或同歲再序，或一禘之後併爲再祫，或五年之内驟有三殷。法天象閏之期，既違其度，五歲再殷之制，數又不同，求之禮文，頗爲乖失，況三年喪畢，遭祫則祫，遭禘則禘。閔二年「吉禘于莊公」，文二年「大事于太廟」，若非通數，何以同在遭喪之後，於閔則書禘，於文則書祫？經無譏禘祫之文也。

徐彦疏謂「其間三五參差，亦有禘祫同年」，此説非也。即如從僖十八年禘數之，十年祫，十二年禘，十四年祫，十六年禘，十八年祫，二十年禘，二十二年祫，二十四年禘，二十六年祫，二十八年禘，三十年祫，三十二年禘，至文二年當祫。故文二年注：「從僖八年禘數之，知爲大祫也。」按：閔二年注云：「禘祫從先君數。三年喪畢，遭禘則禘，遭祫則祫。」綰之議是準何氏之説，最爲精當。綰又云：「徐邈謂，二禘相去爲月六十，中分三十，置一祫焉。若甲年夏禘，丙年冬祫，有象閏法，毫釐不偏，三年一祫之文，既無乖越，五年再殷之制，疏數有均，校之諸儒，義實長矣。」然如此數，則歷十二閏後，則須超一年矣，恐未必然。鄭氏亦以五年之中再殷祭，其異於何者，鄭以三年喪畢而祫，明年而禘，日後三年祫，五年禘，一祫一禘從今君數也。宋書禮志徐廣等議曰：「何邵甫注公羊云：『祫從先君來，積數爲限。自僖八年至文二年，知爲祫祭。』如此，履端居始，承源成流，領會之節，遠因宗本是也。」唐開元六年、睿宗三年喪畢而祫，明年而禘，不相通數，以至七祫五禘，至二十七年，禘祫並在一歲，有司覺其非，乃議以爲一禘一祫，五年再殷，蓋當時鄭學盛行，故改從禘祫志所推五年再殷之制，從今君數，即位三年禘，後六年祫，八年禘焉。

大祫者何？合祭也。其合祭奈何？毁廟之主，陳于太祖。【注】毁廟，謂親過高祖，毁其廟，藏其主于太祖廟中。禮，取其廟室笮以爲死者炊沐。太祖，周公之廟。陳者，就陳列太祖前，太祖東鄉，昭南鄉，穆北鄉，其餘孫從王父。父曰昭，子曰穆。昭取其鄉明，穆取其北面尚〔一〕敬。【疏】注

〔一〕「尚」，原訛作「當」，下【注】標起訖不誤，叢書本同，據公羊注疏校改。

「毁廟」至「廟中」。○漢書韋玄成傳：「禮，王者始受命，諸侯始受封之君，皆爲太祖。以下，五廟迭毁，毁廟之主藏于太祖。」通典載：「或問高堂隆云：『昔受訓云，馮君八萬言章句説，正廟之主，藏太祖西壁之中；遷廟之主，於太祖太室北壁之中。』」蓋亦公羊家舊説。若周制，則鄭注守祧職曰：「遠廟爲祧。」周爲文王、武王廟，遷主藏焉。又云：「遷主所藏曰祧，先公之主藏于后稷之廟，先王之主藏於文武之廟。」注：「祭法曰：『天子遷廟之主，以昭穆合藏於二祧之中。諸侯無祧，藏於祖考之廟。』聘禮曰『不腆先君之祧』，謂始祖廟也。」按：守祧疏云：「鄭知周之二祧是文、武者，鄭義二祧則祖、宗是也。故祭法云：『祖文王而宗武王。』鄭云『祖宗通言爾』。是祖其有德，宗其有功，其廟不毁，故云祧也。知遷主藏焉者，以其顯考以下，其廟毁，不可以藏遷主。文、武既不毁，明當昭者藏於武王廟，當穆者藏於文王廟可知。故云遷主藏焉。若文、武以上父祖，不可下入子孫之廟，宜藏於后稷之廟。但文、武既爲二祧，后稷爲太祖廟，不可復稱祧，故不變本名，稱太祖也。諸侯既不可與天子同有二祧，其遷主則總藏於太祖廟。」禮祭法：「遠廟爲祧，有二祧，享嘗乃止。去祧爲壇，去壇爲墠。壇、墠有禱焉，祭之；無禱，乃止。去墠爲鬼。又諸侯立五廟，去祖爲壇，去壇爲墠。」注：「天子遷廟之主，以昭穆合藏于二祧之中。諸侯無祧，藏於祖考廟中。聘禮曰『不腆先君之祧』，謂始祖廟也。享嘗，謂四時之祭。天子、諸侯爲壇、墠，祈禱謂後遷在祧者也。既事則反其主於祧，鬼亦在祧，顧遠之於無事，祫乃祭之耳。」引春秋此傳以證之。按：禮記王制云：「諸侯五廟，二昭二穆，與太祖之廟而五。」故親過高祖則毁，其二王後，則不爲始封之君立廟，郊天時以始祖配。禮運所云「杞之郊也，禹也。宋之郊也，契也」，亦當有廟，則遷主當藏於其廟與？○注「禮取」至「炊沐」。○禮記喪大記云：「甸人取所徹廟之西北厞薪，用爨之。管人授御者沐。」疏：「示主人已死，此堂無復用，故取之也。煑汁孰，而管人又取以升階，授堂上御者，使沐也。」禮士喪禮云：「復者降自後西榮。」注：「降因徹西北厞。」即所爨者也。謂之廟者，孔疏云：「謂寢爲廟，神之也。」此廟室亦作寢室也。笮者，爾雅釋宫云：「屋上薄謂之筄。」注云：「屋笮。」玉篇竹部：「笮，危也。」〔一〕以其當屋之高處也。今南方多以竹爲之，亦有用木者，則謂之軒板。按：喪大記謂之「厞」，彼疏引：「舊云：厞是屋簷也，謂抽此西北隅屋簷也。」又引：「熊氏云：厞謂西北隅厞隱之處，徹取屋外當厞隱處薪。義亦通也。」沈氏彤儀禮小疏：「西北厞，乃室隱闇之處，徹之者，去其蓋蔽，以通神也。」蓋取其所在言之謂之厞，指其所取物言之謂之笮也。○注「太祖周公之廟」。○下十三年傳曰：「周公稱太廟。」禮記明堂位曰：「以禘禮祀周公于太廟。」漢書韋玄成傳云：「受命之君躬接于天，萬世不墮。繼烈以下，五廟而遷，上陳太祖，間歲而祫。其道應天，故福禄永終。」謂天子太祖也，諸侯太祖亦世世不毁。魯以伯禽爲始封祖，稱世室，世世不毁也。見下十三年傳：「周公稱太廟。」在五廟外，與文王、姜嫄廟皆爲特廟，惟禘祫之時，宜在周公廟，爲其爲太祖也，故毁主宜藏於其廟，又與各國殊。○注「陳者」至「尚敬」。○漢書韋玄成傳：「祫祭者，毁廟與未毁廟之主皆合食于太祖，父爲昭，子爲穆，孫復爲昭，古之正禮也。」禮記王制疏引鄭氏禘祫志云：「此祫謂祭於始祖之廟，毁廟之主皆在始祖廟中，始祖於西方東面；始祖之子爲昭，北方南面；始祖之孫爲穆，南方

〔一〕「笮，危也」句有誤。玉篇竹部作：「筄，屋危也。」「笮，狹也、迫也、壓也，矢箙也。」

北面；「至此以下皆然。從西方以上。」按：當爲以下。又引決疑要注：「父南面故曰昭，昭，明也。子北面故曰穆，穆，順也。」按：此專論禘祫之昭穆。若廟制昭穆則五廟並列，每廟有隔牆，牆有通門。故聘禮，君迎賓，自大門内，折而東行，應三通門，乃至太祖廟中。所以每門曲揖也。其制，太祖居中，左昭右穆，並列南向。孫毓誤以合祭之昭穆爲廟制之昭穆，謂太祖居中，二昭二穆，以次而南，則昭西向，穆東向矣。有是理乎？其公墓之昭穆，則太祖居中，左昭右穆，以次而南。古葬皆北首，故昭穆以東西爲左右也，其制見於聶崇義之三禮圖。其與廟制殊者，一南向，一北首，一並列，一不並列爾。則又不得泥於昭明穆順之義矣。其賜爵之昭穆，則昭與昭齒，穆與穆齒。時祭時助祭者皆東向西向，合祭時助祭者亦昭南穆北也。

未毁廟之主，皆升，合食于太祖。【注】自外來曰升。【疏】穀梁傳亦曰：「祫祭者，毁廟之主，陳于太祖；未毁廟之主，皆升，合食于太祖。」注：「祫祭者，皆合祭諸廟已毁未毁者之主於太祖廟中，以昭穆爲次序，父爲昭，子爲繆，昭南鄉，繆北鄉，孫從王父坐也。祭畢，則復還其廟。」正以四親廟之主各别爲廟，今合祭太祖廟，故爲自外來升也。

五年而再殷祭。【注】殷，盛也。謂三年祫五年禘。禘所以異於祫者，功臣皆祭也。祫，猶合也。禘，猶諦也。審諦無所遺失。禮，天子特禘特祫；諸侯禘則不礿，祫則不嘗；大夫有賜於君，然後祫其高祖。

【疏】注「殷，盛也」。○易豫象傳曰：「殷薦之上帝。」釋文引馬注云：「殷，盛也。」禮士喪禮云：「月半不殷奠。」注：「殷，盛也。」沈氏彤禘祫年月説云：「於周天子，則當從横渠張子之説，以禘即司尊彝之追享，祫即其朝享，而並爲四時之間祀也。積四時而成歲，祀在〔一〕四時之間，則歲舉也。蓋祫爲毁廟之主而設，禘爲始祖之所自出而設，其外南北郊爲天地而設。天地也始祖所自出，與毁廟之主，雖尊親遠近有差等，然自繼天祖者視之，則天祖均也。南北郊以歲舉，而禘祫獨不以歲舉乎？」「於諸侯當從五年再殷祭之説者，殷祭即祫也，三年一祫，五年再祫，皆間歲一舉，歷五年而實四期也。祫之月當如周，物備而合食（於冬十月），侯與王不宜殊，其間歲而舉，則降於天子一等也。」按：沈氏此説與各家皆不合。通義云：「再殷祭者，再祫也，間無事則舉焉。或越二歲，或曠一歲，總其辜較，五年而再祫，取象天道五歲再閏，以爲疏數節也。漢儒有三年一祫、五年一禘之説，出於禮緯，於經無徵。經之言大禘者，事天之名。祭法：『周人禘嚳而郊稷。』鄭司農曰：『此禘謂祭昊天于圜丘也。』大傳：『王者禘其祖之所自出，以其祖配之。』韋玄成曰：『言始受命而王，祭天，以〔二〕其祖配，而不爲立廟，親盡也。』此先儒舊訓，有自來矣。商承鳦鳥之祥，周受履敏之命，故推其祖之所自出，上本於天。而周人以嚳爲始祖，以后稷爲始封之祖，是以配嚳于禘，配稷于郊。國語曰：『天子禘郊之事，必自射其牲。』又曰：『禘郊之事，則有全烝。』禘先于郊，非配天而何？其廟祭有名禘者，則如禮記每稱嘗禘之禮。禘嘗之義，夏祭曰禘，秋祭曰嘗。文偶事敵，俱爲時祭，更不見大禘之文。漢儒誤混禘名于大祫，唐宋以來遂相承，言周人之禘以稷配嚳，又推之而言，魯人僭禘亦以周

〔一〕「在」，原訛作「則」，叢書本同，據沈彤果堂集禮禘祫年月説校改。
〔二〕「以」，原訛作「如」，叢書本不誤，據改。

公配文王。明堂位固云『以禘禮祀周公于太廟』，實不禘文王也。」按：唐宋人之説本無足辨，至謂宗廟之祭止有大祫，而無大禘，然兩漢今古文家皆以禘祫並舉，似非無據，姑存沈、孔二説，以備參考。○注「謂三」至「年禘」。○禮記疏引禮緯云：「三年一祫，五年一禘。」鄭注：「百王通義。」又御覽引五經通義云：「王者諸侯所以三年一祫、五年一禘何？三年一閏，天道小備，故三年一祫。祫者，取未遷廟主合食太祖廟中。五歲再閏，天道大備，故五歲一禘。禘者，取已遷廟主合食太祖廟中。」漢書韋玄成傳：「五年而再殷祭，言嘗禘、嘗祫也。祫祭者，毀廟與未毀廟之主皆合食於太祖，父爲昭，子爲穆，孫復爲昭，古之正禮也。」又云：「昔帝王承祖宗之休典，取象於天地，天序五行，人親五屬，天子奉天，故率其意而尊其制。是以禘嘗之序，靡有過五。」按：嘗疑祫之誤，嘗爲四時祭也。○注「禘所」至「祭也」。○舊疏云：「出禮記與春秋説文。」按：今禮記無此文，或禮説之譌。書盤庚云：「茲予大享于先王，爾祖其從與享之。」僞孔傳：「古者録功臣配食于廟。」周禮司勳職：「凡有功者，銘書於王之大常，祭于大烝，司勳詔之。」注：「銘之言名也。生則書於王旌，以識其人與功也。死則於烝先王祭之。謂告其神以詞焉。盤庚告其卿大夫曰：『茲予大享于先王，爾祖其從與享之。』是也。今漢祭功臣於廟庭。」孔叢子論書云：「天子諸侯之臣，生則有列於朝，死則有位於廟，其序一也。」皆未言祭於何時，惟周禮謂在烝祭時。周禮疏引周志〔一〕云：「勇則害上，不

〔一〕「周禮疏引周志」，原誤記爲周書大匡解，叢書本同，據以下引文所出校正。

登于明堂。」〔一〕左傳引周志亦有是語，言有勇而無義者，不登堂配食。蓋禘必於太廟，周廟制如明堂，故謂明堂也。公羊禮説云：「此春秋説文，何氏之所本。魏書孫慧蔚主之，外此，衆説紛如，與何異矣。周禮司勳：『凡有功者，祭于大烝。』注引盤庚曰：『兹予大享于先王，爾祖其從與享之。』又引『漢祭功臣于廟庭』疏：『或謂周時直於烝時祭功臣〔二〕，殷時烝嘗俱祭，禮異故也。』高堂隆亦主周禮之説，配食於烝祭。後世有禘祫並及功臣者，梁武帝時何佟之議曰：『禘於夏首，物皆未成，故爲小祫。於冬，萬物皆成，其禮大，近代禘祫並及功臣，有乖古典，請爲祫祭，乃及功臣。』從之。至唐韋挺等議曰：『古者臣有大功，享禄其後，子孫率禮，絜粢豐盛，禴祀烝嘗，四時不輟。國家大祫，又得配焉。其禘及時享，功臣皆不應預。故周禮六功之官皆配大烝而已。先儒皆以大烝爲祫祭，禘無配功臣，誠謂理不可易。』從之。按，此諸説不同亦有由焉。何氏謂禘大祫小，鄭氏謂禘小祫大，劉歆、賈逵、鄭衆、馬融、王肅、張融、孔晁與何同，其餘皆與何異。後世專主鄭氏之説，小則人臣不與，大則兼及有功，小大既殊，則禘祫功臣，不得不異制矣。長發之詩，王肅謂『禘祭宗廟』，据此，則『實維阿衡』，即禘祭時功臣皆祭之證矣。春秋説其殷禮與？」○注「祫猶」至「遺失」。○詩商頌玄鳥序箋云：「祫，合也。」蓋合祭羣廟，故取義於合。後漢書張純傳云：「禘之爲言諦，審諦昭穆尊卑之差也。」周制，大王、王季以上遷主，祭於后稷廟；文、武以下，則穆之遷主祭於文王廟，昭之遷主

〔一〕「勇則害上，不登于明堂」，原誤作「勇如害上，則不登于明堂」，叢書本同，據周禮注疏校改。

〔二〕「祭功臣」三字原脱，叢書本同，據周禮注疏校補。

祭於武王廟，未毀之廟各於其廟祭，不升合食，故須審諦無遺失也。其尸，后稷廟稷尸一，昭穆尸各一。文王廟文王尸一，穆尸〔一〕共一。武王廟武王尸一，昭尸共一。其祫祭之尸，則毀廟之主陳於太廟，立昭穆二尸，未毀廟之主皆升，合食於太祖廟，而各立尸也。周禮大宗伯：「以肆獻〔二〕祼享先王，以饋食享先王。」注：「肆獻祼，祫也。饋食，禘也。」是也。◯注「天子」至「不嘗」。◯禮記王制云：「天子犆礿、祫禘、祫嘗、祫烝。」注：「犆，猶一也。祫，合也。天子諸侯之喪畢，合先君之主於祖廟而祭之，謂之祫。後因以爲常。天子先祫而後時祭，諸侯先時祭而後祫。凡祫之歲，春一礿而已。不祫，以物無成者不殷祭。周改夏祭曰礿，以禘爲殷祭也。魯禮，三年喪畢而祫於太祖，明年春禘于羣廟。自爾之後，五年而再殷祭，一祫一禘。」王制又云：「諸侯礿則不禘，禘則不嘗，嘗則不烝，烝則不礿。」注：「虞夏之制，諸侯歲朝，廢一時祭。」王制又云：「諸侯礿犆，禘一犆一祫。嘗祫，烝祫。」注：「下天子也，祫歲不禘。」並與此異。王制、雜記先代之制，何氏於桓八年注云「春曰祠，夏曰礿」，則据周制言與？禘於夏，祫於秋。諸侯當殷祭之時不爲時祭，天子則特行禘祫殷祭，於時祭仍無闕也。舊疏於「天子特禘特祫」云：「禮記及春秋説文。」禮記亦無此語，蓋禮説之誤。於「諸侯禘則不礿，祫則不嘗」云：「即禮記王制所云：『夏禘則不礿，秋祫則不嘗。』」按：今王制亦無此語也。又按：王制疏載：「王肅論引賈逵説『吉禘于莊公』，禘者，遞也，審諦昭穆遷主遞位，孫居王父

〔一〕「尸」，原訛作「曰」，叢書本不誤，據改。

〔二〕「獻」，原訛作「禮」，叢書本同，據周禮校改。

之處。又引禘於太廟，逸禮『其昭尸穆尸，其祝辭稱孝子孝孫』，則是父子並列。」無是理也。「逸禮又云：『皆升合食於其祖。』劉歆、賈逵、鄭衆、馬融等皆以爲然。又〔一〕曾子問云：『七廟五廟無虚主。虚主者，唯天子崩，與祫祭，祝取羣廟之主。』明禘祭不取羣廟之主〔二〕可知。」故鄭氏取公羊爲正説也。杜預等以禘爲三年大祭，在太祖之廟，傳無祫文，以祫即禘也，取其序昭穆謂之禘，取其合集羣祖謂之祫，與禮經違，不可從。○注「大夫」至「高祖」。○禮記大傳云：「大夫、士有大事，省於其君，干祫及其高祖。」注：「大事，寇戎之事也。省，善也，善於其君，謂免於大難也。干，猶空也，空祫，謂無廟祫，祭之於壇墠。」正義：「今唯云『及高祖』，是祫不及始祖，以卑故也。然此言支庶爲大夫、士者耳，若適爲大夫，亦有太祖，故王制云『大夫三廟，一昭一穆，與太祖之廟而三』是也。師説云：『大夫有始祖者，鬼其百世，若有善於君得祫，則亦祫於太祖廟中，偏祫太祖以下也。』」然春秋之義，大夫不世，則不得有太祖廟，故何氏謂祫其高祖也。禮疏所載師説亦未安，大夫雖有太祖，亦不得祫於太祖之廟，果爾則與諸侯何别乎？朱氏彬禮記訓纂云：「吴幼清曰：『大事，大功也，省察也，如詩序所謂「有功而見知則悦〔三〕也」。祫，合也。謂雖無廟，而得於〔四〕有廟

〔一〕「又」，原訛作「按」，叢書本同，據禮記正義校改。
〔二〕「之主」二字原脱，叢書本同，據禮記正義校補。
〔三〕「則悦」二字原脱，叢書本同，據毛詩正義校補。
〔四〕「於」字原脱，叢書本同，據禮記訓纂校補。

者合祭也。大夫蓋祫於曾祖廟〔一〕，而上及高祖；上士則祫於祖廟，而上及曾祖、高祖；中士、下士則祫於禰廟，而上及祖與曾祖、高祖也。』」其説是也。又以大夫亦有有太祖廟者，無曾祖廟，當祫於太祖之廟，而祭曾祖、祖、禰，凡四世。若太祖在高祖前者，或祫於太祖廟，而並及高、曾、祖、禰爲五世也，亦惑於禮記疏説耳。

躋者何？升也。【疏】穀梁傳：「躋，升也。」詩小雅斯干：「君子攸躋。」商頌長發：「聖敬日躋。」傳並云：「躋，升也。」説文足部：「躋，登也。」登即升也。方言亦云：「躋，登也。東齊海岱之間謂之躋。」爾雅釋詁、小爾雅廣言皆云：「隮，陞也。」周禮「眡祲」注：「鄭司農云：隮，升氣也。」隮與躋同，見廣韻。

何言乎升僖公？【注】据禘于太廟不道所升。【疏】注「据禘」至「所升」。○即僖八年書「禘于太廟，用致夫人」是也。

譏。何譏爾？逆祀也。其逆祀奈何？先禰而後祖也。【注】升謂西上。禮，昭穆指父子，近取法春秋，惠公與莊公當同南面西上，隱、桓與閔、僖亦當同北面西上，繼閔者在下。文公緣僖公於閔公爲庶兄，置僖公於閔公上，失先後之義，故譏之。傳曰「後祖」者，僖公以臣繼閔公，猶子繼父，故閔公於文公，亦猶祖也。自先君言之，隱、桓及閔、僖各當爲兄弟，顧有貴賤耳。自繼代言之，有父子君臣之

〔一〕「廟」字原脱，叢書本同，據禮記訓纂校補。

道，此恩義逆順各有所施也。不言吉祫者，就不三年不復譏，略爲下張本。【疏】穀梁傳：「先親而後祖也，逆祀也。逆祀，則是無昭穆也。無昭穆，則是無祖也。無祖，則無天也。故曰：文無天。無天者，是無天而行也。君子不以親親害尊尊，此春秋之義也。」禮記禮器云：「孔子曰：臧文仲安知禮！夏父弗綦逆祀而弗止也。」注云：「文二年『八月，丁卯，大事于太廟，躋僖公』，始逆祀，是夏父弗綦爲宗人之爲也。」彼疏引：「異義：公羊董仲舒說：躋僖公，逆祀，小惡也。左氏說：爲大惡也。許君謹案，從左氏說。鄭駮之云：兄弟無相後之道，登僖公主於閔公主上，不順，爲小惡也。」又王制曰：「宗廟有弗順者，爲不孝。」注：「不順者，謂若逆昭穆。」謂此類也。○注「升謂西上」。○此謂祫祭之序。王制疏云：「此祫謂祭於始祖廟，毁廟之主及未毁廟之主皆在始祖廟中。始祖之主於西方東面；始祖之子爲昭，北方南面；始祖之孫爲穆，南方北面。自此以下皆然，從西爲上。」是也。○注「禮昭」至「西上」。○禮，父爲昭，子爲穆，故云昭穆指父子。禮器正義〔一〕：「外傳云：躋僖公，弗綦云：『明爲昭，其次爲穆。』以此言之，從文公至惠公七世，惠公爲昭，隱公爲穆，桓公爲昭，莊公爲穆，閔公爲昭，僖公爲穆。今躋僖公爲昭，閔公爲穆，自此以下，昭穆皆逆，故定公八年『順祀先公』，服氏云：『自躋僖公以來，昭穆皆逆。』是用國語之說，與何休義異。」如鄭駮異義之意，正以僖在閔上，謂之爲昭，非爲穆也。冢人〔二〕疏：「惠公當昭，隱公當穆，桓公當

〔一〕禮器正義，指禮記正義禮器篇。

〔二〕以下引文實出自冢人，原誤記爲「守祧」，叢書本同，據周禮正義校改。

昭，莊公當穆，閔公當昭，僖公當穆。今升僖公於閔之上爲昭，閔公爲穆，故云逆祀。知不以兄弟同昭位，升僖公於閔上，爲逆祀者，定八年傳『順祀先公』。若本同倫，以僖公升于閔之上，則以後諸公昭穆不亂，何以定八年始云順祀乎？明本以僖、閔昭穆别，故以後皆亂也。」蓋亦用服説。或左氏家説如是與？按：鄭駁異義以爲小惡，明止登僖主於閔主上爾，不必如服氏説。但傳明言先禰後祖，恐是升僖爲昭，則必降閔爲穆，然文仍昭，宣仍穆與？閔爲昭、僖爲穆無異，何至自此以下昭穆皆逆？賈孔所疏殊屬牽强。以魯世次考之，伯禽爲始封祖，其次考公、煬公昭，幽公、魏公穆，厲公、獻公昭，真公穆，武公昭，懿公、孝公穆，故惠公昭也，中有伯御弑君自立，天子所誅，必不序入昭穆之次，故何氏如此序也。然以一昭一穆序之，亦惠公宜昭。○注「繼閔」至「譏之」。○穀梁注：「舊説僖公，閔公庶兄。故文公升僖公之主於閔公之上耳。」正以閔、僖同穆位，閔當在西，僖當在東。今升僖於閔之西也，是失先後之序。○注「傳曰」至「祖也」。○范甯引舊説又云：「僖公雖長，已爲臣矣。閔公雖小，已爲君矣。臣不可以先君，猶子不可以先父，故以昭穆父祖爲喻。」與何氏説同。齊氏召南經傳考證云：「公羊此義極精，何氏注亦最當。後漢梁太后欲以殤帝廟次居順帝下，周舉議曰：『春秋魯閔公無子，庶兄僖公代立，其子文公遂躋僖於閔上，孔子譏之，書曰：「躋僖公，逆祀也。」及定公正其序，經曰「從祀先公」，爲萬世法也。今殤帝在先，於秩爲父；順帝在後，於親爲子。先後之義不可改，昭穆之序不可亂。』太后從之。此事足與傳相發明。」通義亦引周舉〔一〕議，又引：「賈公彦

〔一〕「舉」字原脱，叢書本同，「周舉議」，即上引經傳考證中之「周舉議曰」的内容，據公羊通義校補。

曰：『兄死弟及，俱爲君，則以兄弟爲昭穆。以其弟已爲臣，臣子一例，則如父子，故别昭穆也。』廣森謂臣子一例，此傳明文，周、賈之説蓋得經理。僖於閔實兄弟，然傳曰『先禰而後祖也』，穀梁傳亦曰：『先親而後祖也。』國語亦曰：『非昭穆也。』左氏傳亦曰：『子雖齊聖，不先父食。』可見僖之先閔，非直以臣越君，乃即以子越父，以穆越昭，以禰越祖。何者？諸侯之尊，兄弟不得以其屬通，雖繼立也，是必嘗爲臣，臣之事君，與子之事父等。由族屬言之，父子不可改，詩曰：『莊公之子。』是也。由廟制言之，僖公時，固祀莊于祖，祀閔于禰。詩曰：『新廟奕奕。』毛公傳以爲閔公廟是也。至于文公，則當禰僖而祖閔。父之所不禰，子亦不祖也。父之所禰，子亦不敢不祖也。今僖必禰莊，將别有閔宫。加四親廟而爲五可乎？俗儒或於禰必爲父，祖必爲王父，甚不知禮意，祖禰皆廟名也，爲人後者後其廟。重禰事之，非必父謂之也。祖事之，非必王父謂之也。自始立廟，即定禰祖之名，又其上一昭一穆，而四廟備。嗣爲君者，迭居迭毁，凡新主則必納禰宫，不以倫序而異。若周之初，孝王嗣懿王，懿之叔父也，然祀懿必於禰。假令兄弟同昭穆，則孝王當與共王同位，而以臣躋懿上，是即逆祀矣。其後桓王嗣平王，平之孫也，然祀平亦於禰，而太子洩父不序於七廟。人君者，尊之統也，是故廟無虚主，廟無二主，皆所以著統也。天子以天下爲體，以一王爲一世；諸侯以國爲體，以一君爲一世，固不與士大夫恒禮同。而春秋之際，家世其爵禄，雖大夫猶有爲兄後者矣，況天子、諸侯之兄弟有君臣之分者耶？高閌曰：『父子相繼，此禮之常也。至于傳之兄弟，則亦不得已焉耳。既授之天下國家，則所傳者，雖非其子，亦猶子道也；傳之者，雖非其父，亦猶父道也。以天下國家爲重矣。』徐邈曰：『若兄弟六人爲君，自爲昭穆，則後世當祀不及祖禰。』此又妄之甚者。

禮有所極，義有所斷，爲之後者爲之子，所以正授受，重祖統也。兄弟六人相代爲君，亦六代祀祖禰矣。假非兄弟相代，而其祖亦當遷耳，豈得故存哉！即如遯言，使有兄弟六人各自稱昭，是有十三廟，又其最後一君，自上繼其父，則五君終無後也。豈其所以傳重授國之意乎？凡言禮者，惡其諂時君之意，苟曰廣宗廟大孝之本，而不詳授受之道，使當傳國者，不忍以其國與其宗，曰非吾子也；當受國者，又不肯以臣子之禮事其君，曰非吾父也。至令宗廟猥衆，昭穆駢積，而鬼有不祀者，皆不知春秋大義故也。」按：何氏此注與上注似不合，既以閔猶文之祖，則不得閔、僖同北面西上矣。蓋殷人兄弟爲君同昭穆，周人兄弟爲君異昭穆。周道尊尊，以國體爲重，生爲君臣，死即爲父子，故昭穆各異。殷道親親，天子、諸侯俱不絶旁期，則生雖君臣，親誼不殊，故死則仍爲兄弟，昭穆宜同也。何氏以臣子一例，定春秋繼統之經，而以兄弟同昭穆説合祀，蓋以殷之質變周之文，以親親兼尊尊與？○注「自先」至「施也」。○此何氏申言昭穆之制，與稱謂之殊，所以不同也。以自先君視之，兄弟既爲兄弟，則昭穆仍同昭穆；自國體言之，則閔爲君父，僖爲臣子也。公羊禮説云：「兄終弟及之昭穆有二説焉：一以爲父子異昭穆，兄弟同昭穆；一以爲兄死弟及，俱爲君，則如父子，故昭穆異。其説皆自三傳啓之，而注三傳者，初不主後説也。歷引范甯、何休注，又引杜預曰：『僖公，閔公庶兄，繼閔而立，廟坐次宜次閔下，今升閔上，故譏之。』孔申之曰：『若兄弟相代，即異昭穆，設兄弟四人皆爲君，則祖父之廟即以從毁，知其理必不然。』而賈公彦之説則異是，謂閔公爲昭，僖公爲穆，今升僖爲昭，閔爲穆，故云逆祀。果爾，是誠亂昭穆之序。董仲舒何以謂躋僖公爲小惡耶？許以其爲大惡，鄭氏曰：『兄弟無相後之道，登僖於閔上，不順爲小惡。』康成何爲駁叔重耶？

問者曰：『韋昭、賈公彦之徒皆以爲臣子一例，此非公羊傳明文耶？』曰：『其説出於公羊，韋、賈皆不得其解者也。』臣子一例，自施於服制，不可通於廟制。儀禮曰：『封君之子不臣諸父而臣昆弟，封君之孫盡臣之。』後漢宋意曰：『春秋之義，諸父昆弟無所不臣。』大戴禮曰：『是以母弟官子咸有臣志。』由此觀之，則以弟繼兄，以兄繼弟，甚至以叔繼姪，俱無不可。何注：『臣之繼君，猶子繼父，服皆斬衰，故傳稱臣子一例。』舜之於堯，本非父子，至終喪告廟，與父死子繼無異也。推而言之，隱、桓、莊、閔、僖、文，一如文、武、成、康，故自繼代言之，文之於閔、僖，猶之乎祖禰也，若立廟而異昭穆，是非父子而爲父子，非祖孫而爲祖孫，於情不安，於禮得乎？設使陽甲、盤庚、小辛、小乙兄弟四王，各爲一代，而異昭穆，則武丁之祭，將上不及祖耶？況生前爲父子，死後爲祖孫；生前爲兄弟，死後爲父子。不知當禘祫時，昭穆合食一堂，何以爲情耶？後漢梁太后詔以殤帝幼崩，次在順帝下。馬訪奏，宜如詔書。吕勃以爲應依昭穆之序，先殤後順。周舉議：『春秋閔公無子，庶兄僖公代立，文公躋僖於閔上，孔子譏之。今殤帝在先，於秩爲父；順帝在後，於親爲子。先後之義不可改，昭穆之序不可亂。勃議是。』故沖遠謂先儒無此説，善乎何氏之説，曰：自先君言之，隱、桓及閔〔一〕、僖，當各爲兄弟，顧有貴賤耳。自繼代言之，有父子君臣之道，此恩義逆順，各有所施。吾故斷之曰：門内之治恩掩義，閔、僖不得異昭穆；門外之治義斷恩，閔、僖遂儼如父子。何也？宗廟之内，親親也；朝廷之上，尊尊也。君子不以親親害尊尊，故曰先禰而後祖也。」申述何義，

〔一〕「閔」，原訛作「國」，叢書本不誤，據改。

可謂深切著明矣。○注「不言」至「張本」。○毛本「三」誤「二」。舊疏云：「閔二年『吉禘于莊公』，傳：『其言吉何？未可以吉也。曷爲未可以吉？未三年也。』然則，吉禘莊公在三年内，此大事亦在三年内，是不須更言吉祫以譏之，但略言大事於太廟，爲下躋僖公張本而已。」春秋説云：「大事者，吉禘也。吉禘無常月，喪畢乃行。僖公三十三年十一月薨，至文公二年十一月，始滿二十五月。今方八月，計僅二十二月，喪制未畢，與閔二年吉禘正同。春秋之例，一譏，不再譏。如仍書吉禘，是再譏也，故不書吉禘，而書大事，言吉禘國之大事，而文公亂之，穀梁所謂文無天也。」此用杜氏説，以大事爲禘也。范甯説穀梁，以親爲僖，以祖爲莊公，直以僖在莊上。魯之君臣，不宜荒悖若此，與三傳、外傳皆違，皆自逞私見者，不可從。漢書五行志云：「左氏説曰：太廟，周公之廟，饗有禮義者也。祀，國之大事也，惡其亂國之大事于太廟，故曰大事也。躋，登也，登釐公于愍公上，逆祀也。釐雖愍之庶兄，嘗爲愍臣，臣子一例，不得在愍上，又未三年而吉禘，前後亂賢父聖祖之大禮。内爲貌不恭而狂，外爲言不從而僭。故是歲自十二月不雨，至于秋七月。後年，若是者三，而太室屋壞矣。前堂曰太廟，中央曰太室。屋，其上重屋尊高者也，象魯自是陵夷，將墮周公之祀也。」彼所載左氏説，亦以此爲禘，蓋古文家説與？

○冬，晉人、宋人、陳人、鄭人伐秦。【疏】沈氏欽韓左傳補注云：「稱人者，惡其兵連禍結無已也。」据左傳，爲報彭衙之役。

○公子遂如齊納幣。

納幣不書，此何以書？ 譏。【疏】穀梁注云：「喪制未畢而納幣，書非禮。」左傳以爲「禮也」。檀弓疏引膏肓云：「喪服未畢而行昏禮，於義爲短。」鄭箴之曰：「僖公母主婚，得權時之禮。」劉評之曰：「此鄭違心之論。莊公母主取仇女，亦權宜之禮乎？」

何譏爾？ 譏喪娶也。【疏】釋文作「喪取」，云：「本或作娶。」

娶在三年之外，則何譏乎喪娶？【注】据逆在四年。【疏】注「据逆在四年」。○下四年「逆婦姜于齊」是也。

三年之内不圖婚。【注】僖公以十二月薨，至此未滿二十五月。又禮，先納采、問名、納吉，乃納幣，此四者皆在三年之内，故云爾。【疏】注「僖公」至「云爾」。○禮記昏義云「納采、問名、納吉、納徵」，禮昏禮同。春秋之納幣，則禮之納徵也，是彼三禮皆在納幣前也。繁露玉杯云：「春秋譏文公以喪娶。難者曰：『喪之法不過三年，三年之喪二十五月，今按經，文公乃四十一月方取〔一〕，取時無喪，出其法也久矣，何以謂之喪取？』曰：『春秋之論事，莫重乎志。今取必納幣，納幣之月在喪分，故謂之喪取也。』」

吉禘于莊公譏，然則曷爲不於祭焉譏？【注】据吉禘于莊公，譏始不三年，大事圖婚，俱不三

〔一〕「文公乃四十一月方取」句，原「文」後脱一「公」字，「方」字訛作「乃」，叢書本同，據春秋繁露改補。

年。大事猶從吉禘，不復譏。【疏】注「据吉」至「三年」。○閔二年傳：「吉禘于莊公何以書？譏。何譏爾？譏始不三年也。」通義云：「難不言吉祫意。」○注「大事」至「復譏」。○校勘記云：「鄂本復作獨。」按：作復是也。

三年之恩疾矣，【注】疾，痛。【疏】禮記三年問云：「三年之喪，二十五月而畢，哀痛未盡，思慕未忘。」又曰：「創鉅者其日久」，「痛甚者其愈遲」，「三年者，稱情而立文，所以爲至痛極也」。

非虛加之也。【注】非虛加責之。【疏】繁露玉杯云：「禮之所重者，在其志。志敬而節具，則君子予之知禮；志和而音雅，則君子予之知樂；志哀而居約，則君子予之知喪。故曰非虛加之，重志之謂也。」

以人心爲皆有之。【注】以人心爲皆有疾痛，不忍娶。【疏】通義云：「子生三年，然後免於父母之懷，故三年之喪，恩痛之至也。非從天降，非從地出，非爲人悦也，稱情而立文焉爾。創鉅者其日久，痛甚者其愈遲，蓋哀迫思慕有餘于三年之外者，然而先王爲之中制，斷以五五，猶且葬而有變，練而有除，將使不肖者皆易跂及焉。如是而情有不逮者，謂之無人心矣。」經義述聞云：「謹案，人之言仁也，墨子經説篇：『仁愛也。』方言：『凡相憐愛〔一〕。九疑湘潭之間謂之人兮。』表記：『仁者，人也。』鄭注曰：『人也，謂施以人恩也。』成十六年：『晉人執季孫行父，舍之于招丘。』傳曰：『執未有言舍之者，此其言舍之何？仁之

〔一〕「凡相憐愛」句，方言作「沅澧之原凡言相憐哀謂之嘳」。

也，曰在招丘，悕矣。』何注曰：『悕，悲也。仁之者，若曰在招丘，可悲矣。閔録之辭。』表記注引公羊『仁之』作『人之』，是人即仁也。以仁心爲皆有之者，以哀痛父母之心爲衆所同有也。作人者，借字耳。下文『以爲有人心焉者，則宜於此變焉矣』，何注曰：『有人心念親者，可有欲爲己圖婚，則當變慟哭泣矣。』此解得之。」按：作人字解，亦自可〔一〕通，不必讀作仁字。俞云：「此解上文不於祭譏之義，蓋『吉禘于莊公』譏，而此年『大事于太廟』不譏者，正以三年之喪，疾痛至深，乃人心所皆有，非如它事微婉難明，故吉禘一譏，已足見義，其餘不悉譏也。若如何解，上下文皆不貫矣。」按：如何解猶不忍娶言，亦與上下無不貫。

以人心爲皆有之，則曷爲獨於娶焉譏？【注】据孝子疾痛，吉事皆不當爲，非獨娶也。【疏】注「据孝」至「獨娶」。○禮記王制云：「喪三年不祭，唯祭天地社稷，爲越紼而行事。」故凡祭祀及冠、婚、朝聘皆不行也。

娶者，大吉也，【注】合二姓之好，傳之於無窮，故爲大吉。【疏】注「合二」至「大吉」。○禮記昏義云：「昏禮者，將合二姓之好，上以事宗廟，而下以繼後世也。」又哀公問曰：「合二姓之好，以繼先聖之後，以爲天地宗廟社稷之主。」穀梁桓三年〔二〕傳：「子貢曰：『冕而親迎，不已重乎？』孔子曰：『合二姓之好，以

〔一〕「可」，原訛作「聞」，叢書本不誤，據改。
〔二〕「三年」，原誤記爲「二年」，叢書本同，據穀梁傳校改。

繼萬世之後，何謂已重乎？』」哀公問又曰：「大昏，万世之嗣也。」不復譏，從常辭而已。」

非常吉也。【注】與大事異。【疏】注「與大事異」。○通義云：「譏必於其重者，圖婚惡重於祫，故大事

其爲吉者主於己，【注】主於己身，不如祭祀尚有念先人之心。【疏】注「主於」至「之心」。○繁露玉杯云：「文公以秋祫祭，以冬納幣，皆失於太蚤。春秋不譏其前，而顧譏其後，必以三年之喪，肌膚之情也。雖從俗而不能終，猶宜未平於心。今全無悼遠之志，反思念取事，是春秋之所甚疾也，故譏不出三年於首而已，譏其喪取也。不別先後，賤其無人心也。緣此以論禮，禮之所重者，在其志。」又云：「志爲質，物爲文，文著於質，質不居文，文安施質，質文兩備，然後其禮成。文質偏行，不得有我爾之名，俱不能備，而偏行之，甯有質而無文，雖弗予能禮，尚少善之，『介葛盧來』是也。有文無質，非直不予，乃少惡之，謂『州公寔來』是也。然則，春秋之序道也，先質而後文，右志而左物，故曰：禮云禮云，玉帛云乎哉！引而後之，亦宜曰：喪云喪云，衣服云乎哉！是故孔子立新王之道，明其貴志以反和，見其好誠以滅僞，其有繼周之弊，故若此也。」

以爲有人心焉者，則宜於此焉變矣。【注】變者，變慟哭泣也。有人心念親者，聞有欲爲己圖婚，則當變慟哭泣矣，況乃至于納幣成婚哉！【疏】注「變者」至「泣也」。○小爾雅廣詁：「變，易也。」禮記檀弓云：「不可以變。」注：「變，動也。」謂動易其平素爲哭泣也。故死喪亦謂之變。穀梁昭十五年傳：

「大夫有〔一〕變。」是也。孫氏志祖讀書脞録云：「變，讀爲辨，言誠有欲爲己圖婚，則當辨其義之可否。宣十五年傳：『上變古易常，應是而有天災，其諸則宜於此焉變矣。』亦謂當辨其災應之所由來。辨、變古字通用。」按：變義最切，作辨解迂回。○注「有人」至「婚哉」。○毛本「于」作「於」。通義云：「文公誠有人心，欲變未失而久喪者，則所變宜莫若此矣。於此而不變，知其外慕久喪之名，而汲汲圖婚，内實不哀也。」於義亦迂説，變字亦未明。

〔一〕「有」，原訛作「以」，叢書本同，據穀梁傳校改。

公羊義疏三十九

南菁書院　句容陳立卓人著

文三年盡五年

○三年，春，王正月，叔孫得臣會晉人、宋人、陳人、衛人、鄭人伐沈。沈潰。【疏】杜云：「沈，國名也。汝南平輿縣北有沈亭。」水經注：「汝水逕平輿縣故城南，舊沈國也。」一統志：「平輿故城在汝甯府汝陽東南六十里。」

○夏，五月，王子虎卒。王子虎者何？天子之大夫也。外大夫不卒，此何以卒？【注】据原仲也。【疏】注「据原仲也」。○莊二十七年，「公子友如陳，葬原仲」，彼不見原仲卒文，故据以難。

新使乎我也。【注】王子虎即叔服也。新爲王者使來會葬，在葬後三年中卒，君子恩隆於親親，則加報之，故卒，明當有恩禮也。尹氏卒日，此不日者，在期外也。名者，卒從正。【疏】注「王子」至「服也」。○

穀梁傳：「王子虎卒，叔服也。」○注「新爲」至「禮也」。○穀梁傳：「此不卒者也，何以卒之？以其來會葬我，卒之也。」通義云：「新爲王者使來會葬，故有赴弔之禮。而春秋以其恩録之也。」按：隱三年：「尹氏卒。」傳：「外大夫不卒，此何以卒？天王崩，諸侯之主也。」注：「時天王崩，魯隱往奔喪，尹氏主儐贊諸侯，與隱交接，而卒恩隆於王者，則加禮録之，故爲隱恩録痛之。」彼爲爲魯主故，爲恩隆王者，此爲會葬恩隆於親親，尤當加報之也。○注「尹氏」至「外也」。○隱三年「尹氏卒」，書「辛卯」是也。注云「日者，恩録之」，明當有恩禮。彼「尹氏卒」在天王崩之年，其恩近，故日；此會葬已三年，在期外，其恩殺，故不日也。通義云：「尹氏卒日，此不日者，蓋以位之尊卑爲差。」孰尊孰卑亦無所考，孔氏以意言耳。○注「名者卒從正」。○隱八年：「蔡侯考父卒。」傳云：「卒從正。」注：「卒當赴告天子，君前臣名，故從君臣之正義言也。」此亦從君臣之正言之，故曰卒從正也。以對葬從主人，皆從臣子辭言公也。按：此又決尹氏爲譏世卿，故不名也。又明上會葬書字，爲下大夫書字常辭，不稱王爲不以親疎録也。

○秦人伐晉。【疏】沈氏欽韓云：「此惡秦也。」按：左傳：「此伐晉爲秦伯，此書人，知爲貶爵。」

○秋，楚人圍江。

○雨螽于宋。【疏】通義云：「公羊前後經皆螽作蠓。」按：此蓋涉左、穀而誤。

雨螽者何？死而墜也。【注】以先言雨也。墜，隋地也。不言如雨，言雨螽者，本飛從地上，而下至地，似雨尤醇。【疏】釋文「墜」作「隊」。唐石經隊字後加土。左傳亦云：「隊而死也。」○注「以先言雨也」。○舊疏云：「正以先言雨後言螽，則知死而墜者也。」蓋先見若雨，繼而視之則螽，故知死而隊也，如僖十六年書先霣後石同。左傳：「隊而死也。」○注「墜，隋地」。○穀梁疏引公羊與考異郵皆云「螽死而墜於地」，蓋參傳與緯文，非此傳有異本也。廣雅釋詁：「墜，墮也。」亦作隊。荀子禮論：「入焉而隊。」注：「隊，墮也。」亦作隧。淮南說林訓：「有射而隧。」注：「隧，墮也。」爾雅釋詁：「墜，落也。」落亦墜也，隊正字，墜俗也。漢書五行志引左傳作「隊」。○注「不言」至「尤醇」。○舊疏云：「欲道莊七年『星霣如雨』者，本從天來，又不及地，如雨不醇，故云如雨。此則初從地上而還至地，故不言如，言其真似雨也。」繁露深察名號云：「春秋辨物之理，以正其名。名物如其真，不失秋毫之末，故名霣石則後其五，言退鷁則先其六。」又玉英云：「春秋理百物、辨品類、別嫌疑、修本末者也。是故星墜謂之霣，螽墜謂之雨，所發之處不同，或降于天，或發于地，其辭不可同也。」

何以書？記異也。外異不書，此何以書？爲王者之後記異也。【注】螽，猶衆也。衆死而墜者，羣臣將爭彊相殘賊之象，是後大臣比爭鬬相殺，司城驚逃，子哀奔亡，國家廓然無人，朝廷久空。蓋由三世内娶，貴近妃族，禍自上下，故異之云爾。【疏】穀梁傳曰：「災甚也。其甚奈何？茅茨盡矣。」疏引：「徐邈云：『禾稼既盡，又食屋之茅茨。』」又引：「何君廢疾云『螽猶衆也，死而墜者，象宋羣臣相殘害也』云云，『上下異之云爾』。今穀梁直云『茅茨盡矣，著於上見於下謂之雨』，與讖違。」按：「云云」，即何氏下注語也。「與讖違」，謂與考異郵違也。「鄭君云：『穀梁亦以宋薄德，後將有禍，故螽飛在上，墜地而死。言茅茨盡者，著甚之驗，於讖何錯之有？』」劉氏申何曰：「穀梁不傳三統之例，譬猶瞽之無相，夜之無燭矣。鄭君文之奚益哉！」按：春秋通三統以立義，故於僖十六年及此皆「爲王者之後記異」，於宣十六年「成周宣謝火〔一〕」，見新周，亦從「爲王者後記〔二〕災也」，明王者之後法度所存。今而災異見，故重而録之也。○注「螽猶衆也」。○藝文類聚〔三〕引春秋佐助期云：「螽之言蟲，赤頭黑身，兩翼而行，陰中陽也。螽之爲言，衆暴寡也。」説文蚰部：「螽或从虫衆聲。」作「⿰虫衆」，亦音義相兼也。故知公羊本當作「⿰虫衆」，故何氏如此解。○注「衆死」至「之象」。○校勘記云：「何煌云：穀梁疏引無衆字。」按，無者非也。」又引：「何煌云：羣上穀梁疏有象宋二字，乃疏家以意改也。」按：穀梁疏所引係何氏廢疾語。開元占經引異義：「公羊説：后夫人之家專權擅世，秉持國政，蠶食百姓，則螽飛反墜。」藝文類聚引漢含孳云：「蝗起乎貪，螽者飛而甲爲害，故天雨螽，則刑法醜。」觀象玩占引傳曰：「人君暴虐，不親骨肉而親他人，故螽蔽天而墜，其國兵災並起。」所取災應皆與此大同小異。○注「是後」至「云爾」。○校勘記云：「鄂本

〔一〕「火」，公羊傳原文作「災」。

〔二〕「記」，原訛作「見」，叢書本同，據公羊注疏校改。

〔三〕「藝文類聚」，原訛作「事文類聚」，下文「引漢含孳」的亦誤記爲「事文類聚」，一并校改。

空作虚，此誤。」又云：「鄂本由改猶。」五行志中之下：「文公三年，『秋，雨螽于宋』。劉向以爲，先是宋殺大夫而無罪，有暴虐賦斂之應。穀梁傳上下皆合言甚。董仲舒以爲，宋三世内取，大夫專恣，殺生不中，故螽先死而至。劉歆以爲，螽爲穀災，遇賊陰，墜而死也。」經義雜記云：「穀梁『著於上，見於下，謂之雨』，此即所謂『上下皆合言甚』也。曰『雨螽〔一〕』，著於上也；曰『于宋』，見於下也；上下合言見螽之多，故爲災甚。楊疏引鄭玄云：『墜地而死。』與董、劉義合。公羊何氏本董仲舒注。杜云：『宋人以其死爲得天祐而來告，故書。』與劉子駿『卒遇賊陰而死』之説爲合。」按：大臣相殺，下七年「宋人殺其大夫」，又八年「宋人殺其大夫司馬」是也。「司城驚逃」，下八年「宋司城來奔」是也。「子哀奔亡」，下十四年「宋子哀來奔」是也。「三世内娶」，見僖二十五年、下七年〔二〕、八年傳皆云：「宋三世無大夫，三世内娶也。」是也。

○**冬，公如晉。十有二月，己巳，公及晉侯盟。【疏】**包氏慎言云：「十二月書己巳，月之二十三日。」按：盟不地，亦爲公就于晉也。

○**晉陽處父率師伐楚救江。【疏】**左氏傳作「伐楚以救江」，「以」衍字。此傳云：「伐楚爲救江也。」

〔一〕「雨螽」，原訛作「雨墜」，叢書本同，據經義雜記校改。

〔二〕「年」，原訛作「十」，叢書本同，文公七年、八年有「宋三世無大夫，三世内娶也」，不是七十八年，據改。

穀梁傳：「伐楚所以救江也。」若有「以」字，傳家應爲「以」字作傳，解不必如爾矣。

此伐楚也，其言救江何？【注】据兩之，當先言救也；非兩之，當重出處父也；生事當言遂，三者皆違例，知後言救江，起伐楚意，故問之。【疏】注「据兩」至「救也」。○舊疏云：「即僖二十五年，『楚人圍陳，納頓子于頓』，傳：『何以不言遂？兩之也。』必知先言救者，正以江近楚遠故也。」○注「非兩」至「父也」。○舊疏云：「即僖二十八年：『春，晉侯侵曹。晉侯伐衛。』傳云：『曷爲再言晉侯？非兩之也。』是也。」○注「生事當言遂」。○舊疏云：「即宣元年『秋，楚子、鄭人侵陳，遂侵宋』是也。」○注「三者」至「問之」。○謂三者之例皆不合也，兩之而實非兩之。伐楚即以救江，亦不須言遂；不言救江，又無以起伐楚意。知經無「以」字愈明。

爲諼也。【注】諼，詐。【疏】注「諼，詐」。○公羊問答曰：「注『諼，詐』，何謂也？曰：說文云：『諼，詐也。』漢書息夫躬傳：『虛造詐諼之策。』」按：師古彼注云：「諼，詐辭也。」衛風淇奧篇傳訓「諼，忘」者，蓋「藼」之叚借也。廣雅釋詁：「諼，欺也。」漢書王吉傳：「反懷詐諼之辭。」注：「諼，詐言也。」藝文志云：「尚詐諼而棄其信。」

其爲諼奈何？伐楚爲救江也。【注】救人之道，當指其所之，實欲救江而反伐楚，以爲其勢必當引圍江兵當還自救也，故云爾。孔子曰：「自古皆有死，民無信不立。」【疏】注「救人」至「云爾」。○穀梁傳：「伐楚所以救江也。」注：「時楚人圍江，晉師伐楚，楚國有難，則江圍自解。」淮南說林訓：「晉陽處父伐楚以救江，故解〔一〕捽者不在於搠格，在於批伉。」注：「批，擊也。伉，椎擊其要也。」蓋不直言救江而先伐楚，兵士但知意在伐楚爾，而實爲救江，是爲挾詐諼而懷詭譎，先功利而後仁義，非文王之所以爲師也。通義曰：「將尊稱將，將卑稱人，固經之達例。然外大夫稱名氏率師，實至此始見。可見春秋之初，征伐自諸侯出，小事則遣微者，苟動大衆，君必親將。文、宣以後征伐自大夫出，而貴卿率師始接踵矣，此世變升降之端也。」○注「自古」至「不立」。○論語顏淵篇文。集解：「孔曰：死者，古今常道，人皆有之。治邦不可失信。」鄭注云：「民無信不立。」言民所最急者，信也。皇疏：「李充曰：朝聞道夕死，孔子之所貴；舍生取義，孟軻之所尚。自古有不亡之道，而無不死之人。故有殺身非喪己，苟存非不亡己也。」劉氏逢祿論語述何云：「春秋書『滅』者，亡國之善辭，上下之同力者。有王者起當興之，以獎忠信。無信不立，如『梁亡』、『沈潰』然。」按：左傳僖二十五年云：「公曰：信，國之寶也，民之所庇也。得原失信，何以庇之？所亡滋多。」又二十七年：「子犯曰：民未知信，未宣其用，於是乎伐原以示之信。民易資者不求豐焉，明徵其辭。」是即無信不立義焉。

○四年，春，公至自晉。

〔一〕「解」，原訛作「辟」，叢書本同，據淮南子校改。

○夏，逆婦姜于齊。

其謂之逆婦姜于齊何？【注】据不書逆者主名，不言如齊，不稱女。【疏】舊疏云：「隱二年注云：『不親迎例月，重録之。』今此書時者，蓋以取於大夫，賤不可以奉宗廟，故略之。」○注「据不」至「稱女」。○舊疏云：「決宣元年『公子遂如齊逆女』之經也。」

略之也。【注】稱婦姜，至文也；逆與至共文，故爲略。【疏】注「稱婦」至「爲略」。○宣元年「遂以夫人婦姜至自齊」，是爲已至，故稱婦，明有姑。今逆時即稱婦，是逆與至共文矣。女在其國稱女，在塗稱婦，入國稱夫人。今直言婦姜，故爲略辭。

高子曰：「娶乎大夫者，略之也。」【注】賤，非所以奉宗廟，故略之。不書逆者主名，卑不爲録使也。不言如齊者，大夫無國也。不稱女者，方以婦姜見與至共文，重至也。不稱夫人，爲致文者，賤不可奉宗廟也。不言氏者，本當稱女。女者，父母辭，君子不奪人之親，故使從父母辭不言氏。【疏】孟子告子下「有高子曰」，注：「高子，齊人。」趙氏佑温故録云：「前已有高子以告，注：『高子，齊人，孟子弟子。』此論詩，後論樂，毛詩序亦有『高子曰』之文，疑即釋文所述，吴人徐整言『子夏授高行子』，是一傳詩者，蓋本學於子夏，而後又從孟子，則其齒宿矣，故得稱曰叟。」然則，高子，子夏弟子，傳詩或兼傳春秋，與公羊高同師，故得述其語也。○注「賤非」至「略之」。○繁露玉杯云：「娶于大夫，以卑宗廟。」穀梁疏引：「徐邈亦以爲不書至，不稱夫人，下娶，賤略之。」○注「不書」至「使也」。○通義云：「不書逆人者，君不行使乎大夫，絶正其義也。」穀梁以爲：「公也。其不言公，何也？非成禮于齊也。」注：「非，責。」○注「不言」至「國也」。○通義云：「不言如齊者，明非齊侯女，得言于齊者，大夫繫國也。不言于齊某大夫氏者，言婦姜，則其氏已見。」若然，莊二十七年，「公子友如陳葬原仲」，彼亦大夫，得言如陳者。彼注云：「不言如陳，嫌不辟國事，實私行也。」○注「不稱」至「至也」。○明不言逆女于齊義也。欲起逆至同文，爲略故也。○注「不稱」至「廟也」。○宣元年「遂以夫人婦姜至自齊」是也。通義云：「不稱夫人、不稱氏，皆略之之辭。」○注「不言」至「言氏」。○成十四年「僑如以夫人婦姜氏至自齊」是也。本當稱女，桓三年「公子翬如齊逆女」是也，在父母國之稱也，故「雖爲天王后，猶曰吾季姜」，不言氏也。此爲欲與至共文，示略，故去其女稱，猶不得稱氏，以張君子不奪人親義也。

○狄侵齊。

○秋，楚人滅江。

○晉侯伐秦。

○**衞侯使甯俞來聘。**【疏】舊疏云：「正本作『速』字，故賈氏云『公羊曰甯速』是也。」經義雜記云：「賈氏所据公羊作甯速，即徐所謂正本也。後人依左、穀改之。釋文：『甯俞，音餘。』已同今本矣。」

○**冬，十有一月，壬寅，夫人風氏薨。**【疏】包氏慎言云：「冬，十一月書壬寅，月之朔日。」按：於曆，爲二日。風氏，据左傳爲須句女，太昊氏後。

○**五年，春，王正月，王使榮叔歸含且賵。含者何？口實也。**【注】孝子所以實親口也。緣生以事死，不忍虚其口，天子以珠，諸侯以玉，大夫以碧，士以貝，春秋之制也。文家加飯以稻米。【疏】杜云：「含，口實。」説文作「琀」。周禮太宰職：「大喪，贊飯玉、含玉。」注：「含玉，死者口實。」○注「孝子」至「其口」。○禮記檀弓：「飯用米、貝，弗忍虚也。」疏：「不忍虚其口也。」春秋説題辭云：「口實曰含，象生時食也。」白虎通崩薨篇：「所以有飯含何？緣生食，今死不欲虚其口，故含。」釋名釋喪制云：「含以珠貝，含其口中也。」○注「天子」至「稻米」。○此道春秋制，明不與三王同也。舊疏云：「天子至以貝，皆春秋説文。」檀弓疏引「碧」作「璧」。白虎通崩薨云：「用珠寶物何也？有益死者形體。故天子飯以玉，諸侯以珠，大夫以碧，士以貝也。」雜記疏引禮戴説：「天子飯以珠，含以玉；諸侯飯以珠，含以璧；大夫士飯以珠，含以貝。」周禮典瑞：「大喪，共飯玉、含玉、贈玉。」注：「飯玉，碎玉以雜米。含玉，柱左右顛及在口中者。」則飯、含不同，天子皆用玉。各家所記或夏、殷禮。禮稽命徵曰：「天子飯以珠，含以玉；諸侯飯以珠，含以璧，相備也。」公羊問答云：「注『大夫以碧』，春秋説題辭作璧，當從否？曰：説文：『碧，石之青美者。』山海經：『高山多青碧。』何氏以天子以珠，諸侯以玉，大夫降，下諸侯以碧含可也，故用碧。不得以雜記『含者執璧將命』而改公羊也。賈公彦云：『諸侯用璧。』此言大夫不當用璧。注非誤字，不當從。」（春秋緯文。）按：珠玉碧貝，所施各殊，則碧宜同類。急就篇：「璧碧珠璣玫瑰甕。」師古注：「碧，縹玉也。」文選子虚賦注：「碧，謂玉之青白色者。」以碧爲玉類。山海經東山經篇：「耿山多水碧。」文選江賦：「水碧潛琘。」周書王會解：「王玄繚碧基十二。」則碧當從説文，爲石之美者與？禮士喪禮云：「貝〔一〕三，實于笲。稻米一豆，實于筐。」是文家加以稻米也。故荀子禮論云：「飯以生稻。」楊注：「生稻米也。」是也。士蓋以貝，檀弓之飯用米貝，据士言也。天子當以玉，典瑞所共是也。而典瑞疏又云：「天子飯以黍，諸侯飯用粱，大夫飯用稷。天子之士飯用粱，諸侯之士飯用稻。」不知何代制。雜記又云：「天子飯九貝，諸侯七，大夫五，士三。」似皆用貝。故鄭以爲夏時禮也。通義云：「雜記不合周禮，周禮天子不飯貝，故典瑞曰：『大喪，共飯玉、含〔二〕玉。』且如禮文，明飯與含爲二事。士喪禮飯用米貝，更無含物，亦不見賓客歸含之節。容大夫以上，乃得含耳。雜記：『諸侯相含，執

〔一〕「貝」字原脱，叢書本不誤，據補。

〔二〕「含」，原訛作「金」，叢書本不誤，據改。

璧將命。』左傳：『陳子行命〔一〕其徒具含玉。』則含者，自天子達于大夫皆用玉。其飯所用有差，當如白虎通義所説也。」義或然也。

其言歸含且賵何？【注】据宰咺歸兩賵不言且也。連賵何之者，嫌据賵言歸。【疏】注「据宰」至「且也」。○即隱元年，「天王使宰咺來歸惠公、仲子之賵」，是兩賵，不言且也。○注「連賵」至「言歸」。○舊疏云：「若傳直言其言且何，即嫌責此賵事亦當言歸，故連言賵以辨嫌。」按：若但問且，則似止責其兼，不當含之義不見，故連含賵問之也。

兼之。兼之非禮也。【注】且，兼辭。以言且，知譏兼之也。含言歸者，時主持含來也。去天者，含者臣子職，以至尊行至卑事，失尊之義也。不從含晚言來者，本不當含也。主書者從含也。【疏】注「且兼」至「之也」。○各本「譏」作「幾」，依鄂本正。穀梁傳：「含，一事也；賵，一事也。兼歸之，非正也。其曰且，志兼也。」禮，含、賵、襚各異人。左疏引賈服云：「含、賵當異人，今一人兼兩使，故書『且』以兼譏之。」通義云：「禮，上客弔含，上介致賵。今榮叔以正使兼之，故譏也。」按：詩陳風東門之枌釋文：「且，苟且也。」兼之，則苟且矣，故爲譏文。孔疏駁賈服云：「禮雜記：『諸侯相弔之禮，含襚賵臨，同日而畢，與介代有事焉，不言遣異使也。諸侯相於，則唯遣一使，而責天子於諸侯必當異人，禮何所出而非責王也？春秋之世，吉凶賀弔，罕能如禮。王之崩葬，魯多不行。魯之有喪，甯能盡至？』全無所譏，不含又無貶

〔一〕「命」，原訛作「使」，公羊通義即誤，據左傳校改。

責，既含且賵便責兼之，不可〔一〕。是禮備不如不備，行禮不如不行，豈有如此之理哉！左傳舉『來含且賵』、『會葬』二事，乃云『禮也』，則二事俱是得禮〔二〕，無譏兼之之意也。」按：雜記歷記弔者含者襚者，又云上介賵，明非一人。春秋時不能備禮者甚多，孔子作春秋，係垂法之書，故据禮以譏非禮，非專爲榮叔責也。○注「含言」至「來也」。○正以榮叔正使專爲歸含來，又兼副使行賵事，故言且也。○注「去天」至「義也」。○左氏以爲禮，彼疏引：「何君膏肓以爲禮尊不含卑，又不兼二禮，左氏以爲禮，於義爲短。鄭康成箴云：『禮，天子於二王後之喪，含爲先，襚次之，賵次之，賻次之。於諸侯含之、賵之，小君亦如之。於諸侯臣，襚之。諸侯相於如天子於二王後，於卿大夫如天子於諸侯，於士如天子於諸侯臣。何休云：尊不含卑是違禮，非經意。其一人兼歸二禮，亦是爲譏。』」劉氏逢禄評曰：「諸侯含士則可，天子含諸侯、妾母則不可。士聘妾不聘，貴賤各殊也。」按：含者，孝子爲不忍其親之虚其口，緣生以事死。檀弓云：「不以食道，用美焉爾。」雜記所陳乃諸侯相於，諸侯所以得含者，諸侯敵體，有兄弟之義，故於其親喪宜如子職。成二年左傳云：「寡君之母也，若以匹敵，則亦晉君之母。」是也。天子則諸侯之君父，故不得行含禮。舊疏云「含者」，太宰掌之故，亦非。周禮太宰職無共諸侯含玉之文，即有其事，亦是奉天子之命，不得以爲臣子職也。何注所謂「臣子職」者，自謂本國臣子職當含耳。天子失尊，故去王以張義。通義用胡

〔一〕「不可」下原衍「是禮備不可」五字，叢書本同，據左傳正義校删。
〔二〕「禮」，原訛作「譏」，叢書本同，據禮記正義校改。

康侯之説，以天子含賵妾媵，爲王法廢、人倫亂。又謂：「仲子之賵，其使不過宰士，況桓母本貴，至是僖公之母，直以妾媵儼然匹嫡，而天子再遣其上大夫來又賵者，卑事亦使貴使親之，失正甚矣。故賵仲子言天王，賵成風則不言天王。」然公羊之義，母以子貴，婦人以生子爲榮，正即由此。若謂天子不宜加禮妾母，則仲子亦不宜賵，豈得以貴賤之分，即有稱王與稱天王之殊與？○注「不從」至「含也」。○舊疏云：「含者，殯前之禮，遥始行之，故知晚。然則，宜言來以見晚，而不言來者，正以本不當含，甯得責其晚乎？」通義云：「不言來者，及事之辭也，既殯乃含，得爲及事者。越境通使，理不得殮前必至。故雜記曰『含者，坐委于殯東南隅，有葦席。既葬，蒲席。』言近者既殯而至，遠者既葬而至可也。」按：孔義亦通。穀梁以爲「不言來，不周事之用也」，注引：「何君廢疾云：四年『夫人風氏薨』，九年『秦人來歸僖公、成風之禭』，最晚矣。何以言來？鄭君釋之曰：秦自敗于殽之後，與晉爲仇，兵無休時，乃加〔一〕免穆公之喪而來，君子原情不責晚。」彼疏引：「鄭釋廢疾又云：『京師去魯千里，王室無事，三月乃含，故不言來以譏之。』是鄭意亦以譏含爲晚。」以穀梁傳云：「賵以早而含以晚也。」惟解書來之義與公羊殊爾。劉氏逢禄廢疾申何云：「京師去魯千里，即不三月而含禭，固不及事矣。二王之禮，以意約之。按，鄭箴膏肓、釋廢疾皆詳載天子於二王後，及諸侯，及小君，及諸侯臣之禮，當必有据，不得謂其以意約之。」惟含在殯前，斷無責晚之理。故范氏注云：「國有遠近，皆令及事，理不通也。」是不以彼傳責晚爲然。范又引：「雜記

〔一〕「加」，原訛作「始」，叢書本同，據穀梁注疏校改。

曰：『含者執璧將命曰：「寡君使某含。」相者入告，出曰：「孤某須矣。」含者入，升堂致命，子拜稽顙。含者坐委於殯東南，有葦席。既葬，蒲席。降，出反位。』明君之於臣，有含賵之義，所以助喪盡恩，含不必用，示有其禮。」按：雜記所言諸侯相於之禮，天子理亦宜然，惟天子不宜含諸侯耳。楊疏引舊解，以爲「諸侯及夫人，於天子生有朝覲之好，有疾則當告于天子。天子遣使問之，有喪則致含，無則止。故未殯以來，足以及事。今歸含太晚，歸賵太早，故譏之。諸侯相於，有疾不必相告，比殯以來，道遠者容或不至，故示其禮而已，不責其晚也」。按：此説謬甚。諸侯有疾即告天子，能即遣人致含襚以待乎？如魯、周相距千里，而責其殯前歸含，豈非夢夢？○注「主書者從含也」。○舊疏云：「春秋主書此事者，正欲譏其含，而並責言且賵者，因譏之。」

○三月，辛亥，葬我小君成風。【疏】包氏慎言云：「三月書辛亥，月之十二日。」按：當十三日。

成風者何？僖公之母也。【注】風，氏也，任、宿、顓臾之姓。【疏】左傳閔二年：「成風聞成季之繇，乃事之，而屬僖公焉。」杜云：「成風，莊公之妾，僖公之母也。」禮記服問云：「君之母非夫人，則羣臣無服，唯近臣及僕、驂乘從服，唯君所服服也。」注：「妾，先君所不服也。禮，庶子爲後，爲其母緦。言『唯君所服』，伸君也。春秋之義，有以小君服之者。時若小君在，則益不可。」正義云：「妾，先君所不服者也。天子、諸侯爲妾無服，唯大夫爲貴妾緦，故知『妾，先君所不服』。云『禮，庶子爲後，爲其母緦』者，按，喪服緦麻章云『庶子爲父後者，爲其母』是也。『言唯君所服，伸君也』者，若其不爲後，則爲母無服，故喪服記云：『公子爲其母練冠，麻衣縓緣。』今以爲君得著緦麻服，是伸君之尊也。君既服緦，是近臣得從君服也，此謂禮之正法。云『春秋之義，有以小君服之』者，鄭既以正禮言之，又引春秋之時不依正禮者，有以爲小君之服服其妾母者，文公四年『夫人風氏薨』，是僖公之母成風也。又昭十一年『夫人歸氏薨』，是昭公之母齊歸也。皆亂世之法，非正禮也。」按：昭公母齊歸，何氏以爲襄公嫡母孔氏，所据左氏說也。正義又引五經異義：「妾子立爲君，得尊其母，立以爲夫人否？今春秋公羊說：『妾子立爲君，母得稱夫人。』故上堂稱妾，屈于嫡也；下堂稱夫人，尊於國也。子不得爵命父妾，子爲君得爵命其母者，以妾本奉授於〔一〕尊者，有所因緣故也。穀梁傳曰：『魯僖公立妾母成風爲夫人，是子爵命於母，以妾爲妻，非禮也。』故〔二〕春秋左氏說：『成風妾，得立爲夫人，母以子貴，禮也。』許君謹按，舜爲天子，瞽瞍爲士，起於士庶者，子不得爵父母也。至於魯僖公得尊母成風爲小君，經無譏文。從公羊、左氏之說。」鄭則從穀梁之說，故異義駮云：「父爲長子三年，爲衆子期，明無二嫡也。女君卒，繼室攝其事耳，不得復立爲夫人。」如鄭駮之言，則此云春秋小君服之者，是灼然非禮也。又喪服疏：「向來經傳所云，据大夫士之庶子承後法。若天子諸侯〔三〕庶子承後，爲其母所服云何？按，曾子問云：『古者天子練冠以燕居。』鄭云『謂庶子王爲其母』無服。按，服問云：『君之母非夫人，唯近臣及僕、驂乘從服，唯君所服服也。』注云：『禮，庶子

〔一〕「奉授於」，原訛作「接事」，叢書本同，據禮記正義校改。
〔二〕「故」，原訛作「古」，叢書本同，據禮記正義校改。
〔三〕「諸侯」二字原脱，叢書本同，據儀禮注疏校補。

爲後，爲其母緦。』据彼二文而言。曾子問所云据小君在，則練冠五服外。服問所云，据小君没後，其庶子爲得伸，故鄭云伸君，是以引春秋之義，母以子貴。今按，天子諸侯之禮同，與大夫士禮有〔一〕異。」大夫之庶子，父在爲母大功，父没則齊衰三年。爲父後者緦，士之庶子，父在爲母期，惟不禫耳；父没亦齊衰三年，爲父後者亦緦。自天子至士一也。孔疏以曾子問天子練冠燕居爲異代之法，較賈疏分别君母在否，因有練冠居與緦之異者，其説爲允。蓋庶子止爲父厭，不厭於嫡母也。晉書禮志：「哀帝章皇太妃薨，帝欲服重。江虨啓：『先王制禮，應在緦服。』詔欲降期，虨又啓：『厭屈私情，所以上嚴祖考。』於是制緦麻三月。」徐氏乾學讀禮通考云：「儀禮庶子爲父後者，爲其母緦麻三月，此江虨所据之禮也。但儀禮指大夫士而言，非上同於天子。今太妃雖帝之妾母，然自春秋以降，支庶爲天子者，皆尊其所生如嫡，則制服三年，其來舊矣。」按：儀禮緦麻章所云，實兼天子、諸侯言，惟春秋無譏妾母爲夫人文，則母以子貴，王侯得申尊於所親。或者春秋之制不與周禮同與？餘詳隱元年疏。○注「風氏」至「之姓」。○左傳僖二十一年云：「任、宿、須句、顓臾，風姓也，實司太皞與有濟之祀。」注：「太皞，伏羲四國，伏羲之後。」此不及須句，蓋不以成風爲須句女也。

○王使召伯來會葬。【注】去天者，不及事，刺比失喪禮也。【疏】穀梁經作「毛伯」，彼疏云：「左氏、

〔一〕「禮有」，原訛作「各」，叢書本同，據儀禮注疏校改。

公羊及徐邈本並云『召伯』，此云『毛伯』，疑誤也。」經義雜記云：「據此知徐仙民所注穀梁傳亦同二傳作召伯，今本誤也。元年『天王使毛伯來錫公命』，范注：『毛，采邑；伯，字也，天子上大夫。』於此無注，則范注本作『毛伯』。又元年『天王使叔服來會葬』，疏引此亦作『毛伯』。」按：詩周南召南譜云「召公封燕，死謚曰康公，元子世之」，正義：「平王以西都賜秦，則春秋時別於東都受采，存周、召之名，非復岐周之地。晉書地道記云：『河東郡垣縣有召亭，今爲召州是也。』」○注「去天」至「禮也」。○何意以歸含以尊及卑，失禮。此會葬又不及事，是比失禮，故去天也。劉氏解詁箋云：「禮，君于士有棺中之賜，記稱含、襚，不嫌以至尊行至卑事也。以天王含賵妾母，當文見譏，不假去天也。不及事去天，尤失之。『秦人來歸僖公、成風之襚』，事在五年，以後經未嘗別加譏文。『宰咺來歸賵』，傳亦云：『不及事。』未貶去天也。穀梁子傳『躋僖公』之義曰：『逆祀，則是無昭穆也；無昭穆，則是無祖也；無祖，則無天。故曰：文無天。』無天者，是無天命而行也。君子不以親親害尊尊，此春秋之義也。凡穀梁所謂『桓無王』、『文無天』，隱元年有正，十年無正，定元年無正，餘年有正，諸大義詳於公羊，皆有所受之。此經比去天者，正所謂『文[一]無天』也。不於元年去天者，未逆祀也。王加禮於無天之人，與錫命於無王之人皆逆天道，故莊元年亦去天也。桓四年去秋冬二時，何君解云：『桓公無王而行，天子不能誅，反卜聘之，故爲貶見其罪，明不宜。』以去二時爲貶，亦去天之義也。」按：秦人歸襚事，閱六年，其晚可知，不待譏而自明者也。宰咺書來，不及

[一]「文」，原訛作「大」，叢書本不誤，據改。

事已見，與此比失禮者輕也，故不必去天。且以起吴、楚稱王不能正，而上繫於天義也。文果無天，當譏文爾，無緣波及周天子。天子錫所不當錫，含賵所不當含賵，遲會葬，比失禮，去天以示譏王爾，與文之無天何涉？天子使宰渠伯糾下聘無王之人，亦宜去天，又何爲去二時以示貶也？劉氏所駮未爲盡允。

○夏，公孫敖如晉。

○秦人入鄀。【疏】通義云：「不月者，自殽之役後，春秋遂以狄道斥秦，故略之，使與『吴入州來』同例也。」鄀者，漢書地理志「南郡若」下云：「楚昭王畏吴，自郢徙此，後復還郢。」師古曰：「春秋傳作鄀。」大事表云：「鄀，今襄陽府宜城縣西南九十里有鄀城。鄀〔一〕本在秦楚界上，爲今河南南陽府淅川縣。僖二十五年『秦、晉伐鄀』，楚人戍以争之，不克，遂徙之南郡鄀縣爲附庸，即今地也，縣入楚爲邑。定六年後避吴北去，徙都于此，仍名郢，謂之鄢郢，傳所謂『遷郢于鄀』是也。」又云：「今河南南陽府淅川縣西有丹水故城，爲舊鄀國地，居秦楚之界，秦滅之，不能有，後入楚。」

〔一〕「鄀」，原訛作「都」，叢書本同，據春秋大事表校改。

○秋，楚人滅六。【疏】杜云：「六國，今廬江六縣。」大事表云：「在今江南廬州府六安州北。」水經注泚水篇：「淠水又西北，逕六安故城西，縣故咎繇〔一〕國也。夏禹封其少子，奉其祀。」地理志「六安國六」下云：「故國，皋陶後，偃姓，爲楚所滅。」一統志：「六縣故城在六安州北。」舊疏云：「不月者，略夷狄滅小國也。」

○冬，十月，甲申，許男業卒。【疏】舊疏云：「正本作『辛』字。」經義雜記云：「辛字誤，當作丵。說文：『丵，叢生艸也。象丵嶽相並出也。凡丵之屬皆从丵。讀若浞。』『業，大版也。从丵从巾，巾象版。詩曰：巨業維樅。』蓋許男本名丵，因此字經傳少見，學者罕識，故或誤爲業，或誤爲辛也。」包氏慎言云：「十月書甲申，月之十九日。」

〔一〕「咎繇」，或作「皋繇」，通。

公羊義疏四十

南菁書院　句容陳立卓人著

文六年盡八年

○六年，春，葬許僖公。

○夏，季孫行父如陳。【疏】范云：「行父，季友孫。」疏引世本云：「季友生仲無佚，佚生行父。」是也。

○秋，季孫行父如晉。

○八月，乙亥，晉侯讙卒。【疏】包氏慎言云：「八月書乙亥，月之十四日。」按：當十五日。左氏、穀梁「讙」作「驩」。國語晉語曰：「吾欲使陽處父傅讙也。」讙、驩通。

○冬，十月，公子遂如晉，葬晉襄公。【注】書遂者，刺公生時數如晉，葬不自行，非禮也。禮，諸侯薨，使大夫弔，自會葬。【疏】注「書遂」至「禮也」。○上二年：「及晉處父盟。」注：「如晉不書、不致者，深諱之。」三年冬，公如晉，是數如晉也。○注「禮諸」至「會葬」。○王制疏引：「異義云：諸侯自相奔喪禮，公羊說：遣大夫弔，君會葬。左氏說：諸侯之喪，士弔，大夫會葬。文、襄之霸令大夫弔卿共葬事〔一〕。許慎謹案，周禮無諸侯會葬義，知不相會葬。從左氏義。鄭氏無駮。」然左氏隱元年傳云：「諸侯五月，同盟至。」則未必非會葬也。定十五年：「邾婁子來奔喪。」傳云「奔喪，非禮」者，彼注云：「禮，天子崩，諸侯奔喪會葬；諸侯薨，有服者奔喪，無服者會葬。邾婁與魯無服，故以非禮書也。」按：何氏用公羊先師義，故與異義所引公羊說合。左傳隱元年「衛侯來會葬」，則當時諸侯有會葬者矣。通義云：「諸侯之喪，當使下大夫會葬。時尊晉，故上卿往，非禮也。內會葬鄰國多矣，其非卿行，則使者不書，明使卿書者，譏也。」義亦通。

○晉殺其大夫陽處父。晉狐射姑出奔狄。【疏】穀梁作「狐夜姑」。按：左傳昭二十五年「申夜姑」，釋文：「夜本或射，音夜，又音亦。」列子黄帝篇「列姑射山」，釋文：「射，音夜。」莊子逍遥遊「藐姑射

〔一〕「文、襄之霸」句，原錯訛作「文、襄會大夫共卿葬事」，據禮記正義校改。

之山，有神人居焉」，釋文：「射，徐音夜。」

晉殺其大夫陽處父，則狐射姑曷爲出奔？【注】据蔡殺其大夫公子燮，蔡公子履出奔楚。此非同姓，恐見及。【疏】注「据蔡」至「見及」。○事在襄二十年。舊疏云：「彼則履是燮之同姓，言恐禍及己而出奔。此非同姓而亦奔，故難之。」通義云：「問：射姑與處父同罪耶？抑他故也？」

射姑殺也。【注】以非恐見及，知其殺。

射姑殺，則其稱國以殺何？君漏言也。【注】自上言泄，下曰漏。【疏】穀梁傳：「稱國以殺，罪累上也。襄公已葬，其以累上之辭言之，何也？君漏言也。上泄則下闇，下闇則上聾，且闇且聾，無以相通。」繁露王道云：「觀乎漏言，知君臣之道絶。」○注「自上泄下曰漏」。○各本「自」作「目」，依宋本正。

其漏言柰何？君將使射姑將。【注】謂作中軍大夫。【疏】穀梁傳：「射姑之殺柰何？曰：晉將與狄戰，使狐夜姑爲將軍，趙盾佐之。」按：自僖三十三年晉敗狄後，無晉、狄戰事，左傳云：「晉蒐于夷，舍二軍。使狐射姑將中軍，趙盾佐之。陽處父至自温，改蒐于董，易中軍。」注：「易以趙盾爲帥。」左氏無漏言事，直以陽子易之，故致射姑之怨殺也。○注「謂作中軍大夫」。○僖二十七年左傳：「作三軍，謀元帥。趙衰曰：郤穀可。乃使郤穀將中軍。」是晉以中軍大夫爲將之首。故晉自文、襄而後，執政者皆中軍大夫也。郤穀卒，先軫將中軍，見二十八年。至三十一年「蒐于清原，作五軍」。十卿：先軫、郤溱、先且居、狐偃、欒枝、胥臣、趙衰、箕鄭父、胥嬰、先都。箕之役，先軫死，先且居代之，見三十三年。上年，先且居卒，故謀代且居將者焉。

陽處父諫曰：「射姑，民衆不說，不可使將。」於是廢將。陽處父出，射姑入。君謂射姑曰：「陽處父言曰：『射姑，民衆不說，不可使將。』」射姑怒，出刺陽處父於朝而走。【注】明君漏言殺之，當坐殺也。易曰：「君不密則失臣，臣不密則失身，幾事不密則害成。」

【疏】左傳：「賈季怨陽子之易其班也，而知其無援於晉也。九月，賈季使續鞫居殺陽處父。」「十月，丙寅，晉殺續簡伯。賈季奔狄。」穀梁傳曰：「陽處父曰：『不可！古者，君之使臣也，使仁者佐賢者，不使賢者佐仁者。今趙盾賢，射姑仁，其不可乎？』襄公曰：『諾。』謂夜姑曰：『吾始使盾佐女，今女佐盾矣。』」注：「稱處父語以語之，故傳曰『漏言也』。」又曰：「夜姑曰：『諾。』襄公死，處父主竟上事。射姑使人殺之，君漏言也。」三傳敘陽處父阻狐夜姑事，言各殊。公、穀俱以爲漏言也。通義云：「廢者，已命而罷之之辭。時更使趙盾將中軍，射姑佐之。」又云：「襄公殁，乃刺之，以報其宿怨也。」〇注「明君」至「殺也」。〇范云：「親殺者夜姑，而歸罪於君，明由君言而殺之，罪在君也，故稱君以殺。」舊疏云：「襄公當坐，則例去其葬，而上文經書『葬襄公』者，蓋謂葬訖乃相殺，不得追去葬，是以穀梁傳『襄公死，處父主竟上之事，夜姑使人殺之』是也。然則，此傳雖連言之，仍不妨殺之在葬後，是以經書葬在殺前矣。」按：陽處父之殺，殺之者射姑也，罪坐所由，故坐襄公以殺大夫，究與襄公親殺無罪大夫異，故不去葬也。舊疏迂回。〇注「易曰」至「害成」。〇易繫辭上傳文。彼傳又云：「是故君子慎密而不出也。」舊疏引鄭注云：「幾，微也。

密，静也。言不慎於微而以動作，則禍變必成。」穀梁傳：「故士造辟而言，詭辭而出，曰：用我則可，不用我則無亂其德。」

○**閏月不告月，猶朝于廟。**【疏】包氏慎言云：「于曆閏餘十七，不盈閏，法當在七年之四月。時曆官於此年歲終置閏，故特書其失。」傳云：「天無是月也。」言天之無此閏月，亦譏時史之謬，非僅謂閏月之不當告朔也。左傳釋文：「不告月，月或作朔，誤也。」劉氏逢禄左傳考證云：「不云不視朔，而云不告月，則公羊之義優矣。古月令以中氣爲定，故明堂陰陽經皆無閏月之政。曲臺記止云闔門左扉，不著聽朔之文，以閏無中氣，應行之政，統此前月布之也。歆視餘分閏位爲正統，宜其爲國師嘉新公矣。」

不告月者何？不告朔也。【注】禮，諸侯受十二月朔政於天子，藏于太祖廟，每月朔朝廟，使大夫南面奉天子命，君北面而受之。比時使有司先告朔，謹之至也。受於廟者，孝子歸美先君，不敢自專也。言朝者，緣生以事死，親在，朝朝莫夕；已死，不敢瀆鬼神。故事必于朔者，感月始生而朝。【疏】穀梁傳：「不告月者何也？不告朔也。不告朔則何爲不言朔也？閏月者，附月之餘日也，積分而成於月者也。」○注「禮諸」至「受之」。○周禮太史職：「頒告朔於邦國。」注：「天子頒朔於諸侯，諸侯藏之祖廟。至朔，朝於廟，告而受行之。」鄭司農云：「頒，讀爲班；班，布也。以十二月朔布告天下諸侯。」禮記月令云：「合諸侯制，百縣爲來歲受朔日。」禮記玉藻云：「玄端而朝日於東門之外，聽朔於南門之外，閏月則闔門左扉，立于其中。」注：「端當爲『冕』字之誤。玄衣而冕。冕服之下，東門、南門皆謂國門也。天子廟及路寢，皆如明堂制。明堂在國之陽，每月就其時之堂而聽朔焉，卒事，反宿路寢亦如之。閏月非常月也，聽其朔於明堂門中，還處路寢門，終月。」又説諸侯禮云：「皮弁以聽朔於太廟。」注：「皮弁，下天子也。」疏引：「熊氏云：『周之天子，於洛邑立明堂，唯大享帝就洛邑耳。』其每月聽朔，當在文王廟，以文王廟爲明堂制故也。此聽朔於太廟，穀梁傳云：『諸侯受乎禰廟。』與禮乖，非也。凡每月以朔告神，謂之告朔，即論語『告朔之餼羊』是也。則於時聽治此月朔之事，謂之聽朔，此玉藻文是也。聽朔又謂之視朔，文十六年『公四不視朔』是也。告朔又謂之告月，文六年『閏月不告月』是也。行此禮，天子於明堂，諸侯於太祖廟。訖，然後祭於諸廟，謂之朝享，司尊彝云『朝享』是也。又謂之『朝廟』，文六年云『猶朝于廟』是也。又謂之『朝正』，襄二十九年『釋不朝正于廟』是也。又謂之『月祭』，祭法云『皆月祭之』是也。」然則諸侯之太廟，猶天子之明堂也。周禮之「朝享」，即祭法之「月祭」，即春秋之「朝廟」。祭法云：「王立七廟，曰考廟、曰王考廟、皇考廟、顯考廟、祖考廟，皆月祭之。二祧，享嘗乃止。」「諸侯立五廟，曰考廟、王考廟、皇考廟，皆月祭之。顯考、祖考廟，享嘗乃止。」則天子告朔于明堂，朝享於五廟。諸侯告朔於太廟，朝享自皇考以下三廟也。○注「比時」至「至也」。○校勘記云：「鄂本『謹』作『慎』，此當是避宋諱所改，猶許慎作許謹也。」使有司先告朔，即上注「使大夫奉天子命，君北面而受之」者是也。故下十六年注云：「禮，月終于廟先受朔政，乃朝，明王教尊也。」然則告朔之後，於是朝廟以祭其先，視朔以治其臣民也。其禮則玉藻注云：「凡聽朔，必以特牲告其帝及神，配以文王、武王。」此天子禮也，其諸侯則當以特羊告太廟。

故論語八佾云：「子貢欲去告朔之餼羊。」鄭注：「諸侯告朔以羊，則天子特牛焉。」是也。鄭又云：「禮，人君每月告朔於廟，有祭，謂之朝享。」蓋以朝廟與告朔同在一日，又同一處，故通以朝享該之也。皇侃義疏云：「禮，天子每月之旦，居於明堂，告其時帝布政，讀月令之書，畢，又還太廟告於太祖。諸侯無明堂，但告于太廟。」是諸侯告朔、朝廟同一處也。所引禮，或逸禮王居明堂禮。又玉藻疏又云：「天子告朔以牛，諸侯告朔以羊。其朝享各依四時常禮，故用太牢。故司尊彝云：『朝享之禮用虎彝、蜼彝、太尊、山尊之等，是其別也。』」宋氏翔鳳論語發微云：「我愛其禮者，以臣事君之禮也。告朔本天子之事，諸侯所以奉天子之命，而盡乎以臣事君之禮也。」大戴禮虞戴德曰：「天子告朔於諸侯，率天道以敬行之，以示威於天下也。」中候曰：「天子臣放勳，是天子盡臣禮以事天，諸侯盡臣禮以事天子，是以國治而天下平。則告朔者，天子之事，所以制諸侯者。」月令季秋月：「爲來歲受朔日。」先鄭謂「十二月朔，布告天下諸侯」者，蓋以季秋行，而期以仲冬畢達，得先以十二月行告朔諸侯之禮。每歲一行，必於諸侯之祖廟，而每月之朔，必先使大夫南面奉天子命，君北面受，是爲告朔，若爲天子告之也。諸侯既受告朔之命，於是有朝廟以事其親，有視朔以使其臣。孔子所謂「君使臣以禮」，當以告朔之禮始也。史記曆書曰：「天下有道，則不失紀序；無道，則正朔不行於諸侯。幽、厲之後，周室微，陪臣執政，史不紀時，君不告朔，故疇人子弟分散。」此天子不告朔之始也。故禮運：「孔子曰：我觀周道，幽、厲傷之。」謂不告朔，則王政不行，自幽、厲始。又曰：「吾舍魯何適矣？」謂魯秉周禮，遂有曆官。故漢書藝文志有夏殷周魯曆十四卷，史記十二諸侯年表、漢書律曆志並以春秋續共和以前之年。所謂「魯曆」，即春秋之曆也。魯既有曆，故能行告朔之禮，其始猶以大夫奉天子命而受，至文公四不視朔之後，而告朔朝廟之禮並廢。文公始不視朔，當是春秋先師所傳，而公羊述之，非能虛造也。○注「受於」至「事死」。○御覽引白虎通云：「諸侯以月旦告朔于廟何？緣生以事死，故國君月朔朝廟，存神受政也。」禮記疏引異義：「公羊說：每月告朔朝廟。」以告朔朝廟爲一禮而以。左氏分爲二，左傳疏云：「告朔、視朔、聽朔，朝廟、朝享、朝正，二禮各有三名，同日而爲之也。」按：孔疏据鄭駁異義云：「説者不本於經，所譏者異其是與非，皆謂朝廟而因告朔，似皆失之。朝廟之經在文六年『冬，閏月不告月，猶朝于廟』，辭與宣三年『春，郊牛之口傷，改卜牛。牛死，乃不郊，猶三望』同。言『猶』者，告朔然後當朝廟，郊然後當三望。今廢其大存其細，故加『猶』譏之。論語曰：『子貢欲去告朔之餼羊。』周禮有朝享之禮祭。然則，告朔與朝廟祭異，亦明矣。」按：何氏明云先告朔，則亦以告朔與朝廟爲二也。詩周頌烈文序正義云：「周禮四時之閒祀有追享、朝享。追享者，追祭遷廟之祖，以事有所禱請，非即政所當用。朝享者，朝廟受政而因祭先祖，以月朔爲之，即春秋文六年『閏月不告月，猶朝于廟』。祭法天子親廟與太祖廟『皆月祭之』，是其事也。」○注「親在」至「鬼神」。○禮記曲禮云：「凡爲人子之禮，冬温而夏清，昏定而晨省。」注：「省問其安否何如。」彼疏引熊氏云：「晨省者，內則云：『同宮則雞初鳴，異宮則昧爽而朝。』」故文王世子禮有「朝于王季日三」文也，所謂朝朝莫夕也。親死，始則朝夕奠，繼則虞祭、卒哭祭，由數而疏，鬼神之莫敢渫也。

曷爲不告朔？【注】据具月也。【疏】注「据具月也」。○校勘記云：「鄂本具作俱。」

天無是月也，閏月矣。何以謂之天無是月？非常月也。【注】所在無常，故無政也。

【疏】校勘記云："唐石經、鄂本皆疊『是月』二字，此脱。"穀梁傳曰："天子不以告朔，而喪事不數也。"爲其積分而成月，故天無是月也。玉藻注云："閏月，非常月也。"即用此傳。○注"所在"至"政也"。○通義云："非年年常有之月也。十二月各有其政，著于明堂。月令[一]閏月，非常月，則無常政，故頒朔不及也。頒朔不及，則告朔亦不及也。"

猶者何？通可以已也。【注】朝者，因視朔政爾。無政而朝，故加猶。不言朔者，閏月無告朔禮也。不言公者，内事可知。【疏】注"朝者"至"加猶"。○杜云："諸侯每月必告朔聽政，因朝宗廟。文公以閏非常月，故闕不告朔，怠慢政事。雖朝于廟，則如勿朝，故曰『猶』。猶者，可止之辭。"杜以左氏以閏月不告月爲非禮，故如此解。穀梁傳曰："猶之爲言可以已也。"注："郊然後三望，告朔然後朝廟，俱言猶，義相類也。既廢其大，而行其細，故譏之。"蓋既無朔政可視，則朝廟亦可已。二傳義同。○注"不言"至"禮也"。○解不告月義也。禮記疏引："異義：公羊説：每月告朔朝廟，至於閏月不以朝者，閏月，殘聚餘分之月，無政[二]，故不以朝也。經書閏月猶朝廟，譏之。左氏説：閏以正時，時以作事，事以厚生。生民之道，於是乎在。不告閏朔，棄時政也。許君謹案，從左氏説，不顯朝廟、告朔之異，謂朝廟而因告朔。鄭駮之，引堯典，以『閏月定四時成歲』，閏月當告朔。"又引此經及論語、周禮，明告朔與朝廟祭異，又以先

[一]"月令"二字疑爲衍文。

[二]"政"，原作"正"，叢書本同，據禮記正義校改。然"正"、"政"通。

告朔而後朝廟。然則閏月告朔，許、鄭皆從左氏説，鄭之所駁，謂告朔當先，朝廟當後，與許異爾。御覽引異義：「古左氏説，於『棄時政也』下又云：『棄時政，則不知其所行，故閏月不以朝者。諸侯歲遣大臣之京師，受十二月之政，還藏於太廟。月旦朝廟存神，有司因告曰：今月當行某政。至於閏月，聚殘餘分之月無政〔一〕，故不以朝。經書「猶朝」，譏之〔二〕是也。』」按：自「故閏月」下當別是公、穀説。北堂書鈔引元命包云：「三年閏，不告朔，非禮也。夫閏正時以作事，厚民生之道，樞機在是。」與左氏説同。按：閏月止有節氣未交以前歸前月，已交以後歸後月，故不告月也。玉藻疏云：「『閏月則聽朔於明堂門中，還處路寢門，終月』者，以閏非常月，無恒居之處，故在明堂門中。太史云『詔王居門終月』，是還處路寢門，終月」，謂終竟一月所聽之事，於一月〔三〕中耳，於尋常則居燕寢也。故鄭注太史云：『於文，王在門謂之閏。』皇氏云：『明堂有四門，即路寢亦有四門。閏月各居其時當方之門。』義或然也。」按：鄭氏主左氏説，故孔如彼解。周禮之説，不可通於今文春秋也。○注「不言」至「可知」。○下十六年云「公四不視朔」，書公，此不言，故解之。

〔一〕「政」，原作「正」，叢書本同，據太平御覽校改。然「正」、「政」通。

〔二〕太平御覽無「譏之」二字，當爲衍文。

〔三〕「月」，原訛作「日」，叢書本不誤，據改。

○七年，春，公伐邾婁。

○三月，甲戌，取須朐。【疏】包氏慎言云：「三月書甲戌，月之十七日。於曆當爲二月之十七日。曆官於上年置閏，故在三月。」須朐，左氏、穀梁作須句。

取邑不日，此何以日？【注】据取叢也。【疏】注「据取叢也」。○舊疏云：「考諸舊本，『叢』皆作『闞』字，是以昭三十二年『春，王正月，取闞』，傳云：『闞〔一〕者何？邾婁之邑也。』若作『叢』字，即僖三十三年『夏，四月，辛巳，晉人及姜戎敗秦于殽。癸巳，葬晉文公。狄侵齊。公伐邾婁，取叢』。文承日月之下，而將取邑不日據之，非其義也。且按彼叢字，多作鄒字耳。」校勘記云：「此當從舊本作闞。」

內辭也，使若他人然。【注】使若公春伐邾婁而去，他人自以甲戌日取之，內再取邑，然後甚而日也。今此一取而日，故使若他人然。所以深諱者，扈之盟不見序，并爲取邑故。【疏】隱十年注：「於內大惡諱，小惡書。」此非大惡，爲扈盟深諱，故爲內辭，若公伐邾婁，與取邾婁與取須朐爲二事也。○注「內再」至「日也」。○舊疏云：「即隱十年『夏，六月，辛未，取郜。辛巳，取防』，傳云：『取邑不日，此何以日？一月而再取也。何言乎一月而再取？甚之也。』是也。」○注「今此」至「邑故」。○舊疏云：「舊本『故』下有

〔一〕「傳云闞」三字原脱，叢書本同，據公羊注疏校補。

『知』字。」衍也。「今此」至「人然」作一句讀。下注乃申明所以深諱故也。扈盟在下文：「秋，八月，公會諸侯、晉大夫盟于扈。」傳：「諸侯何以不序？大夫何以不名？公失序也。公失序柰何？諸侯不可使與公盟，昳晉大夫，使與公盟也。」是也。并爲取邑故，蓋何氏以意言之。通義云：「謹案，内再取須朐，尤失正，當譏，故特爲諱辭。」按：上取須朐在僖二十二年，此閲十數年，又非一世事，無爲示譏也。孔氏本穀梁爲説。

○遂城郚。【注】主書者，甚其生事，困極師衆。【疏】杜云：「郚，魯邑，卞縣南有郚城。」大事表云：「在今兖州府泗水縣東南。」水經注泗水篇：「水出魯卞縣北山，南有姑蔑城。水出二邑之間，西〔一〕逕郚城北，春秋文七年『遂城郚』是也。」一統志：「郚縣故城在兖州府泗水縣東南。」○注「主書」至「師衆」。○穀梁傳曰：「遂，繼事也。」注：「因伐邾之師。」故爲甚其生事困衆也。劉氏逢禄解詁箋云：「以證上三月甲戌取須朐爲内辭，猶成降書師。」

○夏，四月，宋公王臣卒。【注】不書葬者，坐殺大夫也。不日者，内娶略。【疏】左氏釋文：「王臣，

〔一〕「西」，原訛作「而」，叢書本同，據水經注校改。

本或作『壬臣』。」穀梁作「壬臣」。釋文：「本或作『王臣』。」左氏定四年傳：「宋王臣。」釋文：「本或作『壬』。」史記宋世家作「王臣」。古王壬形近易混。○注「不書」至「夫也」。○僖二十五年「宋殺其大夫」是也。○注「不日者，内娶略」。○舊疏云：「正決僖九年『春，王三月，丁丑，宋公禦説卒』書日故也。」通義云：「宋成公也。成公、共公卒皆不日，此又不葬。而二君之卒，國内皆有大夫争殺之事，良由生失其政，没乃致亂，故罪而略之焉。」

○宋人殺其大夫。

何以不名？【注】据宋殺其大夫山名。【疏】注「据宋」至「山名」。○見成十五年。

宋三世無大夫，三世内娶也。【注】故使無大夫。【疏】僖二十五年傳文同。彼注謂：「慈父、王臣、處臼也，内娶大夫女也。言無大夫者，禮，不臣妻之父母，國内皆臣，無娶道，故絶其大夫名，正其義也。」復發傳者，舊疏云：「恐大夫不書名，更有他義，故明之。其有他義者，即莊二十六年，『曹殺其大夫』，傳云『何以不名？衆殺之』之類。」劉氏逢禄左傳考證云：「公羊家以爲内取之妃黨。左氏則公族也。然考泓之戰有大司馬固，又有司馬子魚。又魚氏世爲左師，豈大司馬公卿孤，而左師兼司馬耶？固即此文之公孫固也。六卿外又有大夫公孫鄭，未知何官。考宋世家諫泓者，即子魚，非固也。年表云：『公孫固殺成公。』世家云：『成公卒。成公弟禦殺太子及大司馬公孫固，而自立爲君。宋人共殺君禦，而立成公少子杵臼，是爲昭公。』年表又以杵臼爲襄公子與？今左傳絶不合。則殺人者既無主名，所殺者又無主名。以意逆之，宋存殷道，祖免而外，昏姻可通。或更有異姓在國。昭公將去羣公子者，欲偏置其妃黨，弗勝，而反爲所殺耳。」按：劉氏之説亦或可通。

○戊子，晉人及秦人戰于令狐。【疏】包氏慎言云：「戊子，四月之二日。於曆爲閏四月二日。」左傳僖二十四年，晉公子重耳〔一〕「濟河，圍令狐」，即此。大事表云：「闞駰曰：令狐即猗氏也。今蒲州府猗氏縣西十五里有令狐城。」

晉先眛以師奔秦。【疏】校勘記云：「唐石經、鄂本、閩本同。監、毛本眛誤眜，下同。段玉裁云：『从末是也。』左氏、穀梁作『先蔑』。」古蔑、眛音義同。隱元年「盟于眛」，二傳作蔑，是也。二傳無「以師」二字。

此偏戰也，何以不言師敗績？【注】据「秦師敗績」。【疏】注「据秦師敗績」。○即上〔二〕二年「晉侯及秦師戰于彭衙。秦師敗績」是也。

〔一〕「重耳」二字原脱，叢書本同。據左傳，此爲晉公子重耳事，據補。

〔二〕「上」，原訛作「立」，叢書本不誤。秦師敗于彭衙，事在「上二年」，據改。

敵也。【注】俱無勝負。

此晉先眜也，其稱人何？【注】据奔無出文，知先眜也。【疏】注「据奔〔一〕無出文」。○僖二十八年，「衛元咺出奔晉」之屬是也。此注當在此「晉先眜也」下，正以若書出，即是由國而出，此不然，故知即在師之先眜也。

貶。曷爲貶？【注】据新築之戰，衛孫良夫敗績，不貶。【疏】注「据新」至「不貶」。○成二年，「衛孫良夫帥師及齊師戰于新築。衛師敗績」，良夫不貶稱人是也。

外也。其外柰何？以師外也。【注】懷持二心，有功欲還，無功便持師出奔，故於戰貶之，起其以師外也。本所以懷持二心者，其咎亦由晉侯要以無功當誅也。不起者，敵而外事可知也。【疏】穀梁傳曰：「輟戰而奔秦，以是爲逃軍也。」齊氏召南考證云：「左氏、穀梁經作『晉先蔑奔秦』，無『以師』二字，公羊經有之，故傳作『以師外』解。按，公羊經『以師』二字疑亦衍文。如經有『以師』，傳不能無問。若有『以師』，傳不必贅言『以師外也』。傳『以師外』釋外字，經乃誤衍耳。」○注「懷持」至「誅也」。○包氏慎言云：「以師外，是棄衆以出，在外未反也，貶而稱人，絶之，使同微者。注云『懷持二心，有功則反，無功則持師出奔』，本所以懷持二心者，亦由晉侯要以無功當誅也。以君之有所要，欲歸不得歸，故寬誅其罪，而

〔一〕「奔」字原脱，叢書本同，據【注】文校補。

絶之一人之奔，同於匹夫，與挾衆者異科。」通義云：「左氏經無『以師』，又其傳云：『敗秦師于令狐。』經無敗文，亦不可得合。時緣襄公卒，太子夷獋幼，晉人欲立文公之子雍，使先眜請諸秦。秦人以師納之，眜返，而趙盾更謀，夷獋定位，起師禦秦人于令狐。時先眜將下軍，自以本被使逆雍，内懷疑貳，交綏而退，遂率其下軍之士奔秦。晉始謀立雍，非正。趙盾悔之，是也。而眜昧於大義，私其身謀，輒以師外，故舍盾而貶眜。昔『子射于矍相之圃』，賁軍之將不與，爲人臣者，可不戒乎？」按：何氏謂晉侯要以無功當誅，宜別有所據。孔氏又牽合左氏以説公羊，故多牴牾。○注「不起」至「知也」。○舊疏云：「言所以不申作文，起見晉侯要無功當誅之義者，以其可知故也。」

何以不言出？【注】据楚囊瓦俱戰而奔言出。【疏】注「据楚」至「言出」。○定四年，「蔡侯以吴子及楚人戰于伯莒。楚師敗績。楚囊瓦出奔鄭」是也。

遂在外也。【注】起其生事成於竟外，從竟外去。【疏】穀梁傳曰：「不言出，在外也。」舊疏云：「以此言之，則令狐非晉地，伯莒爲楚地亦明矣。」按：以左傳僖二十四年「圍令狐」考之，則令狐當晉地，且春秋時秦地不及河東也。

○**狄侵我西鄙。**【疏】毛本「狄」誤「秋」。

○秋，八月，公會諸侯、晉大夫盟于扈。【疏】杜云：「扈，鄭地。滎陽卷縣西北有扈亭。」水經注河水篇：「河水又東北，逕卷之扈亭北。春秋左傳曰：『文公七年，晉趙盾與諸侯盟于扈。』竹書紀年：『晉出公二十二年，河絶于扈。』即此是也。」紀要：「扈亭在開封府原武縣西北。」

諸侯何以不序？大夫何以不名？【注】序，次也。据新城盟，諸侯序，趙盾名。【疏】注「据新」至「盾名」。○即下十四年，「夏，六月，公會宋公、陳侯以下晉趙盾。癸酉，同盟于新城」是。

公失序也。公失序柰何？諸侯不可使與公盟，眣晉大夫，使與公盟也。【注】以目通指曰眣。文公内則欲久喪而後不能，喪娶逆祀，外則貪利取邑，爲諸侯所薄賤，不見序，故深諱爲不可知之辭。不日者，順諱爲善文也。【疏】校勘記云：「眣，諸本同。唐石經眣字缺。段玉裁云：『成二年作「郤克眣魯、衛之使」，字从目从矢。』釋文：『眣音舜。本又作眣，丑乙反。本又作眹，音同。』今釋文眣亦誤眣，眹誤眹。」○注「以目通指曰眣」。○公羊問答云：「問：以〔一〕目通指曰眣，於書有徵否？曰：此亦如漢書李陵傳：『政等見陵未得私語，即目視陵。』注：『師古曰：以目相視而感動之，今俗所謂眼語。』是也。」盧校釋文云：「眣音舜。本又作眣，丑乙反，又大結反，以目通指曰眣。本又作眹，音同。字書云眣，瞚也，以忍反。」此即校勘記載段氏所据之本。讀書叢録：「成二年傳：『郤克眣魯、衛之使，使以其辭而爲

〔一〕「以」，原訛作「此」，叢書本同，據公羊問答校改。

之請。』釋文：『昳音舜。又作眣，丑乙、大結二反。』按，玉篇：『眣同瞬。』五經文字：『眣音舜。見春秋傳。』説文無眣字，眣目不從正也，與經注義不合。眣當是旻字之譌。説文：『旻，舉目使人也，从攴目，火劣反。』旻作眣，與眣字相近而譌。」按：洪説是也。亦謂之眴，史記項羽本紀：「梁眴籍曰：『可行矣。』籍遂拔劍斬守頭。」是也。與言部「詠」字音義亦通。故旻讀若颰也。又按：玉篇：「眣，目動也。」以目通指也。與「瞚」同，莊子庚桑楚云：「終日視而目不瞚。」注：「目動曰瞚。」説文：「瞚，開闔目數搖也。」亦與「瞤」通，説文：「瞤，目動也。」西京雜記：「陸賈曰：目瞤得酒。」亦與「瞬」通，集韻：「瞬，目自動也。」列子湯問云：「紀昌學射于衛。衛曰：『爾先學不瞬，而後可言射矣。』」又與「眴」通，説文：「眴，目搖也。」史記項羽本紀注：「眴，動目私視之也。」〔一〕亦以目通指之意，而皆與丑乙、大結二音無涉。○注「文公」至「之辭」。○上二年：「作僖公主。」傳：「何以書？譏。何譏爾？不時也。其不時柰何？欲久喪而後不能也。又云：「公子遂如齊納幣。」傳：「何以書？譏喪娶。」是喪娶也。又云：「大事于太廟，躋僖公。」傳：「何譏爾？逆祀也。」是逆祀也。上「春，公伐邾婁，取須朐」，是貪利取邑也。穀梁傳：「其曰諸侯，略之也。」注：「晉侯新立，公始往會，晉侯不盟，大夫受盟。既以喪娶，又取二邑，爲諸侯所賤，不得序于會，諱使若扈之盟都不可知，故略之。」正用何義，意謂諱其不與，故總言諸侯，使若諸侯都不可知也。

〔一〕「眴，動目私視之也」句，出自説文解字繫傳，而史記項羽本紀注無之。漢書陳勝傳注曰：「師古曰：眴，動目也，音舜，動目而使之也。」

繁露玉杯云：「文公不能服喪，不時奉祭，倒序，以不三年，又以喪取，取於大夫，以卑宗廟，亂其羣祖，以逆先公，小善無一，而大惡四五，故諸侯弗與盟，命大夫弗爲使，是惡惡之徵，不臣之效也。出侮於外，入奪於内，無位之君也。孔子曰：『政逮於大夫，四世矣。』蓋自文公以來之謂也。」通義云：「時公後至，未得序于會，諸侯不肯復與公盟。以晉本盟主，乃目趙盾進之，使獨與公盟。内諱盟大夫，故稱諸侯于上，而以不序起其事也。」按：孔氏牽涉左傳爲説，後至亦非大惡，諸侯何至不序于會，而春秋爲之深諱也？○注「不日」至「文也」。○舊疏云：「正以不日爲信辭也。」通義云：「不日者，不信明也。」按：此後不見不信文。

○冬，徐伐莒。【注】謂之徐者，前共滅王者後，不知尊先聖法度，今自先犯，文對事連，可以起同惡。莒在下不得狄，故復狄徐也。一罪再狄者，明爲莒狄之爾。徐先狄，在僖十五年。【疏】注「謂之」至「同惡」。○僖十四年：「諸侯城緣陵。」傳：「城杞也。曷爲城杞？滅也。孰滅之？蓋徐、莒脅之。」是也。二王後，爲先聖法度所存，前共滅之，今復相犯，故書以起同惡。○注「莒在」至「徐也」。○舊疏云：「謂莒時被伐，例不出主名，是以無由狄之。」則何意以莒亦宜狄也，文不合狄，故狄徐即以狄莒也。○注「一罪」至「五年」。○僖十五年：「楚人敗徐于婁林。」注：「謂之徐者，爲滅杞，不知尊先聖法度，惡重，故狄之。」是此爲再狄也，故謂爲莒狄之。

○公孫敖如莒莅盟。

○八年，春，王正月。

○夏，四月。

○秋，八月，戊申，天王崩。【疏】包氏慎言云：「八月書戊申，月之三十日。」

○冬，十月，壬午，公子遂會晉趙盾，盟于衡雍。【疏】包氏慎言云：「十月書壬午，月之五日。」按：當四日，下乙酉當七日，丙戌當爲八日。通義云：「文、襄既没，晉鮮令主，雖世長夏盟，春秋未嘗與其伯也。故自是盟多書日，不與信辭。」范云「衡雍，鄭地」，蓋以僖二十八年左傳「晉侯及鄭伯盟于衡雍」上云「晉欒枝入盟」故也。

○乙酉，公子遂會伊雒戎，盟于暴。【注】四日不能再出，不卒名者，非一事再見也。【疏】

釋文：「于暴，本又作曝。」左傳、穀梁無「伊」字。穀梁釋文云：「本或作伊雒之戎，誤。」左傳釋文：「本或作『伊雒之戎』，此後人妄取傳文加耳。」按：左傳「遂會伊雒之戎」，二傳文、經無「伊」字，省文也。伊雒戎即僖十一年左傳所謂「揚、拒、泉、皋，伊雒之戎」也，杜彼注云：「諸雜戎居伊水、雒水之閒者。」揚、拒、泉、皋，皆戎邑，伊闕北有泉亭。大事表：「在今河南府洛陽縣西南有前城，即泉戎地。」然則，伊雒戎，凡近伊雒間者皆是。包氏慎言云：「十月又書乙酉，月之八日。」杜云：「暴，鄭地。」沈氏欽韓云：「蓋暴，辛公所封地，在今河南懷慶府原武縣境。」○注「四日」至「見也」。○舊疏云：「欲道宣元年，『公子遂如齊。三月，遂以夫人婦姜至自齊』，傳云：『遂何以不稱公子？一事而再見者，卒名也。』注云：『卒，竟也。竟但舉名者，省文耳。』言彼是一事再見，故得省文，與此異也。」

○公孫敖如京師，不至，復。丙戌，奔莒。【疏】左氏、穀梁「至」下有「而」字。宣八年傳：「其言至黄乃復何？」注：「据公孫敖不言至復，又不言乃。」此公羊經作「不至，復」之明證。而三傳釋文皆不言同異。包氏慎言云：「十月又書丙戌，月之九日。」

不至復者何？不至復者，内辭也，不可使往也。【注】安居不肯行，故諱使若已行，但不至還爾。即已行，當道所至乃言復，如至黄矣。【疏】繁露玉杯云：「文公命大夫弗爲使，是不臣之效也。出侮于外，入奪于内，無位之君也。孔子曰：『政逮于大夫四世矣。』蓋自文公以來之謂也。」謂此。○注

「安居」至「還爾」。○通義云：「君使臣，至于不可使，恥甚，故諱言不至復，使若有故而復之辭。不舉所至者，别于至黄實有疾也。時赦有所私女于莒，道棄君命，而往從之。經但責其復，未若慶父惡顯，故加日，起有罪。」按：如公羊義，則赦直未行耳，經書復，爲内諱不可使往之恥。孔氏謂道棄君命，亦牽涉左傳事。○注「即已」至「黄矣」。○宣八年，「公子遂如齊，至黄乃復」是也。穀梁傳：「不言所至，未如也。未如，則未復也。」注：「若其已行，當如公子遂至黄乃復，今不言所至而直言復，知其實未如也。」亦本此爲説。

不可使往，則其言如京師何？遂公意也。【注】正其義，不使君命壅塞。【疏】注「正其」至「壅塞」。○「壅」，釋文本作「雍」，今亦作「壅」。「僖二十八年，衡雍，於用反。」〔一〕釋文凡音「於用反〔二〕」者，字皆作「壅」。穀梁傳：「未如而曰如，不廢君命也。」注引：「雍曰：受命而出，義無私留。書如京師，以顯命行于下。不書所至，以表不去之罪。」又曰：「未復而曰復，不專君命也。」注：「復者，事畢之辭。未如，故知其未復，加畢事之文者，言君命無輒專之道。」是即正其義意也。包氏慎言云：「宣八年，『公子遂如齊，至黄乃復』，乃者難辭，彼遂以有疾故言乃，著重難。此不言乃，明無難也。赦罪重于遂，故何氏彼

〔一〕「僖二十八年，衡雍，於用反」，爲左傳釋文的釋音，此未交代清楚。「於用反」，原訛作「於勇反」，叢書本同，據經典釋文校改。

〔二〕「用」，原訛作「勇」，「反」字原脱，叢書本同，據經典釋文改補。

注云：『赦當誅，遂當絶。』誅絶之所以判輕重者，疏云：『誅者，罪累家也；絶，則絶其身而已。』此但就違命一事大判言之。其實誅之輕者，止于責讓；絶之重者，極於宗祀。滅絶輕重，亦未有定，其輕其重，要當以所記爲斷耳。」

何以不言出？【注】据慶父言出奔。【疏】注「据慶」至「出奔」。○即閔二年「九月，公子慶父出奔莒」是其事也。

遂在外也。【注】諱使若從外來，不敢復還者也。日者，嫌赦罪明，則起君弱，故諱使若無罪。【疏】注「諱使」至「者也」。○校勘記出「外來」，云：「閩、監、毛本同，誤也。鄂本『來』作『奔』，當據正。」通義云：「傳言在外，明出境乃奔矣。」按：實從外奔，猶愈自内，傳烏得云「不可使往」？明尚未出境，不令遂往。敖由此出奔，當絶其大夫。下有齊人脅我歸喪之事，故深諱之也。孔説未允。○注「日者」至「無罪」。○閔二年「九月，公子慶父出奔莒」，彼注云：「不日者，内大夫奔例，無罪者日，有罪者月。」此敖不受君命，有罪而日者，仍順諱義，使若無罪者然也。若書日見有罪，則不可使往之恥起。

○螺。【注】先是公如晉，公子遂、公孫敖比出，不可使，勢奪於大夫，煩擾之應。【疏】注「先是」至「之應」。○公如晉，見上三年，又上二年：「及晉處父盟。」注：「如晉不書不致者，深諱之。」是也。公子遂、公孫敖比出，疑比出者，上文「公子遂會晉趙盾」，又「會伊雒戎」，上六年「公子遂如晉」，是公子遂比出也。

上元年「公孫敖會晉侯」，又「如齊」，二年「公孫敖會宋公以下于垂斂」，五年又「如晉」，上「如莒涖盟」，是公孫敖比出也。不可使，勢奪于大夫，則上「公孫敖如京師，不至復」，傳：「不復者，不可使往也。」是也。繁露謂「政逮大夫，自文公始」，故云勢奪于大夫。上二年注亦有「禄去公室」之説。

○宋人殺其大夫司馬。宋司城來奔。司馬者何？司城者何？皆官舉也。【注】皆以官名舉言之。天子有大司徒、大司馬、大司空，皆三公官名也。諸侯有司徒、司馬、司空，皆卿官也。宋變司空爲司城者，辟先君武公名也。【疏】注「天子」至「名也」。○白虎通封公侯云：「司馬主兵，司徒主人，司空主地。王者受命爲天、地、人之職，故分職以置三公，各主其一，以効其功。」是皆三公官名也。按：左傳歷敘宋官，有右師、左師、司馬、司徒、司城、司寇六卿之名。蓋有一孤於六卿擇而兼之與？周官六卿，與宋小異，有冢宰、宗伯，無右師、左師，亦無三公，與春秋不同也。○注「諸侯」至「官也」。○白虎通又云：「諸侯有三卿者，分三事也；五大夫，下天子。王制曰：『大國三卿，皆命於天子。下大夫五人，上士二十七人。』」禮記疏引三禮義宗云：「諸侯三卿，司徒兼冢宰，司馬兼宗伯，司空兼司寇，三卿之下，則有五小卿爲五大夫。故周禮大宰職云：『諸侯立三卿五大夫也。』五大夫者，司徒之下立二人，小宰、小司徒也；司馬之下，以其事省，故立一人爲小司馬，兼小宗伯之事；司空之下立二人，小司寇、小司空。孔子爲司空者，小司空也，由小司空爲大司寇也。」按：昭四年左傳，杜洩謂季孫曰：「吾子爲司徒，實書名。夫子爲司馬，與工正書服。孟孫爲司空，以書勳。」夫子謂叔孫可知。魯三卿位次矣。襄十一年注：「古者，諸侯有司徒、司空，上卿各一，下卿各二；司馬事省，上下卿各一。」此崔氏所本也。魯成、襄以前有臧氏，後有叔氏，見諸春秋。蓋三桓之外，又一卿，不能悉如禮也。然則，天子之官，漢儒今古文家説不同。諸侯，則戴禮説，諸侯有三卿五大夫，與何君説公羊同。而周禮太宰亦云：「施典於邦國，設其參，傅其伍。」鄭云：「參，謂卿三人；伍，謂大夫五人。」是各經説諸侯之官制無異也。故論語鄉黨有上大夫、下大夫。上大夫則卿也。宋有六卿，見左傳，或以其王者之後，官制得如天子。何氏此注無六卿之説，未知同於左傳否。○注「宋變」至「名也」。○桓六年左傳曰：「宋以武公廢司空。」杜云：「武公名司空，廢爲司城。」

曷爲皆官舉？【注】据宋殺其大夫山不官舉。【疏】注「据宋」至「官舉」。○見成十五年。

宋三世無大夫，三世内娶也。【注】宋以内娶，故威勢下流，三世妃黨争權相殺，司城驚逃，子哀奔亡，主或不知所任，朝廷久空，故但舉官起其事也。大夫相殺，例皆時。【疏】穀梁傳：「其以官稱，無君之辭也。」注引：「何氏廢疾云：『近上七年，宋公王臣卒、宋人殺其大夫，不言官，今此在三年中言官，義相違。』鄭君釋之曰：『七年殺其大夫，此實無君也。今殺其司馬，無人君之德耳。司馬、司城，君之爪牙，守國之臣，乃殺其司馬，奔其司城，無道之甚，故稱官以見其輕慢也。』傳例，稱人以殺，殺〔一〕有罪也，此上

〔一〕「殺」，原訛作「之」，叢書本同，據穀梁注疏校改。

下俱失之。」劉氏廢疾申何云：「君專殺大夫無德，當文自見，且宜稱國以殺，不待以官舉也。如傳例以爲有罪，則禮云：『大夫强而君殺之，義也。』安得云殺爪牙之臣，無道之甚乎！君之卿佐，皆爲股肱，豈不爲司馬、司城，而誅之逐之，乃得爲義乎？」按：穀梁説同左氏，故杜云：「司馬死，不舍節，司城奉身而退，故皆書官而不名，貴之。」按：如左傳，司城蕩意諸亦貴戚也，有去道乎？以爲貴之，亦未允。○注「宋以」至「事也」。○校勘記出「子哀奔亡」，云：「此本『亡』誤『之』，今訂正。鄂本『哀奔』二字及下『起其』二字皆空缺。」按：子哀來奔，見下十四年。通義云：「等不名前不官舉者，彼直一事耳。此殺與奔各一人，若云宋人殺其大夫，宋大夫來奔，則漫無區别，不成爲文，故以其官識之。」○注「大夫」至「皆時」。○舊疏云：「正以此經及下九年『晉人殺其大夫先都』、『晉人殺其大夫士穀』之屬皆不别書日月故也。知彼是大夫相殺之經者，正以下十六年傳云：『大夫相殺稱人矣。』」

公羊義疏四十一

文九年盡十一年

南菁書院　句容陳立卓人著

○九年，春，毛伯來求金。

毛伯者何？天子之大夫也。何以不稱使？【注】据南季稱使。【疏】注「据南季稱使」。○隱九年，「天王使南季來聘」是也。

當喪未君也。【注】時王新有三年喪。【疏】上八年八月，天王崩，故也。

踰年矣，何以謂之未君？【注】据崩在八年，踰年當即位。

即位矣，而未稱王也。【疏】通義云：「有事於四方，未可稱王命以使也。坊記曰：『未没喪，不稱君。』」

未稱王，何以知其即位？以諸侯之踰年即位，亦知天子之踰年即位也。【注】俱繼體，其禮不得異。【疏】注「俱繼」至「得異」。○白虎通爵篇云：「王者既殯，而即繼體之位何？緣民臣之心不可一日無君也，故先君不可得見，則後君繼體矣。故尚書曰『王再拜，興，對，乃受銅瑁』，明爲繼體君也。」曲禮疏云：「準左傳之義，諸侯薨而嗣子即位，凡有三時：一是始喪，即嫡子之位；二是踰年正月，即一國正君臣之位；三是除喪而見於天子，天子命之，嗣列爲諸侯之位。今此踰年即位，是遭喪明年，爲元年正月即位也。」又云：「天子踰年即位無文。約魯十二公，諸侯三年稱子亦無文，約天子踰年不稱使也，是天子、諸侯互相明也。」

以天子三年，然後稱王，亦知諸侯於其封内三年稱子也。【注】各信恩於其下。【疏】繁露玉英云：「天子三年然後稱王，經禮也。」曲禮疏云：「若三年除喪，稱王，故公羊文九年傳：『天子三年，然後稱王。』是也。」又云：「踰年則稱王者，据臣子稱也。若王自稱，必待三年。顧命成王崩殯後，未踰年，稱『余一人』〔一〕者，熊氏云：『天下不可一日無王故也。』」坊記云：「未没〔二〕喪不稱君，示民不争也。故魯春秋記晉喪曰：『殺其君之子奚齊及其君卓。』」注：「没，猶終也。」春秋傳曰：『諸侯於其封内三年稱子。』至其臣子踰年則謂之君矣。」通義云：「曲禮曰：『天子未除喪曰「予小子」。』生名之，死亦名之。所謂三年稱子，春秋之制也，据經曰公即位，則王者有踰年即位之禮，亦可以推。据武氏子、毛伯不稱使，以絶

〔一〕「余一人」，今尚書作「予一人」。

〔二〕「没」，原作「殁」，誤。「没」，終也；「没喪」，終喪也。叢書本同誤，據禮記校改。

正其義，則魯不三年稱子於其封内者，失[一]可知矣。此傳者善言春秋，能因其所見，達之於所不見。董仲舒曰：『論春秋者，合而通之，緣而求之，伍其比，偶其類，覽其緒，著其贅，是以人道浹而王法立。』今夫天子踰年即位，諸侯於封内三年稱子，皆不在經也。」按：春秋書宋子、衛子，是即諸侯稱子之證。○注「各信恩於其下」。○釋文：「信，音伸。」繁露玉杯云：「故屈民而伸君，屈君而伸天，春秋之大義也。」

踰年稱公矣，則曷爲於其封内三年稱子？緣民臣之心，不可一日無君；緣終始之義，一年不二君。【注】故君薨稱子某，既葬稱子，明繼體以繫民臣之心。【疏】莊三十二年傳云「踰年稱公」，故据以難之。繁露玉杯云：「春秋之法，以人隨君，以君隨天。曰：緣臣民之心，不可一日無君。而猶三年稱子者，爲君心之未當立也，此非以人隨君耶！孝子之心，三年不當。三年不當而踰年即位者，與天數相終始也，此非以君隨天耶！」通義云：「雖民臣之心，不欲一日無君。然奪先君之末年，改今君之元祀，其義則不可也，故君薨稱子某，既葬稱子者。由臣民言之，曰：吾君之子也，而名正位定矣；由孝子言之，曰：吾父之子也。是以不踐阼，不主奧，三年之内常若父存。」○注「故君」至「之心」。○白虎通爵篇云：「父存稱世子何？繫於君也。父殁稱子某者何？屈於尸柩也。既葬稱子何？即尊之漸也。」又云：「天子大斂之後稱王者，明民臣不可一日無君也。故尚書曰：『王麻冕黼裳。』此大斂之後也。何以知不從死後加王也？以上言迎子釗，不言迎王也。王者既殯而即繼體之位何？緣民臣之心不可

[一]「失」，殆爲「矢」之訛。

一日無君也，故先君不可得見，則後君繼體矣。故尚書曰：『王再拜，興，對，乃受同瑁。』明爲繼體君也。緣終始之義，一年不可有二君。故尚書曰：『王釋冕，反喪服。』吉冕服，受銅，稱王以接諸侯，明己繼體爲君也。釋冕藏銅，反喪服，明未稱王以統事也。」推此以言，諸侯亦同。

不可曠年無君。【注】故踰年稱公。【疏】注「故踰年稱公」。○白虎通爵篇云：「踰年稱公者，緣民臣之心不可一日無君也；緣終始之義，一年不可有二君。故踰年即位，所以繫民臣之心也。」又云：「不可曠年無君，故踰年乃即位改元，元以名年〔一〕，年以紀事，君名其事，統事見矣〔二〕，而未發號令也。何以知踰年即位謂改元位〔三〕也？春秋傳曰：『以諸侯踰年即位，亦知天子踰年即位也。』春秋曰：『元年，春，王正月，公即位。』改元位也。王者改元，即事天地；諸侯改元，即事社稷。王制曰：『夫喪三年不祭，唯祭天地社稷，爲越紼而行事。』」蓋先君之薨，不論何月，踰年正月皆即位也。

緣孝子之心，則三年不忍當也。【注】孝子三年志在思慕，不忍當父位，故雖即位，猶於其封內三年稱子。子張曰：「書云：『高宗涼闇，三年不言。』何謂也？」孔子曰：「何必高宗，古之人皆然。君薨，百官總己以聽冢宰三年。」【疏】注「孝子」至「稱子」。○繁露觀德云：「臣子三年不敢當，雖當之，必稱先

〔一〕「元以名年」，今本多作「名元年」，抱經堂叢書本白虎通據通典改爲此。

〔二〕「君名其事，統事見矣」，原訛作「君統事君」，叢書本同，據抱經堂叢書本白虎通校改。

〔三〕「謂改元位」四字原脱，叢書本同，據抱經堂叢書本白虎通校補。

君，必稱先人〔一〕，不敢貪至尊也。」白虎通爵篇云：「春秋傳曰：『天子三年然後稱王。』謂稱王統事發號令也，尚書曰『高宗諒闇三年』是也。論語曰：『君薨，百官總己以聽於冢宰三年。』緣孝子之心，則三年不忍當也，故三年除喪，乃即位統事，踐阼爲主〔二〕，南面朝臣下稱王，以發號令也。故天子、諸侯凡三年即位，終始之義乃備，所以諒闇三年，卒孝子之道。故論語曰：『古之人皆然，君薨，百官總己聽於冢宰三年。』」又引韓詩内傳曰：「諸侯世子三年喪畢，上受爵命於天子。」乃歸即位，是三年後然後稱爵也。禮記疏引：「白虎通云：『三年後受爵者，緣孝子之心，未忍安吉。』故僖三十三年十二月，乙巳，『公薨于小寢』，文公元年正月即位，四月丁巳葬。」儀禮經傳通解續引：「書大傳云：書曰：『高宗梁闇，三年不言。』何謂梁闇也？傳曰：『高宗居凶廬，三年不言，百官總己以聽於冢宰，而莫之違。』此之謂梁闇。子張曰：『何謂也？』孔子曰：古者君薨，王世子聽於冢宰，三年不敢服先王之服，履先王之位，而聽焉。以民臣之義，則不可一日無君矣。不可一日無君，猶不可一日無天也。以孝子之隱乎？則孝子三年弗居矣。故曰義者彼也，隱者此也。遠彼而近此，則孝子之道備矣。」〇注「子張」至「三年」。〇論語憲問篇文。校勘記云：「鄂本涼作諒。釋文作涼，音亮。」後漢書引彼注云：「諒闇，凶廬也。」詩疏引鄭書注云：「諒闇，轉作梁闇，楣謂之梁，闇，廬也。」禮記喪服四制注：「諒古作『梁』，闇讀如鶉鵪〔三〕之『鵪』。」書禆傳考異曰：「漢五行

〔一〕「人」，原訛作「君」，叢書本同，據春秋繁露校改。
〔二〕「爲主」二字原脱，叢書本同，據白虎通義校補。
〔三〕「鵪」，今禮記正義作「鵪」，同。

志作涼陰，大傳作梁闇。」按：今論語作「諒陰」，今書無逸作「亮陰」。蓋梁、涼、涼、亮、諒，及闇與陰，皆音義通。鄭注書、伏生書傳皆作凶廬解，蓋今文説也。此作「涼闇」，所引當是魯論。古文宜作諒或作亮，左疏引馬氏論語注云：「亮，信也。陰，默也。」爲聽於冢宰信默而不言。孔注論語亦云：「諒，信也。陰，默也。」皆古論語説也。夫既云「信默」，又云「不言」，語義重複。諒闇者，惠士奇禮説引：「葛洪變除云：子爲父三月既葬，草屨内納，廬則柱楣翦屏。屏者，廬前屏也，其廬所爲之屏也，而更作外障以爲之。作廬先横一木長樑，於東墉下著地，因立細木於上，以草被之。既葬則翦去此草，以短柱拄起此横梁之著地者，謂之柱楣。楣，一名梁，既舉此梁，乃得於廬外作障，用泥泥之。諸侯始作廬者便有屏，而未泥之，既葬乃泥之，既拄起梁，又立小障以避風，凶事轉輕。」劉氏論語正義云：「古之闇，今之庵也。釋名曰：『草圓屋曰蒲，又謂之庵。庵，掩也，所以自覆掩也。』誅茅爲屋，謂之翦屏，非庵而何？庵讀爲陰，猶南讀爲任，古今異音。倚廬不塗，既葬塗之，塗近於堊。釋名：『堊，次也。先泥之，次乃飾以白灰。』康成謂堊室者，壘墼爲之。蓋柱楣倚壁爲一偏，壘塹成屋爲兩下。然則，既葬除之，既練壘之，加堊，既祥又加黝，總謂之廬。故書大傳高宗有親喪，居廬三年，此之謂也。」白虎通喪服篇：「所以必居倚廬何？孝子哀，不欲聞人之聲，又不欲居故處，居中門之外。倚木爲廬，質反古也。」又云：「喪禮不言者，思慕盡情也。言不文者，指爲士民。」喪服四制云：「不言而事行者，扶而起。言而後事行者，杖而起。」庶人面垢而已。則天子、諸侯有臣不言而喪事得行者，喪事亦不言，則其餘不言可知。劉氏寶楠曰「冢宰聽治」，其證有可考者：「孟子云：『舜相堯二十有八載。堯崩，三年之喪畢，舜避堯之子於南河之南。』『舜薦禹於天，十有七年，舜崩。三年之喪畢，禹避舜之子於陽城，天下之民從之，若堯崩之後不從堯之子而從舜也。禹薦益於天，七年〔一〕，禹崩。三年之喪畢，益避禹之子於箕山之陰。』夫不於堯、舜、禹始崩之時避政而去，而必俟三年之後，明三年之喪，王世子不言，而皆爲冢宰攝政也。其後如武王崩，周公攝政，亦是此禮〔二〕據閔予小子詩序，則嗣王除喪，初朝於廟。而成王此時尚未能親政，故周公復攝行之。管、蔡所以疑周公者，正因成王除喪，猶聽政於周公故也。」若武王初崩，成王無論能親政與否，而諒闇之制，正在不言，周公居冢宰，禮宜攝政，流言奚自來哉？可謂允當不易之論。白虎通又云：「所以聽於冢宰三年何？以爲冢宰職在制國之用，是以由之也。故王制曰：『冢宰制國用。』」劉氏又云：「邦治掌於冢宰，因喪攝政，凡事皆聽。可知白虎通止以財用爲言，於義隘矣。」今本論語聽下有「於」字，與檀弓同。僞古文伊訓云：「百官總己以聽冢宰。」亦無「於」字。此引書云者，段氏玉裁尚書撰異云：「据喪服四制，疑高宗『諒闇，三年不言』乃尚書成語，非翦截毋逸〔三〕篇文。坊記以『三年其惟不言，言乃讙』繫之高宗。云鄭注名篇在尚書。然則亦非無佚語，高宗篇當是佚尚書。」若然，孟子滕文公篇云「五月居廬，未有命戒」者，其時三年之喪且久不行，安得尚有三年不言之禮？文公五月不命戒，已爲近古，不得以三代盛時禮繩之也。

〔一〕「舜崩」至「七年」，原文脱，叢書本同，據孟子校補。

〔二〕「此禮」二字原脱，叢書本同，據劉寶楠論語正義校補。

〔三〕「毋逸」，叢書本作「無逸」，同。「無逸」或作「毋逸」，如史記魯世家所引。

毛伯來求金，何以書？譏。何譏爾？王者無求，求金非禮也。【疏】繁露玉英云：「夫處位動風化者，徒言利之名爾，猶惡之，況求利乎！故天王使人求賻求金，皆爲大惡而書。今直使人也，親自求之，是爲甚惡。」說苑貴德篇：「周天子使家父、毛伯求金於諸侯，春秋譏之。故天子好利，則諸侯貪；諸侯貪，則大夫鄙；大夫鄙，則庶人盜。上之變下，猶風之靡草也。故爲人君者，明貴德而賤利，以道下，下之爲惡尚不可止。」穀梁傳曰：「求車猶可，求金甚矣。」注：「凱曰：求俱不可，在喪尤甚。」

然則是王者與？【注】据未稱王。

曰：非也。【疏】通義云：「未稱王也。」

非王者，則曷爲謂之王者（王者）〔一〕無求？【疏】通義云：「問未稱王，則曷爲以王者無求之義責之。」按：當作一句讀。俞氏樾云：「『王者』字不當疊。蓋因上文云『王者無求』，故此發問云：『既非王者，何以言王者無求也？』誤疊『王者』，字義不可通。」

曰：是子也。【注】雖名爲三年稱子者，其實非唯繼父之位。【疏】注「雖名」至「之位」。○禮記中庸疏：「『是子』，謂嗣位之王，在喪未合稱王，故稱『是子』。嗣位之王，守文王之法度。謂在喪之內，無合求金之法度。」俗本禮記注有引此作「子是」者，誤。何意以雖三年內稱子，其實非但繼父位，即與王同，當守

〔一〕「王者」誤疊，維持十三經注疏本原貌，以括號標示，說見下【疏】。

文王之法度也。

繼文王之體，守文王之法度，文王之法無求而求，故譏之也。【注】引文王者，文王始受命，制法度。【疏】注「引文」至「法度」。○史記周本紀：「詩人道西伯，蓋受命之年稱王而〔一〕斷虞芮之訟。後十年而崩，謚爲文王。改法度，制正朔矣。」詩大雅文王序：「文王受命作周也。」箋云：「受命，受天命而王天下，制立周邦。」疏引帝王世紀云：「文王即位，四十二年，歲在鶉火，文王於是更爲受命之元年，始稱王矣。」又引中候我應云：「季秋之月甲子，赤雀銜丹書入豐，止於昌户。再拜稽首受。」又引尚書運期授引：「河圖曰：『倉帝之治八百二十歲立戊午蔀。』注云：『周文王以戊午蔀二十九年受命。』」又引：「易是類謀云：『文王比隆興始霸，伐崇，作靈臺，受赤雀丹書，稱王，制命，示王意。』注：『入戊午蔀二十九年，時赤雀銜丹書而授〔二〕之。』」又引易乾鑿度云：「入戊午蔀二十九年，伐崇侯〔三〕，作靈臺，改正朔，布王號於天下，受籙應河圖。」是皆文王受命制法度事也。按：禮記中庸云：「仲尼祖述堯舜，憲章文武。」鄭注此以春秋之義説孔子之德，孔子祖述堯舜之道，而制春秋，而斷以文王、武王之法度。春秋傳曰「是子也云云，彼疏：「文王之法度無所求也。謂三分有二以服事殷。」故隱元年傳亦云：「王者孰謂？謂文王

〔一〕「蓋受命之年稱王而」句原脱「蓋」字，「之」訛作「三」，「年」下衍「然後」二字，「而」訛作「乃」，叢書本同，據史記校改。

〔二〕「授」，原訛作「命」，叢書本同，據鄭玄注易緯乾元序制記校改。易緯是類謀中並無此文。

〔三〕「侯」字原脱，據易緯乾鑿度校補。

也。」通義云：「是子繼父之體，而上本文王言之者，正體於上，又將所傳，重也。諸侯不奉王法，無以守其國；王者不奉祖法，無以守天下。故春秋以文王之正月正天道，以文王之法度正人事。」

○夫人姜氏如齊。【注】奔父母之喪也。不言奔喪者，尊内，猶不言朝聘也，故以致起得禮也。書者，大夫家，危重。言如齊者，大夫繫國。【疏】注「奔父」至「喪也」。○禮記雜記曰：「婦人，非三年之喪，不踰封而弔。」注：「踰封，越境也，或爲越疆。」白虎通喪服云：「而有三年喪，君與夫人俱往。」蓋謂娶於諸侯者，夫人奔喪，君則視凡鄰君加厚，鄰國之君本有會葬禮也。雜記又云：「夫人至，入自闈門，升自側階。君在阼，其他皆如奔喪禮然。」注云：「女子子不同於女賓也。宮中之門曰闈門，側階謂旁階也。他，謂哭、踊、髽、麻。」此謂婦人奔喪儀節也。惠氏士奇春秋説云：「出曰如某，反曰至自某，此非小君之禮也，儼然諸侯矣。然則夫人〔一〕奔喪禮與？禮雜記曰：『婦人非三年之喪，不踰封而弔。』如三年之喪，則君夫人歸。其歸也，以諸侯之弔禮，其待之也，若待諸侯然。此本春秋而爲之説。文公夫人奔喪，春秋書如書至，皆從諸侯之禮。故父母之國待之，亦若諸侯然。」「然則告廟而行，告廟而反，君夫人奔喪之禮當然。」按：鄭禮記注云：「夫人車服，主國致禮。」皆如諸侯也。繁露玉英云：「婦人無出竟之事，經禮也。母爲子娶婦，奔喪父母，變禮也。」○注「不言」至「聘也」。○隱十一年注：「内適外言如，外適内言朝聘，所

〔一〕「夫人」二字原脱，叢書本同，據春秋説校補。

以別外尊内也。」故奔喪不書。○注「故以」至「禮也」。○舊疏云：「春秋之例，夫人違禮而出會者皆不致，唯此文書至，故莊元年注云：『有出道乃致，奔喪致。』是也。」致文見下。○注「書者」至「危重」。○舊疏云：「夫人奔喪，禮既許之，則是常事，而書之者，此夫人所適，乃是大夫之家，卑於夫人，有不制之義，而危重之，是以書也。」按：今文春秋説，諸侯夫人似無歸甯之道，義具莊二十七年。今奔喪大夫家，故危重也。○注「言如」至「繫國」。○上四年，「逆婦姜于齊」，注不言「如齊」者，大夫無國也。不同者，上四年經云「逆婦姜于齊」，逆至共文。但言「于齊」，則知娶于大夫，故不得言「如齊」，正由其非大夫所有也。此夫人奔喪，不言「如齊」，則文不可施，君不行使于大夫，故又不可言「如某氏」，是以書「如齊」，以見大夫繫國也。且上經既從略，以示娶于大夫，此不嫌非大夫也。上二年，「公子遂如齊納幣」，蓋亦大夫繫國之義，故亦書「如齊」。

○**二月，叔孫得臣如京師。**

○**辛丑，葬襄王。**

王者不書葬，此何以書？【疏】隱三年傳曰：「天子記崩不記葬，必其時也。」此書葬，故難之。通義云：「据平、惠、定、靈不書葬。」包氏慎言云：「二月書辛丑，月之二十五日。」

不及時書，【疏】宣二年，十月，天王崩，「三年，正月，葬匡王」；襄元年，九月，天王崩，「二年，正月，葬簡王」；昭二十二年，四月，天王崩，「六月，葬景王」，皆不及時也。

過時書，【注】重録失時。【疏】桓十五年，「三月，天王崩」；莊三年，「五月，葬桓王」，是過時書也。○注「重録失時」。○舊疏云：「以天下共葬一人，而不如禮，故重録之，刺其失時也。」

我有往者則書。【注】謂使大夫往也，惡文公不自往，故書葬，以起大夫會之。日者，僖公、成風之喪，襄王比加禮，故恩録之，所以甚責内。【疏】注「謂使」至「會之」。○白虎通崩薨云：「王者崩，諸侯悉奔喪何？臣子悲哀慟怛，無不欲觀君父之棺柩，盡悲哀者也。又爲天子守蕃，不可頓空矣，故分爲三部：有始死奔喪者，有得中來盡其哀者，有得會葬奉送君者。七月之間，諸侯有來京師親供臣子之事者，有號泣悲哀奔走道路者，有居其國哭痛思慕竭盡所供者。」故此惡文公不自往也。通義云：「此主書，與獻六羽同意。我有往者，猶可言也；我無往者，不可言也。又以我無往者惡重，不待譏，使卿會葬，疑若得禮，而重譏之。故禮之爲用，在於别微也。五經異義云：『公羊説〔一〕：天王喪，赴者至，諸侯哭。雖有父母之喪，越紼而行事，葬畢乃還。左氏説：天王喪，赴者至。諸侯既哭，問故，遂服斬衰，使上卿弔，上卿會葬。

〔一〕「公羊説」下原脱「天王喪，赴者至，諸侯哭。雖有父母之喪，越紼而行事，葬畢乃還。左氏説」二十七字，據公羊通義及五經異義校補。

經書「叔孫得臣如京師，葬襄王」，以爲得禮。易下邳傳〔一〕甘容説：「諸侯在千里内皆奔喪，千里外不奔喪。若同姓，千里外猶奔喪，親親也。」鄭君之聞也〔二〕：「天子於諸侯無服，諸侯爲天子斬衰三年，是尊卑異者也。」「天子於魯，既含賵，又會葬，爲得禮。則是魯於天子一大夫會葬而已，爲不得禮，可知矣。鄭游吉云〔三〕：「靈王之喪，我先君簡公在楚，我先大夫印段實往，敝邑之少卿也，王吏不討，恤所無也。」豈非左氏諸侯奔天子之喪及會葬之明文？説左氏者，云諸侯不得棄其所守奔喪，自違其傳。」廣森按，越紼奔喪，傳無明文，亦似説公羊者失之。穀梁傳曰：『周人有喪，魯人有喪，周人弔，魯人不弔。周人曰：「固吾臣也，使人可也。」魯人曰：「吾君也，親之者也，使大夫則不可也。」』故周人弔，魯人不弔，以其下成、康未久也。」按：白虎通崩薨篇又云：「諸侯有親喪，聞天子崩，奔喪者何？屈己，親親猶尊尊之義也。春秋傳曰：『天子記崩不記葬，必其時葬也。諸侯記葬，不必有時。』諸侯爲有天子喪，當奔，不得必其時葬也。」此据隱三年傳説諸侯之禮最詳，故何氏彼注云：「設有王后崩，當越紼而奔喪，不得必其時。」又於「尹氏卒」傳曰：「天王崩，諸侯之主也。」注云：「時平王崩，魯隱往奔喪。尹氏主儐贊諸侯，與隱交接而卒。」穀梁傳亦曰：「於天子崩，爲魯主。」此諸侯奔喪之證。何氏亦云：「越紼奔喪，蓋有所受之矣。」白虎通又云：「葬有會者，親疏遠近盡至，親親之義也。」左氏隱三年傳：「天子七月而葬，同軌畢至。」昭三十年傳：「游

〔一〕「傳」，原訛作「傅」。該書名全稱爲易下邳傳甘氏義，漢甘容撰，據改。

〔二〕「鄭君之聞也」，今五經異義作「鄭駁之云」，是。

〔三〕「鄭游吉云」上，五經異義原文有「又左傳云」四字，公羊通義摘引脱此四字。

吉曰：靈王之喪，我先君簡公在楚，我先大夫印段實往。」彼疏引：「鄭玄以爲，簡公若在，君當自行。」是則左氏明以諸侯有奔喪之禮。故鄭駁異義譏説左氏者云諸侯不奔喪爲「自違其傳」也。書顧命記成王之喪云：「畢公率東方諸侯，入應門左；太保率西方諸侯，入應門右。」蓋因奔喪而朝見新王也。禮記檀弓云：「惟天子之喪，有别姓而哭。」注：「使諸侯同姓、異姓、庶姓相從而爲位，别於朝覲來時。」此各經諸侯奔喪之證也。○注「日者」至「責内」。○舊疏云：「正以昭二十二年『六月，叔鞅如京師，葬景王』之屬不日故也。言襄王如禮者，即元年『叔服來會葬』、五年『榮叔歸含且賵』、『召伯來會葬』之屬是也。」沈氏欽韓左傳補注云：「隱元年傳『天子七月而葬，同軌畢至』，是諸侯會葬傳有明文，此年傳但云『莊叔如周葬襄王』，不舉例者，正以五年有榮叔之含賵，召伯之會葬，信使交錯，其待諸侯之禮，隆且渥如是。經書此遥遥相對，其失禮無疑矣。且以天子之喪，而卿士求金，求者固非，而藩衛之義，惟知有伯主，不知有天子，不愈顯侯國之怠慢乎？以求金之來，而如京師共葬，雖遣得臣，亦非本意。」按：穀梁傳云：「天子志崩，不志葬。舉天下而葬一人。志葬，危不得葬也。日之，甚矣，其不葬之辭也。」注：「不得備禮葬。」又云：「王室微弱，諸侯無復往會葬。」明時皆不會葬，故天子之葬，不得備禮。此有往者，書以張義，責魯因以責諸侯。春秋内魯，故注但言責内也。楊疏云：「傳稱不志葬者，據治平之日正法言之也。」是也。

○**晉人殺其大夫先都。**【疏】通義云：「時先都、士縠等作亂，晉討殺之，而不稱國者，蓋以靈公冲稚，趙盾當國，大夫專殺，春秋疾之，故從大夫相殺稱人例也。」

○三月，夫人姜氏至自齊。【注】出獨致者，得禮，故與臣子辭。月者，婦人危重，從始至例。【疏】注「出獨」至「子辭」。○凡書致者，皆臣子喜其君父脱危而至之辭。此夫人出因奔喪，得禮，故與臣子辭書致也。○注「月者」至「至例」。○桓十六年注：「致例時。」夫人當與君同，此月，故解之。舊疏云：「獨行無制，恐有非禮之惡，故曰危重也。言從始至例者，即宣元年『三月，遂以夫人婦姜至自齊』、成十四年『九月，僑如以夫人婦姜氏至自齊』之屬是也。」莊二十四年：「八月，丁丑，夫人姜氏入。」注：「其日何？難也。與公有約，然後入。」彼始至書日，故解之也。

○晉人殺其大夫士穀及箕鄭父。【疏】通義云：「殺稱及者，相累連及之辭。其不稱及者，同罪也。」左疏引賈云：「箕鄭稱及，非首謀。」穀梁傳：「稱人以殺，誅有罪也。鄭父，累也。」按：左傳所載，皆作亂當誅，書及皆累者，蓋同罪之辭。

○楚人伐鄭。

○公子遂會晉人、宋人、衛人、許人救鄭。

○夏，狄侵齊。

○秋，八月，曹伯襄卒。

○九月，癸酉，地震。

地震者何？動地也。【注】動者，震之故。傳先言動者，喻若物之動地以曉人也。【疏】包氏慎言云：「九月書癸酉，九月無癸酉，十月朔日也。或時曆官誤置閏，而此年閏在九月前，則癸酉即九月朔日矣。」國語周語云：「伯陽父曰：陽伏而不能出，陰迫而不能烝，於是乎有地震。」左疏引：「孔晁云：陽氣伏於陰下，見迫於陰，故不能升，以至於地動。是地道安静，以動爲異也。」○注「動者」至「人也」。○注申傳義，以有動之者而地動，即周語所云也。通義云：「地動，自動也。動地，有動之者也，大氣動之也。陽伏而不能出，陰迫〔一〕而不能烝，於是有地震。」

何以書？記異也。【注】天動地静者，常也。地動者，象陰爲陽行。是時魯文公受制於公子遂，齊、晉失道，四方叛德。星孛之萌，自此而作，故下與北斗之變所感同也。不傳天下異者，從王内録可知。

〔一〕「迫」，原訛作「伏」，叢書本同，據公羊通義校改。

【疏】注「天動」至「常也」。○易繫辭傳上：「動静有常，剛柔斷矣。」注〔一〕云：「剛動而柔止也。」疏：「天陽爲動，地陰爲静，各有常度。」故乾之彖曰：「乾道變化。」坤之卦辭曰：「安貞吉。」〔二〕亦動静義也。○注「地動」至「陽行」。○國語周語云：「伯陽父曰：今三川實震，是陽失其所而填陰也。」應劭漢書注云：「失其所，失其道也。填陰，爲陰所填，不得升也。」漢書五行志云：「京房易傳曰：臣事雖正，專必震，其震，於水則波，於木則摇，於屋則瓦落。大經在辟而易臣，兹謂陰動，厥震摇政宫。大經摇政，兹謂不陰，厥震摇山，山出涌水。嗣子無德專禄，兹謂不順，厥震邱陵，涌水出。」蓋凡震，皆陰行陽事也。故穀梁傳曰：「震，動也。地不震者也。震，故謹而日之也。」注引穀梁説曰：「大臣盛，將動有所變。」明陰不宜盛而動也。○注「是時」至「同也」。○穀梁疏引何休、徐邈並云：「由公子遂陰爲陽行專政之所致。」即此注受制公子遂也。齊、晉失道，蓋謂齊商人、晉趙盾弑君事。四方叛德，蓋如宋弑君杵臼、莒弑君庶其、齊又弑商人，楚争中國之屬。北斗之變，見下十四年「秋，七月，有星孛入于北斗」是也。所感同者，彼注云：「齊、晉並争，吴、楚更謀競行天子之事，齊、宋、莒、魯弑其君而立之應也。」五行志云：「文公九年『癸酉，地震』。劉向以爲，先是時，齊桓、晉文、魯釐二伯賢君新殁，周襄王失道，楚穆王殺父，諸侯皆不肖，權傾於下。天戒若曰：臣子彊盛者，將動爲害。後宋、魯、晉、莒、鄭、陳、齊皆殺君，諸震，略皆從董仲舒説也。」

〔一〕「注」，原訛作「韓」，叢書本同，據周易正義校改。

〔二〕「安貞吉」下，原衍一「也」字，據周易校删。

○注「不傳」至「可知」。○舊疏云：「僖十四年『沙鹿崩』，傳云：『何以書？記異也。外異不書，此何以書？爲天下記異也。』今此地震爲内録之，内爲新王天下明矣，故言不傳天下異者，從王内録可知。」通義云：「不傳天下異者，時獨魯境内地震。昭二十三年『八月，乙未，地震』，越二日，丁酉，周地亦震，南宫極死，而經不書。知諸言地震者，皆據魯書也。」按：孔説是也，外震不書，尊内也。兼及齊、晉四方者，假以張義，震不言何在，止統言地震，故亦得爲四方記異也。

○冬，楚子使椒來聘。【疏】釋文：「椒，一本作萩。」按：秋聲叔聲古音同部。穀梁傳作萩。漢書古今人表「楚湫舉」，師古曰：「即椒舉也。」

椒者何？楚大夫也。楚無大夫，此何以書？始有大夫也。【注】入文公所聞世，見治[一]升平，法内諸夏以外夷狄也。屈完、子玉得臣者，以起霸事，此其正也。聘而與大夫者，本大國。

【疏】穀梁傳：「楚無大夫，其曰萩，何也？以其來我，褎之也。」通義云：「楚有大夫，前此矣，至此始發傳者，屈完不稱使，宜申稱使，而其君稱人，君臣之辭未醇，此始，因其能修禮來聘，遂與君臣之辭，同於中國也。商臣弑父，而得稱子以使者，其罪惡固，不待貶絶而自見。」○注「入文」至「狄也」。○校勘記出「見升

[一]「治」字原脱，據阮校公羊注疏校補，説見下【疏】。

平法」，云：「諸本同。解云：言見治升平者，升，進也。『見』下當有『治』字。釋文出『見升』二字，則陸本與此同。」入文公所聞世者，舊疏引春秋説云：「文、宣、成、襄，此所聞之世。」是也。隱元年注云：「於所聞之世，見治升平，内諸夏而外夷狄。」對所傳聞世，内其國而外諸夏，爲升平也。成十五年：「叔孫僑如會晉士燮以下，會吴于鍾離。」傳云：「曷爲殊會吴？外吴也。曷爲外也？春秋内其國而外諸夏，内諸夏而外夷狄。」下語亦斥所聞世言也。彼注云：「不殊楚者，楚始見所傳聞世，尚外諸夏，未得殊也。至於所聞世，可得殊，又卓然有君子之行。」謂莊王此爲修禮接内，故亦不得見殊也。○注「屈完」至「正也」。○僖四年：「楚屈完來盟于師，盟于召陵。」傳：「屈完者何？楚大夫也。何以不稱使？尊屈完也。曷爲尊屈完？以當桓公也。」注：「增倍〔一〕使若得其君，以醇伯德、成王事也。」又僖二十八年：「楚殺其大夫得臣。」注：「楚無大夫，此言大夫者，欲起上楚人本當言子玉得臣，所以詳録霸事。」蓋彼在所傳聞世，不合見大夫，書之者，以起齊桓、晉文霸事故也。彼皆别有主書，故唯此爲始與内接，得其正也。○注「聘而至「大國」。○舊疏云：「等是夷狄，而舒、越之屬皆無大夫，而楚得有大夫者，正以本是大國，故入所聞之世，於是見法矣。」

始有大夫，則何以不氏？【注】据屈完氏。【疏】注「据屈完氏」。○即僖四年書「楚屈完」是也。

許夷狄者，不一而足也。【注】許，與也。足其氏，則當純以中國禮責之，嫌夷狄質薄，不可卒備，故

〔一〕「倍」，原訛作「信」，叢書本不誤，據改。

且以漸。【疏】校勘記云：「浦鏜云：壹誤一。按，唐石經、諸本皆作一。」○注「許，與也」。○廣雅釋言云：「許，與也。」莊子大宗師：「瞻明聞之聶許。」釋文引李注：「許，與也。」又徐無鬼云：「夫神者不自許也。」釋文引司馬注：「許，與也。」説文言部：「許，聽也。」引申之爲與。隱二年左傳注引「許」作「禦」。汪氏中經義知新記云：「古人引經多有此例。如史記載尚書，史公每以解釋之字易經文，即此義也。」按：作「禦」，不可通，當仍何注意，作與解爲是。彼疏云：「制禦戎狄，當以漸教之，不一度而即使足也。」亦强爲之解。○注「足其」至「以漸」。○校勘記出「貴之」，云：「鄂本貴作責，此誤。」言若即足之，與以氏則醇同中國，當以中國禮義責之矣。卒，讀如猝。恐夷狄質薄，不得猝然備責也，故以漸進之。通義云：「當進之以漸，不就其一事遽盈量而與。」是也。繁露觀德云：「吴、楚國先聘我者見賢。」謂此與？襄二十九年，「吴子使札來聘」，稱子也。二傳皆有「許夷狄者，不一而足」之語，彼以賢而不字張義，此以名而不氏張義，意同而取義微異。

○秦人來歸僖公、成風之襚。【疏】左傳作「隧」，誤。彼校勘記云：「宋本、岳本、纂圖本、毛本隧作『襚』，石經此處闕。釋文亦作『襚』，云：『衣被曰襚。』説文作『祱』，云：『贈終者衣被曰祱。』以此襚爲衣死人衣。」

其言僖公、成風何？兼之。兼之，非禮也。【注】禮主于敬，當各使一使，所以别尊卑。

【疏】上五年：「王使榮叔歸含且賵。」傳：「其言歸含且賵何？兼之。兼之，非禮也。」彼譏其一人兼二事，此譏其一人禭二人也。與隱元年譏宰咺兼之同義。○注「禮主」至「尊卑」。○一本有「主」作「王」者，誤，依宋本、閩本正。左疏引：「膏肓云：『禮主於敬，一使兼兩喪，又於禮既緩。而左氏以之爲禮，非也。』鄭箴之曰：『若以爲緩，按禮，衛將軍文子之喪既除，而越人來弔，子游何得善之？』」劉氏評云：「禭施於死者，弔施於生者。鄭不足爲難也。」又上五年穀梁傳注引：「廢疾云：『五年傳曰：不言來，不周事之用也。九年，秦人來歸僖公、成風之禭，最晚矣，何以言來〔一〕？』鄭釋之曰：『秦自敗于殽，與晉爲仇，兵無休時〔二〕，乃加〔三〕免繆公之喪而來，君子原情不責晚〔四〕。』」劉氏難曰：「四年，夫人風氏薨，秦、晉未聞交兵也。且因黷武而廢禮，其可譏尤甚，安得原情不責？」則此書來，兼譏不及事矣。

曷爲不言及成風？【注】据及者，別公夫人尊卑文也。連成風者，但問尊卑，體當絶，非欲上成風使及僖公。【疏】注「据及」至「文也」。○僖十一年，「公及夫人姜氏會齊侯于陽穀」是也。桓十八年，「公夫人如齊」，亦不言及者，彼爲外夫人故也。○注「連成」至「僖公」。○傳若但問「曷爲不言及」，嫌欲上成風

〔一〕「言來」，原訛倒作「來言」，叢書本同，據穀梁注疏校乙。
〔二〕「時」，原訛作「息」，叢書本同，據穀梁注疏校改。
〔三〕「加」，原訛作「如」，叢書本同，據穀梁注疏校改。
〔四〕「晚」字原脱，叢書本同，據穀梁注疏校補。

使及僖公，故連「及成風」問，知直問成風尊僖公卑，體當絶也。通義云：「穀梁以爲僖公之成風，非也。且又推之，以爲惠公仲子亦惠公之母。若然，妾母必以其子氏者，今僖若在，何以稱之？」

成風尊也。【注】不可使卑及尊也。母尊序在下者，明婦人有三從之義：少繫父，既嫁繫夫，夫死繫子。

【疏】注「不可」至「尊也」。○通義云：「僖公、成風兩言之者，尊卑自絶。若言『及成風』，則是以卑及尊文，不可施也。仲子以微，不言及。成風以尊，不言及。春秋之言，豈可以一端盡之哉！」○注「母尊」至「繫子」。○漢書杜鄴傳：「臣聞陽尊陰卑，卑者隨尊，尊者兼卑，天之道也。是以男雖賤，各爲其家陽〔一〕；女雖貴，猶爲其國陰〔二〕。故禮明三從之義，雖有文母之德，必繫於子。」册府元龜引梁何佟之議云：「夫婦人之道，義無自專，若不仰繫于夫，則當俯繫于子。」釋名釋長幼云：「女，如也，婦人外成如人也。故三從之義：少如父教，嫁如夫命，老如子言。」禮記郊特牲曰：「婦人，從人者也，幼從父兄，嫁從夫，夫死從子。」故成風序在下也。通義云：「所以子序母上者，直爲僖公先薨，襚辭亦先致之故耳。」則是春秋但順當時致辭序耳，無義例矣。孔氏故與何氏立異，忘其違經義也。

○葬曹共公。

〔一〕「陽」字原脱，叢書本同，據漢書校補。

〔二〕「陰」字原脱，叢書本同，據漢書校補。

○十年，春，王三月，辛卯，臧孫辰卒。【疏】包氏慎言云：「三月書辛卯，月之二十二日。」隱元年注：「所聞世，無罪者日録。」

○夏，秦伐晉。【注】謂之秦者，起令狐之戰，敵均不敗，晉先眛以師奔秦，可以足矣，而猶不知止，故夷狄之。【疏】注「謂之」至「狄之」。○毛本脱「猶」字。僖〔一〕三十三年傳：「其謂之秦何？夷狄之也。」義與此同。通義云：「復稱國者，秦、晉搆怨起於襲鄭。秦爲罪首，自是二國交刃，相仍無已。要互有曲直，不可專責秦伯。但即殽之役及此，見始終狄之而已。方將善其能變，故於此抑見其罪，以深起下稱伯爲大善辭也。易曰『无咎』者，善補過者也。不顯其咎，不見其善，惟狄之而旋爵之，乃知君子之教。朝有過夕改則與之，夕有過朝改則與之，故能使負罪者不以終絶而自棄。」按：令狐戰，先眛奔秦，皆見上七年。

○楚殺其大夫宜申。【疏】杜云：「宜申，子西也。」左疏載釋例云：宜申不書氏，賈氏以爲漏，與得臣不書族同。蓋夷楚，故略其大夫氏也。

〔一〕「僖」，原譌作「傳」，叢書本不誤，據改。

○**自正月不雨，至于秋七月。**【注】公子遂之所招。【疏】禮記玉藻云：「至于八月不雨，君不舉。」注：「爲旱變也。此謂建子之月不雨，盡建未月也。」然則至七月不雨，猶不爲旱矣。然雖不必成災，歷三時不雨，亦足爲異，故書。穀梁傳曰：「歷時而言不雨，文不閔雨也。」不閔雨者，無志乎民也。○注「公子」至「所招」。○漢書五行志中之上：「十年自正月不雨，至于秋七月。先是公子遂會四國而救鄭，楚使越椒來聘，秦人歸禭，有炕陽之應。」

○**及蘇子盟于女栗。**【疏】杜云：「女栗，地名，闕。」通義云：「言及，不言主名，蓋内微者也。知非公者，天子之大夫視諸侯，體敵得盟，無取諱不言公也。」郝氏懿行説略云：「孰及之？蓋大夫也。大夫盟王臣，翟泉已然矣。何以知非没公也？公不與大夫盟，不諱與王臣盟也，何諱焉？出不書，反不致，非公可知。」杜云：「蘇子，周卿士。」按：隱十一年左傳「而與鄭人蘇忿生之田」，杜云：「蘇忿生，周武王司寇蘇公也。」書立政云：「周公若曰：太史，司寇蘇公。」孔傳：「忿生爲武王司寇，封蘇國。」成十一年左傳：「昔周克商，使諸侯撫封，蘇忿生以温爲司寇。」是蘇忿生封于蘇，其所都之地名温。故僖十年左傳：「狄滅温，蘇子奔衛也。」蓋王復之爲卿，或别封他邑，此蘇子其後也。

○**冬，狄侵宋。**

○**楚子、蔡侯次于屈貉。**【注】魯恐，故書，刺微弱也。【疏】左傳作「厥貉」，杜云：「厥貉，地名，闕。」古厥屈同部，叚借字。漢書古今人表：「厥黨童子。」師古曰：「即闕黨童子也。」闕屈亦同部。通義云：「莊侍郎曰：屈貉之役，左氏以爲陳侯、鄭伯在焉，而又有宋公後至，麇子〔一〕逃歸。春秋一切不書，主書蔡侯者，甚惡蔡焉。蔡同姓之長，而世役于楚，自絶諸夏。商臣罪大惡極，犬彘將不食其餘，蓋竊位以來，諸侯尚未有與盟會者。蔡莊侯首道以摟上國，獨與同惡相濟，同氣相求，不再傳，而蔡亦有弑父之禍，遂使通。春秋唯商臣與般相望于數十年之間。若蔡侯者，所謂用夷變夏者也。廣森三復斯言，誠春秋之微旨。昔衛州吁弑君自立，使公孫文仲平陳與宋，及宋殤公、陳桓公之身，而馮弑、佗篡之難作，魯翬會之卒之，弑隱者翬也。子夏有言曰：『春秋之記臣弑君、子弑父者以十數矣。』皆非一日之積也，有漸而以至矣。察於彼經曰『衛州吁弑其君完』、『翬率師會宋公、陳侯、蔡人、衛人伐鄭』，繼之以『壬辰，公薨』、『宋督弑其君與夷』、『蔡人殺陳佗』，則知黨弑君之賊者，其國必有亂。臣觀於此經曰『楚世子商臣弑其君髡』、『楚子、蔡侯次于屈貉』，又至於『蔡世子般弑其君固』，則知黨弑父之賊者，其家必有逆子。嗚呼！國有風，家有俗。久聞習見，風俗以成。白羽素絲，唯其所染。履霜乘火，甯可不慎！」按：莊侍郎語見春秋正辭。莊、孔二氏説可謂得春秋微言矣。○注「魯恐」至「弱也」。○按：如左傳，則宋、鄭、陳、蔡皆附屬楚，與魯相近，故恐也。

〔一〕「麇子」，原訛作「圈子」，公羊通義即訛作。據左傳「厥貉之會，麇子逃歸」校改。

○十有一年，春，楚子伐圈。【疏】釋文：「説文作圈。字林曰萬反。二傳作麇。」讀書叢録云：「説文麇从鹿，囷省聲，籀文不省，作麕。傳寫者省鹿作囷，通作圈。昭元年『楚子卷卒』，釋文：左氏作麇。卷又圈字之省。」校勘記云：「按玉篇：『圈，懼免切，牢也。』『圏，巨萬切，邑名。』廣韻二十五願作圈，邑名，曰萬切，誤也。」此當从説文作圈。今説文圈，養畜之閑也。無圏字。依陸氏，則説文、字林皆有圏字，玉篇本之爲邑名正字。何本公羊作牢圈字，通借也。葉本作『曰萬反』，盧本從之，不知『曰』乃誤字耳。左傳校勘記：「『惠棟云：麇亦作麕。』注不釋其地所在。按，盛宏之荆州記云：『當陽本楚之舊。』左氏傳『楚潘崇伐麕，至于錫穴』，潁容釋例[一]云：『麕在當陽。』」大事表云：「今湖廣鄖陽府治鄖縣爲麇國地。按，傳『楚子伐麇，敗麇師于防渚。潘崇復伐麇，至于錫穴』，爲麇之國都，則麇遂滅矣。防渚爲今鄖陽府房縣。」杜佑曰：「房陵，即春秋時麇國地，所謂防渚者也。秦始皇徙趙王遷于房陵即此。」建安二十四年，先主遣孟達攻下房陵，又使劉封自漢中乘沔水會達攻上庸。上庸太守申耽降後，孟達據房陵降魏。蓋隴、蜀咽喉，蜀、魏所必争也。又云：「十六年，楚伐庸。麇人率百濮聚于選，則麇猶存。蓋庸在上庸，爲今竹山縣。麇有錫穴及防渚，爲今之鄖縣、房縣，俱屬鄖陽府，爲接壤，庸滅而麇亦不復存矣。今與陝西、四川接界。」按：廣韻二十阮：「圈，又姓。後漢末，圈稱字幼舉，撰陳留風俗傳。圈氏本氏其國。」然則古有圈國，其即楚子所伐者也。

[一]「釋例」，後漢書本傳作春秋左氏條例，舊唐書儀禮志引及新唐書藝文志著録作釋例。

○夏，叔彭生會晉郤缺于承匡。【疏】史記注引服虔曰：「叔仲惠伯。」通義：「叔彭生〔一〕即傳所稱叔仲惠伯者也，本〔二〕叔牙仲子休之子，因以叔仲連言，非命氏之正，故春秋絶正之。」按：左傳作「叔仲彭生」。釋文：「本或作叔彭生，仲衍字。」按：禮記疏引世本云：「桓公生僖叔牙，牙生武仲休，休生惠伯彭，彭生皮，爲叔仲氏。」蓋謂叔孫氏之仲也。石經、宋本、左傳亦無「仲」字。漢書五行志、水經陰溝水注並引作「夏，叔彭生會晉郤缺于承匡」也。左傳「匡」或作「筐」。校勘記云：「石經、宋本、岳本筐作匡。傳文同，即襄三十年傳『會郤成子于承筐之歲也』是也。」杜云：「承匡，宋地，在陳留襄邑縣西。」大事表云：「今歸德府睢州西三十里有故承匡城。」水經注陰溝水篇：「谷水首受涣水于襄邑東，東經承匡城。春秋書『叔彭生會晉郤缺于承匡』。京相璠曰：『今陳留襄邑西三十里有故承筐城。』」圈稱云：「襄邑本襄陵承筐鄉也，宋襄公所葬，故曰襄陵。縣西三十里有承匡城。」紀要：「在歸德府睢州西三十里。」包氏慎言云：「左氏襄三十年傳云：晉悼夫人食輿人之城杞者。絳縣老人與食，使之年〔三〕，曰：『臣不知紀年。臣生之歲，正月甲子朔〔四〕，四百有四十五甲子矣。其季于今，三之一。』吏走問諸朝。師曠曰：『魯叔仲惠伯會郤成子于承匡之歲也。』『七十三年矣。』此所言，據夏正也，于周爲三月。李淳風注五經算術：『以周術推

〔一〕「叔彭生」上原衍一「本」字，叢書本不誤，據删。
〔二〕「本」，原訛作「云」，叢書本不誤，據改。
〔三〕「絳縣」至「之年」，左傳原文作：「絳縣人或年長矣，無子，而往與於食。有與疑年，使之年。」
〔四〕「甲子朔」，原誤倒作「朔甲子」，叢書本同，據左傳校乙。

是年，周天正，朔亦爲乙丑，月小，殷地正，朔甲午，月大。』」

○秋，曹伯來朝。

○公子遂如宋。

○狄侵齊。

○冬，十月，甲午，叔孫得臣敗狄于鹹。【疏】包氏愼言云：「十月書甲午，月之四日。」杜云：「鹹，魯地。」大事表云：「續漢志濮陽縣：『春秋時有鹹城，濮水之北。』當在今曹州府曹縣境。」齊氏召南云：「杜顯言魯地，以異於僖十三年齊桓會諸侯之『鹹』也。續漢志東郡濮陽縣有鹹城，或曰古鹹國。與僖十三年〔一〕同一鹹，非别地。」

〔一〕「十三年」，原誤記爲「十二年」，叢書本同，據春秋校改。

狄者何？【注】以日，嫌夷狄不能偏戰，故問也。【疏】注「以日」至「問也」。○[一]舊疏云：「春秋之例，偏戰日，詐戰月。夷狄不能偏戰，今而書日，故執不知問。」通義云：「以所聞之世，敗狄不月，而今乃日，知非常狄，故問之。」按：僖三十三年「秋，晉人敗狄于箕」，傳聞世也，亦不月。何氏無此例，但從略爾。

長狄也。【注】蓋長百尺。【疏】注「蓋長百尺」。○舊疏云：「何氏蓋取關中記云：『秦始皇二十六年，有長人十二見於臨洮。身長百尺，皆夷狄服。天誡若曰：勿大爲夷狄行，將滅其國。始皇不知，反喜。是時初併六國，以爲瑞，乃收天下兵器，鑄作銅人十二象之。』是也。其文穀梁、左氏與此長短不同者，不可强合。」按：穀梁傳：「弟兄三人，佚宕中國，瓦石不能害。叔孫得臣射其目，身横九畝。斷其首而載之，眉[二]見於軾。」范云：「廣一步長百步爲一畝，九畝五丈四尺。兵車之軾高三尺三寸。」是其所説長短不同。彼疏引春秋考異郵云：「兄弟三人各長百尺，别之國欲爲君。」蓋何氏所本。杜注左傳云：「蓋長三丈。」彼疏引魯語仲尼所云，此十倍僬僥氏之長者，故云蓋長三丈。是左氏所説長短亦不同也。左傳謂即鄋瞞。説文：「郊，北方長狄國也。在夏爲防風氏，殷爲汪芒氏。」兼取内外傳爲説。魯語云：「吴伐越，墮

〔一〕「○」，標識隔離號原脱，今補。

〔二〕「眉」，原訛作「盾」，叢書本不誤，據改。

會稽，獲骨焉〔一〕，節專車。吴子使來聘問之，仲尼曰：『昔禹致群神於會稽之山〔二〕，防風氏後至，禹殺而戮之。其骨節專車，此爲大矣。』客曰：『防風氏何守？』仲尼曰：『汪芒氏之君，守封、禺之山者也，爲漆姓。在虞、夏、商爲汪芒氏，於周爲長狄氏，今爲大人。』客曰：『人長之極幾何？』仲尼曰：『僬僥氏長三尺，短之至也。長者不過十之，數之極也。』」故杜氏以爲蓋亦以意言也。山海經大荒北經：「有人名曰大人。有大人之國，釐姓，黍食。」史記孔子世家云：「汪罔氏之君守封、禺之山，爲釐姓。」索隱云：「釐音僖。」按：晉語司空季子説：黄帝之子十二姓中有僖姓，則長狄其黄帝後與？魯語以汪芒氏之君爲漆姓者，古漆、釐同部，得叚借也。方輿紀要：「鄋瞞：在山東濟南府北境。或云，今青州府高苑縣有廢臨濟城。古狄邑，即長狄所居。」韋注國語：「封、嵎二山在吴郡永安縣。」周世其國北遷爲長翟也。説文以此篆廁涿郡北地之下，則許意謂其地在西北方矣。

兄弟三人，【注】言相類如兄弟。【疏】注「言相」至「兄弟」。○穀梁傳亦云：「弟兄三人佚宕中國。」注：「佚，更也。」明非同時兄弟，故言相類。故左傳敘鄋瞞伐齊在齊襄二年，晉獲焚如在滅潞三年也。舊疏云「别之三國，不相援助，是以知其非親兄弟」者，非也。

一者之齊，一者之魯，一者之晉。【注】不書者，外異也。【疏】漢書劉向傳上封事述春秋災異

〔一〕「焉」字原脱，叢書本不誤，據補。

〔二〕「禹致群神於會稽之山」，原訛作「禹致羣臣于塗山」，叢書本同，據國語校改。

云：「長狄入三國。」師古曰：「之齊榮如，之魯喬如，之晉焚如。」按：左傳又有宋獲緣斯，衛獲簡如。小顏止述齊、魯、晉，用公羊義也。○注「不書」至「異也」。○春秋有爲天下記異者，僖十四年「沙鹿崩」之屬是也。有爲王者之後記異者，「隕石于宋，五」、「六鷁退飛，過宋都」之屬是也。外各國異皆不書，詳内略外之義也。故之齊、之晉皆不書。

其之齊者，王子成父殺之；【疏】左傳云：齊襄公之二年：「鄋瞞伐齊。齊王子成父獲其弟榮如。」注：「榮如，焚如之弟。」

其之魯者，叔孫得臣殺之；【注】經言敗，殺不明，故復云爾。【疏】左傳云：「獲長狄僑如。富父終甥摏其喉以戈，殺之。埋其首於子駒之門，以命宣伯。」杜云：「骨節非常，恐後世怪之，故詳其處。」○注「經言」至「云爾」。○下方欲明殺一人言敗之義，故此傳逆詳之。

則未知其之晉者也。【疏】左傳晉之滅潞也，獲僑如之弟焚如事，在宣十五年，於晉爲景公六年。據左傳榮如爲焚如之弟，榮如死於魯桓十六年，至宣十五年一百三歲，其兄猶在，既長且壽，可謂異極，故何氏以爲相類如兄弟也。穀梁亦云：「則未知其之晉者也。」

其言敗何？【注】据敗者，内戰文，非殺一人也。【疏】注「据敗」至「人也」。○舊疏云：「春秋之義，内魯爲王，王於諸侯無敵之義，但當言戰，戰則是内敗之文；言敗某師，則是内戰之文。今敵其一人而言『敗狄于鹹』，作内戰之經，故難之。」

大之也。【注】長狄之三國，皆欲爲君。長大非一人所能討，興師動衆，然後殺之，如大戰，故就其事言敗。【疏】注「長狄」至「言敗」。○舊疏云：「正以各之一國故也。雖非兄弟，若不爲君，羣行亦得，即『長人十二，見於臨洮』是也。」按：穀梁傳：「不言帥師而言敗，何也？直敗一人之辭也。一人而曰敗，何也？以衆焉言之也。」注：「言其力足以敵衆。」又云：「瓦石不能害。」注：「肌膚堅强，瓦石打擿，不能虧損。」故云非一人所能討，興師動衆，然後殺之，如大戰也。

其日何？【注】据日而言敗，與「公子友敗莒師于犂」同非殺一人文。【疏】注「据日」至「人文」。○校勘記云：「鄂本無『于犂』，非也。按，釋文出『于犂』二字。」即僖元年，「冬，十月，壬午，公子友帥師敗莒師于犂，獲莒挐」是也。彼傳云：「季子待之以偏戰。」故彼亦日也。然則，公子友與莒挐戰，亦二人相敵，蓋用穀梁「屏左右而相搏」事，故云「同非殺一人文」也。

大之也。【注】如結日大戰。【疏】注「如結日大戰」。○隱六年注：「戰例時，偏戰日，詐戰月。」僖元年注：「莒人可忿，而能結日偏戰，是其不加暴之義。」故繁露竹林云：「春秋惡詐擊，而善偏戰也。」

其地何？大之也。【注】如大戰，故地。【疏】注「如大戰，故地」。○如戰于城濮、戰于邲之屬也。隱元年傳：「眛者何？地期也。」注：「會、盟、戰，皆録地其所期處，重期也。」故此亦書地，爲信辭，以大之。通義云：「使如結日地期，大戰是也。」

何以書？記異也。【注】魯成就周道之封，齊、晉霸尊周室之後，長狄之操，無羽翮之助，别之三國，皆欲爲君，此象周室衰，禮義廢，大人無輔佐，有夷狄行。事以三成，不可苟指一，故自宣、成以往，弒君二十八，亡國四十。【疏】通義云：「長狄本漆姓防風氏之後。昔禹戮其君，骨節專車。至周時號爲大人之國，居大荒之東，徑阻敻絶，忽爾佚宕中國，非聞見所及，故以記異言之。」左傳疏云：「如此傳文，長狄有種，種類相生，當有支胤，唯獲數人，云其種遂絶，深可疑之。命守封、禺之山，賜之以漆爲姓，則是世爲國主，綿歷四代，安得更無支屬？唯有四人，且君爲民心，方以類聚，不應獨立三丈之君，使牧八尺之民。又三丈之人，誰爲匹配？豈有三丈之妻爲之生産乎？人情度之，深可惑也。」按：唯其如此，故謂之異。穀梁亦備詳其異，仲遠[一]之疑，殊可不必。○注「魯成」至「狄行」。○舊疏云：「正以周公相成王致太平意，封于魯。」晉文、齊桓皆率諸侯尊事天子，此是齊、晉之君子孫，故云爾。然若如左傳，則齊事在桓前也，蓋何氏所据不與左傳同。校勘記出「輔佐」，云：「鄂本、宋本、閩、監本同。毛本改『輔助』，非也。」羽翮猶羽翼，謂輔佐也。説文羽部：「羽，鳥長毛也。」「翮，羽莖也，从羽鬲聲。」繫傳：「按，史晉舡人曰：鳥所恃者六翮也。」是也。書皋陶謨：「予欲左右有民，汝翼。」古多叚羽翼喻輔臣也。穀梁疏引考異郵云：「長狄兄弟三人，各長百尺，別之國欲爲君。」狄者陰氣，時中國衰，有夷狄萌。漢書五行志云：「劉向以爲，是時周室衰微，三國爲大，可責者也。天戒若曰：不行禮義，大爲夷狄之行，將致危亡。其後三國皆有篡弒

［一］「仲遠」，有誤。孔穎達，字沖遠、仲達，此各取一字合二爲一。

之禍，近下人伐[一]上之痾也。劉歆以爲，人變屬黄祥，一曰，屬蠃蟲之孽；一曰，天地之性人爲貴，凡人爲變，皆屬皇極下人伐上之痾云。京房易傳曰：『君暴亂，疾有道，厥妖長狄入國。』又曰：『豐其屋，下獨苦。長狄生，世主虜。』」取義大同。論衡異虚云：「如謂含[二]血者吉，長狄來至，是吉也，何故謂之凶？」○注「事以」至「指一」。○汪氏中釋三九云：「一奇二偶不可以爲數，二乘一則爲三，故三者數之成也，於是先王之制禮，凡一二之所不能盡者，則以三爲之節，三加三推之屬[三]是也。此制度之實數也。因而生人之措辭，凡一二之所不能盡者，則約之三，以見多，此言語之虚數也。實數可稽也，虚數不可執也。」故此亦記其三，以志異。○注「故自」至「四十」。○舊疏云：「春秋之經自宣、成以下訖於哀十四年止，弑君二十，亡國二十四，知此注誤。宜云弑君二十也，『八』是衍字；亡國二十四，作『四十』者錯也。」「或者弑君二十八，亡國四十，春秋説文。其間亦有經不書者，故不同耳。」又云其「弑君二十」，即：「二年，晉趙盾弑其君夷獋；四年，歸生弑其君夷；十年，夏徵舒弑其君平國；襄二十五年，崔杼弑其君光，吴子謁伐楚，門于巢卒，爲巢人所弑；二十六年，衛甯喜弑其君剽；二十九年，閽弑吴子餘祭；三十年，蔡世子般弑其君固；三十一年，莒人弑其君密州；昭八年，陳招殺偃師；十一年，楚子虔誘蔡侯般，殺之；十三年，公子比弑其君虔，棄疾殺比；十九年，許世子止弑其君買；三十三年，吴殺胡子髡、沈子楹；二十七年，吴弑

〔一〕「伐」，原訛作「代」，下文「下人伐上」之「伐」也訛作「代」，叢書本同，據漢書一并校改。
〔二〕「含」，原訛作「舍」，叢書本同，據論衡校改。
〔三〕「之屬」二字原脱，叢書本同，據汪中述學校補。

其君僚；定四年，蔡殺沈子嘉；十三年，薛弑其君比；哀六年，陳乞弑其君舍之屬是也。」其滅國二十四者：「宣八年，楚滅舒蓼；十二年，楚滅蕭；十五年，晉滅潞氏；十六年，滅甲氏及留吁；成十七年，楚滅舒庸；襄六年，莒人滅鄫，齊滅萊；十年，遂滅偪陽；十三年，取詩；十五年，楚滅舒鳩；昭四年，遂滅厲；八年，楚滅陳；十一年，楚滅蔡；十七年，晉滅賁渾氏；二十三年，胡子髡、沈子楹滅；二十四年，吴滅巢；三十年，吴滅徐；定四年，蔡滅沈；六年，鄭滅許；十四年，楚滅頓；十四年，楚滅胡；哀八年，宋滅曹之屬是也。」按：何氏雖言宣、成以往，不必定至宣世始應此異，如齊、宋、莒、魯，皆在應内。春秋雖止於哀十四年春，而陳恒弑君亦應在内，天人之應同也。下十六年之「楚滅庸」亦應入數。舊疏未免太泥。又舊疏所數，吴子謁弑于巢，楚子虔殺蔡侯，吴殺胡子髡、沈子楹，皆爲外所殺，亦不列諸臣弑君之科。成十八年「晉弑君州蒲」，又「鄭伯髡原卒于操」亦弑，見襄七年，何皆不數。昭元年「楚子卷卒」，左傳以爲弑，公羊雖無傳，然何氏於「公子比出奔晉」下注云：「避内難。」則與左亦同。其滅國，數胡子髡、沈子楹尤誤，彼經「滅」者，君死於位之稱，非國被滅，亦不合。其吴滅楚當列入春秋，後如楚滅陳、越滅吴，皆去獲麟不遠，亦宜數也。

公羊義疏四十二

南菁書院　句容陳立卓人著

文十二年盡十三年

○**十有二年，春，王正月，盛伯來奔。**

盛伯者何？失地之君也。【疏】通義云：「時先盛伯卒，嗣子立，踰年而被篡，以其邑夫鍾、郕邽來奔，故曰失地之君也。」按：孔氏牽涉左傳爲說，非何氏義。果如左氏所記，則太子不得守國，當絶。又據地奔魯，魯當坐受邑，盛伯當坐竊邑也，何以經無貶文？

何以不名？兄弟辭也。【注】與郜子同義。月者，前爲魯所滅，今來見歸，尤當加意厚遇之。

【疏】注「與郜子同義」。○僖二十年云「郜子來朝」是也。彼傳云：「郜子者何？失地之君也。何以不名？兄弟辭也。」彼注云：「郜，魯之同姓，故不忍言其絶賤，明當尊遇之，異於穀、鄧也。書者，喜内見歸。」則此書來奔，皆與郜子同，當亦爲喜内見歸也。繁露觀德云：「盛伯、郜子俱當絶，而獨不名，爲其與我同姓兄弟也。」僖二十四年左傳「管、蔡、郕、霍」云云，文之昭也。盛即郕也。通義云：「兄弟辭者，爲其來奔，明當以恩禮接之。」是也。彼又云：「若其出奔他國，雖兄弟之君，亦名衛侯衎出奔齊是也。」此不獨與何異，且與傳違。傳明云「失地之君」，而以衛侯衎爲比，可謂儗不於倫矣。桓七年「穀伯綏來朝」、「鄧侯吾離來朝」，傳皆「何以名？失地之君也」。注不據爲難何以不名者，以郜子注已明，故此不複言，從省也。○注「月者」至「遇之」。○校勘記出「尤」，云：「鄂本同。閩、監、毛本尤誤猶。」前爲魯所滅者，莊八年：「夏，師及齊師圍成，成降于齊師。」傳：「成者何？盛也。盛則曷爲謂之成？諱滅同姓也。」是也。言盛爲魯、齊所共滅，今又來奔，尤當厚遇，故書月，見其與穀伯、鄧侯、郜子皆書時異也。按：齊、魯共伐盛，盛降于齊，則盛爲齊所滅。蓋時猶如紀季屬爲附庸，今復見滅來奔，故書爵也。杜云：「稱爵，見公以諸侯禮迎之。」彼以盛伯爲太子，故如此釋，與此注加意厚遇之義，似同而不同也。

○杞伯來朝。

○二月，庚子，子叔姬卒。【注】卒者，許嫁。【疏】包氏慎言云：「二月書庚子，月之十二日。」○注「卒者，許嫁」。○舊疏云：「舊本皆無此注，且理亦不須，疑衍字。」按：無者是也。何氏於經有傳者皆不注經。且傳明云「許嫁矣」，注豈非贅設？故僖九年「伯姬卒」亦無注也。

此未適人，何以卒？許嫁矣。婦人許嫁，字而笄之，死則以成人之喪治之。

【疏】以叔姬無所繫又書卒，故知許嫁也。與僖九年「伯姬卒」傳同，詳見彼。穀梁傳曰：「其一傳曰：許嫁以卒之也。男子二十而冠，冠而列丈夫，三十而娶。女子十五而許嫁，二十而嫁。」顧氏棟高子叔姬卒論云：「左氏謂叔姬已嫁于杞，被出而見絶，以經文不繫杞而言絶也。又因上有杞伯來朝，與子叔姬卒相連，憑空生出請絶叔姬，而無絶昏，遂以此叔姬爲杞所絶之女，而以成五年『杞伯姬來歸』、八年『杞伯姬卒』，爲杞之所請繼續爲昏者。揆之情事，可謂大謬。據今士庶人家無絶一女而更請一女之理，杞何敢？然魯亦安肯許？既如其意，以次女續昏矣，二十餘年，又復見絶，杞何不道乃爾？五年來歸，八年卒于母家，九年請于杞，而後來逆喪。姊娣二人，前後俱爲杞所棄，杞何强暴、魯何孱弱至此？此皆情理之必無者。且既請絶叔姬，則叔姬非復夫人，可不爲之服矣，經又何以書其卒乎？當以公、穀許嫁之説爲是。許嫁不知何國。與僖九年伯姬一例。李氏廉更爲之説曰：『已許嫁于杞，杞伯來朝請絶，而求其次。』夫叔姬方在母家，杞又何從摘其短，而預先請絶昏乎？此皆以上下兩事牽合之病也。杞伯自來朝魯，叔姬自卒，兩事本自風馬牛者，作兩事自無此病。若啖氏助、劉氏敞、吕氏大圭，謂此傳當在成公八年而誤置於此，亦覺費手。春秋一經，『杞伯來朝』多矣，豈必皆有所爲？左傳謬説極多，豈能必求其可通？與其信傳而易置經文，何如删傳而使經文仍舊之爲得乎？」按：顧説是也。既出則非諸侯夫人，當入諸侯絶期内，無爲爲之服。宣十六年「郯伯姬來歸」，不見其卒是也。

其稱子何？【注】据伯姬卒，亦許嫁不稱子。【疏】注「据伯」至「稱子」。○即僖九年，「秋，七月，乙酉，伯姬卒」是也。

貴也。其貴奈何？母弟也。【注】不稱母妹而繫先君言子者，遠別也。禮，男子不絶婦人之手，婦人不絶男子之手。【疏】注「不稱」至「別也」。○穀梁傳：「其曰子叔姬，貴也，公之母姊妹也。」注：「同母姊妹。」通義云：「謹按，殷人字積于仲，周人字積于叔。故文公之篇有子叔姬二，而皆爲同母姊妹也。詩曰：『齊侯之子，東宫之妹。』明君之母妹，貴有殊矣。啖、趙以稱子者爲公之女子子，此似是而實非。文公以四年娶，而十二年女已及笄，宣公以元年娶，而五年女已適人，其可得通乎？」按：殷道親親，故母弟母妹皆特異，春秋從殷質故也。○注「禮男」至「之手」。○下「男子」，毛本「子」誤「人」。既夕記〔一〕、喪大記皆有此文。喪大記注云：「君子重終，爲其相褻〔二〕。」既夕記〔三〕注云：「備褻〔四〕，即遠別之義。」喪大記「絶」作「死」。

○夏，楚人圍巢。【疏】杜云：「巢，吴楚之間小國。廬江六縣東有居巢城。」大事表云：「今江南廬州府巢縣東北五里有古巢城，爲巢國地。」水經注沔水篇：「又東北出居巢縣南，古巢國也。湯伐桀，桀奔南

〔一〕「既夕記」，當爲「既夕禮」，儀禮第十三。
〔二〕「褻」，原訛作「襲」，叢書本同，據禮記正義、儀禮注疏校改。
〔三〕「既夕記」，當爲「既夕禮」，儀禮第十三。
〔四〕「褻」，原訛作「襲」，叢書本同，據禮記正義、儀禮注疏校改。

巢，即巢澤也。尚書周有『巢伯來朝』，春秋文十二年『楚人圍巢』，巢，羣舒國也。」一統志：「居巢故城在廬州府巢縣東北五里。」

○秋，滕子來朝。

○秦伯使遂來聘。【疏】左氏、穀梁「遂」作「術」。古遂、術同部字。禮記月令「審端徑術」，注：「術，周禮作遂。」又學記「術有序」，注：「術當爲遂，聲之誤也。」周禮：「萬二千五百家爲遂。」故水經注引學記「術有序」作「遂有序」。管子度地篇：「故百家爲里，里〔一〕十爲術。」術音遂也。毛詩疏引鄭志：「張逸問：傳曰『山川能説』，何謂也？答曰：兩讀〔二〕。或言説，説者，説其形勢〔三〕也；或曰述，述者，述其故事也。述讀如『遂事不諫』之遂。」漢書五行志中之上「秦伯使遂來聘」，正用公羊傳文。師古曰：「即左氏所謂西乞術也。」通義云：「即西乞術也。左氏曰『術』，此曰『遂』，古今字耳。」舊疏云：「左、穀皆作『術』字。經亦有作『術』字者，疑『遂』字誤。」按：舊疏非是。「遂」正字，「術」借字。古名字相配，秦西術字乞，見僖三十

〔一〕「里」，原訛作「二」，叢書本同，據管子校改。
〔二〕「讀」，原訛作「詩」，叢書本同，據毛詩正義校改。
〔三〕「勢」字原脱，叢書本同，據毛詩正義校補。

三年左傳。乞讀爲仡，仡，終也，竟也。逸周書太子晉篇孔注：「遂，終也。」廣雅：「遂，竟也。」是遂與乞義乃相比，舊疏何反以遂爲誤也？

遂者何？秦大夫也。秦無大夫，此何以書？賢繆公也。【疏】荀子大略云：「春秋賢繆公。」與公羊義同。

何賢乎繆公？【注】据聘不足與大夫，荆人來聘是也。【疏】注「据聘」至「是也」。○見莊二十三年。彼傳云：「荆何以稱人？始能聘也。」注：「春秋王魯，因其始來聘，明夷狄能慕王化、修聘禮、受正朔者，當進之，故使稱人也。稱人當繫國，而繫荆者，許夷狄者不一而足。」蓋其不遽稱大夫，亦是不壹而足之義。

以爲能變也。【疏】荀子大略云：「易曰：『復自道，何其咎？』春秋賢繆公，以爲能變也。」史記秦本紀：「繆公益厚[一]孟明視等，使將兵伐晉。渡河焚舟，大敗晉人，取王官及鄗，以報殽之役。晉人皆城守不敢出。於是繆公自茅津渡河，封殽中尸，爲發喪，哭之三日。乃誓于軍中曰：『嗟士卒！聽[二]無譁，余誓告汝。古之人謀黄髮番番，則無所過。』以申思不用蹇叔、百里傒之謀，故作此誓，令後世以記余過。」据左傳，則此事在文三年。書序云：「秦穆公伐鄭，晉襄公帥師敗諸殽，還歸作秦誓。」則作在敗殽以後。

〔一〕「厚」下原衍一「視」字，叢書本同，據史記校删。
〔二〕「聽」字原脱，叢書本同，據史記校補。

按：以左氏事證之，似當作於三帥[一]還歸，嚮師而哭之時。悔信杞子之言，不用百里等之諫，故有黄髮良士之思、截截諞言之悔也。其實敗殽而後，二年戰彭衙，三年伐晉，七年戰令狐，十年伐晉，曷嘗真能悔過？聖人因其有悔過之心，一載之書，一賢於春秋，無非假以張義，欲人之知變爾。論語曰：「過而不改，是謂過矣。」聖人捄世之心也。通義云：「此秦伯，康公也。賢繆公，而於康公與使有大夫者，至此始能修禮來聘，因其可與而與之，又以明善善及子孫也。」按：下十八年「秦伯罃卒」，注：「秦穆公也。」則何氏不以此爲康公事，孔氏所云非何義。孔氏往往牽涉左氏説公羊，此類是也。

其爲能變柰何？惟諓諓善竫言，【注】諓諓，淺薄之貌。竫，猶撰也。【疏】此下皆秦誓語，引以證繆公能變之事。○注「諓諓，淺薄之貌」。○惠氏棟公羊古義云：「此述秦誓之辭，而字多異，然反覆按之，與尚書無大牴牾，蓋今古文之殊耳。」説文引書曰：「戔戔巧言。」李尋傳云：「昔秦穆公説諓諓之言，任仡仡之勇。」王逸楚辭章句引書云：「諓諓靖言。」靖與竫同。釋文「尚書作截，截，淺薄貌也」。賈逵注外傳云：「巧言也。」按：諓、戔同韻，截亦同部，得通。書釋文引馬注：「辭語截削省要也。」與淺薄亦近，惟此以貌言，諸家或就辭言耳。説文言部：「諓，善言也。」段氏注云：「古文秦誓『截截善諞言』，諞字下引之。今文秦誓『戔戔』，戈部『戔』字下引之，釋云：『巧言也。』公羊傳、劉向九歎、李尋傳皆作『諓諓』。王逸注楚辭引尚書作『諓諓靖言』。皆今文尚書也。諸家作『諓諓』，許作『戔』者，同一今文而有異本，如同一古

[一]「帥」，叢書本同，據上下文意，當作「師」。

文而馬作『偏』，許作『諞』，不同也。」按：許以諓爲善言，或别一義，不必牽以説書與此傳。○注「竫猶撰也」。○釋文：「竫，本或作諞，皮勉反，又必淺反。本作譔，七全反，又仕勉反。」公羊問答云：「此如論語『異乎三子者之僎』，鄭注：『僎，讀曰詮。詮之〔一〕言善也。』祭統『論譔其先祖之美』，疏：『言子孫爲銘，論説、撰録其先祖道德善事。』按，撰通作譔，又作僎，即其證。」讀書叢録云：「竫，古通作靖字。爾雅釋詁：『竫，治也。』治與撰義相近。尚書秦誓：『惟截截善諞言。』説文：『諞，便巧言也。从言扁聲。周書曰：「截截善諞言。」』又引周書『戔戔巧言』，皆非公羊義。釋文『本或作諞』，是後人依尚書改之。」段氏「諓」字下注云：「『戔』下既引戔戔〔二〕矣，而『諓』下又云善言者，此又用王逸所据『諓諓靖言』之本也。善言釋靖言。何曰：『靖猶撰也。撰同譔。譔言，善言也。』廣雅釋訓：『諓諓，善也。』賈逵外傳注：『諓諓，巧言也。』韋昭注：『巧辨之言。』然則此善言者，謂善爲言辭者，不同詁下之善言也。」按：靖、竫同部字。撰、譔皆从巽得聲，與扁亦同部。古耕青間有與真臻等部通叚者，故書作諞，此作竫，義皆相近。作撰者，巧言之人憑空結撰，易以動人，如杞子使人告諸秦曰「潛師以來，國可得也」等詞是也。巧言者無不淺薄，故以諓諓狀其貌。

〔一〕「之」，原訛作「云」，叢書本同，據公羊問答校改。

〔二〕「戔戔」疊字，原脱一「戔」字，叢書本同，據説文段注校補。

俾君子易怠，【注】俾，使也。易怠，猶輕惰也。【疏】注「俾，使也」。○詩邶風緑〔一〕衣云：「俾無訧兮。」傳：「俾，使也。」又日月云：「俾也可忘。」箋云：「俾，使也。」説文人部：「俾，益也。一曰俾，門侍人。」故引申之爲使義。○注「易怠，猶輕惰也」。○九經古義云：「書怠作辭。籀文辭作辞，从台。史記三王世家齊王策云『俾君子怠』，與公羊傳合。」此以輕詁易，以惰詁怠也。襄四年左傳「貴貨易土」，注：「易，猶輕也。」晉語注同。禮記樂記云：「易慢之心入之矣。」注：「易，輕易也。」又祭義云：「而慢易之心入之矣。」易怠，猶慢易也。故檀弓云：「吉事雖止不怠。」少儀：「怠則張而相之。」注並云：「怠，惰也。」段氏玉裁尚書撰異云：「易，讀如素問『解㑊』之㑊。」舊疏云：「言使此君子易爲輕惰。」非是。何意謂諓諓竫言之人，能使君子輕惰也。秦繆一聞杞子之言，即輕師遠襲，是其故也。「輕惰」，釋文作「輕隋」。

而況乎我多有之，【疏】書「況」作「皇」。公羊古義云：「依字當作兄，兄，滋也。無逸云『無皇曰』，又曰『則皇自敬德』，漢石經無逸皆作『兄』。詩桑柔『倉兄填兮』，召旻『職兄斯引』，義皆作況。」通義云：「書云：『我皇多有之！』此以況訓皇。穆天子黄竹之詩『嗟我公侯，百辟冢卿。皇我萬民，旦夕勿忘〔二〕』，甫刑大傳曰：『有其語也，無不聽者，皇於聽獄乎？』鄭司農注：『皇，猶況也。』故無逸『則皇自敬德』，王肅本作『況』，而熹平石經又作『兄』。大雅『倉兄』，其義亦猶『倉皇』。況之爲兄，古文也；皇之言況，古訓也。」

〔一〕「緑」，原訛作「録」，叢書本不誤，據改。
〔二〕「旦夕勿忘」四字（亦可作「旦夕勿窮」）原脱，公羊通義如此，不成句，據穆天子傳黄竹詩三章校補。

段氏玉裁尚書撰異云：「書大傳『皇於折獄乎』，此叚皇爲矧況字也。公羊傳『而況乎我多有之』，此叚況爲皇暇字也。皇與況互相叚借，而況乎我多有之，猶言而何暇我多有之也。孔傳皇訓大，非。」按：段說非是，此言「而況乎我多有之」，即以況爲矧況字，謂此「諓諓竫言之人」，實足使君子輕惰，矧況我多有之。我對君子也，君子尚爲所惑，而況乎我多有之者，謂杞子逢孫也。樊毅碑「況」作「兄」。管子書皆以「兄」爲「況」。漢〔一〕「尹翁歸字子兄」，注：「兄讀爲況。」故況、兄、皇皆通。唐石經「況」字缺。

惟一介斷斷焉，【疏】九經古義云：「焉與夷同見。周禮行夫注『夷聲近猗』〔二〕，故尚書作猗。」說文斤部：「斷〔三〕，截也。从斤𢇍。𢇍，古文絶。」又曰：「㓹，古文斷从㠯。㠯，古文叀字。周書曰：㓹㓹猗無他技。」「猗」，大學作「兮」。兮、焉、猗，皆語辭。按：斷从叀，故何氏以專一釋斷斷。校勘記云：「唐石經、諸本同。」

無他技。【注】一介，猶一槩。斷斷，猶專一也。他技，奇巧異端也。孔子曰：「攻乎異端，斯害也已。」

【疏】釋文「他」作「佗」。技，古義云：「技與伎同。尚書或作技。」○注「一介，猶一槩」。○釋文：「一介，

〔一〕「漢」當作「漢書」，叢書本同。下「注」，即顏師古漢書注。

〔二〕「猗」，九經古義作「漪」，下「尚書作猗」同。阮元校勘記引作「猗」。漪、猗音同。然周禮行夫職注中未見此注釋。

〔三〕「斷」上原衍「斷」字，叢書本同，據說文校刪。

古拜反。尚書音古賀[一]反。」則陸氏所見尚書作「一个」，與大學同。校勘記引惠棟云：「古無个字，作一介爲是。」漢書孔光傳：「援納斷斷之介。」注：「介謂一介之人。」正用周書語。介、槩疊韻爲訓。按：禮記釋文：「个，古賀反。一讀作介，音界。」昭四年左傳：「使寘饋于个而退。」文選運命論注作「寘饋于介而退」。御覽引周書明堂位：「左爲左介，右爲右介。」即月令之「左个」、「右个」也。左傳稱「一介行李」，是偏副之義。杜注昭四年云：「个，東西廂。」亦偏室之義也。蓋古以一个作一枚解者，止作箇。何訓一槩，亦不作一个解。「馬本作界，云：『一介，耿介，一心端慤者。』」[二]何當與同。○注「斷斷，猶專一也」。○禮記大學注：「斷斷，誠一之貌也。」後漢書卓茂傳：「斷斷，專一也。」漢書孔光傳：「斷斷，專一之貌。」並與何同。專一，即鄭氏之誠一也。史記魯世家云：「斷斷如也。」索隱：「斷斷，是專一之義。」廣雅釋訓：「斷，誠也。」○注「他技」至「端也」。○釋文：「奇，其宜反。本又作琦，同。」鬼谷子捭闔篇：「校其技巧短長。」注：「技巧，謂百工之役。」禮記大學「無他技」，注：「他技，異端之技也。」莊子在宥云：「是相于技也。」注：「技，不端也。」不端，即異端也。秦誓釋文：「技，本又作伎。」法言問道篇：「或問『道』，曰：『道者，通也，無不通也。』或曰：『可以適他與？』曰：『適堯舜文王者，爲正道；非堯舜文王者，爲他道。君子正而不他。』『塗雖曲而通諸夏，則由諸；川雖回而通諸海，則由諸。』」宋咸注：「他，異端也。諸子異端，若

[一]「賀」，原訛作「貨」，叢書本同，據經典釋文校改。

[二]「馬本」句，脱出處。該句出自尚書秦誓注。又「馬」字下原衍一「書」字，據尚書正義校删。叢書本均同誤。

能自通於聖人之道，亦可也。」皇侃論語疏以「異端」爲「諸子百家之書」，謂與聖經大道異者也。按：何以「異端」連「奇巧」言，則不必如皇説。猶孟子言「小有才」者爾，「未聞君子之大道也」。孔氏廣森經學卮言云：「邢疏『異端，諸子百家之言』，非也。楊、墨之屬行於戰國春秋，時未有攻之者也。戴東原説：端，頭也。凡事有兩頭，謂之異端。言業精於專，兼攻兩頭，則爲害耳。愚按，相如封禪文『然無異端』。大學『他技』，注：『異端之技也。』孟子『王之所大欲』，注：『復問此五者，欲以致王所欲，故發異端以問。』古人凡用異端者，皆如此解。任昉王文憲集序：『攻乎異端，歸之正義。』亦謂博學反約之意。」按：孔氏此解，尤與何氏説「斷斷爲專一」者相發明。○注「孔子」至「也已」。○見論語爲政篇。何氏集解：「善道有統，故殊途而同歸，異端不同歸也。」意亦指楊、墨等説。後漢書：尚書令韓歆上疏，欲立費氏易、左氏春秋。范升以爲費、左二學無有本師，而多反異。孔氏曰：「攻乎異端，斯害也已。」此以古文家無師傳，爲異端也。皆與何氏異。

其心休休，【注】休休，美大貌。【疏】注「休休，美大貌」。○爾雅釋詁云：「休，美也。」易大有：「順天休命。」文選注引鄭注：「休，美也。」鄭注書云：「休休，寬容貌。」又書疏引王肅云：「休休，好善之貌。」

能有容，【注】能含容賢者逆耳之言。【疏】公羊古義云：「尚書曰『如有容』，古如字作而，而讀爲能，能讀曰如。詩民勞云：『柔遠能邇。』箋云：『能，猶伽也。』伽當作如，如其意也。」按：能猶而。詩衛風芄蘭：「能不我知。」謂而不我知也。崔駰大理箴：「或有忠能被害，或有孝而見殘。」是「能」與「而」同，「而」猶「如」也。易明夷傳：「用晦而明。」虞注：「而，如也。」詩小雅都人士云：「垂帶而厲。」箋云：「而厲，如鞶厲也。」是輾轉相通。尚書、禮記之「如有容」，即此之「能有容」也。○注「能含」至「之言」。○此爲繆公悔不聽蹇叔等言而作誓，故注以「能容」爲容逆耳之言。孔傳謂「樂善其如是，則能有所容」，雖通而義未切。

是難也。【注】是難行也。秦繆公自傷前不能用百里子、蹇叔子之言，感而自變悔，遂霸西戎，故因其能聘中國，善而與之，使有大夫。子貢曰：「君子之過也，如日月之食焉。過也，人皆見之；更也，人皆仰之。」此之謂也。【疏】注「是難〔一〕行也」。○言休休有容，不易行也。此穆公能悔而悟，方知其難。○注「秦繆」至「西戎」。○史記秦本紀云：「乃誓於軍曰：『嗟士卒！聽無譁，余誓告汝。古之人謀黃髮番番，則無所過。』以申思不用蹇叔、百里傒之謀，故作此誓，令後世以記余過。」「三十七年，秦用由余謀伐戎王，益國十二，開地千里，遂霸西戎。天子使召公過賀繆公以金鼓。」是其悔過霸西戎事也。新序五云：「故書曰：『黃髮之言，則無所愆。』詩曰：『壽胥與試。』美用老人之言以安國也。」説苑尊賢云：「秦穆公用百里子、蹇叔子、王子廖父及由余，據有雍州，攘敗西戎。」漢書淮陽憲王欽傳：「春秋之義，大能變改。易曰『藉用白茅，无咎』，言臣子之道，改過自新，絜己以承上，然後免於咎也。」李尋傳：「昔秦穆公説諓諓之言，任仡仡之勇，身受大辱，社稷幾亡。悔過自責，思惟黃髮，任用百里奚，卒霸西域，德列王道。二者禍福如此，可不慎哉！」息夫躬傳：「昔秦繆公不從百里奚、蹇叔子之言，自敗其師。悔過自責，疾詿誤之

〔一〕「難」字原脱，叢書本不誤，據補。

臣，思黄髮之言，後遂以霸〔一〕。」○注「故因」至「大夫」。○所謂因其可與而與之也。按：秦見春秋，始僖十五年「戰于韓」，書爵，見偏戰，獲人君。當坐絶，中國也而未能用周禮，擯之，不足責之數。再稱秦師，於僖二十八年，爲其從伯者攘楚，書師以録功。嗣殽至上十年，皆狄之，書秦。上九年，來歸襚，始與魯爲禮，又兼之非禮，故於此年來聘，修好尊王，無可議譏，故特書伯，善而與之也。○注「子貢」至「謂也」。○見論語子張篇。

○冬，十有二月，戊午，晉人、秦人戰于河曲。【疏】包氏慎言云：「十二月書戊午，月之六日。」杜云：「河曲在河東蒲坂縣南。」大事表云：「今蒲州府治永濟縣東南五里有蒲坂故城。」又云：「水經云：『河水南至華陰潼關，渭水自西來會之。』蓋河水自此折而東，故謂之河曲，即蒲坂也。今蒲坂故城在永濟東南。」又云：「河西在今陝西同州府及華州之境。秦初起岐雍，未能以河爲界。晉强，遂跨河西而滅西虢、兼舊鄭，以汾、澮爲河東，故以華陰爲河西。自夷吾請割河外列城外，東盡虢略。河外，即河之西；虢略，故虢國地，即今閿鄉靈寶，在河之東。背約不與，戰韓，見獲，僖十五年十一月秦歸晉侯，始征晉河東，而河外五城不必言矣。十七年，晉太子圉爲質于秦，秦復歸河東，而河西五城終爲秦有，自是秦地東至河。秦在河西，晉在河東，判然兩戒矣。」方輿紀要：「河西經同州朝邑縣東，又南經華陰縣東北，

〔一〕「後遂以霸」句，漢書息夫躬傳作「名垂于後世」。

東岸爲蒲州城，西又南經雷首山西，乃折而東，其地謂之河曲。」服虔曰「河曲，晉地」，見史記注。續漢志：「河東郡蒲坂有雷首山。」劉昭注：「伯夷、叔齊餓於首陽山。」馬融曰：「在蒲坂華陰之北，河曲之中。」是河曲在蒲坂矣。江氏永曰：「河南流至華陽，曲而東流，在今蒲州府永濟縣境。」

此偏戰也，何以不〔一〕言師敗績？敵也。【疏】與上七年「晉人及秦人戰于令狐」傳同。注云：「俱無勝負。」通義云：「左氏所謂『交綏』是也。先晉人者，此亦秦伐晉，見晉爲主也。不言及者，秦晉之爭亟矣，是役以後，乃少甯居，將於是總校其功罪。以晉及秦，則觸晉未有罪；以秦及晉，則觸與秦征之，故變文以見二國均罪焉爾。董仲舒曰：秦穆侮蹇叔而大敗，鄭文輕衆而喪師。春秋之敬賢重民如是，是故戰攻侵伐雖數百起，必一二書，傷其所害重也。問曰：其書戰伐甚謹，其惡戰伐無辭，何也？曰：會同之事，大者主小；戰伐之事，後者主先。苟不惡，何爲使起之者居下？是其惡戰伐之辭已。且春秋之法，凶年不修舊，意在無苦民爾。苦民尚惡之，況傷民乎？傷民尚痛之，況殺民乎？考意而觀指，則春秋之所惡者，不任德而任力，驅民而殘賊之；其〔二〕所好者，設而勿用，仁義以服之也。詩曰『弛其文德，洽此四國』，此春秋之所善也。夫德不足以親近，文不足以來遠，不斷斷以戰伐爲之者，此固春秋之所甚疾已，皆非義也。」此見繁露竹林篇。

〔一〕「不」字原脱，叢書本同，據公羊傳校補。

〔二〕「其」上原衍「世」字，叢書本則衍「其」字，據公羊通義及春秋繁露校删。

曷爲以水地？【注】以水地者，謂以水曲折，起地遠近所在也。据戰于泓不言曲。【疏】注「据戰」至「言曲」。○見僖二十二年。

河曲疏矣，河千里而一曲也。【注】河曲流，以据地明，故可以曲地，因以起二國之君，數興兵相伐，戰無已時，故不言及。不別曲直，而地以河曲，明兩曲也。【疏】校勘記云：「唐石經、諸本同。爾雅釋水：『百里一小曲，千里一曲一直。』注引公羊傳曰：『河曲流，河千里一曲一直也。』疏云：『此注以「疏」爲「流」，引加一直字，誤也。』按，郭氏所據公羊不與何本同。何本作『疏』不作『流』也。」又云：「按，此是『流』字。鄂本、唐石經作『疏』，乃譌字耳。邢昺所據已譌。」按：校勘語是也。注、疏均不爲「疏」字爲解，知當是「流」，謂河至此而曲流也。公羊問答云：「河千里而一曲，何所據？曰：此見之於河圖緯象〔一〕。河流九曲：河導崑崙山，一曲也；東流千里至規其山，二曲也；北流〔二〕千里至積石山，三曲也；千里入隴首抵龍門，四曲也；南流千里至龍首至卷重山，五曲也；東流貫砥柱，觸閼流山，六曲也；東流至洛會，七曲也；東至大伾，八曲也；北至洚水，千里至大陸，九曲也。」按：爾雅釋水云：「河百里一小曲，千里一曲一直。」釋文引李巡云：「水勢小曲乃大直也，故曰小曲。水陰節每一曲一直，通無極也，故曰千里一曲一直。」漢志「太原郡陽曲」，應劭曰：「河千里一曲當其陽，故曰陽曲。」然陽曲去河曲遠，當如杜以爲在蒲坂

〔一〕河圖緯象，公羊問答原文作此，當是河圖絳象之譌作。

〔二〕「流」，原譌作「河」，叢書本同，據公羊問答校改。

縣南者是。○注「河曲」至「曲也」。○校勘記出「曲流」，云：「閩、監、毛本同。鄂本『流』作『疏』。」按：作「疏」者誤。通義云：「舉河曲者，猶言濟西河陽，皆大之之詞也。師之所處，荆棘生焉，大軍之後必有凶年，況乃干戈相尋，綿十三載，故雖戰不出頃，而舉疏者地之，用是見伏尸流血，千里之内舉遭離之。嘻，二國之罪均矣。」穀梁傳曰：「不言及，秦、晉之戰已亟，故略之也。」注：「夫戰必有曲直，以一人主之，二國戰鬭數，曲直不可得詳，故略之，不言晉人及秦人戰。」俞氏樾云：「按，爾雅釋水注引此文作『河曲流，河千里一曲一直也』。阮氏因謂『疏』字誤，其實非也。此二句正答上文『曷爲以水地』之問，蓋謂河曲疏闊，千里而始一曲，非十里百里間所在皆有者，故得舉以目其地也。若作流字，於義全失矣。郭璞所引以意增改，非公羊原文。解詁曰：『河曲疏（句）〔一〕，以據地明（句），故可以曲地（句）。』其説甚爲明了，而『疏』字各本均誤作流，於是傳義愈晦矣。校勘記曰『鄂本流作疏』，當據以訂正。郝氏懿行爾雅義疏謂郭注兼引解詁文，則亦爲誤本所惑耳。」

○季孫行父帥師城諸及運。【注】書帥師者，刺魯微弱，臣下不可使，邑久不修，不敢徒行，興師厲衆，然後敢城之。言及者，別君邑臣邑也。【疏】釋文：「『運』，二傳作『鄆』，後皆同〔二〕。」按：運、鄆皆從

〔一〕「句」字在俞樾羣經平議中爲小字，居行右，此加括號以區別之，下同。

〔二〕「同」，原訛作「爾」，叢書本同，據經典釋文校改。

軍聲，通，此作運者，叚借字也。杜云：「鄆，莒、魯所争者。城陽姑幕縣南有員亭。員即鄆也。」彼釋文云：「本又作鄖，音同。」廣韻二十三問：「鄆，邑名，又州名。魯，太昊之後，風姓。禹貢兖州之域，即魯之附庸須句國也。秦爲薛郡地，漢爲東平國。武帝爲大河郡，隋爲鄆州。」按：魯有東西鄆，在東平州者，西鄆也。水經注瓠子河篇：「瓠河又東逕鄆城縣南。春秋左傳成公十六年，公自沙隨還，待于鄆。京相璠曰：公羊作運字。今東郡廩丘縣東八十里有故運城，即此城也。」按：成四年「城運」；昭二十六年「公至自會，居于運」，二十五年「齊侯取運」，二十七年兩書「公至自齊，居于運〔一〕」，二十九年〔二〕「公至自乾侯，居于運」，又「運潰」；定六年「季孫斯、仲孫忌圍運」，十年「齊人歸運田」，皆是此年所城，爲東運。水經注沂水篇：「沂水又東南，逕東莞縣故城西，與小沂水合。孟康曰：邑故鄆邑。左氏傳：『莒、魯争鄆，爲日久矣。』今城北鄆亭是也。京相璠曰：琅邪姑幕邑南四十里員亭，故魯鄆邑，世變其字，非也。郡國志：東莞有鄆亭。今在團城東北四十里。」齊乘郡邑篇：「沂水縣，本莒、魯所争之鄆邑。十三州記曰：魯昭公所居爲西鄆，在東平。莒、魯所争爲東鄆，在此。」大事表云：「在今沂州府沂水縣治東北四十里。京相璠曰：琅邪姑幕縣南員亭。」地理志東莞下云：「術水南至下邳入泗。」孟康曰：「故鄆邑，今鄆亭是也。」齊氏召南云：「魯地名鄆者有二。此年季孫所城，東鄆也，與莒分界，今沂水縣北之團城是。成四年所城鄆，以備

〔一〕「運」字下原衍「元」字，叢書本同，據春秋校删。

〔二〕「二十九年」，原誤記爲「十九年」，叢書本同。「公至自乾侯，居于運」，又「運潰」，均出自昭公二十九年，據改。

晉，及昭公所居，此西鄆也，今鄆城縣東有故城。」按：此及成九年「楚人入運」，襄十二年「季孫宿帥師救台，遂入鄆」，昭元年「取運」，皆在沂水者，蓋是時屬魯，故季孫城之。不知何年入于莒，直至昭元年取之，復屬魯也。地理志琅邪郡諸下云：「師古曰：春秋『城諸及鄆』者。」山東通志：「諸邑在青州府諸城縣西南三十里，石屋山東北，濰河之南。鄆亭城在沂水縣東北四十里。」○注「書帥」至「城之」。○校勘記出「書帥師」，云：「鄂本同。此本疏標起訖亦作書帥至城之。此本及閩本書誤帥，今訂正。監、毛本改言帥師者，非。」舊疏云：「如此注者，正見隱七年『城中丘』之屬皆不言帥師故也。言〔一〕臣下不可使者，即上八年『公孫敖如京師，不至復。丙戌，奔莒』，傳云：『不至復者，不可使往也。』是也。」蓋臣下不可使，微弱特甚，故穀梁傳曰：「稱帥師，言有難也。」或此爲莒、魯所争，因畏莒，故不敢徒行與？○注「言及」至「邑也」。○莊二十九年「城諸及防」，注：「諸，君邑；防，臣邑；言及，別君臣之義。君臣之義正，則天下定矣。」又昭五年「莒牟夷以牟婁及防兹來奔」，傳云：「不以私邑累公邑也。」注：「公邑，君邑；私邑，臣邑也；累，次也。義不可使臣邑與公邑相次序，故言及以絶之。」是也。

○十有三年，春，王正月。

〔一〕「言」，原訛作「按」，叢書本同，據公羊注疏校改。

○**夏，五月，壬午，陳侯朔卒。**【注】不書葬者，盈爲晉文諱也。晉文雖霸，彊會人孤，以尊天子，自補有餘，故復盈爲諱。【疏】包氏慎言云：「五月書壬午，月之二日。」○注「不書」至「爲諱」。○校勘記出「會人孤」，云：「鄂本會字上有彊字，此脱。按，僖二十八年注云：『陳有大喪而彊會其孤。』」有彊字是也。舊疏云：「盈者，相接足之辭。晉文於僖二十八年之時，此朔之父陳侯款夏六月卒，至冬未葬。而晉文會諸侯于温，經有陳子，是强會人孤，令失子行，亦是文公恥之，是以春秋遂卒竟不書款葬，深爲晉文諱也。今若款子朔書葬，則文公之惡還見，是以此處須去朔葬，使若陳國之君例不書葬然，故言盈爲晉文諱。」按：文公恥之者，彼注云：「不書葬者，爲晉文諱。行霸不務教人以孝，陳有大喪，而彊會其孤，故深爲恥之。」是也。通義云：「不言葬陳共公者，與慈父同義。」

○**邾婁子籧篨卒。**【疏】左氏作「籧蒢」。按：説文艸部：「蘧，蘧麥也。」又：「蒢，黄蒢，職也。」是二物。竹部：「籧，籧篨，粗竹席也。」「篨，籧篨也。」籧篨作一物解，知邾婁子名當作籧篨，桓六年左傳所云「取於物爲假」是也。通義云：「邾婁文公也。前用鄫子于社，失德重，卒當貶去日，知不蒙上日。」

○**自正月不雨，至于秋七月。**【注】公子遂所致。【疏】校勘記出「至秋七月」，云：「唐石經、鄂本皆作『至于秋』，此脱。」○注「公子遂所致」。○五行志中之上：「十三年『自正月不雨，至于秋七月』。先是『曹伯、杞伯、滕子來朝』，『郕伯來奔』，『秦伯使遂來聘』，『季孫行父城諸及鄆』。二年之閒，五國趨之，内城二邑，炕陽失衆。一曰，不雨而五穀皆熟，異也。文公時，大夫始顓盟會，公孫敖會晉侯，又會諸侯于垂隴，故不雨而生者，陰不出氣而私自行，以象施不由上出，臣下作福而私自成。一曰，不雨近常陰之罰，君弱也。」按：施不由上出，及君弱諸義皆同，惟何氏專以爲公子遂之應爾。

○世室屋壞。【疏】左氏、穀梁作「大室」。公羊古義云：「世室，二傳作大室。賈逵、服虔等皆以爲太廟之上屋。禮説曰：『清廟之制如明堂，明堂五室，故清廟五寢。中央曰大室，亦曰大寢。大室屋壞者，室中重屋。明堂位所謂復廟重檐，天子之廟室。』洛誥『王入大室祼』是也。孔穎達曰：『左傳不辨此是何公之廟，而經謂之大室，則此室之最大者，故知是周公之廟，非魯公也。』明堂位曰：『魯公之廟，文世室也；武公之廟，武世室也。』世室非一君，不宜專屬伯禽。棟按，公羊皆以世爲大，如衛太叔儀爲世叔儀，宋樂大心爲樂世心。又推而廣之，如鄭大夫子大叔，論語作世叔，天子之子稱大子。春秋傳云『會世子于首止』，諸侯之子稱世子，而晉有大子申生，鄭有大子華。春秋經齊世子光，左傳云大子光。明『世』與『大』同義，『世室』猶『大室』也。」原注：「樊毅復華下民租田口算碑云：『魯不修大室，春秋作譏。』又樊毅修華岳廟碑云：『世室不修，春秋作譏。』二碑同時所立，或作世，知字本通也。」按：禮記曲禮下云：「不敢與世子同名。」注：「世，或爲大。」漢書五行志引左氏説曰：「前堂曰大廟，中央曰大室，屋其上重屋，尊高者也。」又：「穀梁、公羊經曰『世室』。」按：今本穀梁亦同。左氏作「大室猶世室也」。或劉子政等所據穀梁作世室，與范本不同耳。然范注云：「世世有是室，故言世室。」疑穀梁傳作「世室猶世室也」。故范以「世世有其室」解之，謂經之世室猶言世世室也。范注即釋傳之世室也。壞者，説文土部：「壞，敗也。籀文作𣪞。」又支[一]部：「𣪞，毁也。」是壞、𣪞義同。釋文引字林云：「壞，自敗也。𣪞，毁也[二]。」則漢以後强生分别也。此云「世室屋壞」，即自敗之壞。史記秦本紀：「墮壞城郭。」則人壞之壞也。皆作壞。

世室者何？魯公之廟也。【注】魯公，周公子伯禽。【疏】杜以爲大廟之室。以左傳不别此爲何公之廟，故以爲大廟，不知古世與大通，左氏之大室，即公羊之世室也。彼疏引賈、服等皆以爲大廟之室者，非。穀梁傳曰「猶世室也」，下即曰「周公曰大廟，伯禽曰大室」，是亦以此爲伯禽之廟。按：以五行志所引穀梁考之，似「伯禽曰大室」語亦當作世室。○注「魯公」至「伯禽」。○魯世家云：「周公卒，子伯禽固已前受封，是爲魯公。」明堂位：「魯公，伯禽也。」

周公稱太廟，【疏】禮記明堂位云：「季夏六月，以禘禮祀周公于太廟。」注引此傳文。按：僖八年「禘于大廟」，文二年「大事于大廟」，論語八佾云「子入大廟」，皆周公廟也。

魯公稱世室，【疏】舊疏云：「即此經是也。」通義云：「禮，諸侯五廟，二昭二穆，與太祖之廟而五。魯以周公爲太祖，而伯禽爲始封之君，亦不容毁，故别爲世室。魯多殷禮，是亦法殷人六廟之意也。」孔疏引：

〔一〕「支」當作「攴」，𣪞當屬攴部字。

〔二〕「也」，原訛作「反」，叢書本同，據經典釋文校改。

「明堂位云：『魯公之廟，文世室也；武公之廟，武世室也。』不毀則稱世室，世室非一君廟名。若是伯禽之廟，則宜舉其號謚。」按：魯雖有二世室，武世室係魯之僭禮，蓋世室本伯禽廟本稱，後有武公，其子孫因即留與伯禽世室對舉，魯人夸張，以象文武二祧，不可爲典要也，且明堂位亦多誕辭。

羣公稱宮。【注】少差異其下者，所以上尊周公。【疏】舊疏云：「即武宮、煬宮之屬是也。」穀梁傳亦云「羣公曰宮」，注：「爾雅曰：『宮謂之室，室謂之宮。』然則其實一也，蓋尊伯禽而異其名。」○注「少差」至「周公」。○校勘記出「上尊」，云：「鄂本同。閩、監、毛本上作尚。」按：尚上通。舊疏云：「廟者，尊卑達名，鬼神所居之稱。今此稱異其名，知上尊周公故也。」

此魯公之廟也。曷爲謂之世室？世室猶世室也，世世不毀也。【注】魯公始封之君，故不毀也。【疏】禮記明堂位注：「世室者，不毀之名也。」按：周禮考工記：「夏后氏世室，堂修二七，廣四修一。」注：「世室，宗廟也。魯廟有世室，牲用白牡，此用天子之禮。」然則，周公太廟，疑仿周人明堂之制；魯公世室，仿夏世室之制歟？明堂位多首列魯制，而以天子之制擬之，如太廟、天子明堂，庫門、天子皋門之屬。則彼所謂文世室、武世室者，指周文、武廟而言。言魯之魯公廟、武公廟，即周之文世室、武世室爾。周人祖文王而宗武王。祭法注云：「祭五帝、五神于明堂，曰祖、宗。」明堂與世室同。故文、武廟亦稱世室，世世不毀，故亦曰祧。此傳云：「世室猶世室也。」言此之世室猶周之世室也。魯惟魯公之廟稱世室，武廟則稱武宮，見成六年，並無世室稱也。○注「魯公」至「毀也」。○魯世家云：「封周公旦於少昊之虚曲阜，是爲魯公。周公不就封。」又云：「魯公伯禽之初受封之魯。」是魯公爲魯始封君也。按：

魯有周公廟、伯禽廟，世世不毁，又有文王廟、姜嫄廟，所謂特廟也。並四親廟而八，禘祫時或不及特廟，尊不就卑與？

周公何以稱太廟于魯？【注】据魯公始封也。【疏】此難不以魯公爲太廟之故。又周公未嘗就封，何以稱太廟？

封魯公以爲周公也。【注】爲周公故，語在下。【疏】正以周公爲始封祖，故僖卄四年，富辰數魯衛等同爲文之〔一〕昭，知以周公爲正也。

周公拜乎前，魯公拜乎後。【注】始受封時，拜于文王廟也，尚書曰「用命賞于祖」是也。父子俱拜者，明以周公之功封魯公也。【疏】校勘記出「魯拜其後」，云：「唐石經、鄂本作『魯公拜乎後』，此脱。禮記明堂位正義引有。」○注「始受」至「廟也」。○書洛誥云：「戊辰，烝，祭歲，文王騂牛一，武王騂牛一。王命〔二〕作册逸祝册，惟告周公其後。王賓，殺禋，咸格，王入太室祼。王命周公後，作册逸誥。」孔傳：「王爲册書，使史逸誥伯禽封命之書，皆同在烝祭日，周公拜前，魯公拜後。」又云太室、清廟。毛詩周頌清廟序〔三〕：「清廟，祀文王也。」是始受封于文王廟也。故禮記祭統亦云：「古者，明君爵有德而禄

〔一〕「之」字原脱，叢書本同，據左傳校補。
〔二〕「命」，原訛作「祭」，叢書本不誤，據改。
〔三〕以下引文實出自毛詩周頌清廟序，原誤記爲「大雅序」，據毛詩正義校改。

有功，必賜爵禄于太廟，示不敢專也。」是也。漢書王莽傳：「王曰：『叔父，建爾元子。』子父俱延拜而受之。」師古曰：「謂周公拜前，魯公拜後。」然則，魯頌「王曰叔父」五句，蓋其誥辭也。知者，左傳定四年云：「命以伯禽，而封于少皞之虚。」與「命以康誥，而封於殷虚」、「命以唐誥，而封於夏虚」同。今惟康誥存，則伯禽與唐誥，皆必是當時篇名，猶君牙、伯冏之類，或爲伯禽之誥也，當即史逸所祝之册。祭統又云：「祭之日，一獻，君降立于阼階之南，南鄉，所命者北面，史由君右執策命之。」注：「一獻，一酳尸也。」此諸侯命其臣之禮，王命諸侯禮亦宜然。周封魯公，則在烝祭新邑之時，特加文武各騂牛一，尊周公也。故孔傳云：「王賓異周公，殺牲精意以享文武，皆至其廟親告。」按：所告當在明堂，無親至文武廟事，故言太室祼。太室，即明堂之中央太室，亦曰太廟，因其制同，而大享帝，以文武配在此故也。詩疏引鄭志答張逸引洛誥「王入太室祼」一條，言周公于洛邑建明堂宗廟王寢，皆爲天子制。故明堂位一曰文王廟，大戴禮明堂篇云：「或以爲明堂者，文王之廟也。」蓋宗祀文王于明堂，故得統稱焉。故詩清廟序云：「周公既成洛邑，朝諸侯，率以祀文王焉。」是其事也。亦謂之「文祖」，洛誥「乃單文祖德」。詩疏引鄭注云：「乃盡明堂之德。」是也。○注「尚書」至「是也」。○書甘誓文。按：彼謂遷主，天子親征，載以行者，有功則賞之主前，與此微異。引之者，證以賞必皆于祖前也。故祭統載孔悝鼎銘亦曰「公假于太廟，公曰叔舅」云云也。諸侯命大夫，於尸食已畢，祭事方了，復行一獻命之，若天子命羣臣，則不因常祭，特假于廟，故大宗伯云：「王命諸侯則儐。」注云：「王將出命，假祖廟，立依前，南向。」蓋錫茅胙土，非比尋常爵賞卿大夫以下也。○注「父子」至「公也」。○禮記明堂位云：「命魯公世世祀周公以天子之禮樂。」注：「同之於周，尊之也。」以周公有大勳勞於天下故也。通義云：「詩曰：『王曰叔父，建爾元子，俾侯于魯。』書曰：『王命周公後，作册佚誥。』是其事也。命周公後，言命魯公以爲周公之後。」

曰：生以養周公，【注】生以魯國供養周公。【疏】周禮太宰云：「五曰生，以馭其福。」注：「生猶養也。賢臣之老者，王者有以養之。」成王封伯禽於魯，曰『生以養周公』是也。」○注「生以」至「周公」。○此養，讀如孟子「以天下養」之養。萬章篇：「以天下養，養之至也。」注：「舜以天下之富奉養其親。至，極也。」伯禽諸侯，故以魯公供養也。

死以爲周公主。【注】如周公死，當以魯公爲祭祀主。加曰〔一〕者，成王始受其茅土之辭。禮記明堂位曰：「封周公于曲阜，地方七〔二〕百里，革車千乘。」蓋以爲有王功，故半天子也。【疏】周禮注引「主」作「後」，彼疏云彼云主，此云後。不同者，鄭以義言之。按：主、後古音同部，義亦可通。後如禮喪服「爲人後者」之後。通典引馬注：「受人宗廟之重。」明受宗廟之重者稱後也。故喪服不杖期章有「女子子適人者爲其昆弟之爲父後者」，亦謂持重者。故何氏謂以魯公爲祭祀主也。主亦如不杖期章之「姑姊妹女子子適人無主者」之主。傳曰：「無主者，謂其無祭主者也。」敖繼公云：「祭主者，夫若子若孫也。」賈疏：「無主有二，謂喪主、祭主。喪有無後無無主者，若當家無喪主，或取五服親；又無，則取東西家；若無，則里

〔一〕「曰」，原訛作「日」，叢書本不誤，據改。
〔二〕「七」，原訛作「十」，叢書本同，據公羊注疏校改。

尹主之。」故以祭主爲重也。○注「加曰」至「之辭」。○校勘記引浦鏜云：「受，當授字誤。」舊疏云：「即周書作洛篇曰『封人社壝，諸侯受命于周，乃建大社于國中，其壝東青土，南赤土，西白土，北驪土，中央釁以黄土。將建諸侯，鑿取其一面之土，苞以黄土，苴以白茅，以爲社之封』，孔氏云『王者封五色土爲社，建諸侯，則各割其方土與之，使立社，燾以黄土，苴以白茅。茅取其潔，黄取其王者覆四方』者，是其茅土之文耳。」按：白虎通社稷篇亦引春秋傳曰：「天子有大社也，東方青色，南方赤色，西方白色，北方黑色，上冒以黄土。將封東方諸侯，取青土，苴以白茅。各取其面以爲封社，明謹敬潔清也。」初學記引漢舊事曰：「天子大社，以五色土爲壇。封諸侯者，取其方面土，苴以白茅授之。各以其方色，以立社於其國，故謂之授茅土。」是漢時猶此制也。此曰如詩魯頌閟宫篇「王曰叔父」之曰，箋云：「成王告周公曰：叔父，我立女首子，使爲君於魯。謂欲封伯禽也。封魯公以爲周公後，故云大開女居，以爲我周家之輔。」蓋皆左傳所謂「命以伯禽」册中語。○注「禮記」至「子也」。○鄭彼注云：「曲阜，魯地，上公之封，地方五百里，加魯以四等之附庸，方百里者二十四，并五五二十五，積四十九，開方之得七百里。革車，兵車也。兵車千乘，成國之賦也。」引詩魯頌曰：「王謂叔父，建爾元子，俾侯于魯。大啓爾宇，爲周室輔。乃命魯公，俾侯于東。錫之山川，土田附庸。」又曰：「公車千乘，朱英緑縢。」按：天子方千里，開之得積數一百萬里。魯方七百里，開之得積數四十九萬里，是半天子也，以爲有王功者。明堂位云：「周公踐天子之位，以治天下。」故也。故又云：「成王以周公爲有大勳勞於天下。」

然則周公之魯乎？曰：不之魯也。封魯公以爲周公主，【疏】經義述聞云：「家大人曰：

『主』字涉上文『爲周公主』而衍。按，上文云：『封魯公以爲周公也，周公拜乎前，魯公拜乎後。曰：生以養周公，死以爲周公主。』封魯公以爲周公，兼生養死祭言之，非專指爲祭主一事也。且爲周公主，爲字讀平聲；封魯公以爲周公，爲字讀去聲（並見釋文）。此文〔一〕『封魯公以爲周公』，是復述上文之辭，若於『爲周公』下加一主字，則謬以千里矣。自唐石經始衍主字，而各本遂沿其誤。定四年左傳正義引此無主字。」按：王氏説主是也。下注云「据爲周公者」，可證。

然則周公曷爲不之魯？【注】据爲周公者，謂生以養周公，死以爲周公主。周公不之魯，則不得供養爲主。【疏】注「据爲」至「爲主」。○上傳云「封魯公以爲周公」，以答不之魯，故此復据爲周公者謂生養死祭，以難不之魯也，言既供養爲主，何爲不之魯。

欲天下之一乎周也。【注】周公聖人，德至重，功至大，東征則西國怨，西征則東國怨。嫌之魯，恐天下迴心趣鄉之，故封伯禽，命使遥供養，死則奔喪爲主，所以一天下之心于周室。【疏】白虎通封公侯云：「周公不之魯何？爲周公繼武王之業也。春秋傳曰：『周公曷爲不之魯？欲天下之一乎周也。』詩曰：『王曰叔父，建爾元子，俾侯于魯。』」漢書注引尚書大傳：「周公疾，曰：『吾死必葬於成周，示天下臣于周也。』」史記魯世家：「周公在豐，病將殁，曰：『必葬我成周，以明吾不敢離成王。』」通義云：「魯世家述金

〔一〕「文」，原訛作「又」，叢書本同，據經義述聞校改。

滕之言曰：『我之所以弗避而攝行政者，恐天下畔周，無以告我先王。』是周公之心也。其不之魯，亦猶是心也。」○注「周公」至「至大」。○詩周南召南譜云：「其得聖人之化者謂之周南。」謂周公也。漢書古今人表列周公上上，故云周公聖人也。祭統云：「周公旦有勳勞於天下。」又云：「所以明周公之德。」是其德重功大也。○注「東征」至「國怨」。○僖四年傳語。荀子王制篇：「周公南征而北國怨，曰：『何獨不來也？』東征而西國怨，曰：『何獨後我也？』」後漢書班固奏記亦有是語。○注「嫌之」至「周室」。○正以孟子云：「堯崩，三年喪畢，舜避堯之子於南河之南，天下諸侯朝覲、訟獄者，不之堯之子而之舜；謳歌者，不謳歌堯之子而謳歌舜。」「舜崩，禹避舜之子于陽城，天下之民從之，若堯崩之後不從堯之子而從舜。」故周公恐之魯，則天下迴心趣鄉之也。孔氏廣森集本書大傳曰：「周公致政封魯，三年之後，周公老于豐，心不敢遠成王，而欲事文王之廟。然後周公疾，曰：『吾死，必葬於成周，示天下臣于成王。』」又云：「故周公封于魯，身未嘗居魯也。忠孝之道，咸在成王、周公之間。故魯郊，成王所以禮周公也。」上注嫌周公不之魯，無以供養爲主，故此注云「使遥供養，死則奔喪爲主」，故無妨不之魯也。

魯祭周公，何以爲牲？【注】据廟異也。

周公用白牡，【注】白牡，殷牲也。周公死有王禮，謙不敢與文、武同也。不以夏黑牡者，嫌改周之文，當以夏辟嫌也。【疏】校勘記出「用白牲」，云：「閩、監、毛本同，誤也。唐石經、鄂本作白牡，當据正。此本注中亦作牡，不誤。」史記三王世家云：「周公祭天命郊，故魯有白牡、騂犅之牲。羣公不毛，賢不肖差也。」禮記明堂位云：「以禘禮祀周公于太廟，牲用白牡。」詩魯頌閟宮云：「白牡騂剛。」傳：「白牡，周公牲也。」劉氏逢禄解詁箋云：「禮郊特牲曰，諸侯之祭以白牡，『諸侯之僭禮也』。魯祭周公以白牡，蓋亦昉於僖公，非禮也。春秋不譏者，從郊禘嘗正之矣。孟子曰：『周公之封於魯，爲方百里也，地非不足，而儉於百里。』明堂位所記，蓋荀卿之徒据其後侈陳之，非經誼也。魯之王禮，僭自僖公，魯頌所爲著，莊公之子也，其稱成王所錫，魯公所受，曰山川土田附庸而已，不聞以天子禮樂也。晉文請隧，襄王曰：『王章也。』焉有成王而以非禮康周公歟？」按：劉説非是。按：史記世家云：「魯有天子禮樂者，以褒周公之德也。」故明堂位、祭統、書大傳等並有「魯用天子禮樂」之語。烏得以郊特牲一語盡反諸家之説？魯非强悍之國，僖亦非跋扈主，焉敢僭用王禮？晉文，伯主，用隧猶須請于襄王，而謂魯敢自爲郊禘乎？襄王以王章阻晉，獨不能以王章罪魯乎？詩之所詠，略舉數端，詩所不及，不得遽謂禮之所無，況詩明云「白牡騂剛」矣。諸侯自僭，可云非禮。成王康之，則有所受，何得仍責非禮？郊特牲所記，或別國諸侯亦有效用白牡者爾。○注「白牡者，殷牲也」。○禮記明堂位注：「白牡者，牲也。」又檀弓云：「殷人尚白，大事斂用日中，戎事乘翰，牲用白。」繁露郊事對云：「春秋曰，魯祭周公用白牡〔一〕。色白，貴純也。帝牲在滌三月，牲貴肥潔，而不貪其大也。凡養牲之道，務在肥潔而已，駒犢未能勝芻豢之食，莫如令食其母便。」以用白爲貴純，似與何氏所据異。又春秋下宜脱「傳」字。郊特牲曰：「諸侯之宮縣，而祭以白牡，諸侯之僭禮也。」注：「白牡、大路，殷天子禮也。」然則，魯以周公之故，得用天子禮樂，故以殷之白牡，亦惟文王、周

〔一〕「牡」，原訛作「牲」，叢書本同，據春秋繁露及春秋公羊傳校改。

公廟用之。若用於他廟，亦爲僭。其列國諸侯，惟二王後，得用其先世所尚之色之牲幣，以祀其先祖，如宋祭殷先王亦得用白牡也。郊特牲云：「乘素車，貴其質也；旂十有二旒，龍章而設日月，象天也。」注：「日月畫于旂上。素車，殷路〔一〕也。魯公之郊，用殷禮也。」是也。○注「周公」至「同也」。○白虎通喪服〔二〕篇：「養從生，葬從死。周公以王禮葬何？以爲周公踐阼理政，與天同志，展興周道，顯天度數，萬物咸得，休氣充塞，原天之意，子愛周公與文、武無異，故以王禮葬，使得郊祭。尚書曰：『今天動威，以彰周公之德。』下言『禮亦宜之』。」繁露郊事對云：「臣湯〔三〕謹問仲舒：『魯祀周公用白牡〔四〕，非禮。』臣仲舒對曰：『禮也。』臣湯問曰：『周天子用騂剛，羣公不毛。周公，諸公也，何以得用純牲？』臣仲舒對曰：『武王崩，成王幼，而在襁褓之中，周公繼文武之業，成二聖之功，德漸天地，澤被四海，故成王賢而貴之。詩云：「無德不報。」故成王使祭周公以白牡〔五〕，上不得與天子同色，下有異於諸侯。仲舒愚以爲報德之禮。』」則此云「謙不敢與文、武同」者，謂不敢用赤牲也。魯世家云：「周公既卒，成王亦讓，葬周公於畢，從文王，以明予小子不敢臣周公也。」論衡感類云：「開匱得書，覺寤泣過，決以天子禮葬公。」漢書梅福傳

〔一〕「路」，原訛作「禮」，叢書本同，據禮記正義校改。
〔二〕「喪服」，原誤記爲「崩薨」，據白虎通義校改。
〔三〕「湯」字原脱，叢書本不誤，據補。
〔四〕「牡」，原訛作「牲」，叢書本同，據春秋繁露及春秋公羊傳校改。
〔五〕「牡」，原訛作「牲」，叢書本同，據春秋繁露及春秋公羊傳校改。

云：「昔成王以諸侯禮葬周公，而皇天動威，雷風著災〔一〕。」是周公死有王禮也。蓋今文尚書，皆以金縢風雷之變在周公没後，故儒林傳谷永上疏亦云：「昔周公薨，成王葬以變禮，而得正。」後漢書注引洪範五行傳曰：「周公死，成王不圖大禮，故天大雷雨，禾偃，木拔。及〔二〕成王寤金縢之策，故周公之葬，尊以王禮，申命魯郊，而天立復風雨，禾稼盡起焉。」○注「不以」至「嫌也」。○校勘記出「謙改周之文」：「鄂本謙作嫌，此誤。」明堂位云「夏后氏牲尚黑」，是夏黑牡也。舊疏云：「正朔三而改，改天正十一月者，當以十三月爲正。」蓋若用黑牲，則周公有繼周之嫌，故通之也。

魯公用騂犅，【注】騂犅，赤脊，周牲也。魯公以諸侯不嫌，故從周制，以脊爲差。【疏】注「騂犅」至「牲也」。○經義述聞云：「疏曰：『正以山脊曰岡，故知騂犅爲赤脊矣。』引之謹案：牛脊〔三〕赤色謂之騂犅，則自脊以外非赤色也。魯頌閟宫篇『享以騂犧』，傳曰：『騂，赤。犧，純也。』箋曰：『赤牛純色。』今唯脊毛赤，而餘則否，豈純色之謂乎？且無以異於羣公之不純色矣。明堂位曰：『夏后氏牲尚黑，殷白牡，周騂剛。』若以騂剛爲赤脊，則是夏牲尚黑，殷牲尚白，全體之毛色皆然，而周之尚赤，獨爲脊赤，而非全體皆赤之牲，無是理也。當從説文訓犅爲特牛。特牛，牡牛也。騂犅，猶言騂牡耳。小雅信南山曰：『祭以清

〔一〕「災」，原訛作「變」，叢書本同。漢書及相關典籍均作「災」，據改。
〔二〕「及」，原訛作「乃」，叢書本同，據後漢書注校改。
〔三〕「脊」，原訛作「有」，叢書本同，據經義述聞校改。

酒，從以騂牡。』」吴氏經説云：「疏『山脊曰岡』，故知騂犅赤脊。釋文云『犅』，詩作『剛』。漢書五行志注云：『鬣，領上鬣也。』楚辭守志『覽高岡兮嶢嶢〔一〕』，注云：『山嶺曰岡。』嶺，俗領字，然則岡領同義。曲禮：『豕曰剛。』鬣亦謂豕肥則脊上毛長也。剛叚借字，古止作岡，騂剛爲赤脊信矣。天子騂犧，純赤；諸侯騂犅，但脊上毛赤，以是别尊卑之等。故注云：『從周制，以脊爲差。』説文『犅，特牛也』，不若何説之的。」按：王氏之説辨矣。然明堂位所記皆魯禮，魯兼用四代禮樂，夏、商之牲純，周則止騂犅耳，不得据以相難，不然則犅字从岡，其義何取？ ○注「魯公」至「爲差」。 ○繁露郊事云：「魯郊用純騂剛，周色上赤，魯以天子命郊，故以騂。」按：郊用騂犢，魯公廟用騂犅，不同。魯公廟不用天子禮樂，故不嫌用赤牲也，從周制。以脊爲差者，謂從周制用騂，但以脊爲差别耳。禮記玉藻云：「諸侯玄端以祭。」注：「祭先君也。端當爲冕。諸侯祭宗廟之服，唯魯與天子同。」正義：「按明堂位云：『君卷冕立于阼，夫人副褘立于房中。』熊氏云：『此謂祭文王、周公之廟，得用天子之禮。其祭羣公以下，則亦玄冕。故公羊云：「周公用白牡，魯公用騂剛，羣公不毛。」』是魯公以下與周公異也。二王之後祭其先王，亦是用其先代之服。二王之後不立始封君廟，則杞祭東樓，宋祭微子，以下亦皆玄冕也。」

羣公不毛。【注】不毛，不純色，所以降于尊祖。【疏】注「不毛，不純色」。○周禮地官牧人云：「凡陽祀，用騂牲，毛之；陰祀，用黝牲，毛之；望祀，各以其方之色牲，毛之。」注：「毛之，取純毛也。」明不毛，爲

〔一〕「嶢嶢」，原訛作「嘵嘵」，叢書本同，據楚辭校改。

不純色也。公羊禮説云：「祭祀之事，先爲清酒，其次擇牲。擇牲，即祭義『古者，天子諸侯必有養獸之官。君召牛擇其毛而卜之』也。周禮牧人：『凡陽祀，用騂牲，毛之。』注：『毛之，取純毛。陽祀，祭天于南郊及宗廟。』又云：『凡外祭毀〔一〕事，用尨可也。』注：『尨，謂雜色，不純也。』」按：今魯祭羣公於宗廟，非外事可比，何爲而不純乎？陽祀用騂牲，此天子之禮。魯，諸侯也，魯公尚不敢與文武同牲，故以脊爲差，而羣公反可以用純乎？故注謂「不毛，不純色，所以降于尊祖」也。孔沖遠於祭義謂：「犧，純色，天子牲也。牷，完也，諸侯牲也。」於大雅謂：「不毛者，不定用一毛而已。其牲皆用純色，故此祭用純騂也。祭義云『擇其毛』，是諸侯用純色也。」沖遠之疏何首鼠兩端而自相矛盾乎？按：通義云：「亦用純色，但不擇取騂白，若黝牲、犉牲之屬皆可也。」亦沿孔疏之誤。○注「所以降于尊祖」。○校勘記云：「盧文弨曰：于當作子。按，此本疏中作降子尊祖。」今按：作「于」不辭，作「子」是也。然則凡用牲，廟各別牢，故禮運疏引逸禮云：「毀廟之主〔二〕，昭共一牢，穆共一牢也。」

魯祭周公何以爲盛？【注】据牲異也。【疏】釋文云：「盛，粢盛也。在器曰盛。」此盛統言之，與下傳「周公盛」之盛少異。

周公盛，【注】盛者，新穀。【疏】注「盛者，新穀」。○孟子滕文公云：「以供粢盛。」注：「盛，稻也。」周禮

〔一〕「毀」，原訛作「殷」，叢書本同，據周禮注疏校改。
〔二〕「主」字原脱，叢書本同，據禮記正義校補。

閭師〔一〕：「不耕者，祭無盛。」按：説文皿部：「盛，黍稷在器中，以祀者也。」故在器即謂之盛。此蓋對下「燾」與「廩」言，故解爲新穀，亦以意言之，非詁盛爲新穀也。周禮廩人職云：「大祭祀，則共其接盛。」注：「接讀爲『一扱再祭』之扱。扱以受舂人舂之，大祭祀之穀，藉田之收藏於神倉者也，不以給小用。」盛蓋亦即接盛與？

魯公燾，【注】燾者，冒也，故上以新也。【疏】釋文：「燾，徒報反。一本作濤，音同。」○注「燾者」至「新也」。○小爾雅廣詁：「燾，覆也。」亦作幬，廣雅釋詁云：「幬，覆也。」覆、冒義同，謂以覆乎上也。按：釋文云：「一本濤，疑幬之誤。」禮記中庸「無不覆幬」是也。亦作𦼮，方言：「𦼮，覆也。」又云：「𦼮，戴也。」亦謂以舊穀戴新穀，義之反覆相通者也。説文火部：「燾，溥〔二〕覆照也。」周禮司几筵云：「每敦一几。」注：「敦讀爲燾〔三〕，燾，覆也。」舊疏云：「正以燾詁爲覆，若似周書『燾以黄土』之屬是也。然則，言周公盛者，謂新穀滿其器。言魯公燾者，謂下故上新，各半也。」

羣公廩。【注】廩者，連新於陳上，財令半相連爾。此謂方祫祭之時，序昭穆之差。【疏】注「廩者」至「連

〔一〕「閭師」，原誤記爲「載師」，叢書本同。以下引文出自閭師，非載師，據改。

〔二〕「溥」字原脱，叢書本同，據説文校補。

〔三〕「燾」字原脱，叢書本同，據周禮注疏校補。

爾」。○孫氏志祖讀書脞録云：「釋言『廩，廯也』，郭注：『或説云，即倉廩。所未詳。』按，釋文引舍人〔一〕云：『廩，少鮮也。』蓋廯與鮮通，廩有鮮義。公羊文十三年傳『羣公廩』，何注：『廩者，連新穀於陳上，財令半相連爾。』疏：『謂全是故穀，但在上少有新穀，財得相連而已，故謂之廩。廩者，希少之名。』此其證。」通義云：「廩者，新陳相雜。易『嫌〔二〕于无陽』，鄭司農注：『讀如羣公溓之溓。』溓，雜也，即讀從此傳文。」按：鄭易注見詩采薇疏引。溓、廩，聲相近。此舊疏引鄭注易云：「廩，讀如羣公廩之廩。」當是後人改竄，鄭易本亦不作廩也。臧氏庸拜經日記云：「注『廩者，連新於陳上，財令半相連』，疏『廩，謂全是故穀，但在上少有新穀，財得相連而已』，故謂之廩廩者，稀少之名。是以鄭注云：『讀如羣公廩之廩。』釋文：『公廩，力甚反。』開成石經作廩。詩采薇正義引易文言『爲其慊〔三〕于无陽』，鄭注：『慊，讀如羣公溓之溓。』古書篆作立心，與水相似，讀者失之，故作慊，慊，雜也。或据詩正義所引鄭易注以校公羊疏，謂傳『羣公廩』當作『羣公溓』。按，説文五下：『嗇，愛濇也。从來从亩。』亩即廩正字。爾雅釋言：『廩，廯也。』釋文引舍人注：『廩，少鮮也。』釋名釋宮室云：『廩，矜也。實物可矜惜者，投之於其中也。』是廩爲鮮少、希貴之意。公羊襄二十三年傳注云：『所傳聞之世，見治始起；所聞世，廩廩近升平，治之漸也。』此廩字與羣公廩正同。何云『廩廩近』，又云『漸』，皆與財令相連之財字篆合，可證廩字無誤。公羊有嚴、顏二家本，

〔一〕「舍人」，指犍爲舍人爾雅注，世稱爾雅舍人注。犍爲，地名；舍人，職官名。

〔二〕「嫌」，原訛作「溓」，叢書本同，據通義及周易校改。

〔三〕「慊」，周易作「嫌」。

蓋何邵公所据顔氏本作羣公廩，鄭康成所据嚴氏本作羣公溓。溓古讀如廉，溓廉聲相近，故文異。謙〔一〕者，雜也，言新陳穀相和。廩者，鮮少、僅有之意，謂些些新穀略與陳穀相粘而已。故疏云『財令相連』，注中『半』字當爲衍文。燾，下故上新，可言半；廩而言半，與燾混矣。疏甚分明。若徐疏所引鄭云，或即牽合文言注，以意竄改；或鄭注他經傳另有是語。今鄭公之書多闕，無可考矣。」讀書叢録云：「爾雅釋文孫炎曰：『廯，藏〔二〕穀鮮絜也。』舍人云：『廩，少鮮也。』頤煊案：孫炎以鮮爲絜，舍人以鮮爲少，本皆作廩鮮也。郭意同於孫炎、舍人，故注云，或説云，即倉廩，所未詳。引其義未改其字，亦當作鮮。公羊疏廩者，稀少之名。詩疏引鄭易注作溓，溓，亦希少之意。與舍人注合。」按：諸説皆相近，臧氏尤爲詳贍。俞氏樾曰：「宗廟粢盛必無新故雜揉之理，何解疑非也。曰盛，曰燾，曰廩，蓋别異其在器之多寡耳。盛者滿也，素問脈要精微論上：『盛則氣高，下盛則氣脹〔三〕。』王注曰：『盛謂盛滿。』然則周公盛者，謂滿其器也。燾者，冒也，覆也。何氏訓燾爲冒，疏謂『燾詁爲覆』。若周書燾以黄土之類，正得其義。魯公燾者，謂雖不滿其器，然足覆冒之不見底也。廩者，少也。爾雅釋言：『廩，廯也。』廯字説文所無，古本止作鮮，故釋文引舍人曰『廩，少鮮也』，是廩有少義。此説亦曰『廩者，希少之名』是也。羣公廩者，謂不能滿其器，並不能覆冒之，故在器中見其少也。廩古作溓，周易文言傳鄭注曰『溓，讀如羣公溓之溓』，古

〔一〕「謙」，叢書本同，殆「溓」字之訛。

〔二〕「藏」，原訛作「臧」，叢書本同，據經典釋文爾雅音義校改。

〔三〕「脹」，原訛作「服」，叢書本同，據素問校改。

書篆〔一〕作立心與水相近，然則羣公溓猶羣公慊也。孟子公孫丑篇『吾何慊乎哉』，趙注曰：『慊，少也。』禮記大學篇正義曰：『慊，不滿之貌。』是可得其義矣。」○注「此謂」至「之差」。○舊疏云：「若以時祭，粢食精鑿，羣公之饌一何至此？故知正是祫祭之時，序昭穆之差，所以降子尊祖故也。」按：禮者，所以别同異，諸侯之尊，豈必於粢盛靳其新穀？蓋有所等差，正所以尊祖也。

世室屋壞，何以書？譏。何譏爾？久不脩也。【注】簡忽，久不以時脩治，至令壞敗，故譏之。言屋者重宗廟，詳録之，以不務公室。不月者，知久不脩，當蒙上月。【疏】注「簡忽」至「譏之」。○通義云：「歷七月不雨則無壞道，而壞，知其積阤不脩者久矣。」穀梁傳：「太室屋壞者，有壞道也。譏不脩也。」又曰：「禮，宗廟之事，君親割，夫人親舂，敬之至也。爲社稷之主，而先君廟壞，極稱之，志不敬也。」五行志中之上：「文公十三年，『大室屋壞』。近金沴木，木動也。先是，冬，釐公薨，十六月乃作主。後六月，吉禘于太廟而致釐公，春秋譏之。經曰：『大事于太廟，躋僖公。』左氏説曰：太廟，周公之廟，饗有禮義者也。祀，國之大事也，惡其亂國家之大事於太廟，故言大事也。躋，登也，登釐公於愍公上，逆祀也。釐雖愍之庶兄，嘗爲愍臣，臣子一例，不得在愍上。又未三年而吉禘，前後亂賢父聖祖之大禮，内爲貌不恭而狂，外爲言不從而僭。故是歲十二月不雨，至於秋七月。後年，若是者三，而太室屋壞矣。前堂

〔一〕「篆」，原訛作「傳」，叢書本同。該句講篆書之形符「忄」與「氵」相近易混。

曰大廟，中央曰大室；屋，其上重屋尊高者也，象魯自〔一〕是陵夷，將墮周公之祀也。穀梁、公羊經曰：『世室，魯公伯禽之廟也。周公稱太廟，魯公稱世室。大事者，祫祭也。躋釐公者，先禰而後祖也。』」經義雜記云：「漢志所載左氏説，乃西漢儒解左傳之文，足以補正杜氏。彼云：『惡其亂國家之大事於太廟，故言大事。』則書大事者，因以見譏。今杜云：『大事，禘也。』則似爲禘之常稱矣。」○注「言屋」至「録之」。○通義云：「屋者，當中霤上出重屋也。魯有復廟重檐，亦天子之制也。」蓋本五行志所載。左氏説謂其上重屋，尊高者也。按：明堂位曰：「復廟，重檐。」注：「復廟，重屋也。」謂上下重屋也。詳録壞之所在，爲重宗廟也。明太廟非必全壞也。○注「以不務公室」。○定二年：「冬，十月，新作雉門及兩觀。」傳：「修舊不書，此何以書？譏。何譏爾？不務乎公室。」注：「務，勉也。」舊疏云：「不務公室，亦可施於久不脩，亦可施於不務如公室之禮，微辭也。」○注「不月」至「上月」。○校勘記出「不月」，云：「鄂本同。閩、監、毛本『不』誤『書』。」舊疏云：「當蒙上月者，謂蒙上秋七月也。」「月者，久也。」「彼久不脩，是以書月。此亦久不脩，故知當蒙上月爾。」意謂据定二年傳書「十月」例此也。

○冬，公如晉。

〔一〕「自」，原訛作「至」，叢書本同，據漢書校改。

○**衛侯會于沓。**【疏】左、穀二家經「會」下有「公」字。按：有者是也，此亦宜有，如無「公」字，傳注均宜有説。繁露隨本消息云：「文公不事晉。先齊侯潘卒一年，文公如晉，衛侯、鄭伯皆不期來。齊侯已卒，諸侯果會晉大夫于新城。」「所行從不足恃所事者，不可不慎，此亦存亡榮辱之要也。」謂此沓及下斐之會、十四年新城之盟事也。意謂魯不事晉，至此始改事。何氏無此意，蓋齊、趙經師異説也。杜云：「沓，地闕。」

○**狄侵衛。**

○**十有二月，己丑，公及晉侯盟。**【疏】包氏愼言云：「十二月書己丑，十二月無己丑，十一月之十二日也。然十四年始書『公至自晉』，盟後即書『公還自晉，鄭伯會公于斐』，則經月不得有誤。己丑或乙丑之誤爾。」

○**還自晉。**【疏】左傳作「公還自晉」，穀梁以爲「還者，事未畢也」。

○**鄭伯會公于斐。**【疏】釋文：「斐，本又作棐。」按：左傳、穀梁傳並作棐。杜、范皆云：「棐，鄭地。」按：左氏襄三十一年：「鄭印段迋勞于棐林。」大事表云：「即棐林。宣元年『諸侯會晉于棐林』，杜亦云：『鄭地。』滎陽菀林縣東南有林鄉，今開封新鄭縣東二十五里林鄉城是其地也。詳宣元年。」

還者何？善辭也。何善爾？往黨，衛侯會公于沓，至得與晉侯盟。反黨，鄭伯會公于斐。故善之也。【注】黨，所也。所，猶時，齊人語也。文公前扈之盟不見序，後能救鄭之難，不逆王者之求，上得尊尊之義，下得解患之恩，一出三爲諸侯所榮，故加録，於其還時皆深善之。【疏】注「黨所」至「語也」。○校勘記云：「鄂本、宋本、閩、監本同。毛本『時』誤『是』。」通義云：「左傳：『師乎師乎，何黨之乎？』集解：『黨，所也。』彼亦齊人之歌。則黨詁爲所，信齊語矣。往所，猶言往許；往許，猶言往時。莊子曰：『物之黨來[一]，寄也。』其義爲時來。荀子曰：『怪星之黨見。』其義爲時見。黨訓所，轉訓時也。」按：史記注引服虔注，「黨」正訓所，即杜氏所本。故曾子問：「歸葬於女氏之黨。」謂女氏之所也。禮器[二]：「父黨無容。」謂父所無容也。鄉射禮：「乏參侯道，居侯黨之一，西五步。」謂侯所也。齊策：「歸于何黨矣。」謂歸於何所也。經、傳亦多以所代時。昭三十一年左傳：「有所名[三]，而不如其已。」謂

〔一〕「黨來」，叢書本同，莊子作「儻來」。釋文：「（儻）本亦作黨。」
〔二〕「器」字原脱，叢書本同。所引爲禮器文，據補。
〔三〕「名」上原衍「有」字，叢書本同，據左傳校删。

有時有名而不如無名也。大戴禮本命篇：「無所敢自遂也。」謂無時敢自遂也。襄二十七年左傳：「晉、楚所以兵威之〔一〕。」謂時以兵威之也。昭七年左傳：「從政有所反之，以取媚〔二〕也。」謂有時反其道以取媚于民也。昭三十年左傳：「先君有所助執紼矣。」謂有時助執紼也。墨子節用篇：「其欲早處家者，有所二十年處家；其欲晚處家者，有所四十年處家。」所字亦作時字解。公羊問答云：「越語：『夫上黨之國。』韋昭注：『黨，所也。』釋名：『上黨：黨〔三〕，所也，在山上，其所最高，故曰上黨也。』」○注「文公」至「見序」。○上七年：「公會諸侯、晉大夫盟于扈。」傳：「公失序也。」是也。○注「後能救鄭之難」。○上九年：「楚人伐鄭。公子遂會晉人、宋人、衛人、許人救鄭。」是也。○注「不逆王者之求」。○上九年，「毛伯來求金」是也。○注「上得」至「善之」。○上得尊尊之義，即不逆王者之求也；下得解患之恩，即救鄭之難是也。一出三爲諸侯所榮，即「及晉侯盟，鄭伯會公于斐，衛侯會公于沓」是也。通義云：「前扈之盟，公失序；今一出而衛、鄭皆因公以請平于晉。臣子之心，喜其爲諸侯所尊榮，故加善辭也。」按：如繁露云：「衛、鄭皆不期來。」似無因公請平于晉之義。請平事見左氏傳。毛本「於」改「于」，非。

〔一〕「之」，原訛作「遂」，叢書本同，據左傳校改。
〔二〕「媚」，原訛作「婿」，叢書本同，據左傳正義校改。
〔三〕「黨」，原訛作「之」，公羊問答即作「上黨之所也」，誤。據釋名校改。

公羊義疏四十三

南菁書院　句容陳立卓人著

文十四年盡十八年

○十有四年，春，王正月，公至自晉。【注】月者，爲臣子喜録上事。【疏】穀梁傳：「自晉，事畢也。」○注「月者」至「上事」。○桓十六年注：「致例時，此月，故解之。」爲臣子喜録上事，見上文僖四年注。凡公出滿三時月，危公之久，同書月，義不同。春秋無達例也。

○邾婁人伐我南鄙。

○叔彭生帥師伐邾婁。

○**夏，五月，乙亥，齊侯潘卒。**【注】不書葬者，潘立儲嗣不明，乍欲立舍，乍欲立商人，至使臨葬更相篡弒，故絶其身，明當更立其先君之次。【疏】孔疏：「世家及世本是齊昭公也。」包氏慎言云：「五月書乙亥，月之朔日。」○注「不書」至「之次」。○葉鈔釋文「篡弒」作「篡殺」，音申志反，下同。按：十行注疏本載音義亦作「殺」。包氏慎言云：「絶其葬，使不得入先君之兆也。」通義云：「不言葬齊昭公者，與詭諸同義。」按：孔氏於「晉侯詭諸卒」下云：「不葬者，里克弒先君命嗣，與弒君同罪。奚齊未踰年，例不書葬。責討賊之文不得見，乃更移賊未討不書葬之義於此，明晉之臣子不爲奚齊討賊，即爲無恩於獻公，故不繫臣子辭。」則亦以此不書葬，爲責齊臣子不討弒舍之賊矣。然魯子赤被弒，文公書葬，何以不責魯之臣子？辨見僖九年。按：史記齊世家云：「昭公之弟商人，以桓公死爭立而不得，陰交賢士，附愛百姓，百姓說。及昭公卒，子舍立，孤弱，即與衆十月即墓上弒齊君舍〔一〕，而商人自立，是爲懿公。」所謂臨葬更相篡弒也。惟細按何義，似以商人亦昭公子，舍與商人儲嗣不明，致成亂階，與史記、左傳皆不合，何氏或有所本。按：世家又云：「孝公卒，孝公弟潘因衛公子開方殺孝公子而立潘，是爲昭公。」則昭公篡立或不書葬以示絶，與晉惠公同與？公羊何氏無此義，姑存之，以備一説。

〔一〕「舍」字原脱，叢書本同，據史記校補。

○六月，公會宋公、陳侯、衛侯、鄭伯、許男、曹伯、晉趙盾。癸酉，同盟于新城。

【注】盟下日者，刺諸侯微弱，信在趙盾。【疏】六月書癸酉，月之二十九日。杜云：「新城，宋地，在梁國穀熟縣西。」大事表云：「今商丘縣西南有新城亭。」水經注睢水篇：「睢水又逕新城北，即宋之新城亭也。春秋文十四年『公會宋公、陳侯、衛侯、鄭伯、許男、曹伯、晉趙盾盟于新城』者也。」方輿紀要：「新城在歸德府城南。」○注「盟下」至「趙盾」。○襄十六年：「戊寅，大夫盟。」傳：「其言大夫盟何？信在大夫也。」此注「信在趙盾」，與彼信在義同。舊疏云：「若如盟日定否趙盾制之然，是以盟下日以起之。」

○秋，七月，有星孛入于北斗。

孛者何？彗星也。【注】狀如篲。【疏】史記天官書：「彗星三見。」正義：「謂文公十四年『七月，有星入于北斗』。」是孛即彗也。穀梁傳：「孛之爲言，猶茀也。」○注「狀如篲」。○禮記曲禮云：「國中以策彗卹勿。」注：「彗，竹帚。」是即篲也，經、傳止作「彗」。釋名釋天云：「彗星光稍似彗也。」是也。天官書記「歲星失次」，云：「進而東南，三月生彗星，長二丈，類彗〔一〕。」正義：「天彗者，一名掃星，本類星，末類彗，小者數寸長，長或竟天，而體無光，假日之光。故夕見則東指，晨見則西指，如日南北，皆隨日光而指。光

〔一〕「彗」下原衍一「星」字，叢書本同，據史記校删。

芒所及爲災變。」書又云：「天棓，長四丈，末兑。天欃，長四丈，末兑。天槍，長數丈，兩頭兑。」蓋皆彗類，故爾雅釋天云：「彗星爲欃槍。」開元占經引孫炎云：「欃槍，妖星别名也。」是也。占經又引尸子曰：「彗星爲欃槍。」見妖星占〔一〕篇。彗星占篇引荆州占曰：「歲星逆行過度宿者，則生彗星，一曰天棓，二曰天槍，三曰天欃，四曰茀星。此四者皆爲彗。」按：茀即孛星。孛、欃、槍、棓與彗同也。管子輕重篇：「國有槍星，其君必辱；國有彗星，必有流血浮丘之戰。」對言之異，散則總名彗也。

其言入于北斗何？【注】据大辰不言入，又不言孛名。【疏】注「据大」至「孛名」。○昭十七年「有星孛于大辰」，是大辰不言入也。直言「于大辰」，不言所入之星名也。何者？彼傳云：「其言于大辰何？在大辰也。」又曰：「大火爲大辰，伐爲大辰，北辰亦爲大辰。」是大辰，東方七宿皆謂之辰，非七宿之常名也。故此据以爲難也。按：注「孛」字疑「星」之誤。

北斗有中也。【注】中者，魁中。【疏】注「中者，魁中」。○穀梁傳：「其曰入北斗何？斗有環域也。」注：「据孛于大辰及東方皆不言入，此言入者，明斗有規郭，入其魁中也。」五行志下之下：「星傳曰：『魁者，貴人之牢。』又曰：『孛星見北斗中，大臣諸侯有受誅者。』一曰魁爲齊、晉。夫〔二〕彗星較然在北斗中，天之視人顯矣。」天官書：「北斗七星，所謂旋、璣、玉衡以齊七政。杓攜龍角，衡殷南斗，魁枕參首。」索隱

〔一〕「占」字原脱，據開元占經校補。
〔二〕「夫」，原訛作「升」，叢書本不誤，據改。

引運斗樞云：「斗，第一天樞，第二璇，第三璣，第四權，第五衡，第六開陽，第七摇光。第一至第四爲魁，第五至第七爲杓。」類聚引又云：「合爲斗，居陰布陽，故稱北斗。」魁中，猶言斗中也，其第四星與？

何以書？記異也。【注】孛者，邪亂之氣。篲者，埽故置新之象也。北斗，天之樞機玉衡，七政所出。是時桓、文迹息，王者不能統政。自是之後，齊、晉並争，吴、楚更謀，競行天子之事。齊、宋、莒、魯弑其君而立之應。【疏】注「孛者，邪亂之氣」。○五行志云：「董仲舒以爲，孛者，惡氣之所生也。謂之孛者，言其孛孛有所妨蔽，闇亂不明之貌也。」釋名釋天云：「孛星之旁氣孛孛然也。」穀梁注引劉向曰：「茀星，亂臣之類。」○注「篲者」至「象也」。○昭十七年左傳：「申須曰：彗者，所以除舊布新也。」又二十六年左傳：「晏子曰：天之有彗也，以除穢也。」史記正義：「見則兵起，除舊布新，彗所指之處弱也。」○注「北斗」至「所出」。○書堯典：「在璿璣玉衡，以齊七政。」疏引馬注：「日月星皆以璿璣玉衡度知其盈縮、進退。失政所在，聖人謙讓，猶不自安，視璿璣玉衡以驗齊日月五星行度，知其政是與否，重審己之事也。」初學記引運斗樞云：「五帝所行同道異位，皆循斗樞機之分，遵七政之紀、九星之法〔一〕。」史記注引文耀鉤云：「斗者，天之喉舌。玉衡屬杓，魁爲璇璣。」天官書云：「斗爲帝車，運于中央，臨制四鄉。分陰陽，建四時，均五行，移節度，定諸紀，皆繫于斗。」是爲天之機樞玉衡也。七政者，史記注引書大傳云：「七政謂春秋冬夏天文地理人道，所以爲政也。人道正，而萬事順。」又引馬注書云：「七政者，北斗七星，各有所主：第

〔一〕「法」，原訛作「位」，據初學記校改。

一曰主日，法天；第二曰主月，法地；第三曰命火，謂熒惑也；第四曰煞土，謂填星也；第五曰伐水，謂辰星也；第六曰危木，謂歲星也；第七曰罰金，謂太白也。日月五星俟異，故名七政也。」與書傳小異。○注「是時」至「之應」。○校勘記出「王都不能統政」，云：「閩、監、毛本同。此本『王』作『正』，皆誤。鄂本作『王』者，當據正。」左傳：「周内史叔服曰：不出七年，宋、齊、晉之君皆將死亂。」穀梁注引劉向曰：「北斗貴星，人君之象也。茀星，亂臣之類，言邪亂之臣將並弒其君。」五行志〔一〕下之下載此經，引：「劉歆以爲，北斗有環域，四星入其中也。斗，天之三辰，綱紀象也。宋、齊、晉，天子方伯，中國綱紀。彗所以除舊布新也。斗七星，故曰不出七年。至十六年，宋人弒昭公；十八年，齊弒懿公；宣公二年，晉趙穿弒靈公。」又引：「董仲舒以爲，北斗，大國象。後齊、宋、魯、莒、晉皆弒君。劉向以爲，君臣亂於朝，政令虧於外，則上濁三光之精，五星贏縮，變色逆行，甚則爲孛。北斗，人君象；孛星，亂臣類，篡殺之表也。史之有占明矣。時君終不悟，是後宋、魯、莒、晉、鄭、陳六國咸弒其君，齊再弒焉。中國既亂，夷狄並侵，兵革縱橫。楚乘威席勝，深入諸夏，六侵伐，一滅國，觀兵周室。晉外滅二國，内敗王師，又連三國之兵大敗齊師于鞌，追亡逐北，東臨海水，威陵京師，武折大齊。皆孛星炎之所及，流至二十八年。星傳又曰：『彗星入北斗，有大戰；其流入北斗中，得名人；不入，失名人。』宋華元，賢名大夫，大棘之戰，華元獲于鄭。傳舉其效云。」占經引感精符云：「孛賊入北斗中者，大國結謀伐天子。」又云：「星孛人北斗，兵大起，將有外以制

〔一〕「志」字原脱，叢書本同，據漢書校補。

權，以兵爲政者。」取應大率相同。惠氏士奇春秋説云：「漢建安十一年，正月，星孛于北斗，首在斗中，尾貫紫宫及北辰。其後魏受禪。晉隆安四年，二月，己丑，有星孛入北斗，魁至三台。三月，遂經太微帝座端門。占曰：『彗星入北斗，經三台，易主之象。』其後宋齊受禪。又惠帝永興二年，十月，丁丑，有星孛于北斗，占曰：『璿璣更授，天子出走。』又曰：『强國發兵，諸侯争權。』又曰：『星孛于斗，王者疾病，天下易政。』皆與文十四年同占，故周内史叔服曰：『不出七年，宋、齊、晉之君皆將死亂。』此天下易之象也。由是，楚莊觀兵周疆，敗晉師，非所謂彊國發兵、諸侯争權與？」按：齊、晉並争，蓋指宣十七年，晉、衛伐齊；成元年，齊伐魯；二年，齊敗衛，晉、魯、衛敗齊之屬。吴、楚更謀，謂楚莊争霸，成七年吴伐郯，爲吴伐中國之始。齊、宋、莒、魯事，此年下「齊公子商人弑其君舍」；十七年，宋弑杵臼〔一〕；十八年，齊弑商人，子卒，莒弑庶其是也。

○**公至自會。**【疏】莊六年注：「公與二國以上出會盟，得意致會。」蓋喜得與晉及諸侯盟，猶上書「公至自晉」及上年書「還自晉」義也。

〔一〕「宋人弑其君杵臼」當在十六年冬十一月。

○晉人納接菑于邾婁，弗克納。【疏】左氏、穀梁「接」作「捷」。經義雜記云：「莊十二年，『宋萬弑其君接』，今左傳、穀梁作『捷』。賈景伯所見公羊、穀梁皆作接。」「僖三十二年，『鄭伯接卒』，左氏、穀梁作『鄭伯捷』。捷、接二字古多通用。」

納者何？入辭也。【疏】九經古義云：「納當作内，古文入作内。」按：莊九年傳亦云：「納者何？入辭也。」穀梁於僖二十五年。傳云：「納者，内弗受也。」蓋納兼二義。

其言弗克納何？【注】据言于邾婁，與納頓子于頓同，俱入國得立辭。【疏】注「据言」至「立辭」。○即僖二十五年，「楚人圍陳，納頓子于頓」是也。彼「納頓子于頓」，爲入國得立辭；此言「納接菑于邾婁」，與彼文正同，宜亦得國。今云「弗克納」，故難之。

大其弗克納也。【注】克，勝也。鄭伯以勝爲惡，此弗勝，故爲大。【疏】注「克，勝也」。○詩小雅小宛：「飲酒温克。」傳：「克，勝也。」禮記禮器云：「我戰則克。」注：「克，勝也。」荀子大略篇：「然而，能使其欲利不克其好義也。」注：「克，勝也。」○注「鄭伯」至「爲大」。○隱元年：「鄭伯克段于鄢。」傳：「克之者何？殺之也。殺之，則曷爲謂之克？大鄭伯之惡也。」是鄭伯以勝爲惡也。彼以勝爲惡，故此弗勝爲大。通義云：「不能納糾，不言弗克納，知此言弗克者，大之也。先言『納接菑于邾婁』者，致晉君之意也。復言『弗克納』，專郤缺之義也。」

何大乎其弗克納？【注】据伐齊納子糾，恥不能納。【疏】注「据伐」至「能納」。○莊九年：「公伐齊納糾。」傳：「其言伐之何？伐而言納者，恥不能納也。」是其諱不克納，故書伐以起之也。然則，「弗克納」者，蓋可以克而弗克之辭也。

晉郤缺帥師，革車八百乘，【疏】穀梁傳是郤克也，與此異。左氏又以爲趙盾。陳樹華云：「下十五年至宣九年，郤缺兩見，穀梁作郤克，乃傳寫之誤。」左傳亦云：「以諸侯之師八百乘，納接菑于邾。」

以納接菑于邾婁，力沛若有餘，【注】沛，有餘貌。【疏】注「沛，有餘貌」。○廣雅釋詁：「沛，大也。」漢書五行志：「沛然自大。」楚辭九歌：「沛吾乘兮桂舟。」孟子梁惠王云：「沛然下雨。」音義：「沛字亦作霈。」初學記、太平御覽俱引作「霈」。華嚴經音義引文字集略云：「霈，謂大雨也。」大雨即有餘意。經傳釋詞：「若，猶然也。」易乾九三：『夕惕若厲。』離六五：『出涕沱若，戚嗟若。』巽六二：『用史巫紛若。』義亦同也。」

而納之。邾婁人言曰：「接菑，晉出也；貜且，齊出也。【注】出，外孫也。【疏】注「出，外孫也」。○穀梁傳注：「姊妹之子曰出。」公羊問答曰：「此即爾雅釋親『男子謂姊妹之子爲出』、『女子子之子爲外孫』也。」按：爾雅「出」與「外孫」不同。釋名曰：「姊妹之子曰出，出嫁於異姓而生者也。」郭注爾雅引襄五年傳「蓋舅出也」文。此以出爲外孫者，爲同爲嫁于異姓所出故也。左傳成十三年云：「康公，我之自出。」時已景公世，自不必專屬姊妹子言矣。儀禮喪服有「外孫」，又僖五年注有「禮，外孫初冠，有朝外祖之道」，皆謂女子子子也。蓋凡姊妹子、女子子子，皆可謂之出，爲其出嫁後所出也。

子以其指，【注】指，手指。【疏】注「指，手指」。○説文手部：「指，手指也。」舊疏云：「子謂郤缺。言子以手指指麾于邾婁，令使納接菑也。」此説迂回。子以其指，蓋欲令以指喻也，喻義在下。

則接菑也四，玃且也六。【注】言俱不得天之正性。【疏】注「言俱」至「正性」。○毛本「俱」誤「据」。公羊問答云：「注『言俱不得天之正性』，何也？曰：莊子駢拇篇：『駢拇、枝指，而侈於德。附贅、懸疣，而侈於性。』釋文：『司馬云：性，人之本體也。駢拇、枝指、附贅、懸疣，此四者各出於形性，而非形性之正。』」疏云：「舊云子以其指者，言凡立子之法，以其手指相似。則接菑猶人之四指，玃且猶人之六指，皆異於人，故曰『俱不得天之正性』也。」通義云：「謹案，子稱郤缺也。凡以手計數者，屈四指，伸小指，則爲四；偏屈五指，還伸小指，則爲六，此軍中遥相語。舉手小指以示郤缺，言接菑比之於指，如計四數者然也，玃且如計六〔一〕數者然也。其實皆以小指喻庶孼爾。」讀書叢録云：「按，疏『以其手指相似』，則接菑猶人之四指，玃且猶人之六指，右手將指連左手言之，則爲第六指，離左手言之，則爲第一指。故下文云『玃且也長』。」按：洪氏迂回，孔義較是，然與何義「俱不得天之正性」不合。故舊疏引舊説以四指六指者喻之也。其舊疏云：「地四生金于西方，地六成水于北方，皆非天數也。言此者，喻皆庶子矣。」亦未是，於以指何涉？

子以大國壓之，【注】壓，服也。服邾婁使從命。【疏】釋文：「壓，於甲反，服也。」校勘記云：「此當本

〔一〕「六」，原訛作「大」，叢書本同，據公羊通義校改。

作『厭之』。何訓爲服，不當加土。」○注「厭，服也」。○荀子正論云：「天下厭然〔一〕與鄉無以異也。」注：「厭然，順服貌。」禮既夕記：「纓條屬，厭。」注：「厭，伏也。」後漢書桓榮傳、胡廣傳注並云：「厭，伏也。」

則未知齊、晉孰有之也。【注】設齊復興兵來納貜且，亦欲服邾婁使從命，未知齊、晉誰能使外孫有邾婁者。【疏】正以齊亦大國故也。時晉霸中衰，故邾婁人以理與勢並舉卻之。

貴則皆貴矣，【注】時邾婁再娶二子，母尊同，體敵。【疏】注「時邾」至「體敵」。○左傳：「邾文公元妃齊姜生定公，二妃晉姬生捷菑。文公卒，邾人立定公，捷菑奔晉。」是邾婁再娶也。白虎通嫁娶篇：「必一娶何？防淫泆也。爲其棄德嗜色，故一娶而已，人君無再娶之義也。」莊十九年傳云：「諸侯一聘九女，諸侯不再娶。」注：「不再娶者，所以節人情，開媵路。」故聘婚未往而死，媵仍當往，以示不再娶之義。邾婁元妃卒後，復娶于晉，衰世，諸侯不能如禮也。貜且，元妃所生，則貜且適子之位已正。晉人欲以庶奪嫡，邾婁人不敢以嫡庶名分卻之，故曰「貴則皆貴也」。通義云：「皆大國外孫，故言皆貴。此對晉人爲婉遜辭云爾。」是也。舊疏云：「蓋皆是右媵之子，或是左媵之子，言非姪娣所生也。」非注義。如左右媵，則自有定序，見隱元年注，不得以長幼論也。注明言再娶，與左傳合，非所謂左右媵也，亦非以姪娣與二媵較貴賤也。

〔一〕「然」，原譌作「焉」，叢書本同，據荀子校改。

雖然，籧且也長。」【注】既兩不得正性，又皆貴，唯當以年長故立之。【疏】隱元年傳：「立子以貴不以長。」既皆貴，故以長也。邾婁君兩娶，本失正，不敢斥君之非，故渾云兩不得正性。其實籧且正，接菑不正也。穀梁云：「籧且，正也；捷菑，不正也。」注：「正，適也。」是也。

郤缺曰：「非吾力不能納也，義實不爾克也。」【注】如邾婁人言，義不可奪也，故云爾。【疏】校勘記出「爾克」，云：「唐石經、鄂本、閩、監本同。毛本爾克誤倒。」穀梁傳曰：「弗克納。未伐而曰弗克何也？弗克其義也。」注：「非力不足，義不可勝。」是也。按：邾婁人詭辭以謝晉，晉人藉義以自解，故如邾婁人言而退也。

引師而去之，故君子大其弗克納也。【注】大其不以己非奪人之是。【疏】惠氏士奇春秋説云：「易同人之九四：『乘其墉，弗克攻，吉。』象曰：『乘其墉，義弗克也。其吉，則困而反則也。』」「弗克而還，可謂困矣，困而反，則君子善之。故易稱吉，又何譏焉？」「趙匡曰：『此乃譏其不量力，而勞師爾。聞義能止，差可補過，何足美之？』如其説，則爻辭當云无咎。无咎者，善補過也，曷爲繫之以吉哉〔一〕？蓋有過則改，聞義則徙，善之大者，非徒无咎矣。公羊之説誠得春秋微旨。」「趙匡好駁先儒，以其説不可通於易、詩、書，則云春秋之例，不可通於他經，妄之妄者也。六經皆聖賢之語，曷爲不可通哉？學者詳

〔一〕「哉」，原訛作「者」，叢書本同，據惠士奇春秋説校改。

之。」按：左傳：「宣子曰：『辭順而弗從，不祥。』乃還。」注云「大其不以己非奪人之是」也。惟以爲宣子事爲異。

此晉郤缺也，其稱人何？【疏】通義云：「据傳言，郤缺率師，革車〔一〕八百乘，則非將卑師少文。」貶。曷爲貶？【注】据趙鞅納蒯聵不貶。【疏】注「据趙」至「不貶」。○即哀二年「晉趙鞅帥師納衛世子蒯聵于戚」是也。彼疏云：「郤缺納不正，貶稱人。今趙鞅亦納不當得位之人，而不貶，正以納父罪不至貶也。」是其義也。

不與大夫專廢置君也。【疏】繁露王道云：「大夫不得廢置君。」又云：「觀於晉郤缺之伐邾婁，知臣下作福之誅。」今本「君」下衍「命」字，非也。穀梁傳：「其曰人，何也？微之也。何爲微之也？長轂五百乘，緜地千里。過宋、鄭、滕、薛，夐入千乘之國，欲變人之主。至城下，然後知，何知之晚也！」杜預取以説左氏。按：興師伐國，皆所甚惡，春秋何不概貶之稱人？況納接菑事，必受君命，專責之帥師，無是理也。

曷爲不與？【注】据大其弗克納。

實與，【注】弗克納是。

〔一〕「革車」二字原脱，叢書本同，據公羊通義校補。

而文不與。【疏】通義云：「弗克納者，與之，實也。稱人者，不與之，文也。」

文曷爲不與？大夫之義，不得專廢置君也。【注】不復發上無天子、下無方伯傳者，諸侯本有錫命征伐，憂天下之道故，明有亂義，大夫不得專也。接菑不繫邾婁者，見挈于郤缺也。不氏者，本當言邾婁接菑，見當國也。【疏】注「不復」至「道故」。○僖元年、二年、十四年，「救邢」、「城楚丘」、「諸侯城緣陵」，經皆實與文不與，傳皆云「上無天子，下無方伯，天子諸侯有相滅亡者，力能救之則救之可也」。此不發是傳，故明云。以王制云「諸侯賜弓矢，然後征；賜鈇鉞，然後殺」，是諸侯得天子錫命即可專征伐。且保伍連帥，本有相救卹之道，是諸侯憂天下宜也，與大夫不同，故得發彼傳。○注「明有」至「專也」。○舊疏云：「言大夫若有專廢置君者，即是亂義，故曰明有亂義，大夫不得專也，正由大夫不得專廢置故也。」○注「接菑」至「缺也」。○舊疏云：「据僖二十五年納頓子繫頓也。」按：接菑進退在郤缺，故不繫以邾婁也，郤缺之宜貶愈見。左氏家劉炫云：「已云邾國，又非邾君，故不稱邾接菑也。」然則，蒯聵亦去衛，納時亦未得國，何爲繫之衛與？○注「不氏」至「國也」。○舊疏云：「据宣十一年『納公孫甯、儀行父于陳』皆言氏也。」莊九年〔一〕：「齊小白入于齊。」傳：「曷爲以國氏？當國也。」注：「當國，故先氏齊也。」此本當言邾婁接菑當國，如齊小白例，因本未得國，而又見挈于郤缺，與鄭段亦異，故去其國，見義不得更氏也。

〔一〕「莊九年」，原誤記爲「僖九年」，叢書本同。所引文字實出自莊公九年，據改。

○九月，甲申，公孫敖卒于齊。【注】已絶，卒之者，爲後齊脅魯歸其喪有恥，故爲内諱，使若尚爲大夫。

【疏】包氏慎言云：「九月書甲申，月之十二日。」通義云：「日者，罪不若弑君重。」穀梁傳曰：「其地于外也。」○注「已絶」至「大夫」。○上八年「公孫敖奔莒」，春秋之例，大夫出奔，則絶其大夫，公子慶父、臧孫紇之屬是也，則不得書卒。今敖書卒，故解之。脅歸其喪，即下十五年「齊人歸公孫敖之喪」是也。穀梁傳曰：「奔大夫不言卒，而言卒何也？爲受其喪，不可不卒也。」是亦爲内諱義也。禮記王制云：「大夫廢其事，終身不仕，死以士禮葬之。」注：「以不任大夫也。」疏：「致仕而退，死得以大夫禮葬。」故論語注云：「大夫退，死葬以士禮；致仕，以大夫禮葬。」是也。是以春秋大夫有過被黜，則不書卒，以其卒時非大夫故也。公孫敖出奔，視被黜重矣，當絶，尤不當卒，兹卒之，故爲内諱文，使若尚爲大夫也。大夫去國得尚爲大夫者，以臣子以義去者，君有不絶其禄之事。禮記曲禮云：「去國三世，爵禄有列于朝。」白虎通引援神契云：「臣待放于郊，君不絶其禄，參分之二與之，一留與其妻、長子，使得祭其宗廟。」是也。

○齊公子商人弑其君舍。

此未踰年之君也，其言弑其君舍何？【注】据弑其君之子奚齊也。連名何之者，弑成君、未成君俱名，問例所從也。

【疏】注「据弑」至「齊也」。○即僖九年：「晉里克弑其君之子奚齊。」傳：「弑未踰年君之號也。」亦弑未踰年君，不言弑其君，而引先君冠子上，與此殊，故据以難。○注「連名」至「從也」。

○春秋之例，弒成君、未成君皆名。成君名者，隱四年「衛州吁弒其君完」、莊八年「齊無知弒其君諸兒」之屬是也。未成君名，則此及哀三年「齊陳乞弒其君荼」是也。此若止問弒其君，嫌僅問未踰年君何以稱其君，故連名問之，正以問例所從也，据下傳意，則從成君例矣。

己立之，己殺之，【注】商人本正當立，恐舍緣潘意爲害，故先立而弒之。【疏】通義云：「己、己，商人也。己代舍立乎其位，而實即己手刃之，與里克殺君之子而不自篡者異。」齊世家云：「舍之母無寵於昭公，國人莫畏。昭公之弟商人以桓死，陰交賢士，附愛百姓。及昭公卒，子舍立，孤弱，即與衆弒舍自立。」是其事也。惟以商人爲昭公弟，用左氏〔一〕義。○注「商人」至「弒之」。○舊疏云：「正以弒舍不書日，見不正遇禍，則知商人本正明矣。」然則，公羊以商人爲潘之適，舍爲庶，潘立舍立商人未定，商人緣潘有廢立意，故先立舍而害之也。則與左氏叔姬無寵情事亦殊。

成死者而賤生者也。【注】惡商人懷詐無道，故成舍之君號，以賤商人之所爲。不解名者，言成君可知。從成君不日者，與卓子同。【疏】繁露精華云：「春秋痛之中有痛，無罪而受其死者，申生、奚齊、卓子是也；惡之中有惡者〔二〕，己立之，己殺之，不得如他臣之弒君者，齊公子商人是也。故晉禍痛而齊禍重，春秋傷痛而敦重，是以奪晉子繼位之辭與齊子成君之號，詳見之也。」○注「惡商」至「所爲」。○正以

〔一〕「氏」，原訛作「民」，叢書本不誤，據改。
〔二〕「惡者」二字原脱，叢書本同，據春秋繁露校補。

己立之已殺之，是懷詐無道也。春秋貴信而賤詐，故於商人尤賤之。通義云：「後商人遭弒，且爲責討賊，成之爲君，不於此正其君臣之分，則嫌商人有可立道，故正名之。成舍爲君，而見商人賤爲賊也。」按：穀梁傳：「舍未踰年，其曰君何也？成舍之爲君，所以重商人之弒也。」注：「舍不成君，則殺者非弒也。」義亦同。彼傳又云：「商人其不以國氏何也？不以嫌代嫌也。」注：「春秋以正治不正，不以亂平亂。舍不宜立，有不正之嫌。商人專權，有當國之嫌，故不書國氏，明不以嫌相代。」是亦以舍立不正也，已成舍爲君，商人不以國氏，其罪惡已見矣。○注「不解」至「子同」。○僖十年：「春，晉里克弒其君卓子。」注云：「不正遇禍，終始惡明，故略之也。」正以成君例書日，此不日，故與彼同。通義云：「不日者，弒未踰年君正例也。」然此已成舍爲君，則不得同未踰年君例也。不解名者，僖九年注：「連名者，上不書葬子某，弒君名未明也。」彼意以恐人不知奚齊之名，爲是先君未葬稱子某，似若子般、子野之屬；爲若被弒之故稱名，似若諸兒、卓子之屬，故將名連弒問之。此不解稱舍之義，以上言其君，明從成君被弒之故也。

○宋子哀來奔。

宋子哀者何？無聞焉爾。【疏】九經古義云：「公羊主内娶之說，故以子哀〔一〕書字爲無聞。」隱二

〔一〕「子哀」下原衍「爲」字，叢書本同，據九經古義校删。

年注云：「春秋有改周受命之制，孔子救時遠害，又知秦將燔詩、書，其説口授相傳，至漢公羊氏及弟子胡毋生〔一〕等，乃始記于竹帛，故有所失也。」穀梁傳：「其曰子哀，失之也。」疏引：「舊解云：失之者，謂其未達稱子之意。」與公羊無聞之義同。

○冬，單伯如齊。齊人執單伯。齊人執子叔姬。

執者曷爲或稱行人，或不稱行人？【注】此問諸侯相執，大夫所稱例。【疏】穀梁傳注云：「單伯，魯大夫。」按：莊元年有「單伯逆王姬」，十四年有「單伯會伐宋」，此或其後與？○注「此問」至「稱例」。○事具下。

稱行人而執者，以其事執也；【注】以其所銜奉國事執之，「晉人執我〔二〕行人叔孫舍」是也。【疏】注「以其」至「是也」。○見昭二十三年。彼年正月，叔孫舍如晉，公羊無傳，其爲銜奉國事至晉明也。

不稱行人而執者，以己執也。【注】己者，己大夫，自以大夫之罪執之。分別之者，罪惡各當歸其

〔一〕「胡毋生」，原訛作「胡母生」，叢書本不誤，據改。
〔二〕「我」字原脱，叢書本同，據公羊注疏校補。

本。【疏】即此及莊十七年「齊人執鄭詹」是也。其僖四年「齊人執陳袁濤塗」雖爲國事，然辟軍之道，其罪由濤塗自致也。○注「分别」至「其本」。○校勘記云：「浦鏜云：『當』、『各』字誤倒。」穀梁傳曰：「齊人執單伯，私罪也。」所謂「罪惡當各歸其本」也。

單伯之罪何？道淫也。惡乎淫？淫乎子叔姬。【注】時子叔姬嫁，當爲齊大夫，使單伯送之。【疏】校勘記出「淫乎」，云：「唐石經、諸本同。毛本『乎』誤『于』。」穀梁傳曰：「單伯淫于齊，齊人執之。齊人執子叔姬。叔姬同罪也。」○注「時子」至「送之」。○公羊與穀梁同。穀梁疏云：「單伯是天子命大夫，魯人遣送叔姬，未至而與之淫。」左氏以叔姬爲昭公妃，單伯爲天子大夫，爲魯請叔姬，與公、穀異。

然則曷爲不言齊人執單伯及子叔姬？【注】据夫人婦姜繫公子遂。【疏】注「据夫」至「子遂」。○宣元年，「遂以夫人婦姜至自齊」是也。

内辭也，使若異罪然。【注】深諱使若各自以他事見執者。不書叔姬歸于齊者，深諱以起道淫。書單伯如齊者，起送叔姬也。齊稱人者，順諱文，使若非伯討。【疏】注「深諱」至「執者」。○穀梁疏云：「王則闇於取人之術，魯則失於遣使之宜，故經不書叔姬歸于齊。再舉齊執之文者，使若異罪然，所以爲諱也。」按：内辭者，爲内諱辭也。魯不能教正其女，致令淫泆，故深爲諱。○注「不書」至「道淫」。○舊疏云：「欲決隱二年『冬，十月，伯姬歸于紀』之屬書歸也。言深諱者，正以子叔姬有罪故也。言以起道淫者，謂深諱不言其歸，即是以起道淫之義。何者？若更爲小事見執，何須諱其歸于齊？今不言歸于齊，而與單伯俱見執，明其在道與單伯淫，于歸事不醒醒矣。或曰不書歸于齊者，深諱其起道淫故也。何者？若言叔姬歸于齊，齊人執單伯，齊人執子叔姬，即有道淫之理也。」按：或説亦通，蓋正爲魯諱道淫，何爲又起之與？○注「書單」至「姬也」。○不書叔姬歸于齊，但書單伯如齊，即書齊人執單伯，齊人執子叔姬，則單伯送叔姬，自見道淫，亦可見所謂微而顯也。○注「齊稱」至「伯討」。○僖四年傳：「稱侯而執者，伯討也；稱人而執者，非伯討也。」單伯、叔姬有罪，嫌齊執爲伯討，故稱人，不以伯討與之，順諱文也。通義云：「内大夫執例，無罪月，有罪不月。雖有罪，猶稱人以執者，内辭也。不使伯討，行乎我也。」孔説亦可從。

○十有五年，春，季孫行父如晉。

○三月，宋司馬華孫來盟。【注】月者，文公微弱，大夫秉政，宋亦蔽於三世之黨，三〔一〕亂結盟，故不與信辭。不稱使者，宋無大夫。官舉者，見宋亂也。録華孫者，明惡二國，非以月惡華孫也。【疏】注「月者」至「秉政」。○涖盟、來盟皆時，桓十四年「夏，鄭伯使其弟語來盟」是也。此月，故解之。大夫秉政者，舊疏云：「即公子遂是也。」○注「宋亦」至「之黨」。○上八年傳云：「曷爲皆官舉？宋三世無大夫，三

〔一〕「三」，當作「二」，叢書本同，説見下【疏】。

世内娶也。」謂慈父、王臣、處臼也。彼注云：「宋以内娶，故威勢下流，三世妃黨争權相殺。」是爲人君之蔽也。○注「三亂」至「信辭」。○校勘記云：「三，閩、監、毛本同，誤也。鄂本三作二，當据正。此本三字剜改，當本作二。」舊疏云：「春秋之例，凡莅盟、來盟，例皆書時，欲見王者當以至信先于天下故也。是以桓十四年注云『時者[一]，從内爲王義，明王者當以至信先天下』是也。今而書月，故言不與信辭耳。」○注「不稱」至「大夫」。○舊疏云：「正決『鄭伯使其弟語來盟』之文矣。」宋無大夫者，僖二十五年、文七年、八年皆云：「宋三世無大夫，三世内娶也。」○注「官舉」至「孫也」。○通義云：「承上官舉而復加名氏者，來接乎内，録之也。」按：大夫之義，例不官舉。上八年書殺司馬、司城來奔，以官舉，見宋之亂。此亦宜止官舉，而詳録華孫者，正以見華孫無惡。書月不書時，專以起宋亂，故不與信辭也。穀梁注范泰亦以「録名以存善」，惟其解稱官爲異。

○夏，曹伯來朝。

○齊人歸公孫敖之喪。

[一]「者」，原訛作「以」，叢書本同，據公羊注疏校改。

何以不言來？【注】据「齊人來歸子叔姬」。【疏】注「据齊」至「叔姬」。○下十二月「齊人來歸子叔姬」是也。

内辭也。脅我而歸之，筍將而來也。【注】筍者，竹箯，一名編輿，齊、魯以此名之曰筍。將，送也。爲叔姬淫，惡魯類，故取其尸置編輿中，傳送而來，脅魯令受之，故諱不言來，起其來有恥，不可言來也。不月者，不以恩録，與子叔姬異。【疏】校勘記云：「脅我，唐石經、鄂本、閩本同。監、毛本『我』誤『物』。」○注「筍者」至「曰筍」。○校勘記出「以此」，云：「閩、監、毛本同，誤也。鄂本、蜀大字本此作北，漢制考同，當据正。」按：紹熙本亦作「北」。九經古義云：「史記張陳列傳：『上使泄公持節問貫高箯輿前。』服虔曰：『箯音編，編竹木如今峻，可以糞除也。』韋昭音如頻反，云：『如今輿牀，人輿以行。』郭璞三倉解詁云：『箯，畢[一]土器，音步典反[二]。』按，服虔云：『如今峻。』峻即筍也，同物同音。小顔云：『形如今之食輿。』師古，唐人，豈識漢時箯輿？諸説唯服子慎與何邵公合，蓋目擊之與耳食異也。」今按：釋文云：「筍音峻。」與服義合。又引韋昭音如頻反，通志本無「反」字，是也。説文竹部：「箯，竹輿也。」峻與筍、箯古音通。段氏玉裁注云：「公羊、史記、説文輿皆去聲，亦作畢、作欅。」又車部：「輂，大車駕馬者也。」段又云：「按，左氏傳『陳畚梮』，梮者，土畢。漢五行志作輂，是梮乃輂之或字也。史記河渠書『山行

[一]「畢」，原訛作「舉」，叢書本同，據九經古義校改。
[二]「步典反」，原訛作「部典反」，叢書本同，據九經古義校改。

即橋』，一作檋。夏本紀正作檋。漢書溝洫志作『山行則梮』，韋昭曰：『梮，木器，如今轝牀，人舉以行也。』然則，周禮輂之制，四方，如車之輿，故曰轝。或作轝。或駕馬，或人舉，皆宜用之。徙土則謂之土輿，即公羊之筍、史記〔一〕之箯輿也。用之舁人，則謂之橋，橋即漢書『輿轎而越嶺』之轎字也。禮經『輁軸』，即輂字之異者。注云：『輁〔二〕狀如長牀。』是也。」然則，筍狀如輂，但以竹爲之，或馬引，或人舉，未可知耳。通義云：「筍，未詳。舊云：取其尸置編輿中，敖死已閱八月，豈得尸猶可致？此明事之不然。古者柳車上飾以竹爲池，容得有筍名，即左氏所謂『飾棺置諸堂阜』者與？」劉氏寶楠愈愚録云：「史記張耳傳：『上使泄公持節問之箯輿前。』韋昭曰：『輿如今輿牀。人舁以行。』韋注『輿』上當有『箯』字。説文云：『箯，竹輿也。』是筍亦輿牀，其制雖有竹木之異，而爲今之轎無疑也。从木則爲檋，爲梮；从竹則爲筍，爲箯也。漢書嚴助傳：『乘轎而隃領。』服虔曰：『轎音橋梁，謂隘道輿車也。』臣瓚曰：『今竹輿車也，江表作竹輿以行是也。』項昭曰：『陵絶水曰轎，音旗廟反。領，山領也。不通船車，運轉皆擔輿也。』師古曰：『服音、瓚説是也。項氏謬矣。此直言〔三〕以轎過領耳，何云陵絶水乎？』如師古説，是轎爲輿牀，即今之肩輿也。」按：梮即輿牀，今山行亦用之。其制如肩輿而稍短，故韋以爲如今輿牀也。檋、梮音近，故本紀作檋。檋作橋，亦是叚音之字。橋與轎同。南齊書薛淵傳：「淵從駕乘虜橋。先是敕羌虜橋不

〔一〕「史記」，原誤記爲「左氏」，叢書本同，據段玉裁説文注及史記校改。
〔二〕「輁」，原訛作「栱」，叢書本同，據段玉裁説文注及禮記正義校改。
〔三〕「言」，原訛作「是」，叢書本同，據愈愚録校改。

得入仗〔一〕，爲有司所奏，免官，見原。」虜橋，即虜轎。此古稱之僅存者。今按：作槅、作權、作橋，音義展轉相通。謂如今之肩輿，或竹或木，或有帷無帷，其制率相似。唯此傳「筍」，不得以肩輿目之。無論敖死已數月，即甫死之尸，亦無載以肩輿之禮。當如史記注服、韋、郭三家之説。或如栱牀，若長牀，人舁以行者。筍字从竹，當以竹爲之，或兼用木，非生人所用之具也。惠、孔二家説近是。俞氏樾曰：「公孫敖之死，至此已閱八月，豈其尸猶可置之編輿中？何解非也。今按，筍者，以横木縣其板，使人舁之也。其名蓋起於筍虡之筍。考工記梓人『爲筍虡』，鄭注：『樂器所縣，横曰筍，植〔二〕曰虡。』凡事理之相近者，名即相通。横木以縣鐘鼓，謂之筍，故横木以縣棺亦謂之筍。試比類以求之，牀前横木謂之杠。説文木部：『杠，牀前横木也。』而横木以渡水，亦謂之杠，孟子離婁篇『十一月徒杠成』是也。車前横木謂之扃，宣十二年左傳服注：『扃，車前横木也。』而横木舉鼎亦謂之扃，士冠禮『設扃鼏』是也。皆其例矣。釋文『筍音峻』，史記張陳列傳：『上使泄公持節問貫高箯輿前。』服曰：『箯音編，編竹木如今峻，可以糞除也。』陸氏音筍爲峻，蓋本服氏之説。夫箯輿不妨亦有筍名，然敖死已久，而猶得於箯輿中〔三〕傳致其尸，萬無是理。釋名釋樂器曰：『筍，峻也。』是筍虡之筍亦可讀如峻矣。」○注「將，送也」。○爾雅釋言文。詩邶風燕燕云：「遠于將之。」箋云：「將亦送也。」○注「爲叔」至「來也」。○禮記曲禮云：「在牀曰尸。」注：「尸，

〔一〕「仗」字原脱，叢書本不誤，據補。
〔二〕「植」，原訛作「從」，叢書本同，據周禮注疏校改。
〔三〕「中」，原訛作「尸」，叢書本同，據羣經平議校改。

陳也，言形體在。」白虎通崩薨篇：「失氣亡神，形體獨陳。」是也。按：敖死已閲八月，誠如孔氏所說，豈得尸猶可致？蓋尸柩古通名。左傳隱元年云：「贈死不及尸。」杜云：「尸，未葬之通稱。」蓋即取敖柩，置編輿中傳送而來也。脅魯令受，故諱不言來。通義云：「本送柩于竟上，迫魯使受。非有使來，故不言來。猶言歸公孫敖之喪，若以禮歸之者〔一〕，爲内〔二〕辭爾。」是也。○注「不月」至「姬異」。○下「十有二月，齊人來歸子叔姬」書月，此不月，故解之。正以棄歸之例，無罪者月。叔姬雖有罪，推閔之意，猶恩録之，與無罪等也。

○六月，辛丑，朔，日有食之。鼓，用牲于社。【注】是後楚人滅庸，宋人弒其君處臼，齊人弒其君商人，宣公弒子赤，莒弒其君庶其。【疏】注「是後」至「庶其」。○舊疏云：「楚人滅庸，即下十六年『楚人、秦人、巴人滅庸』也。」宋人弒其君處臼，見下十六年冬。齊人弒其君商人，見下十八年夏五月。宣公弒子赤，十八年「冬，子卒」。傳云：「子者孰謂？謂子赤也。何以不日？隱之也。何隱爾？弒也。」莒弒其君庶其，在下十八年冬。漢書五行志云：「文公十五年『六月，辛丑，朔，日有食之』，董仲舒、劉向以爲，後宋、齊、莒、晉、鄭，八年之間五君殺死，夷滅舒蓼。劉歆以爲，四月二日，魯、衛分。」包氏慎言云：

〔一〕「者」字原脱，叢書本同，據公羊通義校補。
〔二〕「内」字原脱，叢書本同，據公羊通義校補。

「六月書辛丑，朔，日有食之，据曆辛丑，六月之二日，非朔也。」同劉歆説也。

○單伯至自齊。【注】大夫不致，此致者，喜患禍解也。不省去氏者，淫當絶，使若他單伯至也。【疏】注「大夫」至「解也」。○舊疏云：「正以内大夫出聘，例書至故也。」○注「不省」至「至也」。○舊疏云：「正以昭十四年『春，隱如至自晉』，彼是被執而歸，省去氏，今單伯存氏，故解之。」包氏慎言云：「絶者，謂絶不使爲大夫。諸侯不得專殺大夫，但得放棄之，賜玦不反也，故云使若異單伯至。單伯淫而絶，則叔術之妻嫂竊國，論其絶也必矣。公羊以其讓國之功，除其前之淫罪，蓋論人君與士大夫異科。君與國爲體，有功于國，其餘小過則略之。故齊桓之姊妹不嫁，晉文之納懷嬴，春秋皆不之責焉，以其拯生民之功大也。叔術妻嫂之罪宜絶，而其見幾能作，舉國授之夏父，免數世争篡之禍。以隱、桓之事衡之，則術之當幾立斷，而不受辱，其智爲不可及矣。故春秋即其絶于邾婁者，通其子孫於天下，功罪並見。言如叔術者乃可免於誅，其子孫乃可不以先人爲辱耳。聖人目覩時變，舉一叔術爲鑑，非惡叔術也。以爲如此而不免於誅，則誅之不勝誅矣。」解詁箋云：「命大夫，故不名，去單言伯，則不辭。」通義云：「莊元年之單伯未見録卒，則此仍是一人與？桓十五年家父，上距幽王之世家父作誦年數亦略相等。古人多壽考，以詩證此，可無疑也。自後遂不録卒者，蓋以道淫罪重，爲魯所黜〔一〕。」按：家父之是否一人，亦未可定。計莊元年

〔一〕「爲魯所黜」，原訛作「故也」，叢書本同，據公羊通義校改。

至此八十三年，莊元年已能奉使逆王姬，亦須二十而冠後，則應一百餘矣，至此尚在，而能如齊，且道淫叔姬，此必無之理，其非一人可知。其書「單伯至自齊」，應仍是順諱文，使若單伯以他事如齊，今未歸也。

○晉郤缺帥師伐蔡。戊申入蔡。【疏】包氏慎言云：「六月又書戊申，月之九日也。」

入不言伐，此其言伐何？至之日也。其日何？【注】據甲寅齊人伐衛，日伐也。【疏】莊十年傳云：「戰不言伐，圍不言戰，入不言圍。」此入而言伐，故弟子据而爲難。通義云：「晉强而蔡無備，至日即入其國也。」○注「据甲」至「伐也」。○莊二十八年，「春，王三月，甲辰，齊人伐衛」，是日伐也。

至之日也。【注】嫌至日伐，不至日入，故曰入也。主書，與甲寅同義。【疏】通義云：「不日，則至日入意未顯。」○注「嫌至」至「入也」。○正以若不書日在入蔡上，嫌至日伐，不至日入也。○注「主書」至「同義」。○即彼傳云：「伐不日，此何以日？至之日也。」注：「用兵之道，當先至竟侵責之，不服乃伐之。」今日至，便以今日伐之，故日，以起其暴也。此與甲寅同義。蓋亦以郤缺今日至，便以今日入，故書日，以起其暴也。校勘記出「故曰入也」，云：「鄂本同，蓋誤。閩、監、毛本作日。」穀梁疏以「伐入兩舉，爲伐而不即入〔一〕」，非。

〔一〕「伐而不即入」，原作「伐而不及入日」。「即」訛作「及」，「入」下衍一「日」字，叢書本同，據穀梁注疏校改。

○秋，齊人侵我西鄙。【疏】左傳本無秋字者，脱文也。石經、宋本、淳熙本、岳本、足利本「齊人」上有「秋」字。

○季孫行父如晉。

○冬，十有一月，諸侯盟于扈。【注】不序不日者，順上諱文，使若扈之盟，都不可得而知。【疏】注「不序」至「而知」。○上七年：「秋，八月，公會諸侯、晉大夫盟于扈。」傳云：「諸侯何以不序？大夫何以不名？公失序也。公失序奈何？諸侯不可使與公盟，眣晉大夫，使與公盟也。」注：「文公爲諸侯所賤薄，不見序，故深諱，爲不可知之辭。」不日者，順諱爲善文也。然則，此若序，若日，則七年之諱見而恥著，故仍順上諱文。不日，不序，作爲不可得知之辭也。通義云：「諸侯不序者，爲前扈之盟故也。春秋有録内而略外，無略内而録外。公會猶不序，公不會而序，則傎矣。不日者，明不序意，非以諸侯不信而略之。」

○十有二月，齊人來歸子叔姬。

其言來何？【注】据齊人歸公孫敖之喪不言來。【疏】注「齊人」至「言來」。○見上。

閔之也。【注】閔傷其棄絶來歸。【疏】通義云：「故猶從大歸曰來歸之文。但繫齊人爲別異耳。無罪痛之曰隱，有罪痛之曰閔。」

此有罪，何閔爾？父母之於子，雖有罪，猶若其不欲服罪然。【注】孔子曰：「父爲子隱，子爲父隱，直在其中矣。」所以崇父子之親也。言齊人不以棄歸爲文者，令與敖同文相發明。叔姬于文公爲姊妹，言父母者，時文公母在，明孝子當申母恩也。月者，閔録之，從無罪例。【疏】穀梁傳曰：「其言來歸何也？父母之於子，雖有罪，欲其免也。」注：「凱曰：書來歸，是見出之辭。有罪之人，猶與貴稱，書之曰子者，蓋父母之恩，欲免罪也。」以彼傳云「其曰子叔姬，貴之也」故也。○注「孔子」至「親也」。○見論語子路篇。白虎通五行云：「父爲子隱，何法？法水逃金也。」鹽鐵論周秦篇云：「父母之於子，雖有罪且匿之，豈不欲服罪爾。聞[一]子爲父隱，父爲子隱，未聞父子之相坐也。」按：今律有親屬相爲容隱條。凡同居，若大功以上親有罪，相爲容隱，皆勿論，亦此義也。春秋決事云：「春秋之義，父爲子隱，子爲父隱，甲宜匿乙。」是也。舊疏即言來以閔之是也。○注「言齊」至「發明」。○校勘記出「令與」，云：「鄂本、宋本、閩本同。監、毛本『令』作『今』。」舊疏云：「若以棄歸爲文，即言子叔姬來歸，不言齊人，即宣十六年『郯伯姬來歸』之文是；今言『齊人來歸』，故謂之同文也。言相發明者，言敖爲齊所惡，而來歸之；今此亦爲齊人所歸之，故曰相發明耳。」按：公孫敖言歸，子叔姬言來歸，而曰同文者，書來與否，内録辭，

[一]「聞」字原脱，叢書本同，據鹽鐵論校補。

其爲齊人歸者同也，知亦爲齊人所惡，故相發明也。○注「叔姬」至「恩也」。○上四年，始逆婦姜于齊，知不得有女出適，故以爲文公姊妹。下十六年「夫人姜氏薨」，十七年「葬我小君聖姜」，傳：「聖姜者何？文公之母也。」是時文公母在也。通義云：「子叔姬，文公母妹，而以父母言之者，爲内明義，孝子當緣父母意，恩閔之也。爲人子者，通於春秋，則能以父母之心愛其昆弟姊妹，而友弟之道行乎天下矣。」○注「月者」至「罪例」。○舊疏云：「正以棄歸之例，有罪者時。宣十六年，『秋，郯伯姬來歸』是也。無罪者月，成五年，『春，王正月，杞叔姬來歸』之屬是也。」通義云：「凡來歸，無罪時，有罪月。子叔姬有罪矣，而猶若不欲其服罪者，春秋有以義治，有以恩治。恩不本義，私恩也；義不本恩，亦非公義也。雖有法度，不足以一天下，天下惟情出於一。故義者，必因人之情而爲之制，君臣以義合者也。然而，曾子曰：『孝子善事君。』子思子曰：『不信乎朋友，不獲乎上矣。』良以父子天性，猶不致其愛，朋友等夷，猶不得其睦，將於君乎何有？故春秋『葬原仲』無譏，而子叔姬之罪不盡其辭焉。蓋於季子見朋友之至，於子叔姬見兄弟之至。」按：孔氏之論甚洽，惟以有罪月，無罪日，與注反，不若仍從注義。郯伯姬、杞叔姬事皆無考，罪之有無，原無自知。然此經既恩閔之，固宜從無罪例，則書月爲無罪也。蓋有罪時，無罪月，即以詳略分也。

○齊侯侵我西鄙。遂伐曹，入其郛。

郛者何？恢郭也。【注】恢，大也。郭，城外大郭。【疏】注「恢，大也」。○説文心部：「恢，大也。」

一切經音義引字林云：「恢，大也。」又引蒼頡篇：「恢亦大也。」楚辭守志云：「配稷契兮恢唐功。」注：「恢，大也。」亦作「𡖖」，廣雅釋詁云：「𡖖，大也。」是也。○注「郭，城外大郭」。○管子度地篇：「城外爲之郭。」釋名釋宫室：「郭，廓也，廓落在城外也。」意林引風俗通云：「郭，大也。」又華嚴經音義引風俗通云：「郭之爲言廓。」玉篇引白虎通云：「郭之爲言廓也，大也。」詩大雅皇矣「增其式廓」，釋文本作「郭」。爾雅釋詁：「廓，大也。」沈氏彤周官禄田考云：「王城郭之所占幾何？曰：匠人營國，方九里，爲井八十一，爲夫七百二十九。」逸周書作雒篇：「城方千六百二十丈。按，百八十丈爲一里，其丈數與〔一〕里數正相符。郭之大者爲郛，作雒篇曰：『郛方七十里。』則爲井四千九百，爲夫四萬四千一百。其下云：「南繫洛水，北因郟山。」則郛大小蓋因地勢，異乎城之有定數也。由王之城遞推之，公城方七里，侯伯城方五里，子男城方三里，三公之都視諸男城，亦如之。當爲井九，爲夫八十一。以差而下，卿之城當方一里，旁各加五分里之二，爲井三，爲夫二十七强。大夫之城當方一里，爲井一，爲夫九也。祭仲之論都城云：『大都不過參國之一，中五之一，小九之一。』蓋圻内外通行之郭，所占皆無考。以孟子、國策『三里之城，七里之郭』推之，則郭之夫〔二〕數當四倍于城强也。」

入郛書乎？曰：不書。【疏】舊疏云：「按諸舊本，此傳之下悉皆無注。有注云『圍不言入，入郛是

〔一〕「與」，原訛作「易」，叢書本同，據周官禄田考校改。
〔二〕「夫」，原訛作「大」，叢書本不誤，據校改。

也』者，衍字耳。」通義云：「傳言『楚子勝乎皇門』，經但書『圍鄭』是也。若旁徵左傳，則隱五年『鄭伐宋，入其郛』，襄元年『晉伐鄭，入其郛』，經皆不書。」是也。

入郛不書，此何以書？動我也。【注】諱使若爲同姓見入郛故，動懼我也。

動我者何？內辭也。其實我動焉爾。【注】齊侵魯，魯實爲子叔姬故，動懼失操云爾。鄉者不去，幾亦入我郛，故舉入郛以起魯恥，且明兵之所鄉，苟得其罪，則莫敢不懼。【疏】通義云：「我數被齊兵，聞其入曹郛，恐懼震動，故書以見文公微弱甚也。」

○十有六年，春，季孫行父會齊侯于陽穀。齊侯弗及盟。

其言弗及盟何？【注】据序上會也。連盟何者，嫌据盟。【疏】注「据序」至「据盟」。○舊疏云：「据序上會，何得弗及盟乎？是以問之。嫌据盟者，嫌直据盟問之。」通義云：「据鄭伯言『逃歸不盟』。」按：與彼不相比附，無爲据之也。

不見與盟也。【注】與齊期盟，爲叔姬故，中見簡賤，不見與盟，侮辱有恥，故諱使若行父會而去，齊侯不及得與盟，故言齊侯弗及，亦所以起齊侯不肯。【疏】注「與齊」至「與盟」。○舊疏云：「使若行父會齊侯于陽穀訖，即棄之而去，齊侯不及盟。」傳言「不見與盟」，必爲中見簡賤，受侮有恥，故經諱其辭也。○

注「亦所」至「不肯」。○舊疏云：「若直言不及盟，文體已具，足見不得盟矣。而更言齊侯不及者〔一〕，欲道是時不肯盟者是齊侯也。若直言季孫行父會齊侯于陽穀，不及盟，不妨行父不及，無以見齊侯不肯矣。」按：左傳：「公有疾，使季文子會齊侯于陽穀，請盟。齊侯不肯，曰：『請俟君間。』」是亦以齊侯不肯也，但不以爲爲子叔姬耳。通義云：「齊侯不肯盟也。弗及者，言齊弗汲汲。」

○夏，五月，公四不視朔。【注】視朔説在六年。不舉不朝廟者，禮，月終于廟先受朝〔二〕政，乃朝，明王教尊也；朝廟，禮〔三〕也，故以不視朔爲重。常以朔者，始重〔四〕也。【疏】注「視朔説在六年」。○上六年注云：「禮，諸侯受十二月朔政于天子，藏于太祖廟。每月朔，朝廟，使大夫南面奉天子命，君北面而受之。」是也。○注「不舉」至「爲重」。○校勘記出「于廟先受朝政」，云：「鄂本『朝』作『朔』，此誤。」又出「朝廟，禮也」，云：「鄂本『禮』作『私』，此誤，因形相近也。閩、監、毛本改作禮。」又出「故以不視朔」，云：「鄂本作『故不以』，非是。」上六年云：「閏月不告月，猶朝于廟。」此不舉不朝廟，故解之。視朔重於朝廟，

〔一〕「者」，原訛作「何」，叢書本同，據公羊注疏校改。
〔二〕「朝」，當作「朔」，説見下【疏】。
〔三〕「禮」，當作「私」，説見下【疏】。
〔四〕「始重」爲「重始」之訛倒，説見下【疏】。

舉以該輕也，明皆不舉也。○注「常以」至「重也」。○校勘記云：「諸本同，誤倒。鄂本作重始，當据正。此本疏標起訖云：『注常以至始也。』則本作『重始』。」舊疏云：「言十二月之政令，所以不在年初一受之而已，必以月之朔日受之者，重月之始故也。」

公曷爲四不視朔？【注】据無事也。【疏】注「据無事也」。○正以此經上下俱無朝覲、會盟、征伐之事故也。

公有疾也。【注】以不諱舉公如有疾，公有疾乃復舉公是也。【疏】左傳亦云：「公四不視朔，疾也。」○注「以不」至「有疾」。○校勘記出「如有疾」，云：「鄂本『如』作『知』，此誤。」按：穀梁傳：「天子告朔于諸侯，諸侯受乎禰廟，禮也。公四不視朔，公不臣也。以公爲厭政以甚矣。」則不視朔，大惡也，春秋宜爲諱，今不諱舉公，故知有疾也，明猶可原也。○注「公有」至「是也」。○昭二十三年，「公如晉，至河，公有疾乃復」是也。

何言乎公有疾不視朔？【注】据有疾無惡也。【疏】注「据有」至「惡也」。○舊疏云：「即昭二十三年傳云『何言乎公有疾乃復？殺恥也』者是。」

自是，公無疾不視朔也。【注】有疾無惡不當書。又不言有疾者，欲起公自是無疾不視朔也。【疏】舊疏云：「即鄭氏云『魯至文公四不視朔』，視朔之禮已後遂廢者，正取此書也。」○注「有疾」至「朔也」。○通義云：「自二月朔不視朔，凡歷四朔，至是書者，四月以前本爲有疾，五月朔，疾已愈矣。故特言之，以起無疾不視朔之始。」又引胡康侯曰：「若後復視朔者，必於此書公有疾，與昭公如晉之事比矣。」穀梁注亦云：「是後視朔之禮遂廢，故子貢欲去其羊。」江氏永鄉黨圖考云：「自文後，視朔之禮亦非盡廢，或行或否，故至定、哀時，有司猶不敢去其羊。但不行之日爲多，故子貢欲去之。襄二十九年書『春，王正月，公在楚』，傳云：『釋不朝正于廟也。』則此時公若在國猶朝正。」

然則，曷爲不言公無疾不視朔？有疾，猶可言也；無疾，不可言也。【注】言無疾大惡，不可言也。是後公不復視朔，政事委任公子遂。【疏】注「言無」至「言也」。○通義云：「内大惡不可言，故雖譏始，猶不顯言公始不視朔也。」

○六月，戊辰，公子遂及齊侯盟于犀丘。【疏】左氏作「郪丘」，穀梁作「師丘」。郪、犀、師，古音義通。校勘記云：「唐石經、諸本同。」解云：正本作菑丘，故賈氏云：公羊曰菑丘，穀梁曰師丘。今左氏經作郪字。經義雜記曰：釋文作『犀丘』，穀梁音義亦云：『公羊作犀丘。』則唐以來本不作菑字矣。公羊疏唐以前人爲之，所據皆晉、宋古書，故猶見正本，與賈景伯合也。」水經注潁水篇：「細水又東南，逕宋縣故城北。縣即〔一〕所謂郪丘者也。秦伐魏取郪丘，謂是邑矣。」杜云：「郪丘，齊地。」大事表云：「當在今泰安

〔一〕「即」字原脱，叢書本同，據水經注校補。

府東阿縣境。」説文邑部：「鄍，新鄍，汝南〔一〕縣。」前漢志同，續漢志曰：「汝南郡宋公國，周名鄍丘，漢改爲新鄍。章帝建初四年，徙宋公於此。」段氏玉裁云：「魏世家『安釐王十一年，秦拔我鄍丘』，是其地。今安徽潁州府城東〔二〕八里有城，故新鄍城也。」方輿紀要：「新鄍城，在潁州東八里，有土阜屹然高大，謂之鄍城。」按：公子遂會齊侯之地，當从杜説，顧氏棟高本之。故公羊正本作菑丘也。後人見左氏作鄍丘，因以汝南地當之，彼別一地也。穀梁作師者，漢書匈奴傳「黄金犀毗〔三〕」，趙策作「師比」，蓋菑、犀、鄍、師，無一定也。包氏慎言云：「六月書戊辰，月之六日。」

○**秋，八月，辛未，夫人姜氏薨。**【疏】包氏慎言云：「八月書辛未，月之十日。」

○**毁泉臺。**

泉臺者何？郎臺也。【注】莊公所築臺于郎，以郎譏臨民之漱浣。【疏】注「莊公」至「漱浣」。○莊二十一年：「築臺于郎。」傳：「何以書？譏。何譏爾？臨民之所漱浣也。」是也。注意以于郎譏臨民之

〔一〕「汝南」，原譌作「河南」，叢書本同，據説文校改。
〔二〕「東」字原脱，叢書本同，據説文段注校補。
〔三〕「毗」，原譌作「比」，叢書本同，據漢書校改。

漱浣，此曰泉臺，應是一地。

郎臺則曷爲謂之泉臺？未成爲郎臺，【注】未成時但以地名之。【疏】謂莊三十一年稱「築臺于郎」也。

既成爲泉臺。【注】既成更以所置名之。【疏】謂此名泉臺故也。

毁泉臺何以書？譏。何譏爾？築之譏，毁之譏。【疏】通義云：「各有譏義，故築毁兩書，自非兩譏，即見者不復見也。」

先祖爲之，己毁之，不如勿居而已矣。【注】但當勿居，令自毁壞，不當故毁，暴揚先祖之惡也。【疏】穀梁傳曰：「自古爲之，今毁之，不如勿處而已矣。」○注「但當」至「惡也」。築毁譏同，知例皆時。○後漢書楊終傳：「魯文公毁泉臺，春秋譏之，曰：『先祖爲之，而己毁之，不如勿居而已矣。』以其無妨害於民也。」不若何氏義切。○注「築毁」至「皆時」。○舊疏云：「知例皆時者，正以此經文承月下，恐蒙月，故如此解。」

○楚人、秦人、巴人滅庸。【疏】水經注江水篇：「又東北至巴郡江州縣東。」「江州縣，故巴子之都也。春秋桓九年『巴子使韓服告于楚，請與鄧爲好』是也。」杜云：「庸，今上庸縣，屬楚之小國。」大事表云：「今湖廣鄖陽府竹山縣東四十里，有上庸故城，爲庸國地。當四川、陝西、湖廣三省之交界。」説文邑部：「鄘，南夷國。」段注：「牧誓有庸、蜀。」「二志漢中郡皆有上庸縣。今湖北鄖陽府竹山縣東四十里有故上庸城。尚書〔一〕庸地在漢水之南，南至江尚遠。僞孔傳云：『在江南。』非也。」按：僖二年傳：「曷爲使虞首惡？」注：「據楚人、巴人滅庸，不使巴首惡。」然則，此楚、秦之滅庸，蓋巴人道之，與虞同矣。此無傳，何氏當別有所見也。左傳亦不見巴首惡事。

○冬，十有一月，宋人弑其君處臼。【疏】左氏、穀梁作「杵臼」，史記宋世家亦作「杵臼」。公羊此及僖十二年陳侯名亦作「處臼」。杵，正字；處，叚借也。

弑君者，曷爲或稱名氏，或不稱名氏？【疏】稱名氏者，隱四年「衛州吁弑其君完」、桓二年「宋華督弑其君與夷」之屬是也。不稱名氏者，此及下十八年「齊人弑其君商人」之屬是也。

大夫弑君稱名氏，賤者窮諸人。【注】賤者，謂士也。士正自當稱人。【疏】注「賤者」至「稱人」。○繁露順命云：「無名姓號氏於天地之間，至賤乎賤者也。」又云：「其卑至賤，冥冥其無下矣。」惠氏士奇春秋説云：「宋人弑其君杵臼。杵臼者，宋昭公。弑昭公者，乃其君祖母王姬，使帥甸攻而殺之。古乘與

〔一〕「尚書」，原訛作「尚漢」，叢書本不誤，據改。

甸通。周禮：『稍人，掌丘乘之政令〔一〕。』帥甸，猶帥乘。是時昭公田孟諸，故襄夫人使稍人帥乘，攻而殺之。稍人〔二〕乃下士，謂之賤可；以君祖母之尊，又王姬之貴號，令於其國，國人莫敢不從，謂之賤不可也。自古婦人不與國政，婦人而與國政，未有不亡國敗家者也。宋平公殺其子，可直斥宋公。襄夫人殺其孫，不可直斥君祖母。直斥君祖母〔三〕，則名不正言不順。辭窮，故稱人以賤之。以君祖母王姬之尊且貴，而與賤者同辭，此春秋之特筆。後世君母臨朝，擅廢置其君者，當以春秋爲鑒焉。」按：窮者，極也。大夫弒君，其賤極於降稱人。人者，士之正稱，若「閽弒吴子餘祭」，「盗殺蔡侯申」，則又不在大夫士之科矣。繁露又云：「皆絶骨肉之屬，離人倫，謂之閽、盗而已。」是也。

大夫相殺稱人，賤者窮諸盗。【注】降大夫使稱人，降士使稱盗者，所以別死刑有輕重也。無尊上，非聖人，不孝者，斬首梟之；無營上，犯軍法者，斬要；殺人者，刎脰，故重者録，輕者略也。不日者，内娶略賤之。【疏】閩、監、毛本於此下有注「云『賤者，窮諸人』者，言士先自稱人，今弒君，亦稱人，故曰窮諸人矣。云『賤者，窮諸盗』者，言士之賤名不過于盗，故也」，共四十二字，在「降大夫使稱人」之上，鄂本注無之，係疏文誤入。十行本繫此四十二字於上「毀泉臺」傳疏，故如此解，下亦誤。詩小雅巧言云：「君

〔一〕「令」字原脱，叢書本同，據周禮校補。
〔二〕「稍人」二字原脱，叢書本同，據春秋説校補。
〔三〕「直斥君祖母」五字原脱，叢書本同，據春秋説校補。

子信盜。」箋云：「盜，謂小人也。」春秋傳曰：「賤者窮諸盜。」正義：「傳言窮者盡也。弑君則盡於稱人，殺大夫則盡於稱盜。言盡此以下，更無稱也。」○注「降大」至「重也」。○注意，大夫弑君稱名氏，賤者則降同士稱人。大夫相殺稱人，賤者則降同士稱盜也。以大夫已降稱人，故士降稱盜也。○注「無尊」至「刎脰」。○校勘記出「刎脰」，云：「鄂本同。閩、監、毛本『脰』改『頭』。按，釋文作『頭』，云：『如字。本又作脰，音豆。』」九經古義云：「無尊上，漢律所云『罔上，不道也』。非聖人，漢律所云『非聖，無法也』。不孝者，商書曰『刑三百，罪莫大於不孝』（見呂覽）。孝經云：『五刑之屬三千，罪莫大於不孝。』風俗通曰：『賊之大者，有惡逆焉。決斷不違時，見赦不免。又有不孝之罪，並編十惡之條。』斬首梟之者，梟當作県。玉篇云：『賈侍中説：県謂斷首倒縣也。』野王謂縣首於木竿頭，以肆大辠，秦刑也。云『無營上，犯軍法』者。陳羣新律序云：『廄律有乏軍之典，及舊典有奉詔不謹，不承用詔書，漢氏施行，有小愆之反，不如令，輒劾以不承用詔書，乏軍要斬。』胡建案，軍法曰：『正亡〔一〕屬將軍，將軍有罪以聞〔二〕，二千石以下行法焉。』云殺人者刎頭〔三〕，高祖約法三章，所謂殺人者刑焉。何氏所據，皆本漢律。漢律已亡，舉其大略如此耳。」公羊問答：「問：此何代之法也？曰：説文：『梟，不孝鳥也。故日至捕梟磔之。从鳥〔四〕頭在木

〔一〕「亡」，原訛作「法」，叢書本同，據九經古義及漢書胡建傳校改。
〔二〕「聞」，原訛作「問」，叢書本同，據九經古義及漢書胡建傳校改。
〔三〕「殺人者刎頭」，原訛倒爲「殺人刎頭者」，叢書本同，據九經古義校正。
〔四〕「鳥」，原訛作「梟」，叢書本同，據公羊問答校改。

上。』梟首義取此。左傳叔孫昭子殺豎牛，『投其首於寗風棘上』。『梟首』濫觴於此。後世如漢王入關，『梟故塞王欣頭於櫟陽市』是也。五行志曰：『趙人新垣平以望氣得幸於上。上立渭陽五帝廟，欲出周鼎。夏四月，郊見上帝。歲餘懼誅，謀爲逆，發覺，要斬，夷三族。』高祖本紀：『初入關，約法三章曰：殺人者死。』博雅：『㓯，斷也。』一切經音義『自㓯』注引公羊傳云：『公遂㓯脰而死。』何休曰：『㓯，割也。』何氏所据皆戰國以來秦、漢之法，非先王之舊制也。」解詁箋曰：「傳有誅絶之例，易有焚如之象，周官有辜之制，此所謂死刑有輕重也。梟首、斬要，秦法耳。」按：易離九四：「突如，其來如，焚如，死如，棄如。」説文引：「易曰：『突如，其來如。』不孝子突出，不容於内也。」又云：「𠫓：不順忽出也。或从㐬，倒古文孚，即易突字。」考㐬，正梟首之象，與不孝者斬梟合。漢書匈奴傳云：「王莽作焚如之刑。」則又依周禮掌戮「凡殺其親者，焚之」而作此刑者也。○注「故重」至「略也」。○舊疏云：「謂大夫弒君罪重，故稱名氏，責之深。若大夫相殺，罪輕于犯君，故降稱盜者，義之輕重然也。」義或然也。○注「不日」至「賤之」。○通義云：「不日者，從失德之君不日卒例也。」按：内娶亦失德之一也，義與上七年王臣卒同。

○十有七年，春，晉人、衛人、陳人、鄭人伐宋。【疏】通義云：「討弒君不月者，無功，不得從義兵録。」

○**夏，四月，癸亥，葬我小君聖姜。**

聖姜者何？文公之母也。【疏】包氏慎言云：「四月書癸亥，月之五日。」聖姜，二傳作聲姜。

○**齊侯伐我西鄙。**

○**六月，癸未，公及齊侯盟于穀。**【疏】包氏慎言云：「六月書癸未，月之二十六日。」

○**諸侯會于扈。**【疏】通義云：「復不序者，爲前扈盟公失序，故終文之篇不序。」按：穀梁傳范云：「言諸侯者，義與上十五年同。」

○**秋，公至自穀。**【疏】通義云：「穀，内地，前所取諸齊者。」莊六年注云：「公與一國出會盟，得意致地，不得意不致。」按：此後齊未來伐，明得意也。

○**冬，公子遂如齊。**【疏】校勘記出「公子遂如齊」，云：「唐石經、鄂本上有冬字，此脱。」

○十有八年，春，王二月，丁丑，公薨于臺下。【疏】包氏慎言云：「二月書丁丑，月之二十四日。」穀梁傳云：「臺下，非正也。」

○秦伯罃卒。【注】秦穆公也。至此卒者，因其賢。【疏】通義本作「嬰」：「音義：嬰舊同，左氏經作『罃』。兹從昭公五年注校改。」○注「秦穆」至「其賢」。○舊疏云：「正以秦是戎狄，春秋外之，往前以來未録其卒，今乃始書，故以賢解之。而左氏爲康公者，與此別。穀梁無解。」通義云：「秦康公也。至是卒猶不葬者，春秋伯子男爲一，故從小國例也。賢繆公未見卒者，及康公之世，始有恩禮于内，得恩録之。」按：如傳義，則使遂來聘之。秦伯仍是穆公，孔氏据左氏改公羊，可以不必。解詁箋云：「秦穆公子康公也。至此卒者，因穆公之賢，且比〔一〕接内也。考左氏及太史公紀、表、書，皆以穆公卒於魯文公六年，春秋終穆公世，未嘗接魯。文九年歸襚，十二年使遂來聘，皆康公也，傳以爲賢繆公能變，追其先言之，猶吴子使札聘〔二〕，賢季子，皆從接内見也。繆公之卒，反不得如滕侯卒之例，先書於經者，詩刺繆公以人從死，未能盡變其俗，不可爲典，且嫌於僅以康公接内録，能變之賢反不著也。何君失經傳意〔三〕矣。」按：

〔一〕「比」，原訛作「此」，叢書本同，據何氏解詁箋校改。
〔二〕「聘」，原訛作「踊」，叢書本同，據何氏解詁箋校改。
〔三〕「意」字原脱，叢書本同，據何氏解詁箋校補。

劉說非是。賢繆公能變，何爲賢於康公之世？不得援「善善及子孫」爲說。吴札，自以賢札上推吴子，所謂以季子爲臣，則宜有君者也，與此亦不相比附。滕侯以先朝新王得褒，亦不得引以爲例。秦俗用人殉葬，延及始皇猶未變革，何知康公能變其俗？况康公如賢，自宜不從亂命，乃以康公之失，近削繆公之卒，殊失經旨。要之，說公羊止可以公羊爲主，公羊既以善變美秦伯，則以十二年之秦伯仍穆公明甚，不必牽合左氏、史記爲調人也。

○**夏，五月，戊戌，齊人弑其君商人。**【注】商人弑君賊，復見者，與大夫異。齊人已君事之，殺之宜當坐弑君。【疏】包氏慎言云：「五月書戊戌，月之十六日。」通義云：「謹案，左傳，弑之者，公僕邴歜〔一〕與其驂乘閻職，是賤者稱人例也。商人篡不去日，處臼去日者，商人罪已前見，宋昭無道，未有見也。又篡明當葬，知不葬懿公者，亦從不討賊例。」按：孔說是也。何云「齊人以君事之」，「當坐弑君」，故亦責臣子以不討賊也。○注「商人」至「弑君」。○校勘記云：「『齊人已君事之，殺之且當坐弑君』，閩、監、毛本同。鄂本『且』作『宜』，當据正。疏『已』作『以』，『且』亦作『宜』。古已、以通。」宣六年：「晉趙盾、衛孫免帥師侵陳。」傳：「趙盾弑君賊，此其復見何？」注：「宋督、鄭歸生、齊崔杼弑其君，後不復見。」今此商人於上十四年弑其君舍，今而復見，故解之。正以春秋之義，弑君之賊皆不復見，以宜在誅絶之科。商

〔一〕「邴歜」，原訛作「邴歇」，叢書本不誤，據改。

人自立爲君，齊之臣民已君事之，君臣名分已定，故今宜坐弑君之罪，與齊人殺無知、衛人殺州吁殊也。且又見商人弑君，舉國不討，書以責臣子也。莊二十二年：「肆大省。」注：「不與念母，而譏忌省者，本不事母則已，不當忌省，猶爲商人責不討賊。」意亦謂商人弑君，臣子宜討，既靦然事之，則宜成其爲君。今而弑之，當坐弑也。

○六月，癸酉，葬我君文公。【疏】包氏慎言云：「六月書癸酉，月之二十二日。」

○秋，公子遂、叔孫得臣如齊。【注】不舉重者，譏魯猥使二大夫出，虚國家，廢政事，重録内也。

【疏】注「不舉」至「内也」。○毛本「二」誤「五」。舊疏云：「書事舉重，春秋之常，今而悉舉，故解之。穀梁傳曰『使舉上客而不稱介，不正其同倫而相爲介，故列而數之也』者，亦是直〔一〕舉重之義也。」又云：「外大夫未有並見者，於内唯有此經及定六年『季孫斯、仲孫何忌如晉』之文，故知正是重録内也。」正以出聘宜卿爲使，大夫爲介，今二卿並出，虚國家，廢政事，以卿位大責重，政事是出故也。通義云：「遂謀弑赤，而請于齊。赤母本齊大夫女，非正君甥，故未見拒也。使舉上客而不舉介，獨此列數之者，著得臣之黨于

〔一〕「直」，原訛作「古」，叢書本同，據公羊注疏校改。

遂，而與聞乎弒也，與後不日卒相起，其罪乃顯。」義各然也。解詁箋云：「不舉重者，著得臣之與聞乎弒也。子赤，齊出也，故爲宣公如齊許賂，非子赤使之也。子赤弒而季孫行父如齊，謀定宣公也。遂主謀，故于卒也去公子；得臣與聞，故于卒也去日，以明首從分別輕重也。行父不與聞，故從日卒正文。」按：行父不討賊，復如齊定宣公，不得謂無罪，春秋蓋以行父雖卿，非當國之臣，政在公子遂，或量力不責之與？

○冬，十月，子卒。

子卒者孰謂？謂子赤也。【疏】通義云：「既葬不名。」

何以不日？【注】据子般卒日。【疏】注「据子般卒日」。○即莊三十二年書「冬，十月，乙未，子般卒」是也。

隱之也。【疏】繁露楚莊王篇：「子赤殺，弗忍言日，痛其禍也。」

何隱爾？弒也。【疏】釋文「弒」作「殺」：「音試。下及注同。」今本亦誤作「弒」。

弒則何以不日？【注】据子般卒日。【疏】注「据子般卒日」。○以子般亦被弒而日，故据以難。

不忍言也。【注】所聞世，臣子恩痛王父深厚，故不忍言其日，與子般異。【疏】注「所聞」至「般異」。○舊疏云：「正以子般爲所傳聞之世故也。莊三十二年注：『殺不去日見隱者，降子赤也。』」繁露楚莊王云：「子般殺，而書乙未，殺其恩也。」與此注文相足。隱元年注：「所聞者，謂文、宣、成、襄，王父時事也；所傳聞者，謂隱、桓、莊、閔、僖，高祖、曾祖時事也。於所聞之世，王父之臣恩少殺；於所傳聞世，高祖、曾祖之臣恩淺。」是所聞世恩深於所傳聞世，故子般忍言其日，而子赤不忍也。通義云：「世近則恩益隆，故隱之益深。」繁露又云：「屈伸之志，詳略之文，皆應之。」是也。穀梁傳云：「子卒不日故也。」穀梁不傳三世之義故也。

○夫人姜氏歸于齊。【注】歸者，大歸也。夫死子殺賊人立，無所歸留，故去也。有去道書者，重絶不復反。【疏】注「歸者，大歸也」。○左傳：「夫人姜氏歸于齊，大歸也。」詩邶風燕燕：「衛莊姜送歸妾也。」箋：「莊公薨，完立，而州吁殺之。戴嬀於是大歸。」其事與哀姜大同，亦夫死子弑賊人立。時州吁未討也，以歸甯有時而反，此即歸不復來，故謂之大歸。莊二十七年傳：「大歸曰來歸。」是也。彼爲内女設例，故有來也。○注「夫死」至「去也」。○鄂本「殺」作「弑」，紹熙本同，當据正。史記魯世家云：「文公有二妃，長妃齊女哀姜，生子惡及視。次妃敬嬴，嬖愛，生子俀。俀私事襄仲，襄仲欲立之，叔仲曰『不可』。襄仲請齊惠公。惠公新立，欲親魯，許之。冬，十月，襄仲殺子惡及視而立俀。哀姜歸齊，哭而過市，曰：『天乎！襄仲爲不道，殺適立庶！』市人皆哭，魯人謂之『哀姜』。」左傳亦云：「文公二妃，敬嬴生宣公，敬嬴嬖，而私事襄仲，宣公長而屬諸襄仲，襄仲欲立之，叔仲不可。仲見于齊侯而請之。齊侯新立，而欲親魯，許之。冬，十月，仲殺惡及視，而立宣公。」「夫人姜氏歸于齊，將行，哭而過市，曰：『天乎！仲爲不道，殺適立庶！』市人皆哭。魯人謂之『哀姜』。」穀梁傳：「夫人姜氏歸于齊，惡宣公也。」注：「姜氏，子赤之母，其子被殺，故大歸也。」又曰：「有不待貶絶而罪惡見者。」注引：「泰曰：直書姜氏之歸，則宣公罪惡不貶而自見。」此注云「賊人立，無所歸留」，明宣公不能事也。○注「有去」至「復反」。○舊疏云：「正以常事不書故也。」按：莊二十七年：「大歸。」注：「大歸者，廢棄來歸也。」哀姜不在七棄之科，然夫死從子，子弑賊立，義無可從，故有去道也。書者，重其事也。御覽引：「春秋決事云：甲夫乙將船，會海盛風，船没，溺流死亡，不得葬四月。甲母丙即嫁甲。欲皆何法〔一〕？或曰：『甲夫死未葬，法無許嫁，以私爲人妻，當弃市。』議曰：『臣愚以爲春秋之義，言夫人歸于齊，言夫死無男，有更嫁之道也。婦人無專制擅恣之行，聽從爲順。嫁之者，歸也。甲又尊者所嫁，無淫之心，非私爲人妻也。明於決事皆無罪，不當坐。』」按：董生特以夫人姜氏可以如齊，以例夫死無子者可以更嫁，非謂夫人姜氏更嫁也。婦人無專制，故今律，凡婚娶有違者，皆罪坐主昏也。解詁箋云：「不日者，無與別有罪無罪。」

○**季孫行父如齊。**【疏】春秋説云：「子卒，季孫行父如齊，明弑子赤者非獨襄仲，行父亦與聞焉。」襄仲欲立宣公，叔仲不可。不可者，獨叔仲一人耳，故身死而名不顯。季孫行父，魯之正卿也，亦如叔仲以爲不可，則子赤焉得弑？宣公焉得立？及襄仲死，宣公薨，行父有憾於歸父，乃以殺適立庶歸罪襄仲。臧宣叔怒曰：『當其時不能治也！』則行父當時既知其情，兼與其事，明矣。」按：惠説是也。蓋此亦所謂不待貶絶而罪惡自見者與？

〔一〕「欲皆何法」，今中華書局本太平御覽作「欲當何論」。

○莒弑其君庶其。

稱國以弑何？【注】據莒人弑其君密州。【疏】注「據莒」至「密州」。○即襄三十一年「莒人弑其君密州」是也。

稱國以弑者，衆弑君之辭。【注】一人弑君，國中人人盡喜，故舉國以明失衆，當坐絶也。例皆時者，略之也。【疏】注「一人」至「絶也」。○左傳載釋例〔一〕引：「劉、賈、許、穎以爲君惡及國朝，則稱國以弑；君惡及國人，則稱人以弑。」按：天之立君以爲民也，故失衆當絶。惡及國朝，不知何指？若以爲惡及卿大夫，則稱國以見君罪，非春秋尊尊之旨也。穀梁傳注傳例曰：「稱國以弑其君，君惡甚矣。」是也。疏引舊解，稱國者，謂惡及國人，並惡及卿大夫；稱人者，謂失心於民庶也，乃涉於賈逵之説。○注「例皆」至「之也」。○通義云：「此〔二〕當蒙上月，其不日者，從小國始見卒例。」舊疏云：「謂失衆而稱國以弑者，皆書時以略之，即定十三年〔三〕『冬，薛弑其君比』之屬是也。昭二十七年『夏，四月，吴弑其君僚』者，亦是稱國而書月者，彼非失衆。是以何氏云『不書闔閭弑其君者，爲季子諱，明季子不忍父子兄弟自相弑，讓國闔閭，欲共享之，故爲没其罪也』、『月者，非失衆見弑，故不略之』者是也。」按：何義甚明，不必如孔説。

〔一〕「左傳載釋例」當是左傳正義載釋例。釋例即杜預作春秋釋例。
〔二〕「此」，原訛作「所」，叢書本同，據公羊通義校改。
〔三〕「十三年」，原訛作「三十年」，叢書本同，據公羊注疏校改。

公羊義疏四十四

宣元年盡二年

南菁書院　句容陳立卓人著

○春秋公羊經傳解詁宣公第六【疏】校勘記云：「唐石經宣公第七卷六。」左傳釋文：「宣公名倭，一名接，又作委。文公子，母敬嬴。謚法：『善問周達曰宣。』」魯世家：「文公長妃齊女哀姜，生子惡及視，次妃敬嬴生子俀。俀私事襄仲。襄仲殺子惡及視而立俀，是爲宣公。」徐廣曰：「俀一作倭。」何氏以宣公爲僖公妾子，公羊「敬嬴」作「頃熊」，則楚女矣，與史記、左傳並殊。按：新序七云：「魯宣公者，文公之弟也。」劉向習穀梁，則穀梁亦以宣公爲僖公子矣。禮記檀弓云「遇懿伯之忌，敬叔不入」下云：「不可以叔父之私，不將公事。」鄭注：「敬叔於昭穆以懿伯爲叔父。」考懿伯爲孟獻子之子，獻子爲桓公子慶父之曾孫，自桓公至懿伯六世：桓公生莊公，莊公生僖公，僖娶頃熊生宣公及叔肸，肸生嬰齊，嬰齊生叔老，老生弓，是爲敬子。敬子即敬叔。自桓公至敬叔七世。懿伯正爲其叔父，是宣公爲僖公子明矣。倭、俀、委古音同。作接者，恐是譌字。孔疏引世家云：「宣公名倭，或作接。」今史記作「俀」。孔氏所見，或即徐廣所見本，無作「接」說。

○元年，春，王正月，公即位。

繼弑君不言即位，此其言即位何？其意也。【注】桓公簒成君，宣公簒未踰年君，嫌其義異，故復發傳。【疏】經義述聞云：「其意上當有如字。桓元年傳：『繼弑君不言即位，此其言即位何？如其意也。』何注曰：『弑君欲即位，故如其意。』以著其惡是也。若無如字，則文意不明，蓋寫者脱去耳，唐石經已然。」按：王説是也。注明云「故復發傳」，明與彼傳同也。穀梁傳：「繼故而言即位，與聞乎故也。」亦是重發傳。○注「桓公」至「發傳」。○禮喪服「臣爲君斬衰三年」，爲踰年君無服。故嫌簒成君與簒未踰年君異然。雖未踰年君，位已定，臣子之分，義無所逃，故罪之如一也。故閔繼子般不書即位，是其正也。通義云：「桓、宣之罪相等，而春秋不言宣無王者，既於桓示法，則從同同可知。故得以所聞之世，殺其辭也。」義或然也。

○公子遂如齊逆女。【注】譏喪娶。復書不親迎者，嫌觸諱不成其文也。有母言如者，緣内諱，無貶公文。【疏】通義云：「娶聖姜之黨知不譏者，禮，妾子爲君母之黨，君母在，則不敢不從服；君母不在，則不服。此於『服術』本『徒從』也。聖姜既薨，故不以娶功緦外屬譏矣。」○注「譏喪」至「文也」。○舊疏云：「何氏以爲人君喪娶，宜有貶刺之文。若其吉逆使卿者，宜書譏之，見不親迎而已，即叔孫僑如之徒是也。今公子遂爲君喪娶，宜去公子以見譏。而存公子，復作不親迎之經書之者，正以公子遂本弒君之賊，若去公子，即嫌爲觸弒君大惡之故。諱去公子，即似隱四年、十年〔一〕公子翬之類，是以不得成其貶文。若然，文二年『公子遂如齊納幣』，亦譏喪娶之經，而不去公子者，彼是喪未畢納幣，爲失禮猶淺。此乃初喪逆女，固當合貶，即下八年注云『元年逆女，嫌爲喪娶貶也』者，義亦通於此。」按：此如隱二年書「紀履繻來逆女」同，故止是譏不親迎爾。文公逆女在四年，二年冬始納幣，猶以其圖婚在三年内譏之。此則三月已逆女，上尚有納采諸禮在前，喪娶已明，又不待貶絶而自見者也，不必再去公子，又恐觸諱，仍不見其貶喪娶文也。○注「有母」至「公文」。○舊疏云：「下八年，『夫人熊氏薨』，又云『葬我小君頃熊』，傳：『頃熊者何？宣公之母也。』是其有母也。」舊疏云：「母不命使者，婦人之命，不通四方，何得言如，作内使之文者？正以緣内無貶公之文故也。何者？若其去如，則嫌宣公喪娶爲絶賤，不成爲諸侯然也。正緣此事，不得去如也。若然，莊二十八年『臧孫辰告糴于齊』，不言如，所以不嫌莊公不能貯蓄絶而賤之者，彼告糴之事，可以通臧孫之私行；此大夫不外娶，無通私行之義，故如是。」按：紀履綸來逆女，紀伯有母，不稱母通使文，故但書「履綸來逆女」而已。此與内大夫出聘文同，言如皆是君使之文。若絶去如，則當書「公子遂逆女于齊」，嫌爲貶公喪娶矣，故仍作常辭言如也。穀梁傳注：「不譏喪娶者，不待貶絶而罪

〔一〕「年」，原訛作「四」，叢書本同，據公羊注疏校改。

惡自見。桓三年傳曰：『逆女，親者也；使大夫，非正也。』」皆用公羊家義。左傳注亦云：「不譏喪娶者，不待貶責而自明也。」是也。

○三月，遂以夫人婦姜至自齊。

遂何以不稱公子？一事而再見者，卒名也。【注】卒，竟也。竟但舉名者，省文。【疏】左傳以爲「尊夫人」。齊氏召南考證云：「逆女既書公子遂，此文蒙上，自應單稱其名，公羊謂『一事而再見』是也。按，成十四年『叔孫僑如如齊逆女』，下云『僑如以夫人婦姜氏至自齊』，與此同。穀梁以爲『遂之挈，由上致之』，成十四年僑如同，皆非公羊義。」

夫人何以不稱姜氏？【注】据僑如以夫人婦姜氏至自齊也，經有姜，不但問不稱氏者，嫌据夫人氏欲使去姜。【疏】注「据僑」至「齊也」。○成十四年「僑如以夫人婦姜氏至自齊」是也。○注「經有」至「去姜」。○以傳若但云「夫人何以不稱氏」，嫌据僖元年經「夫人氏之喪至自齊」爲難也。

貶。曷爲貶？【注】据俱至也。

譏喪娶也。【疏】穀梁傳曰：「其不言氏，喪未畢，略之也。」

喪娶者，公也，則曷爲貶夫人？【注】据師還也。【疏】注「据師還也」。○見莊八年。彼傳云：「還者何？善辭也。此滅同姓，何善爾？病之也。曷爲病之？非師之罪也。」彼公滅同姓，非師之罪，故歸善於師，歸惡於公。此公喪娶，是公之罪。非夫人而貶夫人，與彼義違，故据爲難。

内無貶于公之道也。【注】明下無貶上之義。

内無貶于公之道，則曷爲貶夫人？【注】据俱有諱義。【疏】注「据俱有諱義」。○舊疏云：「春秋之道，多爲内諱，何故此經不爲夫人諱而貶之乎？」

夫人與公一體也。【注】恥辱與公共之。夫人貶，則公惡明矣。去氏比於去姜，差輕可言，故不諱貶夫人。【疏】禮喪服傳云：「夫妻一體也。」又云：「夫妻牉合也。」集韻：「牉合，合其半，以成夫婦。」是也。白虎通嫁娶篇：「婦人學事舅姑，不學事夫者，示婦與夫一體也。」○注「恥辱」至「明矣」。○舊疏云：「正以夫人與公共謚，知榮辱同矣。」通義云：「服子慎曰：古者一禮不備，貞女不從，故詩云：『雖速我訟，亦不汝從！』宣公既以喪娶，夫人從亦非禮，故不稱氏，見略賤之也。」按：穀梁注：「夫人不能以禮自固，故與有貶。」蓋本之服義。○注「去氏」至「夫人」。○校勘記出「比於去姜差輕」，云：「閩、監、毛本同。鄂本『輕』下疊『輕』字。」舊疏云：「去姜，即僖元年『夫人氏之喪至自齊』是也。然此不諱者，以其輕，而僖元年去姜則重矣，亦不諱者，何氏云：『因正王法所加，臣子不得以夫人禮治其喪也。』是也。」按：哀姜罪重，春秋以王法正之，故魯臣子不得申其私恩待以夫人禮，貶去其氏以示絶。故雖重亦不諱也。與此不諱有輕重之殊。

其稱婦何？【注】据桓公夫人至，不稱婦。【疏】注「据桓」至「稱婦」。○桓三年「夫人姜氏至自齊」，不稱婦是也。

有姑之辭也。【注】有姑當以婦禮至，無姑當以夫人禮至，故分別言之。言以者，見行遂意也。見繼重在遂，因遠別也。月者，公不親迎，危録之例也。【疏】詩衛風氓云：「三歲爲婦。」傳：「有舅姑曰婦。」正義：「公羊『稱婦，有姑之辭』，傳以國君無父，故云有姑。其實婦亦對舅，故士昏禮云『贊見婦于舅姑』是也。」穀梁傳：「其曰婦，緣姑言之之辭也。」舊疏云：「隱二年傳云『在塗稱婦』，與此違者，兼二義也。言在途見夫而服從夫，故謂之婦；至國對姑而服從姑，是亦謂之婦矣。」○注「有姑」至「言之」。○有姑，當以婦禮至，文四年「逆婦姜于齊」、成十四年「僑如以夫人婦姜氏至自齊」及此經是也。無姑當以夫人禮至者，桓三年「夫人姜氏至自齊」、莊二十四年「夫人姜氏入」是也。婦姜亦上加夫人者，舊疏云「臣下録之」是也。以婦禮至者，禮記昏義〔一〕有「質明，贊見婦于舅姑」，又「贊醴婦」，又「婦盥，饋特豚〔二〕」，又「舅姑共饗婦以一獻之禮」是也。未知諸侯夫人其禮若何？以夫人禮至者，則莊二十四年注云：「禮，夫人至，大夫皆郊迎。明日，大夫宗婦皆見。」是也。○注「言以」至「別也」。○校勘記出「見繼重在遂」，云：「閩、監、毛本同。按，『繼』當讀爲繫。解云：故言見繫重在遂。」桓十四年傳：「以者何？行其意也。」注：「以己從人曰行。」此言以故爲行遂意也。舊疏云：「『遂以夫人』者，欲見夫人是時進止由遂，故言『見繫重在

〔一〕「禮記昏義」，原誤記爲「昏禮記士禮」，叢書本同，據禮記校改。

〔二〕「特豚」二字原脱，叢書本同，據禮記正義校補。

遂』也。」因遠别者，舊疏云：「若不言以，直云遂夫人，則嫌怪夫人男女無别，故云因遠别也。」〇注「月者」至「例也」。〇莊二十四年「夏，公如齊逆女」，是親迎書時也。不親迎，危録之書月者，此及桓三年「九月，夫人姜氏至自齊」之屬是也。

〇夏，季孫行父如齊。

〇晉放其大夫胥甲父于衛。

放之者何？猶曰無去是云爾。【注】是，是衛。【疏】經傳釋詞曰：「云爾，語已詞也。」隱元年穀梁傳：『猶曰取之其母懷中而殺之云爾。』論語述而篇：『不知老之將至云爾。』」無去是，蓋猶言無即往是衛焉爾。

然則何言爾？近正也。【疏】通義云：「比于專殺，猶似近正。」按：謂近乎以道事君，不可則止之，正。

此其爲近正奈何？古者大夫已去，三年待放。【注】古者刑不上大夫，蓋以爲摘巢毁卵，則鳳皇不翔；刳胎焚夭，則麒麟不至。刑之則恐誤刑賢者，死者不可復生，刑者不可復屬，故有罪放之而已，所以尊賢者之類也。三年者，古者疑獄三年而後斷，易曰「繫用徽墨，寘於叢棘，三歲不得，凶」是也。

自嫌有罪當誅，故三年不敢去。【疏】喪服齊衰三月章：「爲舊君。」傳曰：「言其以道去君而猶未絶也。」詩檜風〔一〕羔裘箋云：「以道去其君者，三諫不從，待放于郊，得玦乃去。」白虎通諫諍篇引：「援神契曰：『三諫待放，復三年，盡惓惓也。』所以言放者，臣爲君諱，若言有罪放之也。所諫事已行者，遂去不留。凡待放者，冀君用其言耳，事已行，災咎將至，無爲留之。易曰：『介如石，不終日，貞吉。』論語曰：『三日不朝，孔子行。』臣待放于郊，君不絶其禄者，示不欲其去也，道不合耳。以其禄參分之二與之，一留與其妻、長子，使得祭其宗廟。賜之環則反，賜之玦則去，明君子重恥也。」王度記曰：『反之以玦，其不〔二〕待放者，亦與之物。明有分土無分民也。』詩曰：『逝將去女，適彼樂土。』」曲禮疏引王度記亦云：「大夫俟放于郊，三年得環則還，得玦乃去。」若然，曲禮説「大夫士去國」之「三月而復服」，注：「三月一時，天氣變，可以遂去矣。」與此不同者，蓋得玦之後，從郊至竟，三月之内，行素衣、素裳諸禮也。又喪服齊衰三月章有：「大夫在外，其妻、長子爲舊國君。」傳曰：「何以服齊衰三月也？妻，言與民同也。長子，言未去也。」是皆三年待放于郊，未仕他國，長子在國主其祀，故未去也。按：喪服齊衰三月章言「爲舊君」者有三：一曰「爲舊君、君之母、妻。」傳曰：「仕焉而已者也」，注：「謂老若有廢疾而致仕者。」故兼服君之母、妻。雷次宗所謂恩紀内結，實異餘人是也。二曰「大夫在外，其妻、長子爲舊國君」，注：「在外，待放已去者。」三曰

〔一〕「檜風」，原誤記爲「鄭風」，據毛詩正義校改。
〔二〕「不」字原脱，叢書本同，據白虎通校補。

「舊君」，注：「大夫待放未去者。」又云：「以道去君，謂三諫不從，待放於郊。未絶者，言爵禄尚有列於朝，出入尚有詔於國。」按：後二條，一是大夫自爲舊君服，一是大夫之妻、長子爲舊君服，皆以禮待放，君不絶其禄位，不分已去未去言也。江氏筠云：「去與未去皆服，故經但言舊君，而不言大夫之在外與在國。蓋皆恩義未絶。」通典引石渠禮議〔一〕：「戴聖謂，大夫在外者，三諫不從而去，君不絶其禄位，使其嫡子奉其宗廟。」是也。若有罪見逐，收其宗廟，其妻、長子亦不得留在本國矣。孟子離婁篇述「爲舊君有〔二〕服」云：「有故而去，則君使人導之出疆，又先於其所往。去三年不反，然後收其田里。」既云導之出疆，是指已去國者，其實待放未去，而值君薨，與已去而值君薨者，皆服齊衰三月也。○注「古者」至「大夫」。○曲禮上篇文注：「不與賢者犯法，其犯法則在八議輕重，不在刑書。」是也。彼疏引：「異義：『禮戴説「刑不上大夫」。古周禮説「士尸肆諸市，大夫尸肆諸朝」，是大夫有刑。謹案，易曰：「鼎折足，覆公餗，其刑渥，凶。」無刑不上大夫事，從周禮説。』鄭駮之曰：『凡有爵者，與王同族。大夫適甸師氏，令人不見，是以云刑不上大夫。』」白虎通五刑篇：「刑不上大夫何？尊大夫。禮不下庶人，欲勉民使至於士。故禮爲有知制，刑爲無知設也。庶人雖有千金之幣，不得服。刑不上大夫者，据禮無大夫刑。或曰：撻笞之刑也。」○注「蓋以」至「類也」。○史記孔子世家：「孔子既不得用于衛，將西見趙簡子。至于河，聞竇鳴犢、舜華

〔一〕「石渠禮議」，原文記爲「石渠禮論」，叢書本同，據通典改。通典禮典引西漢宣帝劉詢石渠閣會議若干條，稱之爲石渠議、石渠禮或石渠禮議，無稱石渠禮論者。

〔二〕「有」，原訛作「反」，叢書本同，據孟子校改。

之死也。孔子曰：『竇鳴犢、舜華，晉國之賢大夫也。某聞之也，刳胎殺夭則麒麟不至郊，竭澤涸漁則蛟龍不合陰陽，覆巢毀卵則鳳皇不翔。何則？君子諱傷其類也。』」淮南本經訓：「刳胎殺夭，麒麟不游，覆巢毀卵，鳳皇不翔。」校勘記出「鳳凰」，云：「鄂本『凰』作『皇』，此加几者，俗字。」○注「三年」至「敢去」。○校勘記出「徽墨」，云：「鄂本、閩本同。監、毛本『墨』改『纆』，疏並同。」此坎卦上六爻詞也。舊疏引：「鄭氏注云：『繫，拘也。爻辰在巳，巳爲虵，虵之蟠屈如徽纆也。三五互體，艮又與震同體，艮爲門闕，於木爲多節。震之所爲，有叢拘之類。門闕之內有叢木多節之木，是天子外朝左右九棘之象也。外朝者，所以詢事之處也。左嘉石平罷民焉，右肺石達窮民焉。罷民，邪惡之民也。上六乘陽，有邪惡之罪，故縛約徽墨，寘于叢棘，而後公卿以下議之。其害人者，置之圜土而施職事焉，以明刑恥之。能復者，上罪三年而赦，中罪二年而赦，下罪一年而赦。不得者，不自思以得正道，終不自改而出圜土者殺，故凶。』是也。」然則，繫于徽纆，以待議罪，有三年二年一年之殊，已恐陷於三歲不得，故待至三年乃去也。白虎通諫諍云：「所以必三年者，古者[一]臣下有大喪，君三年不呼其門，所以復君恩。今己所言，不合於禮義，君欲罪之，可得也。」義亦通。

君放之，非也。【注】曰[二]無去是，非也。

〔一〕「古者」二字原脱，叢書本同，據白虎通校補。

〔二〕「曰」，原訛作「日」，叢書本不誤，據改。

大夫待放，正也。【注】聽君不去衛，正也。【疏】舊疏云：「此二句皆是今事，非古法。」按：莊二十四年：「曹羈出奔陳。」傳云：「三諫不從，遂去之，故君子以爲得君臣之義也。」三諫不從，復任其放，故曰非也。大夫待放，則上注之「自嫌有罪當誅」，故曰正也。○注「聽君」至「正也」。○校勘記云：「閩、監、毛本同。按，衛蓋是字誤，或當作爲。」按：注就本經釋之，作衛亦可。

古者臣有大喪，則君三年不呼其門。【注】重奪孝子之恩也。禮，父母之喪三年不從政，齊衰、大功之喪三月不從政。故孔子曰：「夏后氏三年之喪，既殯而致事；殷人既葬而致事；周人卒哭而致事。君子不奪人之親，亦不可奪親也。」【疏】白虎通喪服云：「臣下有大喪，不呼其門者，使得終其孝道，成其大禮。」說苑修文篇：「古者有親喪者，不呼其門。」鹽鐵論未通篇：「古有大喪者，君〔一〕三年不呼其門，通其孝道，遂其哀戚之心。君子之所重而自盡者，其惟親喪乎！」後漢書陳忠傳：「臣聞之，孝經始於愛親，終於哀戚。上自天子，下至庶人，尊卑貴賤，其義一也。夫父母之於子，同氣異息，一體而分，三年乃免於懷抱。先聖緣人情而著其節，制服二十五月，是以春秋臣有大喪，君三年不呼其門，閔子雖要絰服事，以赴公難，退而致位，以究私恩，故稱『君使之非也，臣行之禮也』。」又云：「周室凌遲，禮制衰廢，蓼莪之人作詩自傷。」是以蓼莪爲從軍之詩。故大戴禮用兵〔二〕注亦云：「困于兵革之詩也。」蓋三家詩語。

〔一〕「君」，原訛作「居」，叢書本同，據鹽鐵論校改。
〔二〕「用兵」，原誤記爲「小辯」，據大戴禮記校改。

又荀爽傳：「對策曰：昔翟方進自以〔一〕備宰相，不敢踰制。至遭母憂，三十六日而除。夫失禮之源，自上而始。古者大喪，三年不呼其門，所以崇國厚俗篤化之道也。」繁露竹林云：「先王之制，有大喪者，三年不呼其門，順其志之不在事也。書云：『高宗諒闇，三年不言。』居喪之義也。」禮記喪服四制云：「門内之治〔二〕恩掩義。」以門内之治尚恩，行私恩，不得行公義，故三年不呼其門也。○注「重奪」至「恩也」。○通典引白虎通云：「有喪不朝，吉凶不相干，不奪孝子之恩也。」然則，臣有大喪，不與公役者有二：一以重奪孝子之恩，一以吉凶不相干故也。故白虎通喪服又云：「凶服不敢入公門者，明尊朝廷，吉凶不相干。故周官曰：『凶服不入公門。』是也。」○注「禮父」至「從政」。○禮記王制文。按：禮運云：「三年之喪，與新有婚者，期不使者。」彼注云：「臣有喪昏，當致事而歸。」然則，期之後容有使役者，蓋國有大事。期後役使，自是一時權禮。若其常，則三年不從政也。又雜記云：「三年之喪，祥而從政。期之喪，卒哭而從政。九月之喪，既葬而從政。小功緦之喪，既殯而從政。」與此殊者。注云：「以王制言之，此謂庶人也。從政，從爲政者教令，謂給繇役。」正義：「此庶人，依士禮，卒哭與既葬同三月，故王制省文，總云『三月』也。若大夫、士父母之喪三年不從政，正禮也；卒哭，金革之事無避，是權禮也。」舊疏云：「此政，謂税矣。」王制云「從政」，自讀如征税之征，故彼記上云「八十者，一子不從政。九十者，其家不從政」云云，下

〔一〕「自以」，原訛作「以身」，據後漢書當改作「以自」。然後漢書注曰：「劉攽曰：案，文『以自』當作『自以』。」是，據改。

〔二〕「治」，原訛作「制」，叢書本同，據禮記校改。

云「將徙於諸侯，三月不從政」云云，即周禮旅師所云「新甿之治皆聽之，使無征役」，謂復除不給徭役也。故鄭注周禮引王制解之。此引以證臣有大喪，君不呼門，自謂大夫士以上。政，當解如政事之政，從爲政事，與論語「可使從政也與」之從政同，當是斷章取義也。○注「故孔」至「親也」。○舊疏云「曾子問文」，引鄭注「致事者，還其職位於君」是也。校勘記出「周人卒哭而致事」，云：「今本曾子問無此文。此與岳珂九經三傳沿革例引興國本合，段玉裁説。」按：曾子問云：「子夏問曰：『三年之喪卒哭，金革之事無辟也。禮與？初有司與？』孔子曰：『夏后氏三年之喪，既殯而致事，殷人既葬而致事。記曰：「君子不奪人之親，亦不可奪親也。」此之謂乎！』」鄭注云：「周卒哭而致事。」閩、監、毛本「周」誤「則」。禮記校勘記云：「『殷人既葬而致事』，閩、監、毛本同，石經同，岳本同，衛氏集説同，嘉靖本同。宋監本下有『周人卒哭而致事』七字。考文引足利本同。段玉裁云：公羊宣元年注有『周人卒哭而致事』一句。疏統謂曾子問文。岳氏云：興國本禮記有『周人卒哭而致事』一句。大書爲經文。按，此同公羊注疏，而與本疏不合。」又出「周卒哭而致事」，云：「惠棟校宋本作『周』，岳本同，考文引足利本同。此本『周』誤『則』，嘉靖本同，衛氏集説同。浦鏜校云：按皇氏疏，則『周人卒哭致事』是鄭君從夏、殷推而知之，當是注文。而孔氏云：孔子既前答『周人卒哭而致事』，則又似屬經文而誤入注耳。」按：皇氏疏云：「夏后氏尚質，孝子喪親恍惚，君事不敢久留，故既殯致事還君。殷人漸文，思親彌深，故既葬畢始致事還君。周人極文，悲哀至甚，故卒哭而致事。知周卒哭致事者，以喪之大事有三：殯也，葬也，卒哭也。夏既殯，殷既葬，周代漸遠，以此推之，故知周卒哭也。」則皇氏所据鄭注與孔氏不同，但鄭氏解「致事」在「殷人」句下，明鄭氏所据本無

「周人卒哭而致事」語，故於注末申之云「周卒哭而致事」也。若元有此語誤入注中，則「致事」注當在「周人」下，或在「夏后」句下，方合公羊疏所見之曾子問本，與興國本合，不必比而同之也。卒哭者，禮記雜記云：「士三月而葬，是月而卒哭；大夫三月而葬，五月而卒哭。」鄭注禮既夕云：「卒哭，三虞之後祭名。始朝夕之間，哀至則哭。至此祭，止也，朝夕哭而已。」「君子不奪人之親，亦不可奪親者。」鄭注：「二者，恕也，孝也。」已既思親，推已及人，亦不奪其親，是恕也；孝子思親，若不致事，則是忘親，故今致事是不自奪其思親之心，是孝也。禮記服問〔一〕曰：「凡見人無免絰，雖朝於君無免絰，唯公門有稅齊衰。傳曰：『君子不奪人之喪，亦不可奪喪也。』」注：「無免絰，絰重也。稅，猶免也。有免齊衰，謂不杖齊衰也。於公門有奪齊衰，則大功有免絰也。」然則，杖齊期以上，雖入公門，衰亦不脱，故引舊記以明之。言君子以己恕人，不可奪人喪，使之免絰而已，亦不可自奪其喪，所以己有重喪，猶絰以見君，申己喪禮也。惟其如此，故臣下在喪，不入公門，君亦不奪其情，以免吉凶相干，曲禮云「凶服不入公門」故也。

已練，可以弁冕，【注】此説時衰正〔二〕失，非謂禮當然。弁，禮所謂皮弁、爵弁也。皮弁，武冠；爵弁，文冠。夏曰收，殷曰冔，周曰弁。加旒曰冕，主所以入宗廟。【疏】禮記檀弓曰：「父母之喪，哭無時，使

〔一〕「服問」，原誤記爲「問喪」，叢書本同，據禮記正義校改。
〔二〕「正」，阮元校勘記曰：「鄂本『正』作『政』，此誤。」

必知其反也。」注：「既練〔一〕，或時爲君服金革之事，反必有祭。」又禮運云：「三年之喪，期不使。」是則期内不使，故已練可使也。而曾子問云：「卒哭，服金革之事無辟者。」彼記又云：「昔者，魯公伯禽有爲爲之也。」是非其正也。通義云：「此權時之宜。喪大記曰：『君既葬，王政入于國。既卒哭而服王事。大夫、士既葬，公政入于家。既卒哭，弁絰帶，金革之事無辟也。』」按：鄭彼記注亦云「權禮也」。何氏云「此説時衰政失，非謂禮所當然」者，謂不獨金革服金革之事失禮，即既練而弁冕即事亦非正。上注引云：「父母之喪，三年不從政。」是其正也。鄭注喪大記又云：「弁絰帶者，變喪服而弔服，輕，可以即事。」蓋弁絰者弔服，帶者要絰，自謂喪服，明弔服加重也。注「正失」，鄂本「正」作「政」，當從之。○注「弁禮」至「文冠」。○白虎通紼冕云：「皮弁者，何謂也？所以法古至質，冠名也。弁之言攀也，所以攀持其髮也。上古之時質，先加服皮以鹿皮者，取其文章也。」「戰伐田獵，皆服之。」「爵弁者，周人宗廟士之冠也，郊特牲曰『周弁』，士冠經曰『周弁，殷冔，夏收』。爵何以知指謂其色，又乍言爵弁，乍但言弁，周之冠色所以爵何？爲周尚赤。所以不純赤，但如爵頭何？以本制冠者法天，天色玄者不失其質，故周加赤。」禮士冠禮：「皮弁服，素積，緇帶，素韠。」注：「皮弁者，以白鹿皮爲冠，象上古也。」李如圭云：「古者以鳥獸之皮冒而句領，皮弁象之。」聶氏引舊圖云：「以鹿皮淺毛者爲之，高尺二寸。」禮又云：「爵弁服，纁裳，純衣，緇帶，韎韐。」注：「爵弁者，冕之次，其色赤而微黑，如爵頭然，或謂之緅。其布三十升。」賈疏云：「凡冕以

〔一〕「練」，原訛作「絲」，叢書本不誤，據改。

木〔一〕爲體，長尺六寸，廣八寸，績麻三十升布，衣之上以玄，下以纁，前後有旒。其爵弁制大同，唯無旒，又爲爵色爲異。」皮弁用之於田獵戰伐，爵弁用之於祭，故曰「皮弁武冠，爵弁文冠」也。以皮弁爲武冠，蓋今文家説，成二年傳「衣服與頃公相似」，何注：「禮，皮弁以征。」彼疏云：「即昭二十五年注『皮弁以征不義』是也。」引韓詩傳亦有是語。御覽引三禮圖：「皮弁，春八月習大射，冠之行事。」是。今文詩、春秋家皆然。惟周禮司服云：「兵事，韋弁服。」即成十六年左傳之「韎韋之跗注」是也。按：字林云：「韋，柔皮也。」皮、韋同類，故同有皮弁之稱，惟皮弁白色，韋弁韎色爾。或古只是皮弁，周文有皮弁、韋弁之別與？○注「夏曰」至「宗廟」。○士冠記云：「周弁，殷冔，夏收。」當作「冔」，釋文作「冔」是也，毛本同。獨斷云：「冕，周曰爵弁，殷曰冔，夏曰收。皆以三十升漆布爲殼，廣八寸，長尺二寸，加爵冕其上。周黑而赤，如爵頭之〔二〕色，前小後大；殷黑而微白，前大後小；夏純黑而赤，前小後大；皆有收，以持笄。古皆以布，中古以絲。孔子曰：『麻冕，禮也。今也純，儉。』冕冠垂旒，周禮，天子冕前後垂延，朱緑藻，有十二旒。公侯大夫各有差別。」「三公九，諸侯卿大夫七。組纓各如其綬之色。」「郊天地、祠宗廟、祀明堂，則冠之。」禮記王制云：「有虞氏皇而祭，深衣而養老。夏后氏收而祭，燕衣而養老。殷人冔而祭，縞衣而養老。周人冕而祭，玄衣而養老。」正以冕即弁，唯大夫以上得有冕，士以下只弁耳。彼注云：「玄，冕屬也〔三〕，畫羽

〔一〕「木」，原譌作「末」，叢書本同，據儀禮注疏校改。
〔二〕「頭之」二字原脱，叢書本同，據獨斷校補。
〔三〕「玄，冕屬也」句，原譌作「皇，冕屬焉」，叢書本同，據禮記正義校改。

飾焉。凡冕屬，其服皆玄上纁下。有虞氏十二章，周九章，夏、殷未聞。凡養老服，皆其時與羣臣燕之服，其冠則牟追，章甫，委貌也。諸侯以天子之燕服爲朝服。王者之後，亦以燕服爲之。」是則收、冔、弁，正爲入祀宗廟之冠矣。故禮記雜記云：「大夫冕而祭于公，弁而祭于己；士弁而祭于公。」皆謂爵弁也。士冠禮注：「爵弁者，冕之次也。」賈疏：「冕者，俛也，低前一寸二分，故得冕稱。其爵弁則前後平，故不得冕名也。」周禮「弁師掌王之五冕」，注：「延冕之覆在上。」任氏大椿弁服釋例云：「爵弁既以弁名，則其狀當似弁，不特弁下無旒，及前後延平異于冕也。考釋名『弁，如兩手相合時也。以爵韋爲之，謂之爵弁；以鹿皮爲之，謂之皮弁；以韎韋爲之，謂之韋弁也』。然則，此三弁皆作合手狀矣。其延下當上鋭下圓。又〔一〕考後漢輿服志，冕制皆前圓後方，則與下圓上鋭者異。疑爵弁與冕雖同有上延，而爵弁延下，則爲合手之形，與冕狀别。然則，夏、殷質，用冔、收以祭。周弁制如冔收，别加旒爲冕，以爲祭服耳。弁非天子之祭服也。」吴氏廷華儀禮疑義亦云：「據説文，弁本作覍，象形，或作弁。又釋名『弁如兩手相合也』。爵弁與冕制異，與皮弁制同。」胡氏培翬儀禮正義云：「賈氏之説蓋本漢禮器制度。吴氏以釋名、説文駁之，似亦可從。冠禮記注云：『弁名出於槃。槃，大也，言所以自光大也。冔名出於幠。幠，覆也，言所以自覆飾也。收，言所以收斂髮也。其制之異亦未聞。』史記五帝紀帝堯『黄收純衣』，蓋夏以前通用收。詩文王：『常服黼冔。』傳：『冔，殷冠也。』」江氏筠讀禮私記云：「爵弁既非冕制，而與冔、收連言者，蓋冕飾至

〔一〕「又」，原訛作「文」，叢書本作「又」，於義爲是，據改。

周始備，冔、收二者，周制。以弁例之，如殷士裸將服冔，周士祭於公用弁，其一也。又殷人冔而葬，周人弁而葬，亦其一也。」是也。鄭本「主」誤「王」。

服金革之事。【注】謂以兵事使之。【疏】注「謂以兵事使之」。○禮記中庸云：「衽金革。」疏：「金革，謂軍戎器械也。」又曾子問云：「子夏問曰：『三年之喪卒哭，金革之事無辟者，禮與？』孔子曰：『吾聞諸老聃曰：昔者，魯公伯禽有爲爲之也。今以三年之喪從其利者，吾弗知也。』」注：「伯禽，周公子，封於魯。有徐戎作難，喪卒哭而征之，急王事也。」又喪大記云：「君既葬，王政入于國。既卒哭而服王事。大夫、士既葬，公政入于家。既卒哭，弁絰帶金革之事無辟也。」注：「此權禮也。弁絰帶者，變喪服而弔服，輕，可以即事也。」然則，父母之喪三年内不服王事，經禮也；期練之後，時有兵革之事，不顧私恩，權禮也。若有急難，雖卒哭之後，亦當以國體爲重，曾子問所記伯禽事是也。喪大記疏引庾氏云：「謂此言君既葬，王政便入國。候卒哭，乃身服王事。前云『君言王事』，謂言答所訪逮而已，王政未入于國也。」庾氏因上記有「既葬，與人立[一]君言王事，不言國事」，故分別之也。

君使之，非也。【注】非古道也。【疏】言非禮之正也。監本「道」誤「旨」。

臣行之，禮也。【注】臣順君命，亦禮也。此與君放之非，臣待君放正同，故引同類相發明。【疏】注

〔一〕「立」，原訛作「言言」，據禮記正義校改。

「臣順」至「發明」。○通義云：「君呼其門則非。國有兵事，臣釋縗而赴難，則禮宜然。」校勘記出「臣順爲命」，云：「鄂本『爲』作『君』，此誤。」古者臣有大喪以下，與放胥甲父義無涉。因欲借君使之非，臣行之禮，喻君放之非，臣待放正之義，故連言之。

閔子【注】閔子騫以孝聞。【疏】注「閔子騫以孝聞」。○史記仲尼弟子列傳：「閔損，字子騫，少孔子十五歲。孔子曰：『孝哉閔子騫！人不間於其父母昆弟之言。』」

要絰而服事。【注】禮，已練，男子除乎首，婦人除乎帶。【疏】注「已練」至「乎帶」。○禮記間傳云：「期而小祥，練冠縓，緣要絰不除。男子除乎首，婦人除乎帶。男子何爲除乎首也？婦人何爲除乎帶也？男子重首，婦人重帶。除服者先重者，易服者易輕者。」禮喪服注云：「麻在首，在要，皆曰〔一〕絰。絰之言實也，明孝子有忠實〔二〕之心也。首絰象緇布冠之〔三〕缺項。要絰象大帶。」閔子既練後服王事，故首絰除而要絰如故也。喪大記云：「弁絰帶，金革之事無辟。」正義：「弁絰，謂弔服；帶，謂喪服要絰。明雖弔服，而有要絰，異凡弔也。」彼謂卒哭之後並首絰亦變者，或亦權禮與？

既而曰：「若此乎？古之道，不即人心！」【注】既，事畢。言古者，不敢斥君。即，近也。

〔一〕「曰」，原訛作「可」，叢書本同，據儀禮注疏校改。
〔二〕「實」，原訛作「愛」，叢書本同，據儀禮注疏校改。
〔三〕「之」，原訛作「冠」，據儀禮注疏校改。

【疏】注「言古」至「斥君」。○通義云：「古謂中古，自伯禽以來。」○注「即，近也」。○禮記王制云：「必即天論。」注：「即，就也。必即天論，言與天意合。」閔子曰：『古之道不即人心。』」正義：「閔子性孝，以爲在喪從戎，不即人情爲制。此禮是古之所制，故閔子嫌之。」爾雅釋詁：「即，尼也。」書疏引孫炎云：「即，猶今也。尼者，近也。」郭注引尸子曰：「悦尼而來遠。」是即、尼、近互爲訓也。又曾子問云：「昔者，魯公伯禽有爲爲之也。今以三年之喪從其利者，吾弗知也。」正義云：「伯禽卒哭，徐戎作亂，東郊不開，故征之。是有爲爲之也。」今則更無所爲，直貪從於利，攻取於人者，吾不知也。是以閔子屈於君命，要經服事，既葬事之後，知不即人心。退而致仕，猶斯道也。

退而致仕。【注】退，退身也。致仕，還禄位於君。【疏】注「致仕」至「於君」。○禮記王制云：「七十致政。」注：「致政，還君事。」又明堂位云：「七年，致政於成王。」注：「致政，以王事歸授之。」孟子公孫丑篇：「孟子致爲臣而歸。」注：「辭齊卿而歸其室也。」是致有歸還之義。

孔子蓋善之也。【注】善其服事，外得事君之義；致仕，内不失親親之恩。言古者，又遜順不訕其君也。不言君子者，時賢者多以爲非，唯孔子以爲是。【疏】舊疏云：「蓋，猶是也。言於此三事，孔子皆善之。其三事者，初則要經而服事，次則謂君爲古者，後則退而致事是也。」按：此蓋，如「蓋通乎下」之蓋。蓋，猶皆也。時賢，蓋謂當時有責閔子要經服事者，此賢者過之也；有疑閔子退而致事者，不肖者不及也。孔子中庸之道，故皆善之也。遜順不訕其君，表記所云「事君欲諫不欲陳」，注：「陳，言其過於外也。」故言古以飾之。

○**公會齊侯于平州。**【疏】杜云：「平州，齊地，在泰山牟縣西。」大事表云：「今泰安府萊蕪縣西有平州城。」一統志：「平州城在泰安府萊蕪縣西。」通義云：「不致者，與惡桓同義。桓之會皆不致，宣之會唯於始見法而已，所聞異辭，所傳聞異辭。」

○**公子遂如齊。**

○**六月，齊人取濟西田。**

外取邑不書，此何以書？【注】据曹取之不書。【疏】注「据曹」至「不書」。○僖三十一年：「取濟西田。」傳：「惡乎取之？取之曹也。曷爲不言取之曹？諱取同姓之田也。此未有伐曹者，則其言取之曹何？晉侯執曹伯，班其所取侵地于諸侯也。晉侯執曹伯，班其所取侵地于諸侯，則何諱乎取同姓之田？久也。」然則，濟西田本魯有，爲曹所取明矣。曹取不書，故据以難也。通義云：「据伐而言圍者，取邑之辭。」按：若如此，据傳當云：此未有言伐者，其言取之何矣？

所以賂齊也。【注】魯所以賂遺齊，故稱人，共國辭。【疏】穀梁傳：「内不言取，授之也，以是爲賂齊也。」左傳：「齊人取濟西之田，爲立公，故以賂齊也。」通義云：「非以師徒取，故不從彼例，直言取也。」杜亦云：「魯以賂齊，齊人不用師徒，故曰取。」范云：「宣公弒立，賂齊以自輔，恥賂之，故書齊取。」較杜、孔義爲長。○注「故稱人共國辭」。○舊疏云：「謂一『人』字，齊、魯共有，何者？魯人篡弒，以地賂人；齊人失所取篡者之賂，皆合稱人故也。」

曷爲賂齊？【注】据上無戰伐，無所謝。【疏】注「据上」至「所謝」。○舊疏云：「決哀七年『秋，公伐邾婁』，『八月，己酉，以邾婁子益來』，八年『夏，齊人取讙及僤』，傳：『外取邑不書，此何以書？所以賂齊也。曷爲賂齊？爲以邾婁子益來也。』此上不見戰伐之文，應無所謝，故難之。」

爲弒子赤之賂也。【注】子赤，齊外孫，宣公篡，弒之。恐爲齊所誅，爲是賂之，故諱使若齊自取之者。亦因惡齊取篡者賂，當坐取邑。未之齊坐者，由律行言許受賂也。月者，惡内甚于邾婁子益。【疏】注「子赤，齊外孫」。○文四年「逆婦姜于齊」，子赤即取於齊者所生，故爲齊外孫。○注「未之」至「賂也」。○校勘記：「浦鏜云：由，猶通。十年疏引『受賂』作『受財』。」下十年：「齊人歸我濟西田。」傳：「齊已取之矣，其言我何？言我者，未絶于我也。曷爲未絶乎我？齊已取之矣，其實未之齊也。」注：「齊已言語許取之。言其人民貢賦尚屬于魯，實未歸于齊。不言來者，明不從齊來，不當坐取邑。」是未之齊也，故解之。由律行言許受賂者，九經古義云：「按，漢律有受賕之條，又有聽請之條〔一〕。魯賂齊，不當坐取邑，

〔一〕「又有聽請之條」句原脱，叢書本同，據九經古義校補。

且未之齊而坐者，由齊聽請故也。漢律行言許受賂亦得坐受賕之條，故舉以況之。」唐律疏義職制云：「諸有事以財行求得枉法者，坐贓論。不枉法者，減二等。」「諸監臨主司受財而枉法者，一尺杖一百，一疋加一等，十五疋絞。」「不枉法者，一尺杖九十，二疋加一等，三十疋加役流。」按：今律，官吏聽許財物，雖未接受，事若枉者，准枉法論；不枉者，准不枉法論，各減受財一等，即此也。魯當坐今律有事以財求行條也。○注「月者」至「子益」。○哀八年：「夏，齊人取讙及僤。」傳：「外取邑不書，此何以書？所以賂齊也。曷爲賂齊？爲以邾婁子益來也。」注：「邾婁，齊與國，畏爲齊所怒而賂之，恥甚，故諱使若齊自取。」然蓋彼爲伐國而賂齊，此爲篡嫡而賂齊，罪大於彼，故書月以惡之也。

○秋，邾婁子來朝。

○楚子、鄭人侵陳，遂侵宋。

【注】微者不得言遂。遂者，楚子之遂也。不從鄭人去遂者，兵尊者兼將。【疏】校勘記出「楚子」，云：「唐石經諸本同。鄂本作『楚人』。」按：此注云「微者不得言遂。遂者，楚子之遂也」，知公羊經作「楚人」，不然，則注無爲如此解。今作「楚子」者，衍。左、穀二家誤〔一〕。○注

〔一〕今三傳一致，都作「楚子」。

「微者」至「遂也」。○僖二十五年：「楚人圍陳，納頓子于頓。」傳：「何以不言遂？兩之〔一〕耳。」明彼爲微者，故不得言遂也，但别兩耳。以大夫無專制之義，唯人君得行其遂，故知此楚人爲楚子耳。若然，莊十九年，「公子結媵陳人之婦，遂及齊侯、宋公盟」，得言遂者，以公子結聞齊、宋欲謀伐魯，矯君命而與之盟。其事危急重大，故與得遂也。彼傳云：「大夫無遂事，此其言遂何？聘禮，大夫受命不受辭，出竟有可以安社稷、利國家者，則專之可也。」是也。

○**晉趙盾帥師救陳。**【疏】左傳：「晉趙盾帥師救陳、宋。」杜以爲經無宋字，蓋闕。正義引服虔云：「趙盾既救陳，而楚師侵宋，趙盾欲救宋，而楚師解去。」義或然也。

○**宋公、陳侯、衛侯、曹伯會晉師于斐林，伐鄭。**【疏】左氏、穀梁作「棐林」，斐、棐通。見文十三年。魏世家索隱曰：「劉氏云：林，地名，蓋春秋時鄭地之棐林，在大梁之西北。」「徐廣云：在宛陵〔二〕。」非也。水經注潧水篇：「華水又東逕棐城，即北林亭也。春秋文公與鄭伯宴于棐林，宣元年諸

〔一〕「之」，原訛作「稱」，叢書本同，據公羊注疏校改。
〔二〕「陵」，原訛作「縣」，叢書本同，據史記三家注校改。

侯會于棐林以伐鄭，楚救鄭，遇于北林。服虔曰：『北林，鄭南地也。』京相璠曰：『今滎陽苑陵縣有故林鄉，在新鄭北，故曰北林也。』余按，林鄉故城，在新鄭北東如北七十許里，宛陵〔一〕故城在東南五十許里，不得在新鄭北也。京、服之説並爲誤也。」一統志：「棐林在鄭州東南。」方輿紀要：「林鄉城在開封新鄭縣東二十五里，春秋之棐林。」

此晉趙盾之師也。【注】据上趙盾救陳，微者不能會諸侯。【疏】注「微者」至「諸侯」。○舊疏云：「謂若是微者，即不能爲會主，以致諸侯于斐林而會之也。」按：上文明云「晉趙盾帥師救陳」，故云此晉趙盾之師也。

曷爲不言趙盾之師？【注】据公子遂會晉趙盾于衡雍，伊雒戎盟，再出名氏。【疏】注「据公」至「名氏」。○即文八年，「冬，十月，壬午，公子遂會晉趙盾盟于衡雍。乙酉，公子遂會伊雒戎盟于暴」，是彼公子遂再出名氏，故据以難此上出趙盾下稱師也。

君不會大夫之辭也。【注】時諸侯爲趙盾所會，不與卑致尊，故正之。去大夫名氏，使若更有師也。殊會地之者，起諸侯爲盾所會。【疏】通義云：「新城之盟，趙盾嘗以名氏見矣，於此發傳者，彼列序諸侯之下，以臣從君，於義猶可。此文若云宋公等會晉趙盾，則是以盾敵四國之君，故不可也。」○注「時諸」至

〔一〕「陵」字原脱，據水經注校補。

「師也」。○正以四國實爲趙盾所會，若言會趙盾，明盾爲主，是以卑致尊，故去其名氏，若非趙盾然，所以正君臣之分也。定八年「公會晉師于瓦」，杜云：「卿不書，禮不敵公。」是其義也。○注「殊會」至「所會」。○舊疏云：「言殊會者，正謂先序諸侯訖，乃言會晉師是也。所以不言宋公、陳侯、衛侯、曹伯帥師伐鄭，而先言會晉師于斐林，乃言伐鄭者，若以趙盾之師先在是，致諸侯來會之然也，故曰起諸侯爲盾所會耳。」按：繁露隨本消息云：「譬如於文宣之際，中國之君，五年之中，五君殺，以晉靈之行，使一大夫立於斐林，拱揖指撝，諸侯莫敢不出，此猶『隰之有泮』也。」亦言諸侯爲盾所會，莫敢不從，春秋殊之，所以尊君抑臣，不與其致也。

○冬，晉趙穿帥師侵柳。【疏】左氏、穀梁作「侵崇」。左氏釋文作「崈」，云：「本亦作崇。」趙氏坦春秋異文箋云：「謹案，尚書大傳云『秋祀柳穀華山』，鄭注：『祭柳穀之氣于華山。柳，聚也，齊人語。』廣雅釋詁云：『崇，聚也。』此必齊人讀崇爲柳，故其訓同。公羊『崇』作『柳』，正齊人方音之轉。」按：崇，古音在東鍾；柳，古音在蕭幽部，二部間有通轉，故尚書君奭「其終出于不祥」，釋文：「終，馬本作崇。」隸釋載漢石經作「其道于不詳」。又〔一〕玉篇：「鮦，直聾切，又直久切。」廣韻：「鮦，徒紅切，又直冢、直柳二切。」鮦从同音，而有直柳切，故漢地理志汝南郡鮦陽：「孟康曰：鮦，音紂也。」又育字轉入平聲，在蕭幽部，而説

〔一〕「又」，原訛作「文」，叢書本作「又」，於義爲是，據改。

文肉部「育，从充省聲」，亦其證也。吴氏經説云：「春秋三傳多以聲近相借，如『歸邴』之爲『歸祊』，『包來』之爲『浮來』，『曲池』之爲『毆蛇』，『夫童』之爲『夫鍾』，『犀丘』之爲『鄟丘』、爲『師丘』，皆是。獨此傳以義同借。鄭注尚書大傳及周禮皆云：『柳，聚也。』酒誥『其敢崇飲』傳、左傳『崇卒也』注亦皆云：『崇，聚也。』」按：吴氏猶未知古韻之有通轉也。

柳者何？天子之邑也。【注】天子之閒田也，有大夫守之，晉與大夫忿争侵之。【疏】鹽鐵論論功云：「晉取郊、沛，王師敗于茅戎。」沛，蓋柳字之誤。詩地理考：「通典：『崇國在京兆府鄠縣。』帝王世紀：『鯀封崇伯，國在豐、鄗之間。周有崇國，晉趙穿侵崇。』」按：彼本左傳爲説，以崇爲秦之與國，宜在西周。如公羊義，當在東周圻内，或河北地近温原者，故得有晉大夫忿争事。○注「天子之閒田也」。○禮記王制云：「天子之縣内，凡九十三國。名山大澤不以朌，其餘以禄士，以爲閒田。」正義云：「其不封公卿大夫及禄士之外，並爲閒田，則周禮云：『公邑也。』畿外閒田少，畿内閒田多。」「依周禮，閒田自二百里之外，以至五百里，其大夫則於三百里爲采地，卿則於四百里爲采地，公則於五百里爲采地。故載師云：『以公邑之田任甸地，以家邑之田任稍地，以小都之田任縣地，以大都之田任畺地。』是也。未知殷制如何。」然則，圻内自封國外，皆爲閒田，其實邑也。○注「有大」至「侵之」。○蓋如成十一年左傳載「晉郤至與周争鄇田」之類。

曷爲不繫乎周？【注】据王師敗績于貿戎繫王。【疏】注「据王」至「繫王」。○即成元年「王師敗績于貿戎」是也。

不與伐天子也。【注】絶正其義，使若兩國自相伐。【疏】注「絶正其義」。○舊疏云：「謂絶桺不使繫之於王，所以正君臣之義也。」按：王師敗績于貿戎，亦正其義，使若王者自敗，不言晉敗之也。其義皆與此相足。

○晉人、宋人伐鄭。【疏】穀梁傳：「伐鄭，所以救宋也。」

○二年，春，王二月，壬子，宋華元帥師，及鄭公子歸生帥師戰于大棘。宋師敗績，獲宋華元。【注】復出宋者，非獨惡華元，明恥辱及宋國。【疏】包氏慎言云：「二月書壬子，二月無壬子，正月之十一日也。」舊疏云：「宋、鄭皆言帥師者，其將皆尊，其師皆衆故也。」大棘，杜云：「在陳留襄邑縣南。」大事表云：「今歸德府睢州西曲棘里有棘城。又甯陵縣西南七里有大棘城，亦與睢相近。」水經注陰溝水篇云：「過水又東逕大棘城南，故鄭之大棘鄉也。春秋宣二年，『宋華元與鄭公子歸生戰于大棘』。」「其地後爲楚所併，故圈稱曰大棘，楚地，有楚太子建墳、伍員釣臺。過水又東逕安平故城北。陳留風俗傳曰：大棘鄉，故安平縣也。」郡國志：「陳留已吾有大棘鄉。」元和郡縣志：「已吾故城在甯陽縣西南四十里。」一統志：「大棘城在歸德甯陵縣西南七十里。甯陵在睢州東，大棘當在其間。」○注「復出」至「宋國」。○通義云：「左傳曰『鄭公子歸生受命于楚伐宋』，故使宋主之也。『獲華元』，再言宋者，凡獲大夫皆繫國，責其辱國之甚。」按：曲禮云：「大夫死衆，士死制。」注云：「死其所受於君。衆謂君〔一〕師，制謂君教令所使爲之。」華元不能死被獲，明當絶也。穀梁傳：「獲者，不與之辭也。言盡其衆，以救其將也。以三軍敵華元，華元雖獲，不病矣。」彼疏引：「何氏廢疾云：『書獲，皆生獲也。如欲不病華元，當有變文。』鄭釋之曰：『將帥見獲，師敗可知，不當復書師敗績。此兩書之者，明宋師懼華元見獲，皆竭力以救之，無奈不勝敵耳。華元有賢行，得衆如是，雖師敗身獲，適明其美，不傷賢行。今兩書敗獲，非變文如何？』」劉氏申之曰：「公羊例，大夫死生皆曰獲。華元復見，知其不死綏也。將獲不言師敗績，非春秋將帥並重之例。證以經文，無所据也。夫子云『我戰則克』，惡賁軍之將與亡國之大夫，及與爲人後者〔二〕。豈有賢行得衆乎？」

○秦師伐晉。

【注】秦稱師者，閔其衆，惡其將。本秦之忿，起殽之戰，今襄公、繆公已死，可以止矣，而復伐晉，惡其搆怨結禍無已。【疏】注「秦稱」至「無已」。○舊疏云：「正以文十二年『秦伯使遂來聘』，始有大夫，宜見將之名氏。若其貶之〔三〕，宜稱人。稱國而言師者，正以閔其衆、惡其將故也。」繁露竹林

〔一〕「君」，原訛作「軍」，叢書本同，據禮記正義校改。

〔二〕「爲人後者」，原脱「人」字，則不辭。禮記射義有「賁軍之將，亡國之大夫，與爲人後者」句，據補。

〔三〕「之」，原訛作「人」，據公羊注疏校改。

云：「春秋之所惡者，不任德而任力，驅民而殘賊之。」又云：「夫德不足以親近，而文〔一〕不足以來遠，而斷斷以戰伐爲之者，此固春秋所甚疾已。」是秦稱師之義也。殽之戰，見僖三十三年。襄公、繆公之死，見文六年及十八年。

○夏，晉人、宋人、衛人、陳人侵鄭。

○秋，九月，乙丑，晉趙盾弑其君夷獋。【疏】包氏慎言云：「九月書乙丑，月之二十八日。」左氏、穀梁「夷獋」作「夷皋」。玉篇犬部〔二〕：「獋，胡刀反，犬呼也，鳴也，咆也。或作嗥。」周禮大祝云：「來瞽，令皋舞。」注：「皋讀爲卒嗥呼之嗥。來、嗥者，皆謂呼之入。」山海經北山經：「丹熏之山有獸〔三〕焉，其狀如鼠，而兔首麋身〔四〕，其音如獋犬。」初學記引作「嗥犬」，知獋、嗥、皋音義皆通。説文口部：「嗥，咆

〔一〕「文」，原訛作「又」，叢書本同。今繁露各本均作「文」，與上句「德」對舉，據改。
〔二〕「部」，原訛作「篇」，叢書本不誤，據改。
〔三〕「獸」，原訛作「龍」，叢書本同，據山海經校改。
〔四〕「身」字上原衍「其」字，叢書本同，據山海經校删。

也。獆，譚長説：「獋[一]从犬。」是也。齊氏召南考證云：「三傳俱言弒君者趙穿，其實盾爲主使，故亡不越竟，俟其事也；反不討賊，德其私也。盾爲司馬昭，而以穿爲成濟。此董狐所以直書，而孔子因之，以爲萬世弒君之戒。如曰盾實無罪，以良史之深文，遂成鐵案，有是理哉！靈公不君，或趙氏粉飾以欺後世，未可知也。況君即不君，臣可因以不臣哉！然則，宣四年左傳『稱君，君無道』之説，不可爲訓矣。」

○**冬，十月，乙亥，天王崩。**【注】匡王。【疏】包氏慎言云：「十月書乙亥，月之八日。」○注「匡王」。○下三年「葬匡王」是也。

[一]「獋」，原訛作「或」，據説文解字校改。

公羊義疏四十五

南菁書院　句容陳立卓人著

宣三年盡六年

○三年，春，王正月，郊牛之口傷，改卜牛。牛死，乃不郊，猶三望。

其言之何？【注】据食角不言之。【疏】注「据食角不言之」。○成七年，「鼷鼠又食其角，乃免牛」是其事也。

緩也。【注】辭間容之，故爲緩，不若食角急也，别天牲主以角。書者，譏宣公養牲不謹敬、不絜清而災。重事至尊，故詳録其簡甚。【疏】注「辭間」至「急也」。○經傳釋詞云：「之言之間也，若『在河之洲』之屬是也，常語也。」按：「之」爲言之間辭，詩則緩以足句，春秋則緩以示義，故加之爲緩辭也。通義云：「謹案，穀梁傳曰：『之口，緩辭也，傷自牛作也。』洪範五行傳曰：『思心之不睿，是謂不聖，厥咎霿，厥罰恒風。』『時則有牛禍。』」哀元年穀梁傳説此經云：「牛傷，不言傷之者，傷自牛作也，故其辭緩。」皆以對食角爲急辭也。楊疏引：「舊解范氏别例云凡三十五。范既總爲例，則言『之』者，並是緩辭也。傳於『執衛侯』云『言之，緩辭』也，其餘不發，亦緩可知。公喪在外，逆之緩也；衛侯之弟鱄、秦伯之弟鍼稱『之』者，取其緩之得逃；吴敗六國稱『之』者，取其六國同役，而不急於軍事也；殺奚齊稱『之』者，緩於成君也；考仲子宫〔一〕言『之』者，隱孫爲脩之緩也；日食言『之』者，不知之緩也。則自餘並緩耳。」○注「别天牲主以角」。○禮記王制云：「祭天地之牛，角繭栗；宗廟之牛角握；賓客之牛角尺〔二〕。」是主以角也。○注「書者」至「而災」。○鄂本作「絜」，下同。閩、監、毛本作「潔」，俗絜字。五行志下之上：「劉向以爲，近牛禍也。是時宣公與公子遂謀殺子赤而立，又以喪娶，區霿昏亂。亂成於口，幸有季文子得免於禍，天猶惡之，生則不饗其祀，死則災燔其廟。董仲舒指略同。」何氏但譏其養牲不謹，失事至尊之道，餘無説。未知與劉、董同否。禮記禮運云：「魯之郊、禘，非禮也，周公其衰矣！」注：「非，猶失也。魯之郊，牛口傷，鼷鼠食其角，又有四卜郊不從，是周公之道衰矣。言子孫不能奉行興之。」意亦與何同。○注「主事」至「簡甚」。○繁露順命云：「孔子曰：『畏天命，畏大人，畏聖人之言。』其祭社稷、宗廟、山川、鬼神，不以其道，無災無害。至於祭天不享，其卜不從，使其牛口傷，鼷鼠食其角。或言食牛，或言食而死，或食而生，或不食而自死，或改卜而牛死，或卜而食其角。過有深淺薄厚，而災有簡甚，不可不察也。猶郊之變，因其災而之變，應而無爲也。見百事之變之所不知而自然者，勝言與？以此見其可畏。專誅絶者，其唯天乎？

〔一〕「宫」字原脱，叢書本同，據穀梁注疏校補。

〔二〕「宗廟」至「角尺」句中兩個「牛」字原脱，叢書本同，據禮記校補。

臣弑君，子弑父，三十有餘，諸其賤者則損。以此觀之，可畏者其唯天命、大人乎？亡國五十有餘，皆不事畏者也。況不畏大人，大人專誅之。君之滅者，何日之有哉！魯宣違聖人之言，變古易常，而災立至。聖人之言可不慎？此三畏者，異旨而同致，故聖人同之，俱言其可畏也。」

曷爲不復卜？【注】据定十五年「牛死，改卜牛」。【疏】注「据定」至「卜牛」。○彼經云「鼷鼠食郊牛，牛死，改卜牛」是也。

養牲養二，卜，【注】二卜語在下。【疏】郊特牲注云：「養牲必養二也。」正義：「郊天既以后稷爲配，故養牲養二，以擬祭也。」一爲帝牲，一爲稷牲，皆得吉，乃養也。是二牲皆先卜也。○注「二卜語在下」。○校勘記云：「此本、監本『下』誤『卜』，今訂正。」

帝牲不吉，【注】帝，皇天大帝，在北辰之中，主總領天地五帝羣神也。不吉者，有災。【疏】注「帝皇」至「神也」。○齊氏召南考證云：「皇天大帝似應作天皇大帝。鄭注周禮大宗伯：『禋祀祀昊天上帝。』云冬至于圜丘，所祀天皇大帝。晉書天文志云：『鉤陳口中一星曰天皇大帝，其神曰耀魄寶，主御羣靈，執萬神圖。』是也。御覽引：『五經通義云：昊天上帝。又曰[一]：天皇大帝，亦曰太乙。又曰：其佐曰五帝。』又周禮疏引元命包云：『太微爲天庭五帝以合時。』又云：『紫微宮爲大帝。』又云：『天生大列爲中宮大極

〔一〕「又曰」二字原脱，下「又曰」亦脱，叢書本同，據太平御覽校補。

星，星其一明者，太乙常居也。傍兩星，距辰子位，故爲北辰，以起節度。亦爲紫微宮，紫之言此，宮之言中，此宮之中，天神圖法，陰陽開閉，皆在此中。』」王氏鳴盛尚書後案云：「按，乾鑿度有太乙九宮法，鄭注云『太乙，北辰之神』，則太乙即北辰耀魄寶，亦即天皇大帝在北辰者。其下行九宮，則爲青黄赤白黑五帝，其返而歸于太微，則仍爲太乙。周禮大宗伯以蒼璧禮天，與下禮四方各别，故鄭注云：『此禮天以冬至，謂天皇大帝，在北極者也。』又云：『禮東方以立春，謂蒼精之帝。禮南方以立夏，謂赤精之帝。禮西方以立秋，謂白精之帝。禮北方以立冬，謂黑精之帝。』又小宗伯云：『兆五帝于四郊。』注：『蒼曰靈威仰，太昊食焉；赤曰赤熛怒，炎帝食焉；黄曰含樞紐，黄帝食焉；白曰白招矩，少昊食焉；黑曰汁光紀，顓頊食焉。』此所謂五帝也。周禮疏引文耀鉤有其文。羣神，蓋即大宗伯所記以實柴祀日月星辰以下者焉，皆天皇大帝總領之。故周禮疏引文耀鉤又云：『中宮大帝，其北極星，下一明者，爲大一之先，合元氣以斗布，常是天皇大帝之號也。』又案，爾雅云：『北極謂之北辰。』鄭注云『天皇北辰耀魄寶』，又云『昊天上帝』，又名太乙帝君，以其尊大故有數名也。一名皇天，書君奭『時則有若伊尹，格于皇天』。周禮疏引鄭注云『皇天，北極大帝』。亦名上帝，周禮掌次『以旅上帝』。亦名皇天上帝，月令季夏云『以供皇天上帝』。亦名昊天，書堯典『欽若昊天』。一名皇皇后帝，論語堯曰篇『敢昭告于皇皇后帝』是也。此注宜爲『天皇大帝』也。」舊疏云：「天地之内，五帝羣神。」則包有岳瀆等在内，蓋雖地類，地亦統於天焉。○注「不吉者，有災」。○此經之屬是。郊特牲疏「若帝牛不吉或死傷」是也。

則扳稷牲而卜之。【注】先卜帝牲養之，有災，更引稷牲卜之，以爲天牲，養之，凡當二卜爾。復不吉，不復郊。【疏】廣雅釋言：「扳，援也。」一切經音義引字林云：「扳，引也。」與注義合。隱元年傳：「扳隱而立之。」注亦云：「扳，引也。」文選謝靈運還舊園詩：「質弱易扳纏。」注：「扳纏，猶牽引也。」謂帝牲不吉，則引稷牲當之也。哀元年穀梁傳曰：「郊，享道也。貴其時，大其禮。其養牲，雖小不備可也。」意雖稷牲合時得禮，用之可也。○注「先卜」至「卜爾」。○郊特牲云：「帝牛不吉，以爲稷牛。」疏：「爲，猶用也。謂用稷牛而爲帝牛。」蓋即定十五年「牛死，改卜牛」之屬。養牲之時已卜，此改爲帝牲之時又卜，故何氏以爲凡當二卜也。

帝牲在于滌三月。【注】滌，宫名，養帝牲三牢之處也。謂之滌者，取其蕩滌絜清。三牢者，各主一月，取三月一時，足以充其天牲。【疏】注「牲宫」至「絜清」。○郊特牲云：「帝牛必在滌三月。」注：「牢中所搜除處也。」正義：「搜，謂搜埽清除。故周禮掌馬者謂之廋人。」繁露郊事對云：「帝牲在滌三月，牲貴肥潔而不貪其大也。凡養牲之道，務在肥潔而已，駒犢未能勝芻豢之食，莫如令食其母便。」鄭氏郊特牲目録〔一〕云：「以其記郊天用騂犢之義〔二〕。」又注云：「犢者，誠慤未有牝牡之情。」是亦取其絜清之義也。禮記曲禮云：「天子以犧牛，諸侯以肥牛。」注：「犧，純毛也。肥，養於滌也。」其實天子犧牛，亦須在滌，故祭義云「天子諸侯必有養獸之官」是也。下云：「犧牷祭牲，必於是取之。」國語楚語云：「觀射父云：大者

〔一〕「鄭氏郊特牲目録」记録失當，應爲禮記正義郊特牲引「鄭目録」。
〔二〕「義」，原訛作「養」，叢書本同，據禮記正義校改。

牛必在滌三月，小者羊豕不過十日。」又禮器云：「三月繫，七日戒，三日宿，慎之至也。」注：「繫〔一〕，繫牲于牢也。戒，散齊也。宿，致齊也。將〔二〕有祭祀之事，必先敬慎如此，不敢切也。」周禮充人云：「掌繫祭祀之牲牷。祀五帝，則繫于牢，芻之三月。享先王，亦如之。」是也。○注「三牢」至「天牲」。○舊疏云：「春秋説文。」獨斷上云：「帝牲牢三月，在外牢一月，在中牢一月，在明牢一月，謂近堂也。三月一時已足肥矣，徙之三月，示其潔也。」哀元年穀梁傳：「我以六月上甲始庀牲，十月上甲始繫牲，十一月、十二月牲雖有變，不道也。」然則，六月即庀牲，養之三月，始繫于滌。此三月之中，又以三牢遞養，皆取其絜也。十一月、十二月牲雖有變不道，爲其可以改卜也。故傳又云：「待正月，然後言牲之變也。」

於稷者，唯具是視。【注】視其身體具無災害而已，不特養于滌宫，所以降稷尊帝。【疏】注「視其」至「尊帝」。○郊特牲云：「稷牛唯具，所以別事天神與人鬼也。」注：「唯具，遭時又選可用也。」正義云：「遭時，謂帝牲遭災之時。既取稷牲而用之，其祀稷之牲，臨時選其可者。」通義云：「謹案，此謂既扳稷牲爲帝牲，則可以隨索稷牲，不暇繫牢，若其平吉無變，雖稷牲固亦在滌矣。正月迫郊，而牲變猶得改卜者，正以養二之時，此牲已在滌三月故耳。若牛死又卜，則不及在滌，不可以事上帝，故不復卜也。」按：禮曲禮

〔一〕「繫」字原脱，叢書本同，據禮記正義校補。
〔二〕「將」，原訛作「時」，據禮記正義校改。

云：「大夫以索牛。」注：「索，求〔一〕，得而用之。」蓋稷牛唯具，亦即大夫之索牛也。

郊則曷爲必祭稷？【注】据郊者主爲祭天。【疏】注「据郊」至「祭天」。○郊特牲：「郊之祭也，迎長日之至也。大報天而主日也。」是主爲祭天。

王者必以其祖配。【注】祖謂后稷，周之始祖，姜嫄履大人迹所生。配，配食也。【疏】郊特牲云：「萬物本乎天，人本乎祖，所以配上帝也。郊之祭也，大報本反始也。」又大傳云：「禮，不王不禘。王者，禘其祖之所自出，而以其祖配之。」○注「祖謂」至「所生」。○詩大雅序：「生民，尊祖也。后稷生於姜嫄，文、武之功起于后稷，故推以配天也。」史記周本紀云：「后稷名棄，其母有邰氏女，曰姜原。姜原爲帝嚳元妃。姜原出野，見巨人跡，心忻然悦，欲踐之，踐之而身動如孕者。居期而生子，以爲不祥，棄之隘巷，馬牛過者皆避不踐；徙置之林中，適會山林多人，遷之；而棄渠中冰上，飛鳥以其翼覆薦之。姜嫄以爲神，遂收養長之。」是其事也。詩疏引：「異義：詩齊魯韓、春秋公羊説聖人皆無父，感天而生。左氏説聖人皆有父。謹按，堯典『以親九族』，即堯母慶都感赤龍而生堯，堯安得有九族而親之？讖云『唐五廟』，知不感天而生。駁曰：『玄之聞也，諸言感生得無父，有父則不感生，此皆偏見之説也。商頌曰：「天命玄鳥，降而生商。」謂娀簡吞鳦子生契，是聖人感生見經之明文。劉媪是漢太上皇之妻，感赤龍而生高祖，是非

〔一〕「求」，原訛作「牛」，叢書本同，據禮記正義校改。

有父感神而〔一〕生者耶？且夫蒲盧之氣，嫗煦〔二〕桑蟲，成爲己子，憑乎天氣，因人之精，就而神之，反不使子賢聖乎？是則然矣，又何多怪？』」禮記禮器云：「必先有事于頖宮。」注：「先有事於頖宮，告后稷也。告之者，將以配天，先仁也。」又明堂位云：「祀帝于郊，配以后稷，天子之禮也。」禮器疏云：「孝經云：『郊祀后稷以配天。』喪服小記云：『王者禘其祖之所自出，以其祖配之。』周人出自靈威仰，則以后稷配靈威仰也。」然則，殷郊祀汁光紀，夏郊祀白招矩與？○注「配，配食也」。○荀子禮論云：「故禮上事天，下事地，尊先祖而隆君師，是禮之三本也，故王者天太祖。」注：「謂以配天也，太祖若周之后稷。」按：凡祀典言配，如句龍配祀社、棄配稷之屬，皆配食也。祭法注云：「禘郊祖宗，謂祭祀以配食也。」

王者則曷爲必以其祖配？【注】据方父事天。【疏】注「据方父事天」。○獨斷云：「父天母地，故稱天子。」御覽引漢官儀：「父天母地，爲天下主。」

自內出者，無匹不行。【注】匹，合也。無所與會合則不行。

自外至者，無主不止。【注】必得主人乃止者，天道闇昧，故推人道以接之。不以文王配者，重本尊始之義也，故孝經曰：「郊祀后稷以配天，宗祀文王於明堂以配上帝。」上帝，五帝，在太微之中，迭生子孫，更王天下。書改卜者，善其應變得禮也。【疏】注「必得」至「接之」。○毛本「推」誤「惟」。喪服小記

〔一〕「神而」二字原脱，據毛詩正義校補。

〔二〕「煦」字原脱，叢書本同，據毛詩正義及五經異義校補。

注云：「禘，大祭也。始祖感天神靈而生，祭天則以祖配之。自外至者，無主不止。」疏：「外至者，天神也。主者，人祖也。故祭以人祖配天神也。」藝文類聚引白虎通云：「王者所以祭天何？緣事父以事天也，祭天必以祖配。自内出者，無匹不行；自外至者，無主不止，故推其始祖配以賓主，順天意也。」又巡守篇云：「類祭以祖配，不曰接者，尊無二禮，尊尊之義。」通義云：「此通論祭有配食之義。自外至者，謂天神地示，若稷配郊、句龍配社是也。自内出者，則若祔祭新鬼，必以昭穆之類是也。」○注「不以」至「上帝」。○孝經聖治章文。禮記大傳注引：「孝經曰『郊祀后稷以配天』，配靈威仰也；『宗祀文王於明堂，以配上帝』，汎配五帝也。」通典引鉤命決云：「郊祀后稷以配天地。祭天南郊，就陽位。祭地北郊，就陰位。后稷爲天地主，文王爲五帝宗。」祭法云：「周人禘嚳而郊稷，祖文王而宗武王。」注：「此禘，謂祭昊天於圜丘也。祭上帝於南郊，曰郊。祭五帝、五神於明堂，曰祖宗。」按：鄭氏之義以郊與圜丘所祭帝不同，圜丘所祭者天皇大帝，郊所祭者三代各祭其所出。何氏於下注云：「上帝，五帝，在太微之中，迭生子孫，更王天下。」則與鄭氏同也。明堂之祭，爲月令季秋大饗帝之祭。鄭彼注：「言大饗者，徧祭五帝也。」又曲禮：「大饗不問卜。」注：「祭五帝於明堂，莫適卜也。」是明堂大饗，徧祭五天帝，兼五人帝五人神，以文、武配之。孝經主言嚴父，故但及文王也。祭法疏引：「雜問志云：『祭五帝於明堂，五德之帝亦食焉，又以文、武配之。』祭法『祖文王而宗武王』，此謂合祭於明堂。」是也。孝經注用孔傳説，以郊謂圜丘祀天，非。其注「宗祀于明堂」云：「明堂，天子布政之宮也。周公因祀五方上帝於明堂，乃尊文王以配之。」蓋與何、鄭同。郊特牲云：「郊之祭也，大報本反始也。」天爲物之本始，祖爲王者之本始，后稷爲始祖，故推之配天，不以文也。○注「上帝」至「天下」。○禮記大傳注：「凡大祭曰禘。自，由也。大祭其先祖所由生，謂郊祀天也。王者之先祖，皆感太微五帝之精以生，蒼則靈威仰，赤則赤熛怒，黄則含樞紐，白則白招矩，黑則汁光紀，皆用正歲之正月郊祭之，蓋特尊焉。」正義：「按，師説引河圖云：『慶都感赤龍而生堯。』又云：『堯赤精，舜黄，禹白，湯黑，文王蒼。』又元命包云：『夏，白帝之子。殷，黑帝之子。周，蒼帝之子。』是其王者，皆感太微五帝之精而生也。」舊疏云：「此五帝者，即靈威仰之屬。言在太微宫内迭王天下，即感精符云：『蒼帝之始，二十八世，滅蒼者翼也。』彼注云：『堯，翼之星精，在南方，其色赤。』『滅翼者斗』注云：『舜，斗之星精，在中央，其色黄。』『滅斗者參』注云：『禹，參之星精，在西方，其色白。』『滅參者虚』注云：『湯，虚之星精，在北方，其色黑。』『滅虚者房』注云：『文王，房星之精，在東方，其色青。』五星之精，是其義也。」禮記禮器云：「故魯人將有事于上帝，」注：「上帝，周所郊祀之帝，謂蒼帝靈威仰也。魯以周公之故，得郊祀上帝，與周同。」又月令「祈穀于上帝」，注：「上帝，太微之帝也。」疏以爲春秋緯文。太微爲天庭，中有五帝座。郊天各祭其所感帝，殷祭汁光紀，周祭靈威仰也。○注「書改」至「禮也」。○鄂本無「也」字。善其應變得禮，即上帝牲不吉，則扳稷牲而卜之之禮也。改卜之後，牛死，即不郊，亦得正也。穀梁傳曰：「事之變也。」事變而處之得正也。通義云：「屬天王崩而卜郊牛，不爲譏者，繁露説之曰：『春秋之義，國有大喪，止宗廟之祭，而不止郊祭，不敢以父母之喪廢事天地之禮也。父母之喪，至哀痛悲苦，尚不敢廢郊也，孰足以廢郊者？故其在禮。亦曰喪者不祭，唯祭天爲越紼而行事。』」按：繁露語見郊祭篇，又郊祀篇云：「郊祭最大也。春秋譏喪祭，不譏喪郊。郊不辟喪，喪尚不辟，況他物？」

○**葬匡王。**【疏】舊疏云：「天子記崩不記葬，今而書者，正以去年『十月，天王崩』，至今年春未滿七月，即文九年傳曰『王者不書葬，此何以書？不及時書，過時書，我有往者書』，此未滿七月，所謂不及時書也。」

○**楚子伐賁渾戎。**【疏】左氏作「陸渾之戎」，穀梁作「陸渾戎」。釋文：「賁渾，舊音六，或音奔。」潛研堂答問云：「問：宣三年，楚子伐陸渾之戎，公羊作賁渾。賁何以有六音？曰：此轉寫之譌，本當爲𡙁，即古文睦字。睦字从坴，坴讀爲六，故睦亦有六音。」大事表云：「在今河南府嵩縣，即詹桓伯所謂惠公歸自秦而誘以來者。僖二十二年：『秦、晉遷陸渾之戎于伊川。』杜注：『陸渾在秦、晉西北，二國誘而徙之，遂從戎號，至今爲陸渾縣。』」正義：「陸渾，本是燉煌之地名。徙之伊川，復以陸渾爲號也。昭十七年爲晉荀吴所滅。」史記注引服虔云：「陸渾戎在雒西南也。」地理志宏農郡有陸渾，下云：「春秋遷陸渾戎於此。有關。」此與姜戎別。

○**夏，楚人侵鄭。**

○**秋，赤狄侵齊。**【疏】大事表云：「狄自入春秋以來，俱止書狄，蓋舉北方引弓之人合而爲一也。即狄有亂，以後箕之役白狄見矣，而以狄冠之，白狄猶爲之屬。至是顯然分國爲二，其至通于中國，加以赤字之號，而白狄亦以八年偕晉伐秦，自爲盟會征伐，不復就赤狄之役矣。此匈奴分爲南北單于之始也。」

○**宋師圍曹。**

○**冬，十月，丙戌，鄭伯蘭卒。**【疏】包氏慎言云：「十月無丙戌，九月之二十五日，十一月之二十六日也。」

○**葬鄭繆公。**【注】葬不月者，子未三年而弑，故略之也。【疏】注「葬不」至「之也」。○校勘記云：「鄂本無『也』字，此衍。解云：考諸舊本，皆無注，然則有者，衍字耳。」舊疏又云：「不月者，與卒同月故也。」按：有注者非也。子未三年見弑者多，從無去月見略之例。此即隱三年傳所謂「不及時而不日，慢葬」者。何氏云：「慢葬〔一〕，不能以禮葬也。」定十二〔二〕年「薛伯定卒」，注：「不日月者，子無道，當廢之而以爲後，未至三年，失衆見弑，危社稷宗廟，故略之也。」爲彼書「薛弑其君比」，稱國以弑，明失衆。此鄭繆公

〔一〕「葬」，原訛作「薄」，叢書本同，據公羊注疏校改。
〔二〕「十二」，原誤記爲「十三」，據公羊注疏校改。

子爲公子歸生弑之，非失衆之文，故於其卒也，備書日月，何略之有？

○四年，春，王正月，公及齊侯平莒及郯，莒人不肯。公伐莒，取向。【疏】説文邑部：「郯，東海縣，帝少昊之後所封。」漢書地理志：「郯，故國，少昊後，盈姓。」今山東沂州府郯城縣西南百里有故郯城。一統志：「故郯國在沂州府郯城縣西南二十里，與江南邳州接界。」向者，杜云：「莒邑，東海丞縣東南有向城。」蓋即隱二年所入者，詳彼疏。

此平莒也，其言不肯何？【注】据取汶陽田不言棘不肯。【疏】注「据取」至「不肯」。○成二年「取汶陽田」，三年「叔孫僑如帥師圍棘」，傳：「棘者何？汶陽之不服邑也。其言圍之何？不聽也。」注：「不聽者，叛也。不言叛者，爲内諱，故書圍以起之。」是也。

辭取向也。【注】爲公取向作辭也。恥行義爲利，故諱使若莒不肯起其平也〔一〕聽公平，伐取其邑，以弱之者，愈也。莒言及者，明非莒不肯起其平也。書齊侯者，公不能獨平也。月者，惡録之。【疏】注「爲公」至「愈也」。○校勘記云：「鄂本無『起其平也』四字，諸本皆涉下誤衍，當删正，讀『故諱使若莒不肯聽公平』爲一句。」穀梁傳：「伐猶可；取向，甚矣。莒人辭不受治也。伐莒，義兵也；取向，非也，乘義而爲利

〔一〕「起其平也」四字爲衍文，當删，叢書本同。見下【疏】校勘記云。

也。」説文：「討，治也。」蓋魯本治莒、郯不平，因而取向，以義始以利終，故諱爲作辭若莒不肯，遂伐取其邑以弱之然。愈者，愈於直書取向惡殺也。穀梁又曰：「不肯者，可以肯也。」注：「凱曰：君子不念舊惡，況爲大國所和！」其非莒不肯可知。○注「莒言」至「平也」。○舊疏云：「正以及是汲汲之意，亦見直之意，故如此解。」以經不曰平莒、郯，而曰及郯，是汲汲於郯。又見非莒不肯矣，故得起其平也。○注「書齊」至「平也」。○蓋魯力實不能獨平，借助齊侯，故書之。又見魯之因人取邑，恥甚也。○注「月者，惡録之」。○周禮典瑞云：「穀圭以和難。」注：「難，仇讎。和之者，若春秋宣公及齊侯〔一〕平莒及郯。」是和難者正也。取邑，惡詞也。舊疏云：「定十一年『冬，及鄭平』，知平例不月。此月〔二〕，故以爲惡録之。」按：左傳云：「平國以禮，不以亂。伐而不治，亂也。以亂平亂，何治之有？無治，何以行禮？」是並責其伐也。舊疏又云：「若然，定十年『春，王三月，及齊平』而書月，何氏云：『月者，頰谷之會，齊侯欲執定公，故不易。』是也。又昭七年『春，王正月，暨齊平』而書月，何氏云：『月者，刺内暨暨也。』時魯方結婚於吴，外慕强楚，故不汲汲于齊也。』是也。」蓋平例時、書月，皆各有所主，當文解之。故宣十五年「宋人及楚人平」，亦書「夏，五月」，注：「月者，專平不易。」是也。

〔一〕「侯」字原脱，據周禮注疏校補。

〔二〕「此月」，原文作「今而書月」。

○秦伯稻卒。【疏】通義云：「秦共公、桓公皆在時卒例，不蒙上月。」

○夏，六月，乙酉，鄭公子歸生弑其君夷。【疏】包氏愼言云：「六月無乙酉，五月之二十八日也。」説苑復恩云：「楚人獻黿於鄭靈公。公子家見公子宋之食指動，謂公子家曰：『我如是，必嘗異味。』及食大夫黿，召公子宋而不與，公子宋染指於鼎，嘗之而出。公怒，欲殺之。公子宋與公子家謀先，遂弑靈公。子夏曰：『春秋記君不君、臣不臣、父不父、子不子者也，此非一日之事也。』」蓋本左傳爲説。錢氏大昕答問云：「鄭公子宋弑君，而以歸生主惡者，歸生正卿，且嘗帥師敗華元矣，力足以制子宋，而從宋之逆，較之趙盾，又有甚焉，不得託於本無逆謀也。」按：下十年左傳「鄭人討幽公之亂，斲子家之棺，而逐其族」，是鄭人固以子家主逆矣。

○赤狄侵齊。

○秋，公如齊。

○公至自齊。

○冬，楚子伐鄭。

○五年，春，公如齊。

○夏，公至自齊。

○秋，九月，齊高固來逆子叔姬。【疏】左氏經無「子」字。按：下云「齊高固及子叔姬來」，當從公、穀有「子」字在「叔姬」上。通義云：「月者，爲下卒也。此子叔姬亦僖公之女，宣公之母妹，蓋僖季年所生。」

○叔孫得臣卒。【注】不日者，知公子遂欲弑君，爲人臣知賊而不言，明當誅。【疏】注「不日」至「當誅」。○舊疏云：「正以所聞之世，大夫之卒，無罪者日，有罪者月，今此不日，故解之。」後漢書孔融傳：

「春秋，魯叔孫得臣卒，以不發揚襄仲之罪，貶不書日。」用公羊義也。通義云：「胡康侯曰：仲遂如齊謀弑子赤，叔孫得臣與之偕行。在宣公固有援立之私，其恩數，豈略而不書日？是聖人削之也。君臣、父子、妃妾、適庶，人道之大倫也。方仲遂往謀于齊，而與得臣並使，若懵然不知其謀，或知之而不能救，則將焉用彼相矣，故特不書日以貶之。」

○冬，齊高固及子叔姬來。

何言乎高固之來？【注】据當舉叔姬爲重，大夫私事不當書。【疏】注「据當」至「爲重」。○舊疏云：「正以春秋尊内故也。」○注「大夫」至「當書」。○禮記檀弓云：「古之大夫，束脩之問不出竟。」内外大夫皆不得以私事書。舊疏專以内大夫直録其如爲所據，難尚未備。

言叔姬之來，而不言高固之來，則不可。【注】禮，大夫妻歲一歸宗。叔姬屬嫁而與高固來，如但言叔姬來，而不言高固來，則魯負教戒重，不可言，故書高固，明失教戒重在固。言及者，猶公及夫人。【疏】注「禮大」至「歸宗」。○禮喪服齊衰三月章：「大夫在外，其妻、長子爲舊國君。」注：「大夫不外娶，婦人歸宗，往來猶民也。」此歸宗猶言歸甯爾，與齊衰期章傳「婦人雖在外，必有歸宗，曰小宗」之歸宗異。

惠氏士奇春秋説云：「何氏説大夫妻，雖無事〔一〕，歲一歸宗，謂同國也。如大夫娶于鄰國則不可。魯之子叔姬者，齊大夫高固之妻也，自齊來魯，見譏于春秋，故知大夫之妻不得越國歸宗。若此者，所謂家之閑也。」按：莊二十七年：「莒慶來逆叔姬。」傳：「大夫越境逆女，非禮也。」此不言從可知，故無大夫妻越竟歸宗禮。何氏所舉，謂大夫娶於同國大夫之常禮爾。若娶於諸侯，當如諸侯夫人，不得歸甯。詩疏引鄭志：「答趙商曰：婦人有歸宗，謂自其家之爲宗者。大夫稱家，言大夫如此耳。王后夫人則不然也。天子諸侯位高，恐其專恣淫亂。」是也。○注「叔姬」至「在固」。○正以叔姬於義不得歸甯，今違禮來魯，明失教戒，故歸重在固，爲魯殺恥。以婦人之道，既嫁從夫故也。通義云：「禮，諸侯大夫嫁女，有車馬送之。女留其車，示不敢必安，三月祭行，然後夫家遣使反馬。今高固親來，因與叔姬雙行歸甯，失禮，合譏。故並書見之，又足起反馬之實。若但舉子叔姬，乃嫌叔姬有失行，不得成爲婦，甫嫁遽歸，故不可也。」按：反馬之説出於左氏，左疏引何氏膏肓言禮無反馬之法。鄭氏箴之曰：「冠義云無大夫冠禮而有其昏禮。則昏禮者，天子、諸侯、大夫皆異也。士昏禮云：『主人爵弁，纁裳，緇衣。乘墨車，從車二乘。婦車亦如之。』此婦車出於夫家，則士妻始嫁，乘夫家之車也。詩鵲巢云：『之子于歸，百兩御之。』又曰：『之子于歸，百兩將之。』將，送也。國君之禮，夫人始嫁，自乘其夫家之車也。何彼襛〔二〕矣篇云：『曷不肅雍，王

〔一〕「雖無事」三字原脱，叢書本同，據春秋説校補。
〔二〕「襛」，原訛作「穠」，叢書本不誤，據改。

姬之車。』言齊侯嫁女，以其母王姬始嫁之車遠送之，則天子、諸侯嫁女，留其乘車可知也。高固，大夫也，來反馬，則大夫亦留其車也。禮雖散亡，以詩義論之，大夫以上，其嫁皆有留車反馬之禮。留車，妻之道也；反馬，壻之義也。高固以秋九月來逆叔姬，冬來反馬。則婦入三月祭行，乃反馬，禮也。」按：推士禮，以言大夫以上，婦人出嫁，亦當乘其夫家之車，男帥女、女從男之義，所以重恥遠嫌也。詩之「百兩御」、「百兩將」，自美其送迎之盛爾，不得據爲婦人自乘其車之證，何知歸車不在百兩御之中乎？昏禮雖士禮，如三月廟見諸節既同，何所見婦車一節獨異焉？○注「言及」至「夫人」。○僖十一年「公及夫人姜氏會齊侯于陽穀」是也。舊疏云：「公羊之義，以爲夫妻言及者，遠別之稱，刺其無別，是以下注云：『言其雙行匹至，似於鳥獸。』是也。桓十八年『公夫人姜氏遂如齊』，彼傳云：『公何以不言及夫人？外也。』注：『若夫人已爲公所絶外也。』」

子公羊子曰：「其諸爲其雙雙而俱至者與？」【注】言其雙行匹至，似于鳥獸。【疏】注「言其」至「鳥獸」。○舊疏云：「言其無別，如『雄狐綏綏』，故曰雙行；游匹而來，鶉鵲不異，故言匹至，似於鳥獸矣。而舊說云雙雙之鳥，一身二首，尾有雌雄，隨便而偶，常不離散，故以喻焉。非何氏義。」九經古義云：「大荒南經云：『南海之外，赤水之西，流沙之東有獸，左右有首，名曰跊踢。有三青獸相并，名曰雙雙。』郭璞曰：『言體合爲一也。公羊傳所謂雙雙而俱至者，蓋謂此也。』」爾雅釋地云：「南方有比翼鳥焉，不比不飛，其名謂之曰鶼鶼〔一〕。」注：「似鳧，青赤色，一目一翼，相得乃飛。」郝氏懿行義疏云：「西山經：『崇吾之山有鳥焉，其狀如鳧，而一翼一目，相得乃飛，名曰蠻蠻。』郭注：『比翼鳥也，色青赤，不比不能飛。爾雅作鶼鶼鳥也。』海外南經：『比翼鳥在其東，其爲鳥青、赤，兩鳥比翼。』博物志：『比翼鳥一青一赤。』逸周書王會篇：『巴人以比翼鳥。』是鳥出西南方也。公羊宣五年疏引舊説『雙雙之鳥，一身二首尾』即此類也。」按：韓詩外傳：「南方有鳥，名曰鶼，比翼而飛，不相得，不能舉。」封禪書：「西海致比翼之鳥。」韋昭曰：「各有一翼，不比不飛，其名曰鶼鶼。」郭氏比翼鳥讚曰：「鳥有鶼鶼，似鳧，青赤，雖云一質，氣同體隔，延頸離鳴，翻能合翮。」按：如惠氏、郝氏所引，則鳥獸俱有名雙雙者。然細玩何義，似止以高固、叔姬雙行匹至，有同以牝牡雌雄爾，不必拘拘以比翼鳥等喻之也。惠氏士奇春秋説云：「禮，男女有別，内外有閑。宣五年『冬，齊高固及子叔姬來』，叔姬歸甯，高固反馬，公羊以爲雙雙而俱來，如鳥獸焉。桓十八年『公與夫人遂如齊』，亦雙雙俱往，君子謂魯桓失夫道矣。關雎未嘗乘居而匹遊，故詩人取之以爲有別。雙雙而來，雙雙而往，是無別也。無別則亂，亂則難生。魯桓之見殺于齊也，宜哉。」按：士昏禮云：「若不親迎，則婦入三月然後壻見于妻之父母。」此高固親迎，則不須三月親見妻之父母，故譏其雙雙而至也。昏禮疏引膏肓又云：「禮，婦人謂嫁曰歸。」明無大故不反於家。經書高固及子叔姬來，故譏乘行匹至也。且大夫不外娶，夫禮之中又失禮焉。劉氏逢禄箴膏肓評曰：「春秋之義，大夫不得外娶，大夫尤不

〔一〕「鶼」當疊，此原脱一「鶼」字，叢書本同，據爾雅校補。

得從妻歸宗。反馬之禮，在國行之可也。鄭不揣其本矣。」劉氏猶牽涉左氏反馬説也。

○楚人伐鄭。

○六年，春，晉趙盾、衛孫免侵陳。

趙盾弑君，此其復見何？【注】据宋華督、鄭歸生、齊崔杼弑其君，後不復見。【疏】通義云：「春秋託王者之事，見誅賞之法，故弑君賊有幸免于誅殺者，皆絶正之，使不得以他事復見，若已誅殺者然，言逸討于一時，而必討于春秋之王法也。雖不稱名氏以弑者，其首惡亦絶不復見，欒書是也。翬、遂之復見，從内諱弑故也。甯喜、里克之屬，雖討不當罪，要自以弑君之故見執殺，非以他事復見，不得爲難。故獨發難於此。」是也。○注「据宋」至「復見」。○桓二年「宋督弑其君與夷」、上四年「鄭公子歸生弑其君夷」、襄二十五年「齊崔杼弑其君光」是也。按：傳据此三者，華督至莊十二年始被殺，歸生死於宣十年，崔杼死於襄二十七年，皆未即死，經不復見，故据以難也。舊疏云：「春秋之内，書名弑君，後不復見者，唯此三人耳。餘見者，皆著義焉，即桓三年『公子翬如齊逆女』、宣元年『公子遂如齊逆女』之屬，欲見罪在桓、宣，故翬、遂得見。閔二年『公子慶父出奔莒』，注：『慶父弑二君，不當復見。所以復見者，起季子緩追逸賊也。』隱四年『衛人殺州吁于濮』，注：『書之者，善之也。』然則善其臣子得討其賊，故書。則莊九年『齊人殺無知』，書者，亦是討得其賊，善而書之。莊十二年『宋萬出奔陳』，注：『所以復見者，重録彊禦之賊，明當急誅之。』僖十年『晉殺其大夫里克』，書者，亦翬、遂之類。故彼傳云：『曷爲不以討賊之辭言之？惠公之大夫也。』襄二十七年『衛殺其大夫甯喜』，亦翬、遂之類。見其與獻公同謀弒剽，是以彼二十六年『弒剽』之下注云：『甯喜爲衛侯衎弒剽，不舉衎弒剽者，諼成于喜。』是也。其二十六年『晉人執甯喜』下傳云：『不以其罪執之也。』注：『當坐執人。』亦是其得書之義。文十八年『齊人弒其君商人』，昭十一年『楚子虔誘蔡侯般，殺之于申』，皆書者，『商人』之下注云：『商人，弒君賊，復見者，與大夫異。齊人已君事之，殺之當坐弒君。』昭十三年『楚公子棄疾弒公子比』，得書者，亦是加弒故也，如趙盾之類矣。」

親弒君者趙穿也。【注】復見趙盾者，欲起親弒者趙穿，非盾。【疏】上二年左傳云：「乙丑，趙穿攻靈公於桃園。」注：「穿，趙盾之從父昆弟子也。」疏引晉語云：「趙衰，趙夙之弟。世族譜：『盾是衰子，穿是夙孫。』是穿爲盾之從父昆弟之子也。」世本：『夙爲衰祖，穿爲夙之曾孫。』世本轉寫多謬，其本未必然也。」史記晉世家亦曰：「盾昆弟將軍趙穿，襲殺靈公於桃園而迎趙盾。」○注「復見」至「非盾」。○正以存其文不没其實也。然史明云而迎趙盾，故春秋以盾爲首惡，曰親弒君，見其特行弒事爾。

親弒君者趙穿，則曷爲加之趙盾？不討賊也。【疏】繁露玉杯云：「春秋修本末之義，達變故之應，通生死之志，遂人道之極者也。是故君弒賊討，則善而書其誅。若莫之討，則君不書葬，而賊不復見矣。不書葬，以爲無臣子也；賊不復見，以其宜滅絶也。今趙盾弒君，四年之後，别牘復見，非春秋之常辭也。學者異而問之，曰：是弒君，何以復見？猶曰：賊未討，何以書葬？何以書葬者，不宜書葬也而書葬。何以復見者，亦不宜復見也而復見。二者同貫，不得不相若也。盾之復見，直以赴問，而辨不親弒，非不當誅也。則亦不得不謂悼公之書葬，直以赴問而辨不成〔一〕弒，非不當罪也。若是則春秋之說亂矣，豈可法哉！故貫比〔二〕而論是非，雖難悉得，其義一也。今誅盾無〔三〕傳，弗誅無傳，不交無傳。以比言之，法論也。無比而處之，誣辭也。今視其比，皆不當死，何以誅之？春秋赴〔四〕問數百，應問數千，同留經中。幡援比類，以發其端。卒無妄言而得應於傳者。今使外賊不可誅，故皆復見，而問曰此復見，何也？言莫妄於是，何以得應乎？故吾以其得應，知其問之不妄，知盾之獄不可不察也。夫名爲弒父而實免罪者，已有之矣；亦有名爲弒君而罪不誅者。逆而距之，不若徐而味之。且吾語盾有本，詩云：『他人有心，予忖度之。』此言物莫無鄰，察視其外，可以見其內也。今按盾事而觀其心，愿而不刑，合而信之，非篡弒之鄰也。按盾辭號乎天，苟內不誠，安能如是？故訓其終始無弒之志，挂惡謀者，過在不遂去，罪在不討賊而已。臣之宜爲君討賊也，猶子之宜爲父嘗藥也。子不嘗藥，故加之弒父；臣不討賊，故加之弒君，其義一也。所以示天下廢臣子之節，其惡之大若此也。故盾之不討賊爲弒君也，與止之不嘗藥爲弒父無以異。盾不宜誅，以此參之。問者曰：夫謂之弒而有不誅，其論難知，非衆之所能見也。故

〔一〕「成」，原訛作「故」，叢書本同，據春秋繁露校改。
〔二〕「貫比」，原倒作「比貫」，叢書本同，據春秋繁露校乙。
〔三〕「無」，蘇輿春秋繁露義證曰：「無，疑作有。」
〔四〕「赴」，蘇輿春秋繁露義證曰：「赴，疑起。」

赦止之罪，以傳明之。盾不誅，無傳，何也？曰：世亂義廢，背上不臣，篡弑覆君者多，而有明大惡之誅，誰言其誅？故晉趙盾、楚公子比皆不誅之文，而弗爲傳，弗欲明之心也。問者曰：人弑其君，重卿在而不能討賊，非一國也。靈公弑，趙盾不在，不在之與在，惡有薄厚。春秋責在而不討賊者，弗繫臣子爾也。責不在而不討賊者，乃加弑焉。何其責厚惡之薄、薄惡之厚也？曰：春秋之道，視人所惑，爲立説以大明之。今趙盾賢而不遂於理，皆見其善，莫知其罪，故因其所賢而加之大惡，繫之重責，使人湛思而自省悟以反道。曰：『吁！君臣之大義，父子之道，乃至乎此。』此所由惡薄而責之厚也。他國不討賊者，諸斗筲之民，何足數哉！弗繫人數而已。此所由惡厚而責薄也。傳曰：『輕爲重，重爲輕。』非是之謂乎？故公子比嫌可以立，趙盾嫌無臣責〔一〕，許止嫌無子罪〔二〕。春秋爲人不知惡而恬行不備也，是故重累責之，以矯枉世而直之。矯者不〔三〕過其正，弗能直。知此而義畢矣。」通義云：「親弑君者趙穿，春秋舍穿而罪盾，以爲穿之惡易見，而盾之咎難知也。所謂視人所惑，爲立説以大明之者也。然而與使復見，則與親弑者有間矣。左氏説盾與許世子之事雖是，而不知有賊不討不書葬，及弑君賊不復見之例，一似春秋之誅盾、止竟與親弑者無殊。且未知春秋之意，方將因盾復見，起不親弑之迹，則穿之惡仍未得揜爾。盾以文誅，穿以實誅。」按：漢書司馬遷傳：「爲人臣子不通於春秋之義者，必陷篡弑誅死之罪。其實皆以善

〔一〕「責」字原脱，叢書本同，據春秋繁露校補。
〔二〕「罪」，原訛作「責」，叢書本同，據春秋繁露校改。
〔三〕「不」，原訛作「弗」，叢書本同，據春秋繁露校改。

爲之，而不知其義，被之空言不敢辭。」蘇林曰：「趙盾不知討賊，而不敢辭弑君之罪。」穀梁上二年傳曰：「穿弑也，盾不弑，而曰盾弑，何也？以罪盾也。」「曰：於盾，見忠臣之至；於許世子止，見孝子之至。」

何以謂之不討賊？【注】据皆去葬不加弑。【疏】注「据皆」至「加弑」。○校勘記云：「鄂本葬下有日字，此脱。按，依疏日字不當有。」昭十九年「許世子止弑其君買」下云：「葬許悼公。」傳：「賊未討，何以書葬？不成于弑也。曷爲不成于弑？止進藥而藥殺也。止進藥而藥殺，則曷爲加弑焉爾？譏子道之不盡也，是以君子加弑焉爾。葬許悼公，是君子之赦止也。」然則加弑者，雖不討賊亦書葬，明其非實弑也。晉靈去葬，則趙盾與親弑者同文，既與親弑者同，則與加弑者異，則盾即是賊，傳又云：「不討賊，故難之也。」上二年穀梁疏：「趙盾與許止加弑是同，而許君書葬，晉靈公不書葬者，許止失嘗藥之罪輕，故書葬以赦止，趙盾不討賊之罪重，故不書晉侯葬，明盾罪不可原也。春秋必加弑於此二人者，所以見忠厚之至故也。」

晉史書賊曰：「晉趙盾弑其君夷獋。」【疏】上二年左傳：「宣子未出山而復。太史書曰『趙盾弑其君』，以視於朝。」晉世家亦云：「盾復位。晉太史董狐書曰：『趙盾弑其君。』以視於朝。」穀梁傳：「史狐書賊曰：『趙盾弑公。』」通義云：「此晉史斥言『趙盾弑其君』，而左氏記齊史亦斥言『崔杼弑其君』，可知內諱弑者，爲春秋新意矣。」

趙盾曰：「天乎！無辜！【注】辜，罪也。呼天告冤。【疏】注「辜罪」至「告冤」。○詩小雅正月：「民之無辜。」箋：「辜，罪也。」大雅雲漢：「何辜今之人。」箋：「辜，罪也。」爾雅釋詁云：「辜，罪也。」説文辛部：「辜，辠也。」穀梁傳：「盾曰：『天乎！天乎！予無罪！』」晉世家：「盾曰：弒者趙穿，我無罪。」人窮則反本，急則呼天。穀梁注：「告天，言無弒君之罪，故曰寃也。」舊疏云：「寃謂寃枉之寃也。」

吾不弒君，誰謂吾弒君者乎！」【疏】穀梁傳：「孰爲盾而忍弒其君者乎？」注：「迴己易他，誰作盾而當忍弒君者乎？」釋文：「孰爲盾，絶句。」按：范義迂回。經傳釋詞云：「家大人曰：爲猶謂也。孟子：『而子爲我願之乎？』言子謂我願之也。穀梁傳：『孰爲〔一〕盾而忍弒其君者乎？』公羊曰：『誰謂吾弒君者乎？』是其證。」是此傳之謂即穀梁之爲也。

史曰：「爾爲仁爲義，人弒爾君，而復國不討賊，此非弒君如何？」【注】復，反也。趙盾不能復應者，明義之所責，不可辭。【疏】校勘記出「如何」，云：「唐石經、鄂本同。閩、監、毛本改『而何』。按，如當讀而。」古如、而字通。隱七年左傳：「歃如忘。」服虔曰：「如，而也。」莊七年經：「星隕如雨。」劉歆曰：「如，而也。」是也。左傳記：「太史對曰：『子爲正卿，亡不越竟，反不討賊，非子而誰？』」晉世家：「太史曰：『子爲正卿，而亡不越竟，反不討賊，非子而誰？』」穀梁傳：「史狐曰：『子爲正卿，入諫不聽，出亡不遠，君弒，反不討賊，則志同。志同則書重，非子而誰？』故書之曰『晉趙盾弒其君夷皋』者，過在下也。」通義云：「爲仁，外爲仁也；爲義，外爲義也。」錢氏大昕答問曰：「趙穿弒君，而以趙盾主惡名，穿之弒由於盾也。胥甲父與穿同罪，盾於甲父則放之，於穿不惟不放，且使之帥師侵崇。盾尚得辭其罪

〔一〕「爲」，原訛作「謂」，叢書本同，據穀梁注疏校改。

乎？侵崇小事，不必書而書之，所以正盾之罪，且不使穿得漏網也。」○注「復，反也」。○詩小雅黄鳥：「復我邦族。」箋云：「復，反也。」又我行其野云：「言歸斯[一]復。」傳：「復，反也。」爾雅釋言：「復，返也。」○注「趙盾」至「可辭」。○左傳：「宣子曰：『烏乎！「我之懷矣，自詒伊慼」，其我之謂矣！』孔子曰：『董狐，古之良史也，書法不隱。趙宣子，古之良大夫也，爲法受惡。惜也。』越竟乃免。」按：越竟乃免，非聖人語。盾之罪不在亡不越竟，在反不討賊。即越竟矣，而反不討賊，弑君之名仍無所逃，謂不知情，其誰信之。杜云：「越竟，則君臣之義絶，可以不討賊。」此蔑倫害義之語也。

趙盾之復國奈何？靈公爲無道，使諸大夫皆内朝，【注】禮，公族朝於内朝，親親也；雖有貴者，以齒，明父子也。外朝以官[二]，體異姓也。宗廟之中，以爵爲位，崇德也。宗人授事以官，尊賢也。升餕受爵以上嗣，尊祖之道也。喪紀以服之精粗爲序，不奪人之親也。【疏】注「禮公」至「親也」。○禮記文王世子文。彼文「親親」作「内親」，「升餕」作「登餕」，「精粗」作「輕重」，無「之」字，容所見本異也。校勘記出「雖有富貴者，以齒」，云：「鄂本無『富』字，此衍。按，文王世子無『富』字。」又出「升餕」，云：「閩、監、毛本同。鄂本『餕』誤『鋑』，此本誤『酸』，今訂正。文王世子『升』作『登』。」又出「精粗」，云：「鄂本『粗』作『麤』。按，疏中引注作『觕』。」按：荀子大略篇：「吉事尚尊，喪事尚親。」注：「吉事朝庭列位

〔一〕「斯」，原訛作「思」，叢書本同，據詩經校改。
〔二〕「官」，原訛作「宫」，叢書本不誤，據改。

也，喪事以親者爲主。禮記曰：『以服之精粗爲序也。』」是楊倞所見本亦作「麤」。文王世子疏引皇氏云：「喪服以麤爲精。故鄭注雜記云『臣爲君三升半』，微細焉，則屬於麤。是知斬爲精，齊爲粗也。」內朝者，通義云：「不於法朝之處也。」按：內朝，即路門內之燕朝也。鄭注：「內朝，路寢庭。」君之視內朝也有四：一爲與宗人審嘉事，文王世子所記是也。一爲燕羣臣，燕禮所載是也。一爲與臣子議政事。一爲與四方之賓燕。蓋古者視朝之儀，君先出路門，立於治朝之宁，徧揖羣臣，則朝禮畢，玉藻所謂「君日出而視之」是也。隨即適路寢聽政。若有議論，即於內朝，太宰所謂「贊聽治」者也。靈公使諸大夫逕就內朝，亦尋常視事之處，不爲無道。靈公之不君，謂臺上彈人、支解宰夫等也。彼記云：「內朝則東面北上，臣有貴者以齒。」爲以父子昭穆爲序，故爲明父子，鄭注「謂以宗族事會」是也。又云：「其在外朝則以官，司士爲之。」內有異姓不得以私恩，故云「體異姓」也，鄭云：「體，猶連結也。」又云：「其在宗廟之中，則如外朝之位。」與彼同，故云「崇德」也，鄭云「崇，高也」是也。又云：「宗人授事，以爵以官。」貴賤異位，官各有掌，故爲「尊賢」也，鄭云「官各有能」是也。又云：「其登餕、獻、受爵，則以上嗣。」上嗣，君之適長子，故爲尊祖之道也，鄭云「上嗣，祖之正統」是也。又云：「其公大事，則以其喪服之精粗爲序。」上云事下云紀，故鄭云：「紀，猶事也。」本輕者爲下，本重者爲上，不計爵位齒德，是爲不奪人親也。注解內朝連及之，明內朝非苟爲笑樂所在也。

然後處乎臺上，引彈而彈之，已趨而辟丸。【注】已，已諸大夫也。【疏】左傳云：「晉靈公不君，厚斂以彫牆。從臺上彈人，而觀其辟丸也。」晉世家：「靈公壯，侈，厚斂以雕牆。從臺上彈人，觀其辟丸也。」穀梁傳：「靈公朝諸大夫，而暴彈之，觀其辟丸也。」廣雅釋言：「彈，拼也。」説文：「丸，圜[一]，傾側而轉者。」玉篇：「彈，行丸也。」吴越春秋：「彈，生於古之孝子，孝子不忍父母爲禽獸所食，故作彈以守之。」李尤彈銘：「昔之造彈，起意弦木。以彈爲矢，合竹爲樸。」廣韻：「彈，射也。」元和志：「晉靈公臺，在絳州正平縣西北三十一里。」按：如此傳，似在内朝側。釋文：「已趨，音紀。」釋名釋姿容云：「疾行曰趨。趨，赴也。赴，所至也。」

是樂而已矣。【注】以是爲笑樂。【疏】高誘注吕覽云：「從高臺上引彈，觀其走而避丸，以爲樂也。」繁露仁義法云：「昔者，晉靈公殺膳宰以淑飲食，彈大夫以嬉其意，非不厚自愛也，然而不得爲淑人者，不愛人也。」通義云：「謹案，左傳戰于令狐之歲[二]，靈猶在抱，則是時不過二十已下。跡其所爲，乃昌邑、東昏之類，良由少席寵靈，未聞教戒，藉其位勢，濟彼童心，至於殺人以爲笑樂。古者，成王幼而莅阼，周公輔之，内有師保之訓，抗法之教，外有司過之史，虧膳之宰，故能克終令德，祈天永命。今趙盾奉襁褓之主，前後左右不慎其選，諭教無術，陷之於惡。己則避禍而委君于死，誰執其咎矣！」按：孔氏此論嚴而正。

趙盾已朝而出，與諸大夫立於朝。有人荷畚，【注】荷，負也。畚，草器，若今市所量穀者是

[一]「圜」，原訛作「圓」，叢書本同，據説文校改。「圜」、「圓」二字有別，不可替換。

[二]「之歲」二字原脱，叢書本同，據公羊通義校補。

也，齊人謂之鍾。【疏】注「荷，負也」。○釋文傳注俱作「何」，云：「本又作荷。」文選東京賦：「荷天下之重任。」薛注：「荷，負也。」小爾雅廣言：「荷，擔也。」左傳昭七年「其子弗克負荷」，注：「荷，擔也。」○注「畚草」至「之鍾」。○公羊問答云：「說文甾部：『畚，蒲器，缾屬，所以盛種。』二〔一〕訓不同，當何從？曰：周禮挈壺氏：『挈畚以令糧。』鄭注：『畚，所以盛糧之器，故以畚表稾。』左傳正義引說文『蒲器可以盛糧』，今本作『盛種』，誤也。」國語周語：「偫而畚挶。」注：「畚，土籠也。」左傳襄九年「陳畚挶」，注：「畚，簣籠也。」又宣十一年「稱畚築」，注：「畚，盛土器。」蓋皆以草或蒲爲之，可以盛土，可以盛穀，故左傳注云：「畚以草索爲之，筥屬。」是也。吴氏經說：「按左傳『置諸畚』，注：『畚，以草索爲之。』其器可以盛糧。周禮挈壺氏鄭司農注亦云『畚，所以盛糧』。然則，說文云『畚，缾屬，蒲器也，所以盛種』爲『盛糧』之譌矣。許君所謂蒲器，是編蒲柳以爲器，可以盛糧，如今俗所謂笆也。字書無笆，疑即畚之聲轉。麦雲謂畚爲蒲草之器，漢世或然，字從甾缶之甾，當是瓦器。古量穀用六斛四斗之鍾，亦是瓦器，故齊人謂畚爲鍾。」舊疏云：「齊人謂之鍾，即昭三年『齊舊四量：豆、區、釜、鍾』是也。」按：六斛四斗之具，只可以盛，不可以量。種即五穀總稱，不必依左疏改爲糧，如畚爲瓦器，必如左傳十釜之鍾之大，亦非一二所能荷也。蓋畚者量穀之物，或草或蒲或瓦，皆可各隨方俗所宜，其所容若干亦不必一定，亦無定名，以爲畚可，以爲簣可，以爲土籠可也。

〔一〕「二」，原訛作「種」，叢書本同，據公羊問答校改。

自閨而出者，【注】宫中之門謂之闈，其小者謂之閨。從内朝出立于外朝，見出閨者，知外朝在閨外，内朝在閨内可知。【疏】注「宫中」至「之閨」。○爾雅釋宫文。郭注：「謂相通小門也。」舊疏引孫注亦云：「闈者，宫中相通小門也。」彼又有「小閨謂之閤」。舊疏引李注云：「皆門户小大之異。」説文門部：「闈，宫中之門也。」周禮保氏注：「闈，宫中之巷門。」左氏閔二年傳：「賊公于武闈。」注：「宫中小門謂之闈也。」周禮匠人注：「廟中之門謂之闈。」亦謂廟旁之門，婦人出入，故禮士冠禮注：「婦人入廟，由闈門也。」按：雅訓言宫中，則廟與寢皆有之。士虞記注云：「闈〔一〕門如今東西掖門。」賈疏：「漢時，宫中掖門在東西，若人左右掖，故舉以爲況。」然則，寢門外别有東西二門。左傳哀十四年：「齊子我歸〔二〕，屬徒攻闈與大門」，似闈亦可通於外，非僅宫中相通小門謂之闈也。蓋凡宫寢之别門皆可謂之闈，其小者謂之閨。説文門部又云：「閨，持立之户，上圜〔三〕下方，有似圭。」按：儒行云：「篳門圭窬。」注：「圭窬，門旁窬也，穿牆爲之如圭矣。」是閨即取圭義，言其小也。下云「入其大門」，「入其閨」，是閨爲小門矣。○注「從内」至「可知」。○國語魯語：「公父文伯之母謂季康子曰：自卿以下，合官職于外朝，合家事于内朝。」又曰：「夫外朝，子將業君之官職焉；内朝，子將庀季氏之政也。」韋注：「外朝，君之公朝；内朝，家朝也。」考工

〔一〕「闈」，原譌作「閨」，叢書本同，據儀禮校改。
〔二〕「歸」字原脱，叢書本同，據左傳校補。
〔三〕「圜」，原作「圓」，叢書本同，據説文校改。

記曰：「外有九室，九卿朝焉。」鄭注：「外，路門之表也。九室，如今朝堂諸曹治事處。」賈疏：「九卿之九室，在〔一〕門外正朝之左右爲之。」然則，韋氏所謂君之公朝者，蓋即正朝兩旁之室，諸侯大夫則在治朝之兩旁也，爲諸臣治事之處。故玉藻云：「朝，辨色始入。君日出而視之，退適路寢聽政。使人視大夫，大夫退，然後適小寢，釋服。」明諸臣每日朝於治朝，既畢，君退路寢，諸臣各聽事于兩旁之朝，俟諸臣聽事畢，退，乃還小寢，容諸臣有面陳之事故也。此趙盾所立於外朝者，當即此朝。但何君以閨門分內外，見荷畚者遠從閨出，不必閨門定在外朝內內朝外也。

趙盾曰：「彼何也？夫畚曷爲出乎閨？」【注】彼何者，始怪何等物之辭，孰視知其爲畚。乃言夫畚者賤器，何故乃出尊者之閨乎？

呼之不至，【注】怪而呼，欲問之。【疏】注「怪而呼，欲問之」。○校勘記云：「毛本『怪』作『恠』，俗字。」

曰：「子大夫也，欲視之，則就而視之。」【注】顧君責己以視人，欲以見就爲解也。古者士大夫通曰子。【疏】經傳釋詞云：「也，猶邪也，歟也，乎也。」「『子大夫也』，爲問辭也，當作邪讀。繫辭：『夫易，何爲者也。』詩旄丘：『何多日也。』士昏禮：『敢不從也。』禮曲禮：『奈何去社稷也。』皆當如邪義。」按：如也讀，亦通。○注「顧君」至「解也」。○校勘記云：「毛本『君』誤『尹〔二〕』。按，『見就』或云當作『就

〔一〕「在」，原訛作「東」，據周禮注疏校改。

〔二〕「尹」，原訛作「人」，叢書本同，據阮元校勘記校改。

見』，非也。」孔疏云：「過朝以示人，令人懼己。」即本此君責己以視人立義。靈公欲以視人，適趙盾問故，因欲即其來見時就而解之也。○注「古者」至「曰子」。○穀梁宣十年傳：「其曰子，尊之也。」注：「子者，人之貴稱。」詩王風大車：「畏子不敢。」箋云：「子者，稱所尊敬之辭。」按：左傳、穀梁並云「子爲正卿」，明稱大夫辭也。

趙盾就而視之，則赫然死人也。【注】赫然，已支解之貌。【疏】注「赫然」至「之貌」。○經義述聞云：「疏不解赫然二字。引之謹案，赫之言捇也。說文：『捇，裂也。从手，赤聲。』續漢書禮儀志：『逐疫辭曰：赫汝軀，拉汝幹，節解汝肉，抽汝腸肺。』是分裂謂之赫。後漢時，猶有此語也。」按：廣雅釋詁亦云：「捇，裂也。」莊子養生主云：「動刀甚微，謋然已解。」謋與捇亦同。公羊問答曰：「後漢禮儀志：『黃門令奏曰：「侲[一]子備，請逐疫。」於是中黃門倡，侲[二]子和，曰「凡使十二神追惡凶，赫女軀，拉女幹」云云。』故何以赫然爲支解貌也。支解之法，古無此刑。韓詩外傳曰：晏子左手持頭，右手磨刀，仰面而問曰：『古者明王每支解人，不識從何始也？』景公離席曰：『縱之。罪在寡人。』此可證爲衰世之淫刑。」按：今律有淩遲，即支解法也。

趙盾曰：「是何也？」曰：「膳宰也。」【注】主宰割殺膳者，若今大官宰人。【疏】注「主宰」至「宰

〔一〕「侲」，原訛作「倀」，公羊問答即誤，據後漢書校改。
〔二〕「侲」，原訛作「倀」，公羊問答即誤，據後漢書校改。

人」。○禮燕禮云：「膳宰具官饌于寢東。」注：「膳宰，天子曰膳夫，掌君之飲食膳羞者也。」疏：「天子有宰夫，兼有膳夫。諸侯亦有宰夫，復有膳宰。」膳夫卑於宰夫。天子宰夫下大夫，膳夫上士也。春秋時，侯國不必有宰夫，因通謂膳宰，如左傳昭九年〔一〕稱「膳宰屠蒯」，而檀弓載此事曰「蕢也宰夫」也。此傳稱膳宰，而左傳稱宰夫，爲皆主殺膳烹割之事，故稱雖不一，其職同也。周禮天官序官膳夫下，有上士、中士、下士、府、史、胥、徒。其屬又有庖人、内外饔、亨人等。晉靈所殺亦不必即其長也。孟子萬章稱「伊尹以割亨要湯」，亦即膳宰之事。何云「若今大官宰人」，舉漢制以況也。

熊蹯不熟。【注】蹯，掌。【疏】注「蹯，掌」。○國語楚語云：「願食熊蹯，不獲而死。」注：「蹯，掌也。」左傳文元年「王請食熊蹯而死」，注：「熊掌難熟。」孟子告子云：「熊掌亦我所欲也。」此也。説文釆部：「獸足謂之番。从釆、田，象其掌。蹞，番〔二〕或从足从煩。𤕎，古文番。」史記注引服虔云：「蹯，熊掌也，其肉難熟。」

公怒，以斗摮而殺之。【注】摮猶摮也。摮謂旁擊頭項。【疏】大戴禮保傅云：「太宰持升而御户

〔一〕「九年」，原誤記爲「四年」，據左傳正義校改。

〔二〕「番」字原脱，叢書本同，據説文解字校補。

右。」盧校依賈子改升爲斗。又云：「所求滋味者非正味，則太宰倚升〔一〕而言曰：不敢以待王太〔二〕子。」説文斗部〔三〕：「魁，羹斗也。」蓋即靈公所用者，亦可挹酒。詩行葦云：「酌以大斗。」是也。説文作「枓」，云：「勺也。」士冠禮注：「勺，尊升，所以𣂔酒。」彼升亦斗字之誤，則羹斗其即今之羹勺與？羹勺物微，而得摮殺人者，蓋靈公本意殺人，盛怒之下，隨手摮搏，適當頭項虚怯處，亦得致命也。通義云：「斗，枓也。保傅記曰：太宰荷斗，而不敢煎調。」是其物也。○注「摮猶」至「頭項」。○孔氏音義云：「摮音敖〔四〕，撆音竅，字或作撽。莊子曰『撽以馬捶』。」按：廣雅釋詁：「撆，擊也。」王氏疏證云：「上文已有撆字，此撆字當作摮。玉篇：『摮，擊皃。』公羊注：『摮，猶擊也。摮謂旁擊頭項。』廣韻引蒼頡篇：『𧼛，擊也。』摮、𧼛並音五交反，其義同也。」

支解，將使我棄之。」【疏】左傳云：「宰夫胹熊蹯不熟，殺之。寘諸畚，使婦人載以過朝。」晉世家：「宰夫胹熊蹯不熟，靈公怒殺宰夫，使婦人持其屍出弃之。」繁露王道云：「晉靈行無禮，處臺上彈羣臣，枝解宰人而棄之。」

〔一〕「倚升」，原訛作「停斗」，據大戴禮記校改。
〔二〕「太」字原脱，據大戴禮記校補。
〔三〕「斗部」，原訛作「斗味」，叢書本同，據説文解字校改。
〔四〕「敖」，原訛作「摮」。摮，音敖，擊也。據改。

趙盾曰：「嘻！」趨而入。【疏】左傳：「趙盾、士季見其手，問其故，而患之。將諫，士季曰：『諫而不入，則莫之繼也。會請先，不入，則子繼之。』三進，及溜。」晉世家：「趙盾、隨會前數諫，不聽。已又見死人手，二人前諫。」嘻者，僖二年〔一〕：「慶父聞之，曰：『嘻！』」注：「嘻，發痛語首之聲。」史記藺相如傳：「秦王與羣臣相視而嘻。」注：「嘻，驚而怒之辭也。」檀弓：「夫子曰：嘻！」注：「嘻，悲恨之聲。」

靈公望見趙盾，愬而再拜，【注】愬者，驚貌。禮，臣拜然後君答拜。靈公先拜者，畚出盾入，知其欲諫，欲以敬拒之，使不復言也。禮，天子爲三公下階，卿前席，大夫興席，士式几。【疏】注「愬者，驚貌」。○通義云：「愬，讀如『愬愬終吉』之愬。」又何焯云：「『愬，即自愬膳宰之事。』與舊讀異。」按：孔讀是也。廣韻：「山責切。」易釋文亦音山革反：「子夏傳云：恐懼貌。馬本作虩，虩音許逆反。云：『恐懼貌也。』」呂氏易音訓引此注作「驚愕也」。晁氏曰：「愬、虩、覤三字同音色。何焯解非。」○注「禮臣」至「言也」。○禮士相見禮：「士大夫則奠摯，再拜稽首，君答一拜。」賈疏：「君答一拜，當作空首，九拜中奇拜是也。」曲禮云：「君于士不答拜也。」士相見禮「答一拜」爲其始見，則君於大夫以己，雖非始見，亦答拜可知。周禮士師職「王日視朝」，「孤卿特揖」，諸侯亦宜然。盾爲卿，禮止特揖，靈公見之而驚失其常度，故爲之再拜也。左傳載靈公語曰「吾知過矣，將改之」，明自知其過，故先拜以拒之也。惠氏士奇禮說云：「特揖者，奇拜。奇猶特也。特揖爲奇拜，則旅揖爲再拜與？三孤六卿奇拜，二十七大夫再拜，八十一元士三拜，

〔一〕「僖元年」，原誤記爲「閔二年」，據公羊注疏校改。

所謂〔一〕禮以少爲貴也。」按：靈公再拜，自與彼旅揖異。○注「禮天」至「式几」。○舊疏以爲春秋説文。惠氏禮説云：「此坐朝之禮。燕享則行之，王享諸侯，乘車送迎。燕禮『賓入及庭，公降一等而揖焉』，則有下階之禮。凡大朝覲、大享射及封國命諸侯，皆設席。若路門視朝，君臣皆立，未聞設席，亦不下階。孔子見，哀公問儒行，蓋燕朝也。路門内之朝，太僕掌之，故曰更僕。更僕者，久立將倦，太僕二人相代爲更，於是爲孔子布席於堂，而與之坐焉。此古禮也，及秦而亡。漢禮，皇帝見三公，御坐爲起，在輿爲下，雖有是禮，亦不常行。呂氏春秋『桓公朝，揖管仲而進之』，所謂特揖也，入及庭而未就位之時。『魏文侯燕飲，任座入，文侯下階而迎之，以爲上客』，所謂君爲臣下階者此也。」

趙盾逡巡北面，再拜稽首，【注】頭至地曰稽首，頭至手曰拜手。【疏】公羊問答云：「逡巡，有作逡巡者，秦紀引賈生云：『九國之師逡巡遁逃而不敢進。』廣雅：『逡巡，卻退也。』有作逡遁者，爾雅：『逡，遁也。』管子：『桓公蹴然逡遁。』鄉射禮注：『少退，少逡遁也。』有作巡遁者，『晏子巡遁而對』。有作逡循者，漢書萬章傳：『逡循甚懼。』有作蹲循者，莊子：『蹲循勿争。』有作遵循者，靈樞經：『黄帝避席遵循而卻。』亢倉子：『荆君北面遵循。』此皆逡巡之叚借字也。逡又與俊通。王莽傳：『俊儉隆約以矯世俗。』顔師古：『俊，音千旬反，退也。』遁與巡通。遁甲開山圖、太玄經云『巡乘六甲』。要皆聲音相同，字異而義不異

〔一〕「謂」，原訛作「爲」，叢書本同，據惠士奇禮説校改。

也。集韻：『逡巡，行不前也。』逡、遁均七倫反，音義則一，可證。」按：小爾雅廣義：「體〔一〕慙曰逡。」爾雅釋言：「逡，退也。」注：「逡巡，卻去也。」文選注引廣雅：「逡巡，卻退也。」趙盾見靈公再拜，慙而不敢進，故曰逡巡。班固東都賦：「西都賓矍然失容，逡巡降階，惵然意下，捧手欲辭。」猶此義也。左傳「稽首而對曰：人誰無過，過而能改，善莫大焉」云云，不言再拜，省文也。○注「頭至」至「拜手」。○周禮大祝「一曰稽首」，「三曰空首」，注：「稽首拜，頭至地也。空首拜，頭至手，所謂拜手。」疏：「稽首，拜中最重，臣拜君之拜。空首拜者，君答臣下拜。郊特牲曰：『大夫之臣不稽首，非尊家臣，以辟君也。』如是，諸侯於天子，臣於君，稽首，禮之正。」段氏玉裁說文注云：「九拜以前三拜爲體，後六者爲用，凡經言拜手、言拜，皆周禮之空首。手部𢷾字下云『首至手』，何注公羊『頭至手曰拜手』，皆與周禮空首注合。凡經言稽首，小篆作䭫，古文作𩠐，經傳無異稱。何注公羊『頭至地曰稽首』，與周禮注合。頭至手者，拱手而頭至于手，頭與手俱齊心，不至地，故曰空首。若稽首、頓首則拱手，皆手下至地，頭亦皆至地。而稽首尚稽遲，頓首尚急遽。稽首者吉禮也，頓首者凶禮也，空首者吉凶所同之禮也。經傳立文，凡單言拜及下屬稽顙稽首。言拜、言拜手者，皆空首也。言拜手稽首者，空首而稽首也。經於吉賓嘉曰稽首，未有言頓首者也。」按：段說甚明。稽首爲臣見君之禮。書洛誥：「周公拜手稽首。」哀十七年左傳：「孟武伯曰：非天子寡君無所稽首。」又襄三年左傳：「公如晉。公稽首。知武子曰：『天子在，而君辱稽首，寡君懼矣。』」惟定四年「申

〔一〕「體」，原訛作「倖」，據小爾雅校改。

包胥請師于秦，九頓首而坐」，文七年「穆嬴頓首於宣子」，皆事之急遽者也。

趨而出。【注】本欲諫君，君以拜謝知己意，巽當覺悟，故出。【疏】注「本欲」至「故出」。○校勘記出「巽當覺悟」，云：「閩、監、毛本巽作冀。鄂本悟作寤。按，下注云『非所以意悟』，用悟字。成七年注云『重録魯不覺寤』，用寤字。蓋覺寤字當作寤，猶人寐而覺悟也。」按：左傳亦謂靈公知盾欲諫己，先以吾知所過見拒，故宣子稽首以補過，義將順之也。

靈公心怍焉，【注】怍，慙貌。慙盾知己過。【疏】注「怍慙」至「己過」。○論語憲問篇：「其言之不怍。」集解：「馬曰：怍，慙也〔一〕。」廣雅釋詁：「怍，慙也。」禮記曲禮：「容無怍。」注：「怍，顔色變焉。」即慙貌也。亦作㤰，太玄經上：「階天不㤰。」注：「㤰，慙也。」説文心部：「怍，慙也。」左傳云：「宣子驟諫，公患之。」患由慙心焉。

欲殺之，於是使勇士某者往殺之。【注】某者，本有姓字，記傳者失之。【疏】注「某者」至「失之」。○廣雅釋詁：「某，名也。」言以某名其人也。記者忘其姓字，多以某字該之。左傳云：「使鉏麑賊之。」注：「鉏麑，晉力士。」晉世家：「靈公患之，使鉏麑刺趙盾。」注引賈逵曰：「鉏麑，晉力士。」

勇士入其大門，則無人門焉者。入其閨，則無人閨焉者。【注】焉者，於也。是無人於閨

〔一〕「也」，原訛作「焉」，叢書本同，據論語注疏校改。

門守視者也。【疏】校勘記云：「唐石經、諸本同。段玉裁云：『此當作焉門者，下當作焉闈者，故注云「焉者，於也。是無人於門闈守視者也」。今本誤倒。』」通義云：「謹案，守門曰門，守闈曰闈。猶漢書云：『詔户者無得入羣臣。』亦守户曰户也。」按：如孔説，亦是並無須倒二焉在上矣。詩伐檀疏引此傳「則無人焉」，脱「門者」二字，亦焉字在上，與段義合。○注「焉者」至「者也」。○焉、於雙聲，孟子盡心：「人莫大焉亡親戚君臣上下。」謂莫大於亡親戚君臣上下也。哀十七年左傳「裔焉大國」，裔訓爲邊，謂邊於大國也。然則，卿大夫家大門内即至闈門與？蓋闈門門之小者，凡在内之門，皆視大門爲小爾。

上其堂，則無人焉。【注】但言焉，絶語辭。堂不設守視人，故不言堂焉者。【疏】注「但言」至「焉者」。○校勘記出「故不言堂焉者」，云：「鄂本無焉。段玉裁云：『當作焉堂者。』」經傳釋詞云：「今本正文作則無人門焉者，則無人闈焉者。注中『焉堂者』亦作『堂焉者』，皆後人不曉文義而妄改之也。」蓋用段氏説。盧氏文弨鍾山札記云：「下句注當此，故不言堂者，今本皆衍一焉字。此注及經文疑皆後人轉寫失之。」按：二讀皆可通。玉篇：「焉，語已之辭也。」故云但言焉，絶語辭。

俯而闚其户，【注】俯，挽頭。户，室户。【疏】注「俯，挽頭」。○校勘記云：「閩、監、毛本同，誤也。鄂本挽作俛，當据正。」按：紹熙本亦作「俛」。文選注引聲類：「頫，古文俯字。」西京賦：「伏櫺檻而頫聽。」注：「頫，低頭也。」禮記曲禮：「俯而納屨。」注：「俯，俛也。」考工記矢人：「前弱則俛。」注：「俛，低也。」説文頁部：「頫〔一〕，低頭也。太史卜書，頫仰字如此。楊雄曰：人面頫。俛，頫或从人免〔二〕。」○注「户，室户」。○一切經音義引字書：「一扇曰户，兩扇曰門。」又：「在於堂室曰户，在於户區域曰門。」禮聘禮：「設于户西，西陳。」注：「户，室户也。」凡由堂入室曰户。凡五架之屋棟，北楣下爲三間，中爲室，東西爲房。房之南壁止一户，室則有户有牖。户在東，牖在西。户西牖東爲正中，爾雅所謂户牖之間謂之扆是也。鄭氏謂大夫士東房西室。若如彼説，則户在中之西矣。

方食魚飧。【疏】詩魏風伐檀云：「不素飧兮。」箋云：「飧，讀如魚飧之飧。」正義：「説文：『飧，水澆飯也。从夕、食。』言人旦則食飯，飯不可停，故夕則思飧，是飧爲飯之別名。」按：説文食部：「飧，餔也。从夕、食。」「餔，申時食也。」無水澆飯語。段注云：「小雅傳『孰食曰饔』，魏風傳『孰食曰飧』。然則饔、飧皆爲孰食，分別之則謂朝食夕食。許於饔不言朝，於夕飧不言孰，互文錯見也。」其實對文異，散則通。此爲趙盾將朝時，固非夕食。左傳僖二十三年「僖負羈饋盤飧」，僖二十五年左傳「趙衰以壺飧從」，皆不必夕時，渾言之也。故周禮司儀注「小禮曰飧」，掌客「上公飧五牢」，則又不必皆孰食矣。

勇士曰：「嘻！【疏】此嘻當爲驚訝聲，與上趙盾曰嘻小異。

子誠仁人也！吾入子之大門，則無人焉；入子之閨，則無人焉；上子之堂，則無

〔一〕「頫」，原作「俛」，説文頁部字頭當爲「頫」，此誤。人部未出「俛」字。

〔二〕「俛，頫或从人免」句，原無，據説文補入，以足意。

人焉，是子之易也。【注】易，猶省也。【疏】注「易，猶省也」。○論語八佾篇：「與其易也。」鄭注：「易，猶簡也。簡、省義近。」〔一〕考工記玉人注：「易行，去煩苛。」是亦簡省之意。易繫辭傳：「辭有險易。」王注云：「之泰則其辭易，之否則其辭險。」亦平易之意。

子爲晉國重卿，而食魚飧，是子之儉也。【疏】詩召南羔羊：「退食自公。」箋云：「退食，謂減膳也。」正與序節儉義相足。故趙盾食魚飧，亦即儉也。晉世家云：「盾閨門開，居處節。」謂此。

君將使我殺子，吾不忍殺子也。雖然，吾亦不可復見吾君矣。」【注】負君命也。【疏】注「負君命也」。○晉世家：「鉏麑退，歎曰：『殺忠臣、棄君命，罪一也。』」左傳：「晨往，寢門闢矣，盛服將朝。尚早，坐而假寐。麑退，歎而言曰：『不忘恭敬，民之主也。賊民之主，不忠；弃君之命，不信。有一於此，不如死也。』」皆與此詳略互相足。

遂刎頸而死。【注】勇士自斷頭也。傳極道此者，明約儉之衛也，甚於重門擊柝。孔子曰：「禮，與其奢也，甯儉。」此之謂也。【疏】左傳記鉏麑觸槐而死。晉世家謂觸樹而死。呂覽過理篇云：「觸庭槐而死。」國語晉語云：「觸庭之槐而死。」皆與此異。韋注晉語以槐爲晉外朝之樹，又與杜注槐爲趙盾庭樹異。所聞各異，要皆爲勇士自死也。○注「傳極」至「擊柝」。○校勘記云：「鄂本無『也』字，當删。」「重門

〔一〕遍查十三經注疏，無此條鄭注。

擊柝」，易繫辭下傳文。彼云：「以待暴客。」此儉約之衛，勇士自死，故甚之也，後漢書杜林傳：「趙孟懷忠，匹夫成其仁。」是也。○注「孔子」至「謂也」。○校勘記出「此而謂也」，云：「閩、監、毛本同，誤也。鄂本『而』作『之』，當據正。」孔子曰，見論語八佾篇。

靈公聞之，怒，滋欲殺之甚。【注】滋，猶益也。【疏】注「滋，猶益也」。○襄八年左傳：「事滋〔一〕無成。」注：「滋，益也。」小爾雅廣詁：「滋，益也。」説文水部：「滋，益也。」

衆莫可使往者。於是伏甲于宮中，召趙盾而食之。【疏】左傳云：「晉侯飲趙盾酒。伏甲，將攻之。」晉世家：「晉靈公飲趙盾酒。伏甲，將〔二〕攻盾。」

趙盾之車右祁彌明者，國之力士也，【注】禮，大夫驂乘，有車右，有御者。【疏】左傳云：「其右提彌明知之。」釋文：「提，本又作祇。」彼注云：「右，車右。」本此。晉世家作「示眯明」，示即祇字，與左傳釋文之義本合，與祁字古音通，祁从示聲也。彌、眯古亦通。史記以此即桑下餓人，又以爲公宰，與傳文皆不合。○注「禮大」至「御者」。○曲禮注：「車右，勇力之士，備制非常者。君行則陪乘，君式則下，步行。」正義：「車行則有三人，君在左，僕人中央，勇士在右也。」詩鄭風清人云：「左旋右抽。」鄭箋云：「左，左人，謂御者。右，車右也。」周禮太僕云：「王出入，則自左馭而前驅。」注：「如今道引也。道而居左自

〔一〕「事滋」，原誤倒作「滋事」，據左傳校乙。
〔二〕「將」，原訛作「皆」，叢書本同，據史記校改。

御，不參乘，辟王也。亦有車右焉。」大夫禮亦宜然。鄭風箋所言，係將所乘車，將在中也。其甲士之車則左人持弓，右人持矛，中人御也，與此平常乘車法不同。月令：「天子親載耒耜，措之於參保介之御間。」保介，謂車右也。置耒耜於御者、車右之間，御者在中也。驂乘猶參乘也，謂三人共乘焉。然則，士以下無車右矣。故子適衞，冉有僕；問津，夫子代子路執轡，明止御者矣。

仡然從乎趙盾而入，【注】仡然，壯勇貌。【疏】唐石經、諸本同。經義雜記云：「何注『仡然，壯勇貌』。按，説文：『仡，勇壯也。从人乞聲。』周書曰：『仡仡〔一〕勇夫。』此何義也。鄉飲酒禮：『賓西階上，疑立。』注：『疑，讀爲「疑然從於趙盾」之疑。疑，正立自定之貌。』則鄭所据公羊『仡然』作『疑然』，乃立定之貌，不取勇壯義。蓋嚴、顔之異。注疏本改同何本，誤也。釋文：『疑立，魚乞反。』不爲仡字作音，知陸本作『疑然』。」臧氏所據儀禮係單注舊本，與朱子經傳通解、李氏集釋同。毛本本作「疑然」，立自定之貌。賈氏鄉射禮疏引作「正立」，臧氏據改。士昏禮「婦疑立於席西」注亦云「疑，正立自定之貌」，可證。鄉射禮「疑立」疏引鄉飲酒禮注作「疑」，此疏反作「仡」者，蓋因賈引公羊傳，後人因据以私改耳。按：鄭引此傳「乎」作「於」，亦異。○注「仡然，壯勇貌」。○廣雅釋訓〔二〕：「仡仡、暨暨，武也。」詩大雅皇矣云：「崇

〔一〕「仡仡」，今尚書作「仡仡」。「仡」、「仡」異體字。
〔二〕「釋訓」，原誤記爲「釋詁」，據廣雅校改。

墉仡仡。」傳：「仡仡，高大也。」書秦誓〔一〕云：「仡仡勇夫。」孔疏：「仡仡壯勇之夫。」

放乎堂下而立。【注】嫌靈公復欲殺盾，故入以爲意。禮器記曰：「天子堂高九尺，諸侯七尺，大夫五尺，士三尺。」【疏】周禮天官食醫云：「凡君子之食恒放焉。」注：「放，依焉。」孟子離婁：「放乎四海。」注：「放，至也。」謂至乎堂下，或依乎堂下而立也。○注「嫌靈」至「爲意」。○晉世家云：「示眯明知之。」左傳亦云：「提彌明知之。」○注「禮器」至「三尺」。○禮器正義：「天子之堂九尺。」此周法也。白虎通：「天子之堂高九尺。天子尊，故極陽之數九尺也。堂之爲言明也，所以明禮義也。」〔二〕禮記曰：「天子之堂九尺，諸侯七尺，大夫五尺，士三尺。」然則，每堂一尺爲階一等，故士冠禮云「賓降三等」，下至地也。此爲士三尺、階三等之證。賈誼治安策云：「人主之尊，譬如堂。羣臣如陛，衆庶如地，故陛九級。」說文：「陛，升高階也。」玉篇：「天子階也。」天子九級，薛綜注東京賦云：「殿高九尺，階九齒。」彼述天子之禮，則諸侯以下七齒、五齒、三齒，亦應與堂高相應矣。庶人之禮雖不見禮，以士三尺差之，當一尺與？

趙盾已食。靈公謂盾曰：「吾聞子之劍蓋利劍也。子以示我，吾將觀焉。」【注】授君劍，當拔而進其首，靈公因欲以進殺之。【疏】注「授君」至「殺之」。○禮記曲禮云：「進劍者左首。」

〔一〕「秦誓」，原訛作「泰誓」，叢書本同，據尚書校改。

〔二〕白虎通云云，見於廣韻引白虎通義，今本白虎通義無。

注：「左首，尊也。」正義：「進，言進授與人時也。首，劍拊環也。少儀云：『澤劍首〔一〕。』注：『澤，弄也。』又云：『刀卻刃授穎。』注：『穎，鐶也。』是進刀劍皆以首鐶授人，不以刃授人，敬也。左傳定十年，叔孫之圉人欲殺公若，僞不解禮而授劍末。杜云：『以劍鋒末授之。』是也。」靈公欲於盾進劍時，即拔劍首，以劍末刺之也。

趙盾，起將進劍。祁彌明自下呼之曰：「盾食飽則出，何故拔劍於君所！」【疏】通義云：「斥呼盾名，君前臣名也。」左傳云：「提彌明趨登，曰：『臣侍君宴，過三爵，非禮也。』」晉世家：「示眯明恐盾醉，不能起，而進曰：『君賜臣觴，三行可以罷。』」皆與此異。

趙盾知之，【注】由人曰知之，自己知曰覺焉。【疏】晉世家云：「趙盾令先，毋及難。」○注「由人」至「覺焉」。○呂覽情欲「而終不自知」，又淮南修務訓「七年而後知」，注並云：「知，猶覺也。」對文異，散則通。舊疏云：「由人曰知之，此文是也。自己知曰覺者，即昭三十一年傳『叔術覺焉，曰：嘻！此誠爾國也夫』是也。」

躇階而走。【注】躇，猶超遽，不暇以次。【疏】校勘記云：「唐石經、諸本同。釋文：『躇與踱同。一本作辵，音同。』經義雜記曰：說文：『辵，乍行乍止也。从彳从止，讀若春秋公羊傳曰「辵階而走」。』釋文謂『一

〔一〕「首」，原訛作「自」，叢書本不誤，據改。

本作㢟』，與説文正合。則古本公羊作『㢟階』矣。公食大夫禮『賓栗階升』，注：『不拾級，連步趨主國君之命，不拾級而下曰㢟。』公羊傳文當本作㢟，義當如禮經注。何邵公與鄭義同，較之説文乍行乍止之訓更密也。」集韻十八藥「躇」下引此傳文，又云：「或作踱。」葉鈔釋文「踱」作「蹶」，誤。玉篇「跮踱，乍前乍卻」，依説文爲説也。左傳云：「遂扶以下。」彼釋文引服虔注作「跣」，云：「徒跣也。」今杜注本往往作跣者，盧文弨云：「服本是也。」襄三年傳，晉悼公懼魏絳之死，亦『跣而出』，皆是急迫不及納屨使然。」按：與此注超遽義亦合。○注「躇猶」至「以次」。○釋文：「遽作劇，其據反。本亦作遽。」公羊問答云：「左傳『距躍三百』，注：『超越也。』疏：『距地向前跳而越物過也。』説文作『超距』。史記王翦傳『方投石超距』，索隱曰：『超距，猶跳躍也。』漢書甘延壽傳『投石拔距』，張晏曰：『拔距，超距也。』然則，超遽猶超距，不暇如常降階也。燕禮疏云：凡升階之法有四等：連步一也，栗階二也，歷階三也。歷階，謂從下至上皆越等，無連步，若禮記檀弓云『杜蕢入寢，歷階而升』是也。越階四也。越階，謂左右足越三等，若公羊傳云趙盾避靈公『躇階而走』是也。」通義云：「升降階之法，拾級聚足者正也。施於所尊，以疾爲敬，則有栗階。栗階者，始發猶連步，將進階二等，然後散升。若其事有急遽，則始終散等，升則曰歷階，降則曰躇階，皆非禮之常矣。」讀書叢録云：「依何注，躇當作㢟。儀禮公食大夫禮鄭注：『不拾級而下曰㢟。』燕禮記疏：『越階謂左右足越三等，若公羊趙盾躇階而走。』説文無躇字，『㢟，乍行乍止，讀若公羊傳㢟階而走』，與躇字義同。廣雅釋訓：『躊躇，猶豫也。』猶豫，即説文所謂乍行乍止、釋文所謂踱也。」按：洪説非是。何義自與説文不同。此時趙盾避禍疾逃，安得尚乍行乍止？且躇字與躊躇亦殊，無容牽合爲一。

釋名釋姿容云：「疾趨曰走。走，奏也，促有所奏至也。」傳言走，故注言不暇以次也。燕禮所謂升降有四等，亦未洽。曲禮云「拾級聚足連步以上」，注：「拾當爲涉。涉等聚足，謂前足躡一等，後足從之併。」又云：「連步謂足相隨不相過也。」此升降常法也。外則栗階，禮燕禮記「凡公所辭，皆栗階」、公食大夫禮「賓栗階升」之屬是也。鄭注：「栗，蹙也。謂越等急趨君命也。」記又云：「凡栗階不過二等。」注：「其始升猶聚足連步，越二等，左右足各一發而升堂。」以其歷階、越階皆禮經所無，此傳之躇階，更非行禮常法，所謂不暇以次者，故有超距之象矣。敖繼公謂「越等而上曰栗階，下曰躇階」，亦强生分別耳。淩氏廷堪禮經釋例云：「凡升階皆連步，唯公所辭，則栗階。考連步升堂升階常法，猶之平敵相拜也。栗階於君辭則然，猶之再拜稽首也。見諸禮經，唯此二節是也。栗階又名散等。禮記雜記：『祭，主人之升、降、散等，執事者亦散等。雖虞、附亦然。』鄭注：『散等，栗階。』是也。彼栗階爲略威儀，與燕禮以栗階爲敬又不同，皆與躇階異。栗階不過二等。栗猶歷也，如左足升一等，則右足升二等；左足升三等，則右足升四等，閱歷而上，若躇階，或有過二等者矣。」

靈公有周狗，【注】周狗，可以比周之狗，所指如意。【疏】校勘記云：「唐石經、諸本同。何注云『可以比周之狗』。按，爾雅釋畜：『狗四尺爲獒。』郭注：『公羊傳曰靈公有害狗，謂之獒也。』又宋本張華博物志：『晉靈公有害狗。』害〔一〕，與周形相近，故文異。害狗謂能害人之狗。」按：郭注引作「害」，蓋嚴、

〔一〕「害」字原脱，據阮元校勘記校補。

顏異文。今本誤作善矣。通義云：「周狗，周地所出狗，若言韓盧、宋猳矣。」○注「周狗」至「如意」。○公羊問答云：「問：犬能知人意乎？曰：説文：『獒，犬知〔一〕人心可使者。』博物志作害狗，字之誤也，不可從。」按：序周禮廢興「諸侯惡其害己」，舊本誤作「周己」。鹽鐵論地廣篇「賊不害智」，亦誤作「周智」。蓋周、害形近，容或有誤。然害狗、周狗皆傳者所加，自非靈公命名，則俱無不可通。蓋比周如人意，亦足害人也。

謂之獒。【注】犬四尺曰獒。【疏】注「犬四尺曰獒」。○爾雅釋畜云：「犬四尺曰獒。」左氏釋文引尚書傳：「獒，大犬也。」廣雅疏證：「凡物之高大者皆謂之敖。山高大者曰敖山，犬高大者爲獒犬。」〔二〕説文：「獒，犬知人心可使者。」書序「西旅獻獒」，孔傳：「西戎遠國貢大犬。」

呼獒而屬之，【疏】左傳「公嗾夫獒焉」，釋文：「嗾，服本作㖩。」疏引服虔云：「嗾，㖩也。公乃嗾夫獒，使之噬盾也。」晉世家：「盾既去，靈公伏士未會，先縱齧狗名獒。」經義雜記云：「按，釋文謂㖩即嗾字。㖩讀若諏，與嗾聲相近，故文異〔三〕。依正義，則服本亦作嗾，但訓嗾爲㖩耳。説文口部『嗾，使犬聲』，引春秋傳曰『公嗾夫獒』。」按：彼之嗾，即此之呼也。方言：「秦晉冀隴謂使犬曰嗾。」蓋方言之殊與？舊疏：「謂

〔一〕「知」，今説文解字作「如」。下段引該文同此。然章太炎説文解字授課筆記作「知」，當以「知」爲是。

〔二〕廣雅疏證中未檢索到此段文字。

〔三〕「異」，原訛作「義」，叢書本同，據經義雜記校改。

呼而指屬之。今呼犬謂之屬，義出於此。」

獒亦躇階而從之。【疏】据此，則躇階更非行禮之歷階可知。

祁彌明逆而踆之，【注】以足逆躢曰踆。【疏】注「以足」至「曰踆」。○葉本釋文「躢」作「蹋」。文選東京賦「已事而踆」，注：「踆，退也。」以足躢而退之，故曰踆也。玉篇：「踆，退也。」説文足部：「蹋，踐也。」史記蘇秦傳「六博蹋踘者」，謂以足蹋之爲戲也。亦作「躢」，漢書霍去病傳「去病尚穿域躢鞠」是也。

絶其頷。【注】頷，口。【疏】注「頷，口」。○校勘記：「段氏玉裁云：玉篇引作『絶其頜』。」説文頁部：「頜，顄也。」「頜，頤也。」段云：「此謂以足迎蹋之，遂使獒之頤不能噬也。方言：『頷、頤，頜也。南楚謂之頷，秦晉謂之頜。頤其通語也。』」又云：「依方言，則緩言曰頷，急言曰頜。頜當讀如合也。」按：頷於説文訓爲「面黃」，則無口義。揚雄長楊賦「稽顙樹頷」，注：「音蛤。」玉篇訓爲口，蓋即本此。左傳云：「明搏而殺之。」晉世家：「明爲盾搏殺狗。」

趙盾顧曰：「君之獒，不若臣之獒也。」【疏】晉世家：「盾曰：『棄人用狗，雖猛何爲！』然不知明之爲陰德也。」左傳：「盾曰：『棄人用犬，雖猛何爲！』鬭且出，提彌明死之。」注：「責公不養士，而更以犬爲己用。」則此傳所云「君之獒不若臣之獒也」。

然而宮中甲鼓而起。【注】甲，即上所道伏甲。約勒聞鼓聲當起殺盾。【疏】經傳釋詞曰：「然而者，詞之承上而轉者也，猶言如是而也。」與僖三十三年傳「然而晉人與姜戎要之殽而擊之」、定八年傳「然而甲起於琴如」同義。殺下何注云：「猶豫留住之頃。」正合此傳義。

有起于甲中者，抱趙盾而乘之。【注】欲趨疾走。【疏】正以抱而乘之，抱之上車也。據此，則左傳「遂扶而下」，宜如服本作「跣而下」矣。禮，脱屨上堂，降階納屨。趙盾躇階而走，蓋猶徒跣不及納屨，不能疾走，故甲中者抱之而乘也。杜本作「扶」，於情事不合。孔疏强附杜氏，謂：「堂上無屨，跣則是常〔一〕，何須云遂跣而下？」不知下者，不必專指下階，凡退，由階庭而門，皆謂之下也。○注「欲趨疾走」。○校勘記出「欲趍」，云：「鄂本同。閩、監、毛本『趍』作『趨』。」按：紹熙本作「趨」。

趙盾顧曰：「吾何以得此于子？」【注】猶曰：「吾何以得此救急之恩於子邪？」非所以意悟。【疏】晉世家：「示眯明反擊靈公之伏士。伏士不能進，而竟脱盾。盾問其故，曰：『我桑下餓人。』」左傳：「既而與爲公介，倒戟以禦公徒而免之。問何故，對曰：『翳桑之餓人也。』」與公羊合。惟史記謂即眯明，異。注「非所以意悟」者，猶言非所意悟也。

曰：「子某時所食，活我于暴桑下者也。」【注】某時者，記傳者失之。暴桑，蒲蘇桑。傳道此者，明人當素積恩德。【疏】晉世家：「初，盾常田首山，見桑下有餓人。盾與之食，食其半。問其故，曰：『宦三年，未知母之存不，願遺母。』盾義之，益與之飯肉。」左傳：「初，宣子田於首山，舍於翳桑，見靈輒餓，問

〔一〕「常」，原訛作「堂」，據左傳正義校改。

其病。曰：『不食三日矣。』食之，舍其半。問之，曰：『宦三年矣，未知母之存否。今近焉，請以遺之。』使盡之，而爲之簞食與肉，寘諸橐以與之。」呂覽報更篇：「趙宣孟見骫桑之餓人，爲之下食而餔之。與脯一朐，拜受而不敢食，曰：『臣有老母，將以遺之。』宣孟曰：『食之，吾更與汝。』乃復賜之脯二束，與錢百，而遂去之。晉靈公欲殺宣孟，伏士以待，因發酒宣孟。宣孟知之，中飲而出，靈公令房中之士疾追殺之。一人追先及，曰：『君轝！吾請爲君反死。』宣孟曰：『而名爲誰？』曰：『何以名爲？臣骫桑之餓人也。』還鬭而死。」與左傳謂其亡去少異。後漢書注引呂覽曰：「昔，趙孟將之絳，見桑下有餓人，宣孟止車下食而餔之，再咽而能視。宣孟問之曰：『汝何爲而餓若是？』對曰：『臣宦於絳，歸而絶糧，羞行乞，故至於此。』宣子與脯三朐，拜受而弗敢食。問其故，曰：『臣有老母，將以遺之。』宣孟曰：『吾更與汝。』乃復與脯二束。」皆詳略互見。◯注「暴桑，蒲蘇桑」。◯公羊問答云：「左氏作『翳桑』」，杜注：『翳桑，桑〔一〕之多蔭翳者。』公羊注〔二〕作『蒲蘇』。韓非子『本枝扶疏』，易林『扶疏條桃，長大茂盛』，潘尼桑樹賦『上扶〔三〕疏而參差』，是亦多蔭翳之意。扶蘇即蒲蘇，韓愈南山詩『杉篁吒蒲蘇』，呂氏春秋作『骫桑』，淮南子作『委桑』，骫，古委字。」按：爾雅釋詁「毗劉，暴樂也」，注：「謂樹木葉缺落，蔭疏暴樂，見詩。」考暴樂即爆爍。詩桑柔：「捋采其劉。」傳：「劉，暴樂而希也。」箋云：「捋采之，則葉爆爍而疏。」彼疏引爾雅作「爆爍」，又引舍人

〔一〕「桑」字原脱，據左傳正義及公羊問答校補。

〔二〕「注」字原脱，據公羊注疏及公羊問答校補。

〔三〕「扶」字原脱，公羊問答即脱，據全上古三代秦漢三國六朝文校補。

曰：「毗劉，爆爍之義也。」然則，暴桑者即爆爍之桑，爆爍爲稀疏不均之名。故何氏訓爲蒲蘇，蒲蘇猶扶疏，潘尼賦之上疏〔一〕也。吴氏經説云：「蒲蘇猶扶疏也。」然則暴桑即榑桑矣。榑蒲暴桑皆一聲之轉。大雅云：「菀〔二〕彼桑柔。」柔，古讀如猱。左傳注「桑之多蔭翳〔三〕者」，意與此同。按：爾雅釋木「蔽者，翳」，郭注：「樹蔭翳相覆蔽者。詩曰：『其椔其翳。』」經義述聞：「『木自獘〔四〕』以下三句〔五〕，皆釋死木也。蔽即上文木自獘之獘〔六〕。大雅皇矣正義引此作「斃〔七〕者，翳」。又引李巡曰：『斃〔八〕，死也。』釋言：『獘〔九〕，踣也。』釋文：『獘字又作斃〔一〇〕。』郭本作『潎者，借字耳』。皇矣傳：『自斃爲翳。』釋文：『斃，

〔一〕「上疏」，當爲「扶疏」。

〔二〕「菀」，原訛作「鬱」，叢書本同，據詩經校改。

〔三〕「蔭翳」，原訛倒作「翳蔭」，叢書本同，據左傳正義校乙。

〔四〕「獘」，原訛作「弊」，叢書本同，據經義述聞及爾雅校改。

〔五〕「三句」二字原脱，叢書本同，據經義述聞校補。

〔六〕「獘之獘」，原訛作「弊之蔽」，叢書本同，據經義述聞校改。

〔七〕「斃」，原訛作「弊」，叢書本同，據經義述聞校改。

〔八〕「斃」，原訛作「弊」，叢書本同，據經義述聞校改。

〔九〕「獘」，原訛作「弊」，叢書本同，據經義述聞校改。

〔一〇〕「獘字又作斃」，原訛脱作「弊字作斃」，叢書本同，據經義述聞及釋言改補。

本或作蔽[一]。』襄二十七年左傳『以誣道蔽諸侯』，釋文『蔽』，服虔、王肅、董遇並作『獘[二]』，云：『踣也。』是獘、斃[三]並與蔽通。翳讀曰殪，皇矣篇『其菑其翳』，釋文：『韓詩作殪。』後漢書光武紀注：『殪，仆也。』宣六年左傳：『使疾其民，以盈其貫，將可殪也。』殪，皆謂踣斃之也。作翳亦借字耳。周語：『是去其藏而翳其人也。』翳其人，謂踣斃其民也。毛傳：『自斃爲翳。』雖與爾雅原文小異，而其爲踣木則同。若云樹蔭翳相覆蔽，則是相覆蔽之木，而非踣木，與上二句全不相應矣。」然則，左氏之「翳桑」，亦爲桑之踣斃者，與此「暴桑」正同，故何氏以爲蒲蘇桑也。水經注：「雷首山北，去蒲阪三十里。」一統志：「雷首山在蒲州永濟縣南四十五里。哺飢阪在絳州北六里，即食翳桑餓人處。」○注「傳道」至「恩德」。○說苑復恩篇述此事云：「故惠君子，君子得其福；惠小人，小人盡其力。夫德一人活其身，而況置惠於萬人乎？故曰德無細，怨無小。豈可無樹德而除怨，務利於人哉？利施者福報，怨往者禍來，形於内者應於外，不可不慎也。此書之所謂『德無小』者也。」後漢書崔駰傳：「達旨云：宣孟收德于束脯。」淮南繆稱訓：「僖負羈以壺餐表其閭，趙宣孟以束脯免其軀。禮不隆而德有餘，仁[四]心之感，恩接而憯怛生，故其入人深。」

趙盾曰：「子名爲誰？」【注】後欲報之。【疏】晉世家亦云問其名。左傳云：「問其名居。」

〔一〕「斃，本或作蔽」，原訛脱作「弊或蔽」，叢書本同，據經義述聞及釋言改補。
〔二〕「獘」，原訛作「弊」，叢書本同，據經義述聞校改。
〔三〕「獘、斃」，原訛作「斃、弊」，叢書本同，據經義述聞校改。
〔四〕「仁」，原訛作「人」，叢書本同，據淮南子校改。

曰：「吾君孰爲介？【注】介，甲也。猶曰我晉君誰爲興此甲兵，豈不爲盾乎？【疏】注「介，甲也」。○詩鄭風清人云：「駟介彭彭。」傳：「介，甲也。」大雅瞻卬云：「舍爾介狄。」箋云：「介，甲也。」釋名釋兵甲云：「甲亦曰介。」史記衛世家：「太子與五人介。」注引賈逵云：「介，被甲也。」

子之乘矣！何問吾名？」【注】之乘，即上車也。猶曰已上車矣，何不疾去，而反徐問吾名乎？欲令蚤免去，不望報也。【疏】注「之乘」至「報也」。○校勘記出「子以上車矣」，曰：「鄂本以作已。」又出「不望報矣」，云：「鄂本矣作也。」紹熙本亦作「已」。左傳：「不告而退，遂自亡也。」注：「不望報也。」史記注引服虔注同晉世家，亦云：「弗告。」説苑復恩篇與呂覽所記大同，亦云：「宣孟曰：『子名爲誰？』反走〔一〕且對曰：『何以名爲？』」然不若此傳所對之詳。

趙盾驅而出，衆無留之者。【注】明盾賢人，不忍殺也。且靈公無道，民衆不悦，以致見殺。【疏】晉世家云：「盾遂奔驅而出。」驅車而出也。○注「明盾」至「見殺」。○鄂本「悦」作「説」。紹熙本同。下傳「民衆不悦」亦同。繁露滅國上云：「晉趙盾一夫之士也，無尺寸之土，無一介之衆也。而靈公據伯主之餘尊，而欲誅之，窮變極詐，詐盡力〔二〕竭，禍大及身。推盾之心，載〔三〕小國之位，孰能亡之哉！」盾爲

〔一〕「反走」，原訛作「及是」，叢書本同，據呂氏春秋校改。
〔二〕「力」，原訛作「爲」，叢書本同，據春秋繁露校改。
〔三〕「載」，原訛作「戴」，叢書本同，據春秋繁露校改。

賢人者，左傳云：「趙宣子，古之良大夫也。」晉世家云：「趙盾素貴，得民和；靈公少，侈，民不附，故爲弑易。」是也。

趙穿緣民衆不悦，起弑靈公。【疏】史記十二諸侯年表：「趙穿殺靈公。」晉世家：「盾昆弟趙穿襲殺靈公於桃園。」注：「虞翻曰：園名也。」左傳：「趙穿攻靈公於桃園。」釋文：「『攻』本或作『弑』。」北堂書鈔引作「煞靈公」，煞即殺字，殺亦音弑，釋文僖九年左傳可證。繁露王道云：「晉靈行無禮，處臺上彈羣臣，枝解宰人而棄。及患趙盾之諫，欲殺之，卒爲趙穿所殺。」是也。釋文作「不説」，與鄂本同。

然後迎趙盾而入，與之立于朝，【注】復大夫位也。即所謂復國不討賊，明史得用責之。傳極道此上事者，明君雖不君，臣不可以不臣。【疏】晉世家亦云：「而迎趙盾。」穀梁傳：「趙穿弑公，而後反趙盾。」注：「招使還。」○注「復大夫位也」。○左傳：「宣子未出山而復。」蓋即復大夫位。晉世家亦云：「盾復〔一〕位。」家語正論作「未及山而還」。杜云：「晉竟之山。」按：晉語「陽處父及山而還」，韋注：「山，河内温山也。」是時，晉已啓南陽，竟及于河，未及山，即所謂「亡不越竟」也，杜注殊混。晉世家亦云「未出竟」。公羊以盾之罪在復不討賊，其出竟與否不及記也。○注「即所」至「責之」。○即上傳曰：「史曰：爾爲仁爲義，人弑爾君，而復國不討賊，此非弑君如何？」是也。○注「傳極」至「不臣」。○正以穿爲盾宗，盾出穿弑，穿弑盾反，而自反其位，處穿如常。是時，成公未立，盾之復位誰實使之？其不臣之跡顯而易見，

〔一〕「復」，原訛作「後」，叢書本不誤，據改。

故注極言「臣不可不臣」以責之也。通義云：「晉侵天子之邑，而穿爲之主將，是其人素有無君之心，必以犯天子爲可者也。諸侯可以犯天子，大夫可以犯諸侯。曾子曰：『出乎爾者，反乎爾者也。』故卒至於手刃其君。噫！上之所以率下者，可不慎與！」孔氏之論極正。而左傳韓獻子猶曰「宣孟之忠」，則當時已無真是非。董狐所以爲良史也。然左傳謂「趙宣子爲法受惡」，亦非孔子語。

而立成公黑臀。【注】不書者，明以惡夷獋，猶不書剽立。【疏】左傳云：「趙宣子使趙穿逆公子黑臀于周，而立之。」注：「黑臀，晉文公子。」晉世家云：「趙盾使趙穿迎襄公弟黑臀于周，而立之，是爲成公。成公者，文公少子，其母周女也。」國語周語：「襄公〔一〕曰：吾聞成公之生也，其母夢神規其臀以黑，曰：『使有晉國。』故命之曰黑臀。」按：晉文不應娶周女，蓋周大夫女也。○注「不書」至「剽立」。○剽立在襄十四年，彼二十六年傳云：「曷爲不言剽之立？不言剽之立者，以惡衛侯矣。」注云：「欲起衛侯失衆出奔，故不書剽立。剽立無惡，則衛侯惡明矣。」正以不書黑臀立，亦以起夷獋之無道也。通義云：「不當立不書者，已從立晉託始見法。何氏云：『以惡夷獋，猶不書剽立。』非也。君弒自必立嗣君，與衛有衎、剽二君者異，不當推彼解此。」按：衛完見弒，亦必立嗣。春秋何以書晉立以見篡？正夷獋失道，前後不見，故於不書黑臀起之。

〔一〕「襄公」上原衍一「單」字，叢書本同，據國語校删。

○夏，四月。

○秋，八月，螺。【注】先是宣公伐莒取向，公比如齊所致。【疏】注「先是」至「所致」。○取向，事在上四年。公比如齊，即上四年秋「公如齊」、五年春又「如齊」是也。五行志中之下：「宣公六年八月螽。劉向以爲，先是宣伐莒向，後比再如齊謀伐萊。」

○冬，十月。

公羊義疏四十六

南菁書院　句容陳立卓人著

宣七年盡九年

○**七年，春，衛侯使孫良夫來盟。**【疏】桓十四年：「夏，鄭伯使其弟語來盟。」注：「時者，從内爲王〔一〕義，明王者當以至信先天下。」則此當與彼同。成三年：「冬，十有一月，晉侯使荀庚來聘。衛侯使孫良夫來聘。丙午，及荀庚盟。丁未，及孫良夫盟。」書日月者，彼注云：「惡之。詩曰：『君子屢盟，亂是用長。』二國既修禮相聘，不能親信，反復相疑，故舉聘以非之。」是彼書日月之義也。

○**夏，公會齊侯伐萊。**【疏】杜云：「萊國，今東萊黄縣。」元和郡縣志：「故黄城在登州黄縣東南二十五里，古萊子國。齊乘：『萊子城，地名。龍門居山峽閒，鑿石通道，極爲險隘，俗名萊子關。』」

〔一〕「王」，原訛作「主」，叢書本同，據公羊傳注疏校改。

○秋，公至自伐萊。【疏】莊六年傳：「不得意致伐。」注：「公與一國及獨出用兵，得意不致，不得意致伐。」

○大旱。【注】爲伐萊踰時也。【疏】五行志中之上：「宣公七年，秋，大旱。是夏，宣與齊侯伐萊。」

○冬，公會晉侯、宋公、衛侯、鄭伯、曹伯于黑壤。【疏】大事表云：「傳云『盟于黄父』，杜注：『黄父即黑壤。』蓋二名爲一地矣。黑壤山在今澤州府沁水縣西北四十里，澮水所出。」

○八年，春，公至自會。【疏】毛本「會」誤「齊」。

○夏，六月，公子遂如齊，至黄乃復。【疏】方輿紀要：「黄城在東昌府冠縣南。」按：史記正義：

「黄城[一]在魏州。」按：由魯至齊，不知何以行至今之冠縣地。

其言至黄乃復何？【注】據公孫敖不言至復，又不言乃。【疏】注「據公」至「言乃」。○即文八年，「公孫敖如京師，不至復。丙戌，奔莒」，是不言至復，又不言乃也。

有疾也。【注】乃，難辭也。上言乃復，下有卒，知以疾爲難。【疏】注「乃，難辭也」。○説文：「乃，曳詞之難也。象气之出難。」下傳云：「乃者何？難也。」因難故緩，亦爲緩詞。周禮太宰：「乃縣治象之法于象魏。」注：「乃，緩辭也。」是也。

何言乎有疾乃復？【注】据公如晉以有疾乃復，殺恥，以爲有疾無惡。【疏】注「据公」至「無惡」。○即昭二十三年「冬，公如晉，至河。公有疾，乃復」，傳云：「何言乎公有疾乃復？殺恥也。」注：「因有疾，以殺畏晉之恥。」是也。校勘記出「乃復弑恥」，云：「閩、監、毛本弑作殺，此誤。蓋凡殺字皆改爲弑，遂誤改此爾。」紹熙本亦作「殺」。

譏。何譏爾？大夫以君命出，聞喪，徐行而不反。【注】聞喪者，聞父母之喪。徐行者，不忍疾行，又爲君當使人追代之。以喪喻疾者，喪尚不當反，況於疾乎？順經文而重責之。言乃不言有疾者，有疾猶不得反也。敖不言乃者，明無所難爲重。敖當誅，遂當絶。【疏】注「聞喪」至「代之」。○白虎

[一]「黄城」，原誤作「黄縣」，叢書本同，據史記正義校改。

通喪服云：「大夫使，受命而出，聞父母之喪，非君命不反者〔一〕，蓋重君也。故春秋傳曰：『大夫以君命出，聞喪，徐行不反。』」禮聘禮：「若有私喪，則哭于館，衰而居，不饗食。歸，使衆介先，衰而從之。」注：「私喪，謂其父母。哭于館，衰而居，不敢以私喪自聞於主國，凶服干君之吉使。春秋傳曰：『大夫以君命出，聞喪，徐行不反。』」賈疏謂行聘享，仍服皮弁。蓋不以私喪廢公事也。或駁之謂當使上介攝。彼文賓死，介攝其命，則此不使介攝明矣。蓋出竟未遠，遇有私喪，君或使人代之。若已至彼國，當終其事，聘禮所載是也。彼經云「不饗食」，則已行聘享可知。鄭又云：「已有齊斬之服，其在道路，使介居前，歸又請反命，已猶徐行隨之。君納之，乃朝服，既反命，出公門，釋服，哭而歸。」皆與此徐行不反之義相足。禮記奔喪云：「唯父母之喪，見星而行，見星而舍。若未得行，則成服而後行。」注「謂以君命有爲者」是也。「成喪服，得行則行」。是爲不能即反，故先成服也。奔喪又云：「聞喪不得奔喪，哭盡哀。問故，又哭盡哀。乃爲位。」注：「謂以君命有事，不然者，不得爲位。」是也。何氏知君當使人代之者。風俗通愆禮亦云：「春秋大夫出使，聞父母之喪，徐行而不反，君追還之，禮也。」是也。繁露精華篇：「徐行不反者，謂不以親害尊，不以私妨公也。」○注「以喪」至「責之」。○杜云：「大夫受命而出，雖死，以尸將事，遂以疾還，非禮也。」正義：「哀十五年傳：『有朝聘而終，以尸將事之禮。』是入所聘之竟則當遂行。黄是齊竟，遂以疾還，非禮也。」舊疏云：「傳不言大夫以君命出，遇疾而還非禮，而言聞喪徐行而不反者，是其順經文而

〔一〕「者」字原脱，據白虎通義校補。

重責之也。」○注「言乃」至「反也」。○穀梁傳：「乃者，亡乎人之辭也。」注：「鄭嗣曰：大夫受命而出，雖死以尸將事。今遂以疾而還，失禮違命，故曰亡乎人。」按：聘禮：「賓入竟而死，遂也。介攝其命。」「歸，介復命，柩止于門外。」「若賓死，未將命，則既斂于棺，造于朝，介將命。」注：「謂俟間之後也。以柩造朝，以已至朝，志在〔一〕達君命。」足證有疾俱不得反矣。○注「赦不」至「當絶」。○以赦非有疾，無所難，故不得言乃，與此異也。赦無所難而復，故當誅。此遂實有疾，惟不俟君命，遽爾反國，故當絶，輕於赦也。舊疏云：「赦違命罪大，故當誅。誅者，罪累家也。遂前雖弑君，而宣公不以爲罪，直以當時行事而責之，責其奉命不終而以疾辭，故當絶其身而已。」

○辛巳，有事于太廟。【疏】包氏慎言云：「六月書辛巳，月之十八日。下壬午，月之十九日。」禮記疏引釋廢疾云：「宣八年六月『有事于太廟』。禘而云『有事』者，雖爲卿佐卒張本，而書有事，其實當時有用七月而禘，因宣公六月而禘得禮，故變文言有事。春秋因事變文，見其得正也。」按：何氏無此義，亦不必以此爲禘，直不過時祭而已。

〔一〕「在」字原脱，據儀禮注疏校補。

○**仲遂卒于垂。**【疏】杜云:「垂,齊地。」大事表云:「非魯竟,故書地。當在今泰安府平陰縣境,即隱八年遇于垂之垂。」

仲遂者何?【注】据不稱公子,故問之。

公子遂也。【注】自是後無遂卒,知公子遂。

何以不稱公子?【注】据公子季友卒,雖加字,猶稱公子也。【疏】注「据公」至「子也」。○即僖十六年,「公子季友卒」是也。彼季友加字稱公子,此仲遂亦加字,不稱公子,故据以難。鄂本無「也」字。

貶。曷爲貶?【注】据叔孫得臣卒不貶。【疏】注「据叔」至「不貶」。○上五年:「叔孫得臣卒。」注:「不日者,知公子遂欲弑君,爲人臣知賊而不言,明當誅。」然則,仲遂、得臣皆合貶,彼得臣乃不去氏示貶,故難之。

爲弑子赤貶。【疏】通義云:「貶去公子,則不嫌與季友同,故亦得稱字。但加字之故,傳文未明。竊取劉敞之説曰『譏世卿也』,言自是世仲氏也。世卿多矣,曷爲獨譏乎此?因其可譏而譏之。此其爲可譏奈何?言是乃弑子赤者也,其諸則宜於此焉正之矣。」

然則曷爲不於其弑焉貶?【注】据翬終隱之篇貶,欲使於文十八年「子赤卒」年中貶。【疏】注「据翬」至「中貶」。○即隱四年,「翬帥師會宋公以下伐鄭」,傳:「翬何以不稱公子?貶。曷爲貶?與弑公也。」十年「夏,翬帥師」,傳:「此公子翬也,何以不稱公子?貶。曷爲貶?隱之罪人也,故終隱之篇貶也。」是其事也。據此例，則遂宜於文公薨後，子卒前貶也。

於文則無罪，於子則無年。【注】此解十八年秋如齊不貶意也。十八年編於文公貶之，則嫌有罪於文公，無罪於子赤也。卒乃貶者，元年逆女，嫌爲喪娶貶也。公會平州下如齊，嫌公遂；八年如齊，嫌坐乃復貶也。貶加字者，起嬰齊所氏，明爲歸父後，大宗不得絶也。地者，卒外，明當有卒外禮也。日者，不去樂也。書有事者，爲不去樂張本。【疏】注「此解」至「赤也」。○即文十八年書「公子遂、叔孫得臣如齊」是也。未踰年君，尚未改元，是年編於文公貶，則嫌有罪於子赤仍不見。○注「元年」至「貶也」。○上元年，「公子遂如齊逆女」是也。注：「嫌觸諱不成其文也。」彼本宜去公子起喪娶，嫌爲弒君削去其氏，貶喪娶不明，界在喪娶限内，又若爲喪娶貶，弒君意亦不明，故此注與元年注相足也。○注「公會」至「公遂」。○校勘記出「下如齊也，嫌公遂」，云：「閩、監、毛本同，誤也。鄂本『如齊』下無『也』字，當據以訂正。」即上元年『公會齊侯于平州』，又即書云『公子遂如齊』，若不書公子，則是公會齊侯于平州，遂如齊，嫌公遂矣。」○注「八年」至「貶也」。○校勘記出「如齊嫌坐」，上無「八年」二字，云：「閩、監、毛本同，誤。鄂本公遂下有八年二字，當據正。」於八年『如齊，至黄乃復』，貶不稱公子，則嫌因坐乃復貶之矣。」彼廢棄君命，有疾即還，本宜坐貶。若去公子，則仍嫌爲坐有疾乃復貶也。舊疏云：「公子翬助桓篡弒，入篇即不貶，見其無罪於桓公。今此公子遂助宣篡弒，而於宣貶者，正以於子赤則無年，遂之罪重不得令免，會須貶之。諸見之處，悉皆有嫌，不得作文，是以正於卒時貶，見其事。」○注「貶加」至「絶也」。○成十五年：「仲嬰齊卒」，傳：「仲嬰齊者何？公孫嬰齊也。公孫嬰齊，則曷爲謂之仲嬰齊？爲兄後也。爲兄後，則曷爲謂之仲嬰齊？爲人後者爲之子也。爲人後者爲之子，則其稱仲何？孫以王父字爲氏也。然則嬰齊孰後？後歸父也。」蓋嬰齊爲遂子，宜稱公孫，而稱仲嬰齊，是爲歸父後，爲遂孫矣。孫以王父字爲氏，宜氏仲故也。故先於遂卒加仲，與仲嬰齊稱仲相起，明嬰齊所氏之由也。大宗不得絶者，通典引石渠禮議：「大宗無後，族無庶子，已有一嫡子，當絶父祀以後大宗否？戴聖曰：『大宗不可絶。言嫡子不爲後者，不得先庶耳。族無庶子，則當絶父以後大宗。』聞人通漢云：『大宗有絶，子不絶其父。』宣帝制曰：『聖議是也。』」白虎通封公侯云：「禮服傳曰：『大宗不可絶。同宗則可以爲後、爲人作子何？明小宗可絶，大宗不可絶。故舍己之父〔一〕，往爲後于大宗，所以尊祖，重不絶大宗也。』春秋傳曰：『爲人後者爲之子。』」按：禮喪服齊衰期章：「傳曰：何以期也？不二斬也。何以不二斬也？特重於大宗者，降其小宗也。爲人後者孰後？後大宗也。曷爲後大宗？大宗者，尊之統也。」「大宗者收族者也，不可以絶，故族人以支子後大宗也。嫡子不得後大宗。」又斬衰章「傳曰：何如而可爲之〔二〕後？同宗則可爲之後。何如而可以爲人後？支子可也。」通典引汪子甯〔三〕云：「支子有出後之義，而無廢嫡之文，故嫡子不得後大宗。傳所云『嫡子不得繼大宗』，此乃小宗不可絶之明文也。」按：禮傳所云，自謂有支子者，不得以嫡子後大宗耳。禮傳明云「大宗不可絶」，不云不可絶小宗也。祖易於上，宗曷爲下？何云小宗

〔一〕「父」，原訛作「後」，叢書本同，據白虎通校改。
〔二〕「之」，原訛作「人」，據儀禮注疏校改。
〔三〕「汪子甯」，原訛作「范甯」，叢書本同，據通典校改。

不絶乎？通典引鄭志：「劉德問：『以爲人後者，支子可也，長子不以爲後。同宗無支子，唯有長子，長子不後人則大宗絶後，則違禮，如之何？』田瓊答曰：『以長子後大宗，則成宗子。禮，諸父無後，則祭于宗子之家，復以其庶子還承其父後。』」如田所言，亦可謂仁至義盡矣。○注「地者」至「禮也」。○校勘記出「地者絶外卒」，云：「鄂本作『地者，卒外』。此本『絶』衍字，『外卒』誤倒。按，解云：此言于垂者，正以卒於外故也，是疏本亦作卒外，不言絶。」舊疏云：「欲道公子季友之文皆不地。所以卒於外則地之者，明當有卒於外之禮故也。」聘禮述聘使死禮云：「歸，介復命，柩止于門外。介卒復命，出，奉柩送之。君弔，卒殯。」注：「成節乃去。」又曰：「若大夫介卒，亦如之。」又曰：「若介死，歸復命，唯上介造于朝。若介死，雖士介，賓既復命，往，卒殯乃歸。」注：「往，謂送柩。」王氏士讓儀禮訓解云：「士喪禮，君於士有視斂禮，況奉使有勞於國，君必弔可知。」○注「日者」至「樂也」。○舊疏云：「失禮鬼神例日也。」按：傳聞世大夫卒，有罪不日，無罪日，故叔孫得臣卒不日，此而日，故解之。通義云：「遂卒不日，當與得臣同法。辛巳則祭日，非卒日也。范武子〔一〕曰：『祭于太廟之日，而知仲遂卒，是也。垂猶齊地。』理不能一日訃至，遂卒實在前，但必退書日下。主譏，猶繹之義乃顯。」○注「書有」至「張本」。○舊疏云：「時祭之禮，初夏作之，即是得時不書之例，而書之者，爲下不去樂張本故也。而言有事者，礿不合書，是以但言有事，爲下張本而已，似若文二年注云『不言吉禘者，就不三年不復譏，略，爲下張本』而已之類。」按：不似書烝嘗明者，

〔一〕「范武子」，即范甯，甯字武子。

嫌礿祭非禮也。

○壬午，猶繹，萬入去籥。

繹者何？祭之明日也。【注】禮，繹繼昨日事，但不灌地降神爾。天子諸侯曰繹，大夫曰賓尸，士曰宴尸，去事之殺也。必繹者，尸屬昨日配先祖食，不忍輒忘，故因以復祭，禮則無有誤，敬慎之至。殷曰肜，周曰繹。繹者，據今日道昨日，不敢斥尊言之，文意也。肜者，肜肜不絶，據昨日道今日，斥尊言之，質意也。祭必有尸者，節神也。禮，天子以卿爲尸，諸侯以大夫爲尸，卿大夫以下以孫爲尸。夏立尸，殷坐尸，周旅酬六尸。【疏】注「禮繹」至「神爾」。○毛本「繼」誤「祭」。穀梁傳云：「繹者，祭之旦日之享賓也。」左傳注：「繹，又祭。陳昨日之禮，所以賓尸。」禮有司徹目録云：「天子、諸侯之祭，明日而繹。」爾雅釋天：「繹，又祭也。」郭注：「祭之明日，尋繹復祭。」詩疏引李巡曰：「繹，明日復祭曰又祭。」左疏引孫炎云：「祭之明日，尋繹復祭也。」詩周頌絲衣序〔一〕：「繹，賓尸也。」箋：「繹，又祭也。天子諸侯曰繹，以祭之明日。」國語魯語：「宗不具不繹。」韋注：「繹，又祭也。唐尚書云：『祭之明日也。』昭謂天子、諸侯曰繹。」禮記禮器云：「爲祊于外。」注：「祊祭，明日之繹祭也。謂之祊者，於廟門之旁，因名焉。」此經祭于辛

〔一〕「詩周頌絲衣序」，原誤記爲「詩大雅序絲衣」，叢書本同，據詩經校改。

巳，繹于壬午，可爲繹祭於明日之證。不灌地降神者，正祭有灌。此繹，主爲尸作，故不須灌地降神也。正祭，魯如天子九獻，君灌爲一獻，夫人灌爲再獻。明堂位：「灌用玉瓚大圭，鬱尊用黄目。」是君用圭瓚，酌黄目之鬱。夫人以璋瓚也。既灌之後，則出迎牲視殺，蓋灌在尸入之後也。人道宗廟有灌，天地至尊，不灌莫稱焉，亦作祼。皇侃論語義疏云：「先儒舊論灌法不同，一云於太祖室𥨊前東向，東白茅置地上，而持鬯酒灌白茅上，使酒味滲入淵泉以求神也。」按：郊特牲云：「周人尚臭，灌用鬯臭，鬱合鬯，臭陰達於淵泉。」注：「謂以圭瓚酌鬯始獻神也。」禮記祭統：「君執圭瓚灌尸。」注：「天子、諸侯之祭禮，先有灌尸之事。」鄭二注或神或尸，故解者或云灌神是灌地之禮，灌尸是灌人之事。按：正祭尸者神象，則灌尸即灌神，無二事也。○注「天子」至「殺也」。○舊疏以「天子」至「宴尸」爲春秋説文。絲衣箋又云：「大夫曰賓尸，與祭同日。」正義云：「繹祭之禮，主爲賓事此尸，但天子、諸侯禮大，異日爲之，别爲立名，謂之爲繹，言其尋繹昨日。卿、大夫禮小，同日爲之，不别立名，直指其事，謂之賓尸耳。」郊特牲云：「繹之於庫門内，祊之於東方，朝市之於西方，失之矣。」注：「祊之禮，宜於廟門外之西室，繹又於其堂，神位在西也。此二者同時，而大名曰繹。其祭禮簡，而事尸禮大。」正義：「釋宫云：『閍謂之門。』孫炎云：『謂廟門外。』又引詩云：『祝祭于祊。』故知廟門也。知廟門外者，禮器云：『爲祊于外。』故知在外也。以西是鬼神之位，室又求神之處，故知在廟門外之西室。祊是求神之名，繹是接尸之稱，求神在室，接尸在堂，故云『繹又於其堂』也。」「祊於室内求神，繹是堂上接尸，一時之事，故二者同時也。」又云：「祊有二種，一是正祭之時，既設祭于廟，又求神於廟門之内。詩楚茨云：『祝祭于祊。』二是繹祭之時，設饌於廟門外西室，亦謂之祊。」按：春秋、爾雅、詩序皆但言繹不言祊，是其大名曰繹也。禮有司徹鄭目録云：「少牢之下篇也。大夫既祭，儐尸於堂之禮。祭畢，禮尸於室中。」又經有司徹下云：「徹室中之饋及祝佐食之俎。卿、大夫既祭而儐尸，禮崇也。儐尸則不設饌西北隅，以此薦俎之陳有祭象，而亦足以厭飫神。天子、諸侯明日祭於祊而繹。」引此、引爾雅文。按：天子、諸侯之繹，與大夫儐尸異者，儐尸在祭日，繹在明日。儐尸於廟之堂，繹則於廟門之祊。儐尸但有獻尸而不祭，繹則又祭，故名曰繹。又卿、大夫儐尸即用正祭之牲，有司徹云「燅尸俎」是也。繹祭則別用牲。詩絲衣云「自羊〔一〕徂牛」，鄭箋以爲「視牲」。周禮牛人：「凡祭祀，共其享牛、求牛。」注：「求，終也。終事之牛，謂所以繹者也。」謂皆禮之異於卿、大夫者。郊特牲又云：「坐尸於堂。」鄭注：「謂朝事時。」是正祭朝踐時已事尸於堂，故繹祭於廟門行之，所謂求神非一處也。卿大夫無朝踐禮，正祭事尸於廟室，故儐尸於廟堂行之，亦其異也。其祊之異者，詩：「祝祭于祊。」傳：「祊，門内也。」鄭箋：「孝子不知神之所在，故使祝博求之平生門内之旁，待賓客之處。」以正祭之禮不出廟門。又郊特牲云：「索祭祝於祊。」鄭注：「索，求神也。」此正祭之祊也。江氏永云：「索祭祝於祊，文承直祭祝於主之下，當在薦熟之後。」是也。祭統「詔祝于室而出於祊」即此。禮器云：「爲祊乎外。」注：「祊，祭之明日繹祭也。」此繹祭之祊也。郊特牲「祊之於東方」疏、有司徹疏以「索祭祝于祊」爲明日繹祭之祊，誤。胡氏培翬儀禮正義：「疑郊特牲祊與繹對言，明亦正祭之祊。考正祭時設席於奥東西，以神位

〔一〕「羊」，原訛作「堂」，叢書本同，據毛詩正義校改。

在室之西。此求神於門内，亦當在西方。今乃於東方，猶繹當在廟門，今乃在庫門，均爲失禮之事耳。此經言繹，言祊，言朝事，明是三事。鄭乃繹與祊牽合爲一解之，恐非。」按：胡説亦近是。此賓尸者，上大夫禮。有司徹又云：「若不儐尸。」注：「謂下大夫也。其牲物則同，不得備其禮耳。」其牲同者，如牲亦用羊豕魚，六十五之類。其異者，尸七飯以上皆同，祝侑尸八飯後見其異也。此賓尸即禮之儐尸，儀禮校勘記：「儐，徐本作賓。」按：通篇儐尸之儐，或作賓，或作儐，諸本互錯。據經文作儐，當以儐爲正。賓、儐或古字通用。吴氏廷華云：「徹而儐尸，蓋以紓其象神之勞也。」是也。禮器曰：「季氏祭，逮闇而祭，日不足，繼之以燭。」「他日祭，子路與，室事交乎户，堂事交乎階，質明而始〔一〕行事，晏朝而退〔二〕。」注：「室事，祭時。堂事，儐尸。」是也。其士曰宴尸，則無文。特牲於尸卒食三飯後，僅有獻賓衆及旅酬，無算爵諸節，無儐尸之禮。宴尸者，或祭畢而酬宴之，又殺於下大夫之不儐尸者也。○注「必繹」至「之至」。○舊疏云：「畏敬先君之尸而爲之設祭，則無有過誤也。」周禮牛人注：「宗廟有繹者，孝子求神非一處。」疏：「今日正〔三〕祭於廟，明日繹祭在廟門之西室。」祭義注：「此時君牽牲，將薦毛血。君獻尸而夫人薦豆，謂繹日也。儐尸，主人獻尸，主婦自東房薦韭、菹、醢。」疏：「儐尸之時，先獻後薦。上大夫儐尸，即天子、諸侯之繹也。」按：繹祭禮亡，以少牢、有司徹證之。其儐尸之異於正祭者，埽堂設筵，皆堂上之事也，

〔一〕「始」字原脱，叢書本同，據禮記校補。
〔二〕「退」，原訛作「迎」，叢書本同，據禮記校改。
〔三〕「正」，原訛作「之」，叢書本同，據周禮注疏校改。

與正祭筵與奥異。賓尸迎尸，與大夫正祭不迎尸異。儐尸有侑，與正祭有祝異。儐尸先獻後薦，與正祭先薦後獻異。儐尸鼎三，與正祭鼎五異。儐尸牲體進腠，與正祭牲體進下異。儐尸魚横載，與正祭縮載異。賓尸，主人獻尸，而尸酢之於獻侑之後，與正祭主人獻尸而尸酢之於獻祝佐食之前異。以上陳祥道晰之最詳，故備録之。儐者，禮之之意。繹爲儐尸之事，明因昨日配先祖食勞乏，故次日復儐禮之也。○注「殷曰彤，周曰繹」。○爾雅釋天：「周曰繹，商曰彤。」郝氏懿行義疏云：「彤者，融之假音也。書之『高宗彤日』，緇衣箋云：『商謂之彤。』釋文『彤』作『融』是也。釋詁：『融，長也。』方言『融』與『繹』俱訓長，是『融』、『繹』義同。詩疏引孫炎曰：『彤者，亦相尋不絶之義。』公羊注：『彤者，彤彤不絶。』是皆以彤爲融，故左氏隱元年傳『其樂也融融』，文選思玄賦作『彤彤』，李善注：融與彤古字通也。」錢氏大昕答問云：「問：祭之明日又祭曰彤，見於尚書、爾雅，而説文肉部無彤字，或謂彤乃漢人俗字，然否？曰：説文舟部有彤字，云：『船行也，从舟彡聲。』即『高宗彤日』之彤。玉篇彤訓祭，又訓舟行，足證彤繹字从舟不从肉。此必顧野王元本，非唐以後儒者所能附益。古音彤，當爲余箴反，轉爲余弓切，侵東兩部聲相近也。孫炎曰『彤者，相尋不絶』，古人音與韻協，以尋訓彤，知古音彤在侵部，其讀如融，乃轉聲，非正聲也。」按：錢、郝二家之説極爲精當，而音當如錢讀。舊疏云：「郭氏爾雅其下文〔一〕仍有『夏曰復胙』之文，而何氏不言者，正以諸家爾雅悉無此言，故不引之。」○注「繹者」至「質意也」。○舊疏云：「祭尊于繹，欲道今日所尋

〔一〕「文」字原脱，叢書本同，據公羊注疏校補。

繹，乃是昨日之正祭，故云据今日道昨日，不敢斥尊，乃是尊正之義，故曰文意。」「昨日正祭，今日作又祭，相因而不絶，肜肜然，故曰据昨日道今日，乃是迫近而不尊，故曰質意也。」按：兩漢諸儒説殷、周異制，多主質文立説，必周秦相傳舊義，魏晉以後無有知之者矣。○注「祭必」至「爲尸」。○禮記祭統云：「祭之道，孫爲王父尸。所使爲尸者，於祭者子行也。父北面而事之。」注：「子行，猶子列也。祭祖則用孫列，皆取於同姓之嫡孫〔一〕也。天子、諸侯朝事，延尸於户外，是以有北面事尸之禮也。」此天子、諸侯之禮，以少牢、特牲尸皆在室之奥，主人西面事之，無北面事尸之禮也。郊特牲云：「詔祝於室，坐尸於堂。」然則北面事尸，亦惟朝事時然也。凡堂上，以南面爲尊也。天子、諸侯雖取孫列，用卿大夫爲之。故詩大雅既醉傳云「天子以卿」，箋云：「諸侯入爲天子卿大夫，故云公尸。」蓋天子用内大夫，則以卿。其侯伯入爲卿士者，亦爲尸。以侯伯七命，王朝之卿六命，相等也。不以三公者，詩疏引白虎通云：「曾子曰：王者宗廟以卿爲尸，射以公爲耦。不以公爲尸，避嫌三公尊近天子，親稽首拜尸，故不以公爲尸。」推之諸侯，以大夫不以卿，蓋亦避嫌之義。曾子問云：「卿大夫將爲尸於公，受宿矣。而有齊衰内喪，則如之何？孔子曰：『出舍於公館以待事，禮也。』」是卿大夫爲尸於君事也，男子取諸同姓，婦人取諸異姓。禮士虞記云：「男，男尸。女，女尸。必使異姓，不使賤者。」注：「異姓，婦也。尸配尊者，必使適也。」彼謂虞祭之

〔一〕「孫」，原訛作「子」，據禮記正義校改。

時，若祔後，則夫婦共尸，取諸同姓之適也。其非宗廟之祭，則不必同姓。詩疏引石渠禮議〔一〕：「周公祭天用太公爲尸。」又引白虎通云：「周公祭太山用召公爲尸也。」其大夫士則但取孫列，或同姓適者亦可。曾子問云：「無孫，取諸同姓可也。」是也。禮記曲禮云：「爲人子者不爲尸。」注：「尸必卜筮無父者。」是則尸必嫡而無父者矣。曾子問又曰：「祭必有尸乎？若厭祭，亦可乎？孔子曰：『祭成喪者必有尸，尸必以孫。孫幼，則使人抱之。』」又曰：「祭殤〔二〕必厭，蓋弗成也。祭成喪而無尸，是殤之也。」○注「夏立」至「六尸」。○禮記禮器云：「夏立尸而卒祭。」注：「夏禮，尸有事乃坐。」又云：「殷坐尸。」注：「無事猶坐。」又云：「周旅酬六尸。」注：「使之相酌也。后稷之尸，發爵不受旅。」又云：「曾子曰：『周禮，其猶醵與？』」注：「合錢飲酒爲醵，旅酬相酌似之也。」正義：「旅酬六尸，謂祫祭時聚羣廟之主於太祖后稷廟中，后稷在室西壁東嚮，爲發爵之主，尊，不與子孫爲酬酢。餘自文武二尸就親廟中，凡六，在后稷之東，南北對爲昭穆，更相次序以酬也。殷但坐尸，未有旅酬之禮，而周益之也。然大祫多主，而唯云『六尸』者，先儒

〔一〕「石渠禮議」，原誤記爲「石渠禮論」，叢書本同，據通典改。通典禮典引西漢宣帝劉詢石渠閣會議若干條，稱之爲石渠議、石渠禮或石渠禮議，無稱石渠禮論者。
〔二〕「殤」，原訛作「喪」，叢書本同，據禮記校改。

與王肅並云：『毀〔一〕廟無尸，但有主也。』」禮器〔二〕又云：「周坐尸，詔侑武方，其禮亦然，其道一也。」注：「武，當爲無，聲之誤也。方猶常也。告尸行節，勸尸飲食無常，若孝子之爲也。孝子就養無方。」此三代質文之變，夏質，殷漸文，周彌文也。

萬者何？干舞也。【注】干，謂楯也。能爲人扞難而不使害人，故聖王貴之，以爲武樂。萬者，其篇名。武王以萬人服天下，民樂之，故名之云爾。【疏】詩邶風簡兮云：「方將萬舞。」箋：「萬舞，干舞也。」疏：「知萬舞爲干舞，不兼羽籥者，以春秋云『萬入去籥』別文。」「言干，則有戚矣。禮記曰：『朱干玉戚，冕而舞大武。』言籥，則有羽矣，籥師曰：『教國子舞羽吹籥。』羽、籥相配之物。則羽爲籥舞，不得爲萬也。以干戚武事，故以萬言之；羽籥文事，故指體言籥耳。是以文王世子云：『春夏學干戈，秋冬學羽籥。』注：『干戈，萬舞，象武也。羽籥，籥舞，象文也。』是干、羽之異也。」孫毓亦云：「萬舞，干戚也。羽籥，翟之舞也。傳以干羽爲萬舞，失之矣。」此孫氏破毛傳義也。○注「干謂」至「武樂」。○文王世子注云：「干，盾也。干戈，萬舞，象武也。」廣雅釋器、小爾雅廣器並云：「干，盾也。」書牧誓云：「比爾干。」傳：「干，盾也。」禮既夕：「甲、盾、干、笮。」注：「干，楯也。」方言注：「干，扞也。」詩周南兔罝：「公侯干城。」傳：「干，扞

〔一〕「毀」，原訛作「殷」，叢書本同，據禮記正義校改。

〔二〕「禮器」，原作「記」，殆爲禮記簡稱，全書少見。以下引文爲禮器的首句，是本節第四次引用禮器文，爲求明朗並前後呼應改。

也。」周禮春官序官：「司干。」注：「干，舞者所持，謂盾也。」○注「萬者」至「云爾」。○舊疏云：「春秋説文。」詩簡兮正義云：「商頌曰：『萬舞有奕。』殷亦以武定天下，蓋象湯之伐桀也。何氏指〔一〕解周舞，故以武王言之。萬舞之名，未必始自武王也。」通義云：「謹案，『萬舞有奕』，見于商頌。夏小正：『二月，丁亥，萬用入學。』非武王始有萬也。左傳云：『考仲子之宫，將萬焉。公問羽數於衆仲。』似文舞通得稱萬，然彼傳稱楚子元振萬，而文夫人曰：『先君以是舞也，習戎備也。』又專以爲武舞。小正傳〔二〕亦曰：『萬也者，干戚舞也。』詩曰：『公庭萬舞，有力如虎。』此亦萬爲武舞之證。」月令疏云：「商頌『萬舞有奕』，蓋殷湯亦以萬人得天下，此夏小正是夏時之書，亦云萬者，或以爲禹以萬人治水，故樂亦稱萬。」按：何氏云：「萬者，篇名。」蓋三代皆有萬舞篇，内各紀開國功業，故夏時或詠治水事，殷、周各詠其服天下之功云爾。

籥者何？籥舞也。【注】籥所吹以節舞也。吹籥而舞，文樂之長。【疏】注「籥所」至「之長」。○文王世子注：「羽籥舞，象文也。」周禮春官序官籥師注：「籥，舞者所吹。」禮記檀弓云：「萬入去籥。」注：「籥，文舞也。」籥師：「職掌教國子舞羽吹籥。」注：「文舞有持羽吹籥者，所謂籥舞也。」故知爲節舞者也。通義云「謹案，左手執籥，右手秉翟，二者相將，乃得成容，理不能去籥存羽。明知萬入去籥者，是納武舞去文舞也。」按：詩疏引異義：「公羊説樂萬舞，以鴻羽取其勁輕，一舉千里。詩毛説萬以翟羽。韓詩説以

〔一〕「指」字原脱，據毛詩正義校補。

〔二〕「小正傳」以下引文見於大戴禮記夏小正二月。

夷狄大鳥羽。謹案，詩云『右手秉翟』，爾雅説『翟，鳥名，雉屬也』，知翟，羽舞也。」似公羊舊説有以萬爲羽舞者矣，或爲衍字。

其言萬入去籥何？【注】据入者不言萬，去樂不言名。【疏】注「据入」至「言名」。○即昭十五年，「有事于武宫，籥入。叔弓卒，去樂卒事」是也。

去其有聲者，【注】不欲令人聞之也。【疏】惠氏棟周禮古義云〔一〕：「大司樂：『令去樂。』注云：『去樂，藏之也。』春秋傳曰：『壬午，猶繹，萬入去〔二〕籥。』萬言入，則去者不入，藏之可知。按，古人皆謂藏爲去。春秋傳云『去樂卒事』，又云『紡焉以度而去之』，公羊傳『去其有聲者』，皆訓爲藏。顧炎武云：『漢書蘇武傳：掘野鼠去中實而食之。師古曰：去謂藏之也。陳遵傳：皆藏去以爲榮。師古曰：去亦藏也。魏志華陀傳：去藥以待不祥。裴松之按，古語以藏爲去。』」有聲者，詩簡兮云：「左手執籥，右手秉翟。」傳：「籥，六孔；翟，翟羽也。」爾雅釋樂云：「大籥謂之産。」郭注：「籥如笛，三孔而短小。」廣雅釋樂器云「七孔」。鄭於周禮笙師、禮記明堂位、少儀注皆云「三孔」。無正文，故各以所見言焉。明堂位云：「土鼓、蕢桴、葦籥，伊耆氏之樂也。」蓋古用葦，後世用竹，故爲笛類與？吹以節舞，故爲有聲者也。○注「不欲」至「之也」。○校勘記：「鄂本無『也』字，此誤衍。」

〔一〕「云」，原訛作「去」，叢書本不誤，據改。

〔二〕「去」，原訛作「云」，叢書本不誤，據改。

廢其無聲者，【注】廢，置也。置者，不去也，齊人語。【疏】注「廢置」至「人語」。○周禮疏引鄭志：「張逸問：『籥師注：春秋傳曰「去其有聲者，廢其無聲者」何謂？』答曰：『廢，置也。于去聲者爲廢，謂廢去不留也。』」通義云：「謹案，左傳『廢六關』，莊子『廢一于堂，廢一于室』，其義皆爲置。」段氏説文「廢」字注云：「鄭曰：廢，置也。于去聲者爲廢，謂廢留不去也。左傳『廢六關』，王肅家語作『置六關』。淮南子：『舜葬蒼梧，不變其肆。』高注：『不煩市井之所廢。』莊子：『廢一于堂，廢一于室。』〔一〕仲尼弟子傳『子貢好廢居，與時轉貨』，貨殖傳作『廢著鬻財』。徐廣曰：『著猶居也。讀如貯。廢之爲置，如徂之爲存，苦之爲快，亂之爲治，去之爲藏。』」

存其心焉爾。存其心焉爾者何？知其不可而爲之也。【注】明其心猶存於樂，知其不可，故去其有聲者而爲之。【疏】通義云：「知其不可祭而猶祭，但屏去聲音，略存哀死之心。」按：此爲譏其萬入去籥，故何氏謂其但存心於樂，知不可爲，而但去其有聲之樂而爲之也。穀梁傳：「以其爲之變，譏之也。」注：「內舞去籥，惡其聲聞，此爲卿變於常禮，是知其不可而爲之。」

猶者何？通可以已也。【注】禮，大夫死，爲廢一時之祭，有事於廟而聞之者，去樂卒事。卒事〔二〕而聞之者，廢繹。日者，起明日也。言入者，据未奏去籥時書。凡祭自三年喪已下，各以日月廢時祭，唯

〔一〕「莊子」句，原誤排在「徐廣曰」中「讀如貯」之下，叢書本同，據説文段注校正。
〔二〕「卒事」二字原脱，據阮元校勘記補，説見下【疏】。

郊社越紼而行事可。【疏】注「大夫」至「之祭」。○禮記檀弓云：「仲遂卒于垂，壬午猶繹，萬入去籥。仲尼曰：『非禮也，卿卒不繹。』」注：「先日辛巳有事於太廟，而仲遂卒，明日而繹，非也。」漢書王嘉傳：「聖王之於大臣，在輿爲下，御坐則起，疾病視之無，數死則臨弔之，廢宗廟之祭，進之以禮，退之以義，誄之以行。」通典禮四云：「東晉元帝姨廣昌君喪，未葬，中丞熊遠表云：『禮，大夫死，廢一時之祭。祭猶可廢，而況餘事。』」○注「有事」至「廢繹」。○校勘記云：「鄂本疊『卒事』二字，此因重文誤脱，當据補。按，疏引昭十五年經『去樂卒事』以證上卒事，又標注卒事至日也以釋下注，則疏本亦疊『卒事』二字。」今按：紹熙本疊「卒事」二字。穀梁傳：「聞大夫之喪，則去樂卒事。」昭十五年傳：「其言去樂卒事何？禮也。君有事於廟，聞大夫之喪，去樂。」注：「思痛不忍舉。」然則，未卒事者卒事，已卒事者不繹，故此書「猶繹」。穀梁傳云：「猶者，可以已之辭也。」○注「言入」至「時書」。○舊疏云：「欲道所以不言萬作而言萬入之意也。」○注「凡祭」至「事可」。○校勘記云：「毛本下『祭』字空缺，鄂本『可』作『也』。按，疏標起訖作『凡祭至事可』。」按：紹熙本亦作「可」。禮記王制云：「喪三年不祭，唯祭天地社稷爲越紼而行事。」疏引鄭志答田瓊云：「天地郊社〔一〕至尊，不可廢，故越紼祭之。六宗山川之神則否。」又云：「五祀，宫中之神，喪時朝夕出入所祭，不爲越紼也。天地社稷之祭，豫卜時日。今忽有喪，故既殯，越紼行事。若遭〔二〕喪之後，

〔一〕「郊社」，原訛作「社稷」，據禮記正義校改。
〔二〕「遭」，原訛作「遵」，叢書本不誤，據校改。

當天地郊社常祭之日，啓殯至於反哭，則避此郊社祭日而爲之。」按：曾子問云：「天子崩，未殯，五祀之祭不行。既殯而祭。其祭也，尸入，三飯不侑，酳不酢而已矣。自啓至于反哭，五祀之祭不行，已葬而祭，祝畢獻而已。」注：「既葬彌吉，祝畢獻而後止。郊社亦然，唯嘗禘宗廟俟吉也。」然則，未殯與啓殯後反哭前，雖郊社之事亦不行矣。故彼疏引鄭志：「趙商問曰：自啓至反哭，五祀之祭不行。注云『郊社亦然』者，按，王制云：『唯祭天地社稷，爲越紼而行事。』既云葬時郊社之祭不行，何得有越紼而行事？鄭答：『越紼行事，喪無事時，天地郊社有常日，自啓及至反哭，自當避之。』」孔疏：「鄭言無事者，謂未殯以前是有事，既殯以後未啓以前是無事，得行祭禮。郊社既有常日，自啓至反哭，當辟此郊社之日。郊社尊，故辟其日，不使相妨。五祀既卑，若與啓至反哭日相逢，則五祀避其日也。」然當未殯以前親始死之際，更非大斂之後，郊社之祭恐亦不宜親行。當時應有權禮，不可知也。曾子問又云：「大夫之祭，鼎俎既陳，籩豆既設，不得成禮，廢者幾？孔子曰：三年之喪，齊衰，大功，皆廢。外喪自齊衰以下，行也。其齊衰之祭也，尸入，三飯不侑，酳不酢而已矣。大功，酢而已矣。小功、緦，室中之事而已矣。」士之所以異者，緦不祭，所祭於死者無服則祭。然則，大夫以下期功之喪，皆廢祭矣。天子諸侯絶旁期，而大夫以下，亦無郊社之祭。此云三年喪以下，各以日月廢時祭者，蓋祖父母、后夫人服天子、諸侯、姑姊妹女子子之嫁於二王後若諸侯者，與諸侯爲昆弟之爲國君者，此二等功之喪，或亦廢時祭與？

○**戊子，夫人熊氏薨。**【疏】包氏慎言云：「六月書戊子，月之二十五日。」熊氏，左傳作嬴氏。顧氏炎武唐韻正一東：「熊，古音羽陵反。春秋宣八年『葬我小君敬嬴』，公羊、穀梁並作頃熊。頃音近敬，熊音近嬴。正義不得其解，乃云：『一人有兩號。』非也。左傳昭七年正義曰：『張叔皮論云：賓爵下革，田鼠上騰。牛哀虎變，鯀化爲熊。久血爲燐，積灰生蠅。』傅玄〔一〕潛通賦云：『聲伯忌瓊瑰而弗占兮，晝言諸而暮終。嬴政沈璧以祈福兮，鬼告凶而命窮。黄母化而爲黿兮，鯀殛變而成熊。』二者所韻不同。或疑張叔爲『能』字。著作郎王劭曰：『古人讀雄爲熊，皆于陵反。張叔用舊音，傅玄用新音。張叔亦作「熊」也。』按，詩無羊、正月及襄十年『衛卜禦寇繇』，皆以『雄』韻『陵』，劭言是也。」

○晉師、白狄伐秦。【疏】沈氏欽韓云：「赤狄、白狄，猶紀年之赤夷、白夷，今之花苗、紅苗、黑玀玀、白玀玀，各有其種類耳。」

○楚人滅舒蓼。【疏】穀梁「蓼」作「鄝」。釋文：「鄝，音了，本又作蓼，國名。」詩小雅漸漸之石序：「荊舒不至。」箋：「舒，舒鳩、舒鄝、舒庸之屬。」彼釋文與穀梁釋文同。左傳桓十一年云：「將與隨、絞、州、蓼伐楚師。」注：「蓼國，今義陽棘陽縣東南湖陽城。」釋文：「蓼，音了，本或作鄝，同。」文五年傳：「楚子燮滅

〔一〕「傅玄」，原作「傅元」，顧炎武爲避康熙皇帝玄燁之名諱，改玄爲元。茲恢復本字，下同。

蓼。」注：「蓼國，今安豐蓼縣。」釋文：「蓼，音了，字或作鄝，音同。」哀十七年傳：「是以克州、蓼。」釋文：「蓼，本又作鄝，音了。」説文邑部：「鄝，地名，从邑翏聲。」晉太康地記：「蓼國先在南陽故縣，今豫州郾縣界，故胡城是。」潛研堂説文答問〔一〕：「鄝即舒蓼之蓼。」大事表云：「按，舒蓼、舒鳩、舒庸及宗四國皆偃姓，臯陶之後，所謂羣舒也。杜注皆不明言其地，但云廬江南有舒城及龍舒城，約略四國，所居在此兩城之間，今江南廬州府舒城縣爲古舒城，廬江縣爲古龍舒城，是當在此二縣之境。」水經注決水篇：「灌水東北逕蓼縣故城西，而北注決水。故地理志曰：決水北至蓼入淮〔二〕，灌水於蓼亦入決。春秋宣八年『楚子滅舒蓼』。」是也。路史注引盟會圖云：「舒蓼國在光州。」顧炎武云：「羅泌曰：僖三年徐取舒。文五年滅蓼。今云舒蓼者，當自是一國名。傅氏曰：此蓋羣舒之一，如舒庸、舒鳩之屬。」按：文十七年左傳：「羣舒叛楚。」此三舒均宜相近，當在今鄖陽宜昌界内。

〇秋，七月，甲子，日有食之，既。【注】是後楚莊王圍宋，析骸易子，伐鄭勝晉，鄭伯肉袒，晉大敗於邲，中國精奪，屈服强楚之應。【疏】包氏慎言云：「七月無甲子，六月有甲午，若閏不在四月，則七月

〔一〕「潛研堂説文答問」，原訛作「潛研堂答問説文」，叢書本同，據錢大昕原著校改。

〔二〕「至」，原訛作「注」；「淮」，原訛作「灌」，叢書本同。王先謙校合校水經注曰：「案近刻至訛作注，淮訛作灌。」據改。

爲甲子朔，然六月又無辛巳等日矣。劉歆以爲十月二日，据曆八月二日亦爲甲子，或經月有誤。姜岌云：『十月甲子朔，食。』大衍同。沈氏欽韓以今曆推之，是歲十月甲子朔，加時在晝，食九分八十一秒，蓋十誤爲七。」○注「是後」至「之應」。○楚莊王圍宋，見下十四年。析骸易子，見下十五年傳。伐鄭勝晉，即下九年「楚子伐鄭，晉郤缺救鄭」、十年「晉人以下伐鄭」、冬「楚子伐鄭」、十一年「楚子、陳侯、鄭伯盟辰陵」，爲鄭服楚，是伐鄭勝晉也。其鄭伯肉袒，見下十二年傳。晉大敗于邲，見下十二年經。中國精奪者，舊疏云：「正以日者，太陽之精，諸夏之象，今而被食，故曰中國精奪也。」毛本「於」改「于」。鄂本「强」作「彊」，紹熙本同。五行志下之下：「董仲舒、劉向以爲，先是楚商臣弑父而立，至于嚴王〔一〕遂彊。諸夏大國唯有齊、晉。齊、晉新有簒弑之禍，内皆未安，故楚乘弱横行，八年之閒六侵伐而一滅國。伐陸渾戎，觀兵周室。後又入鄭，鄭伯肉袒謝罪。北敗晉兵于邲，流血色水。圍宋九月，析骸而炊之。」義與何氏大同。「劉歆以爲十月二日，楚、鄭分。」臧氏壽恭左氏古義推得：「十月癸亥朔，合辰在角五度，二日甲子在角六度，角在鶉尾壽星之閒。十二次之分，鶉尾，楚也；壽星，鄭也，故曰楚、鄭分，故所應多在楚、鄭也。」通義云：「師説以爲荆楚將伯中國之驗。」

○冬，十月，己丑，葬我小君頃熊。【疏】左氏作「敬嬴」。古頃、敬同韻。包氏慎言云：「十月書

〔一〕「嚴王」，即「莊王」，漢書避漢明帝劉莊名諱，以嚴代莊，下同。

己丑，月之二十八日。下書庚寅，月之二十九日。」

○雨，不克葬。庚寅，日中而克葬。

頃熊者何？宣公之母也。【注】熊氏，楚女。宣公即僖公妾子。【疏】注「熊氏」至「妾子」。○通義云：「頃熊，蓋楚同姓大夫之女。婦人繫姓，不繫氏，楚以熊爲氏、芈爲姓。或其公族屈氏、鬬氏之屬，乃可更以熊爲姓耳。」按：楚世家：「陸終生子六人」，「六曰季連，芈姓，楚其後也」。「季連之苗裔曰鬻熊。其子曰熊麗。」歷熊狂、熊繹，至春秋時，熊惲是爲成王，皆以名配熊，蓋鬻熊姓鬻名熊，子孫以熊爲氏也。鬻从䰜，米聲，蓋即芈字，錢氏坫説文斠詮説也。楚女或稱芈，左傳文元年「江芈」是；或稱熊，此頃熊是也。僖八年「用致夫人」，注：「僖公本聘楚女爲嫡，齊女爲媵，齊先致其女，脅僖公使用爲嫡。」其即頃熊與？

而者何？難也。【疏】通義云：「言越宿，又遲至日中而後得葬。」穀梁傳云：「足乎日之辭也。」柩以己丑日出，次日中始克葬，是其難也。

乃者何？【注】問定公日下昊乃克葬。【疏】注「問定」至「克葬」。○校勘記出「謂問」，云：「鄂本無謂字，此誤衍。毛、監本昊改昃，非，下同。閩本與此同。疏中亦然。」即定十五年九月，「丁巳，葬我君定公，雨不克葬。戊午，日下昊，乃克葬」是也。舊疏云：「言乃之經，不干此事，而於此問之者，正以葬時遇雨廢葬，而乃異文，是以連而問之。」

難也。【注】禮，卜葬從遠日。不克葬見難者，臣子重難，不得以正日葬其君。【疏】説文：「乃，曳詞之難也。象气出難。」○注「禮卜」至「遠日」。○禮記曲禮云：「喪事先遠日。」注：「喪事，葬與練、祥事也。」左傳：「禮，卜葬，先遠日，辟不懷也。」注：「懷，思也。」正義：「卜葬，先卜遠日，辟不思念其親，似欲汲汲而早葬之也。今若冒雨而葬，亦是不思其親，欲得早葬，故舉卜葬先遠日，以證爲雨而止，禮也。」則何氏引禮證難義，亦宜同。禮記王制云「庶人葬，不爲雨止」者，庶人禮節減少，得從權也。又曾子問曰：「葬引至于堩，日有食之，則有變乎？且不乎？孔子曰：『昔者，吾從老聃助葬于巷黨，及堩，日有食之，老聃曰：「丘！止柩就道右，止哭以聽變。」既明反，而後行，禮也。』」然則，日食且止柩聽變矣，其雨止爲禮可知。○注「不克」至「其君」。○即曾子問「止[一]哭以聽變」之義。卜日而不得成禮，故爲重難之詞也。

曷爲或言而，或言乃？乃難乎而也。【注】言乃者，内而深；言而者，外而淺。下昃，日昳久，故言乃。孔子曰：「其爲之也難，言之得無訒乎？」皆所以起孝子之情[二]也。雨不克葬者，爲不得行葬禮。孔子曰：「生，事之以禮。死，葬之以禮，祭之以禮。」故不得行禮則不葬也。魯録雨不克葬者，恩録内尤深也。別朝莫者，明見日乃葬也。【疏】注「言乃」至「而淺」。○穀梁傳：「而，緩辭也。」定十五年穀

〔一〕「止」字原脱，叢書本同，據禮記校補。

〔二〕「情」，叢書本同，公羊注疏作「惰」。

梁傳：「乃，急辭也。」二文相對爲緩急，猶此之相對爲外内、淺深也。大戴禮夏小正篇：「乃瓜。」傳：「乃者，急瓜之辭也。」又云：「匽之興，五日翕，望乃伏。」傳作而，復明亦以乃，與而分難易也。古讀而、乃二字音近義通，俱爲語詞。禮燕禮及大射儀「大夫不拜乃飲」，注並云：「乃，猶而也。」是也。經傳釋詞云：「乃與而對言之則異。」「禮記文王世子『文王九十七乃終，武王九十三而終』是也。散言之則通。」又云：「詩杕杜『而多爲恤』，言乃多爲憂也。鄉射禮曰『而錯』，言乃錯也。檀弓曰『而曰：然』，鄭注：『而猶乃也。』」「故堯典『試可乃已』，五帝紀作『試不可用而已』。曲禮『卒哭乃諱』，雜記『乃』作『而』。史記淮陰侯傳『相君之背，貴乃不可言』，漢書蒯通傳『乃』作『而』。」「僖二十八年左傳『而乘軒者』，曹世家『而』作『乃』。」○注「下昃」至「言乃」。○決定十五年經也，彼注云：「昃，日西也。」下昃，蓋晡時。此始日中，猶緩，故曰而；至下昃，則去晚近，故爲重詞言乃，以葬須見日也。○注「孔子」至「情也」。○論語顔淵篇文，今本作「爲之難」。鄭注：「訒，不忍言也。」包氏慎言論語温故録云：「依何氏意，似訒者謂其辭之委曲煩重，心有所不忍，而不能徑遂其情。其爲之也，非出於得已，故言之亦多重難。鄭注説與何氏同。牛之兄桓魋有寵於宋景公，而爲害於國，牛憂之，情見於辭，兄弟怡怡，不以義傷恩也。而魋之不共，上則禍國，下致絶族。爲之弟者，必須涕泣而道。徐遵明公羊疏申解論語云：『言難言之事，必須訒而行之。』蓋訒而言，正所以致其不忍之情，故夫子以爲仁也。」按：包氏説於公羊義極合，蓋雨不克葬，直至明日之日中或日下昃乃葬，推仁人孝子之心，必有大不忍於其親，而難終葬事者，聖人即推仁孝之心，於事之緩急，分詞之難易，故或曰而，或曰乃也。明皆不得正日，故重難也。○注「雨不」至「葬禮」。○通義云：「謹案，左傳曰：『雨不克葬，禮也。』穀梁傳曰：『葬既有日，不爲雨止，禮也。雨不克葬，喪不以制也。』廣森以爲穀梁之説，謂既發引至于垣，不可因雨而乖有進無退之義，又非可若日食止柩道右以須明復，故有潦車之載，蓑笠之備。若其在廟祖，遣柩猶未行，雨霑服失容，自當卻改期日，故王制曰：『庶人縣封，葬不爲雨止。』明士以上皆爲雨止也。昔魏葬惠王，雪及牛目，有司請弛期，襄王弗許，而惠子託爲灤水齧王季墓事以説之。可知雨不克葬者，禮典之故常，春秋之垂訓矣。」按：禮記疏引：「異義：『公羊説：雨不克葬，謂天子諸侯也。卿大夫臣賤不能以雨止。穀梁説：葬既有日，不爲雨止。左氏説：卜葬先遠日，辟不懷也。言不汲汲葬其親，雨不可行事，廢禮不行，庶人不爲雨止。許慎謹案，論語云「死，葬之以禮」，以雨而葬，是不行禮，穀梁説非也。』從公羊、左氏之説，鄭氏無駮，與許同。」彼疏引鄭釋廢疾又云：「雖庶人葬爲雨止。」與公羊、左氏説異者，彼疏云：「在廟未發之時，庶人及卿大夫亦得〔一〕爲雨止，若其已發在路，及葬則不爲雨止。其人君在廟及在路及葬，皆爲雨止。」是孔氏本此而又小異者也。穀梁注引徐邈曰：「按經文是己丑之日葬，喪既出而遇雨，若未及己丑而卻期，無爲逆書此日葬。禮，喪事有進無退。又士喪禮〔二〕有潦車載蓑笠，則人君之張設，固兼備矣。禮，先遷柩于其廟，其明昧爽而引。既及葬日之晨，則祖行遣奠之禮設矣，故雖雨猶終事，不敢停柩久次。」毛氏奇齡春秋傳云：「穀梁謂喪不以制，故遇

〔一〕「得」，原訛作「對」，據禮記正義校改。

〔二〕士喪禮中無以下引語。既夕禮作「槁車載蓑笠」。

雨即止。而徐邈引士喪禮有潦車載蓑笠之文,以爲事有設備,何用雨沮?而胡氏力主其説,殊不知潦車蓑笠乃士官師之制,與天子諸侯大異。按,周禮遂師『大喪,使帥其屬以幄帟先,道野役』,而澤虞『喪紀,則共其葦蒲之事』。凡天子諸侯,喪制甚設其禦雨諸備,有甚於士官師者。豈周禮在魯,並不一具,必待士喪禮一言而後知之?特是輴綍碑窆,儀注既繁,斂葆荼蜃,工力復賾,定非帷蓋莞簟所能行事。故唐楊氏疏有云:安得執紼五百人皆觸雨而行,則萬一急於行事,偶失不戒,此非蓑笠苦蓋所得遮蔽其罪戾也。」按:仙民之説,本誤會傳意,楊氏、毛氏辨之是矣。然如孔氏通義説,謂發引至于垣,天子諸侯亦不爲雨止,草率將事,恐非聖人制禮之意。其與庶人有何殊異?夫未啓以前,雖庶人亦爲雨止,不得責其僭禮也。○注「孔子」至「葬也」。○論語爲政篇文。雨則不得行禮,故謂之不克也。○注「魯録」至「深也」。○舊疏云:「欲道外諸侯葬,無不克之文者,以其恩淺也。」○注「别朝」至「葬也」。○釋文:「莫音暮。」鄂本「莫」作「暮」。紹熙本作「莫」。毛本作「葬」,非。下並同。監本「日」誤「目」。曾子問曰:「葬引〔一〕至于垣,日有食之,則有變乎?且不乎?孔子曰:昔者吾從老聃助葬,及垣,日有食之,老聃曰:『丘!止柩就道右,止哭以聽變。』既明反,而后行,曰:『禮也。』反葬,而丘問之曰:『夫柩不可以反者也。日有食之,不知其已之遲數,則豈如行哉!』老聃曰:『諸侯朝天子,見日而行,逮日而舍奠。大夫使,見日而行,逮日而舍。夫柩不早出,不莫宿。見星而行者,惟罪人與奔父母之喪者乎!日有食之,安知其不見星也?

〔一〕「引」,原訛作「行」,叢書本同,據禮記校改。

且君子行禮，不以人之親痁患。』吾聞諸老聃云。」注：「侵晨夜，則近姦寇。」又云：「爲無日而厝作。」是其見日而葬之由也。朝，謂日中；莫，謂下昃也。舊疏云：「朝莫猶早晚。」

○**城平陽。**【疏】杜云：「今泰山有平陽縣。」大事表云：「在今泰安府新泰縣西北四里。按，魯有兩平陽，此係東平陽也。西平陽在兗州府鄒縣西三十里，本邾邑，爲魯所取。」水經注洙水篇：「洙水出泰山，蓋縣臨樂山。又西經泰山東平陽縣，春秋宣八年『城平陽』是也。河東有平陽，故此加東矣〔一〕。」漢書地理志作「東平陽」。晉志作「新泰」，晉武帝元康九年改。元和郡縣志：「晉武帝泰始中，鎮南將軍羊祜，此縣人也。表改爲新泰縣。」與水經注言元康者異。一統志：「平陽故城在泰安府新泰縣西北。」然此所城，未知爲何平陽也。

○**楚師伐陳。**

○**九年，春，王正月，公如齊。**【注】月者，善宣公事齊合古禮，卒使齊歸濟西田。不就十年月者，

〔一〕水經注於此下有「晉武帝元康九年改爲新春縣也」，當補，以對應下陳立言：「與水經注言元康者有異。」

五年再朝，近得正。孔子曰：「知和而和，不以禮節之，亦不可行也。」明雖事人，皆當合禮。【疏】注「月者」至〔一〕「西田」。○即十年「齊人歸我濟西田」是也。○注「不就」至「得正」。○決下十年公如齊不月也。桓元年注：「故即位比年使大夫小聘，三年使上卿大聘，四年又使大夫小聘，五年一朝。」彼爲朝天子之禮，何意以諸侯亦然。上五年公如齊，此復如齊，是爲合古。惟五年之中再朝，不盡合五年之數，故僅爲近得正也，是以書月，以見其善。十年公復如齊，是爲大數，不得有善文，且取濟西田，亦無所爲善，故不就十年月也。通典引：「異義云：『諸侯有妾母喪，得出朝會否？春秋公羊説：妾子爲諸侯，不敢以妾母之喪廢事天子大國出朝會禮也。魯宣公如齊，有妾母之喪，經書善之。左氏説云：妾子爲君，當尊其母，有三年之喪而出朝會，非禮也，故譏魯宣公。按，禮，妾母無服，貴妾子不立，而他妾子立者也。不敢以卑廢事尊者，禮也。即妾子爲君義如左氏。』鄭玄駮曰：『喪服緦麻：庶子爲後爲其母。此義自天子下至庶人同，不得三年。魯宣所以得尊其妾母敬嬴爲夫人者，以夫人姜氏大歸齊，不反故也。因是言妾子立，母卒得爲之三年，於禮爲通乎！其服之閒，出朝會服王事，與鄭伯伐許何異！』」則鄭以妾子不得重服，宣公與衆殊，則似唯魯不得出朝會矣。通典又引：「異義云：『諸侯未踰年出朝會與不出會何稱？春秋公羊説云：諸侯未踰年不出境，在國中稱子，以王事出亦稱子，非王事而出會同，安父位，不稱子。鄭伯伐許，未踰年，以本爵，譏不子也。左氏説：諸侯未踰年，在國内稱子，以王事出則稱爵。詘於王事，不

〔一〕「至」字原脱，叢書本同，據本書體例，標起訖當有至字，據補。

敢申其私恩，鄭伯伐許是也。春秋不得以家事辭王事，諸侯蕃衛之臣，雖未踰年，以王事稱爵是也。』鄭玄駁曰：『昔武王卒父業，既除喪，出至孟津之上，猶稱太子者，是爲孝也。今未除喪而出稱爵，是與武王義反矣。春秋僖九年：「宋公禦説卒。夏，公會宰周公、齊侯、宋子、衛侯、鄭伯、許男、曹伯于葵丘。」宋子即未踰年君也，出與天子大夫會，是非王事而稱子耶！』」然則，宣公無譏，或以其爲妾母喪與？通典又引：「鄭志：趙商問云：『許氏異義駁以爲妾子爲母，依喪服，庶子爲後，爲其母緦麻三月。按禘祫志，春秋魯昭公十一年夏，夫人歸氏薨，十三年五月大祥，七月而禫。是得爲妾母三年，經無譏文，得合下禘祫之數。若不三年，則禘祫事錯。』鄭玄答曰：『春秋所譏所善，皆於禮難明者也。其事著明，但如事書〔一〕之，當按禮以正之。今以不譏爲是〔二〕，亦甯有善之文與？』」此鄭依左氏以齊歸爲妾，而仍不以三年之服爲禮。若依公羊，則齊歸本嫡夫人，得合禘祫之數，無虧於禮。然則，公羊雖有母以子貴之説，究不得如嫡母重也。○注「孔子〔三〕」至「合禮」。○「知和而和」，見論語學而篇，係有子語。此引作孔子曰者，潛研堂答問云：「漢藝文志云：『論語者，孔子應答弟子、時人，及弟子相與言而接聞於孔子之語也。』故漢、唐諸儒引用論語，雖弟子之言，皆歸之於孔子。後儒未達斯義，輒謂諸弟子之言多有流弊。豈知論語所述，皆孔氏微言大義，端木、游、夏諸賢，其言皆聞諸夫子者乎？」按：如漢藝文志引「小道可觀」，蔡邕傳引

〔一〕「書」，原訛作「善」，叢書本同，據通典校改。
〔二〕「是」，原訛作「善」，叢書本同，據通典校改。
〔三〕「子」，原訛作「至」，叢書本同，依【注】文校改。

「致遠恐泥」，後漢章帝紀引「博學篤志」，王充論衡引「死生有命」，皆以子夏之言爲孔子。說苑修文篇引「恭近於禮」，以有子之言爲孔子。北史何妥傳引仍舊貫，以閔子之言爲孔子。皆此類也。按：如何義，似論語此章，爲言事大字小之禮，小大由之，謂大小國皆書，以和爲貴也。然朝聘會盟皆須節之以禮，如比年小聘、三年大聘之類，宣公今年如齊，明年復如齊，是爲不以禮節之矣。有國者，能明乎和而節，以爲禮之用，舉而措之，天下無難矣。蓋魯論家義。

○公至自齊。

○夏，仲孫蔑如京師。

○齊侯伐萊。

○秋，取根牟。

根牟者何？邾婁之邑也。【疏】杜云：「根牟，東夷國也。今琅邪陽都縣東有牟鄉。」大事表云：

「在今沂州府沂水縣東南。昭八年左傳蒐于紅，自根牟至于商衛，即所取根牟地也。」一統志：「根牟城在沂州府沂水縣西南。」

曷爲不繫乎邾婁？諱亟也。

【注】亟，疾也。屬有小君之喪，邾婁子來加禮，未期而取其邑，故諱不繫邾婁也。上有小君喪，而下諱取之，則邾婁加禮明矣。未期年，從加禮數者，猶王子虎從會葬數。

【疏】注「亟，疾也」。○爾雅釋詁：「亟，疾也。」詩小雅何人斯：「爾之亟行。」禮記少儀：「小飯而亟之。」箋、傳、注並云：「亟，疾也。」○注「屬有」至「婁也」。○舊疏云：「謂上八年，葬頃熊之時，邾婁子使人來加禮，但例不書之，故不見也。去年十月來〔一〕加禮，今年七月而取邑，故言未期也。加禮者，或是賵襚之屬，皆是葬前之事，而要繫會葬言之。言未期者，欲取諱亟之義强故也。必知過期之後不復諱者，定十五年夏五月定公薨，邾婁子來奔喪，至於哀元年冬，『仲孫何忌帥師伐邾婁』，注：『邾婁子新來奔喪，伐之不諱者，期外恩殺惡輕，明當與根牟有差。』是也。」通義云：「亟，屢也。魯鄰于邾婁，數取其邑，故没其國文，爲内諱惡也。不舉伐者，蓋微者取之。」按：邾婁與魯自文十四年後未見搆兵，自文七年取須朐後不見取邑之文，似不必如孔義也。○注「上有」至「明矣」。○正以經從常例，不書邾婁加禮，故注推言之也。○注「未期」至「葬數」。○文三年：「夏，五月，王子虎卒。」傳：「外大夫不卒，此何以卒？新使乎我也。」注：「王子虎即叔服也，新爲王者使來會葬。在葬後三年中卒，君子恩隆于親親，則加報之，故卒，明當有

〔一〕「來」，原訛作「未」，據公羊傳注疏校改。

恩禮也。」按：僖公之薨在僖三十三年十二月，葬在文元年夏四月，是第就會葬時數之。在三年内，與此相似也，若數公卒，則四年矣。此頃熊薨在去年夏，亦過期也，故亦繫會葬諸事言之。

○**八月，滕子卒。**【疏】通義云：「滕昭公也。至是始録卒，仍不日，不名，足知滕侯卒，爲特褒録矣。」

○**九月，晉侯、宋公、衛侯、鄭伯、曹伯會于扈。**【疏】補刊石經左傳「九月」下有「公會」二字，衍文。

○**晉荀林父帥師伐陳。**

○**辛酉，晉侯黑臀卒于扈。**【疏】包氏慎言云：「九月書辛酉，九月無辛酉，十月之八日，八月之七日也。」杜亦以九月無辛酉。

扈者何？晉之邑也。【疏】通義云：「杜預以爲鄭邑，非也。汲郡竹書：『晉出公十二年〔一〕，河絶于

〔一〕「十二年」，竹書紀年作「二十二年」。

扈。』是此地。」穀梁傳：「其地于外也。」注：「外，謂國都之外。諸侯卒于路寢則不地。」

諸侯卒其封内不地，此何以地？【注】据陳侯鮑卒不地。【疏】注「据陳」至「不地」。○桓五年：「春，正月，甲戌、己丑，陳侯鮑卒。」傳云：「曷爲以二日卒之？怴也。甲戌之日亡，己丑之日死而得，君子疑焉，故以二日卒之也。」是其卒於封内也，不書地，故難之。

卒于會，故地也。【注】起時衰多窮厄伐喪，而卒於諸侯會上，故地，危之。【疏】通義云：「不地，則嫌既會而反，卒于國内。」○注「起時」至「危之」。○襄二年：「遂城虎牢。」傳：「取之。則曷爲不言取之？爲中國諱也。曷爲爲中國諱？諱伐喪也。」又十九年：「晉士匄帥師侵齊。至穀，聞齊侯卒，乃還。」傳：「還者何？善辭也。何善爾？大其不伐喪也。」明當時有乘危伐喪者，故書地以危之也。

未出其地，故不言會也。【注】左右皆臣民，雖卒於會上，危愈於竟外，故不復著言會也。出外死有輕重，死於師尤甚，於會次之，如人國次之，於封内最輕。不書葬者，欲〔一〕篡也。【疏】注「左右」至「會也」。○通義云：「欲見杞伯戊卒于會者，是竟外之辭。」卒於封内，猶皆臣子，視境外之會危少愈，故不如杞伯戊書如會也。雖卒，鄂本、閩、監本同。毛本「雖」誤「所」，「於」作「于」。○注「出外」至「最輕」。○云死於師尤甚者，襄十八年，「曹伯負芻卒于師」是也。僖四年：「夏，許男新臣卒。」注：「不言卒於師者，桓

〔一〕「欲」，原訛作「故」，叢書本同，據公羊注疏校改。

公師無危。」是書「于師」者，危甚辭。舊疏云「時衰多窮厄伐喪，師者用兵之處，而君死焉，故言于師，著其危甚。」於會次之者，即定四年「杞伯戊卒于會」是也。舊疏云：「與人交接之處，或相劫詐未可知，若柯之盟，曹子劫桓公之類是也。而君卒焉，故言次之。」如人國次之者，如，校勘記云：「鄂本、元本同，誤也。閩、監、毛本『如』作『於』，當据正。」按：舊疏亦云：「云於人國次之者。」作「於」也。即襄二十六年「許男甯卒于楚」之屬是也。舊疏云：「正以時多背死向生，而君卒於竟外，似有掩襲之理，但於主國有賓客之道，是故又以爲次矣。」於封内最輕者，此經是也。雖左右皆臣民，究有外國之人，亦有危理，君行師從，卿行旅從故也，故亦書地示危，不得醇同國内也。陳侯鮑卒不地，甲戌日亡，己丑日死而得，不知何地，且不於會，仍在封内也。昭十有三年，「楚公子比弒其君虔于乾谿」，不與人會，地者，彼注云：「封内地者，起禍所由，因以爲戒。」是也。死於外，有於師、於會、於人國、於封内之别，則危有輕重，故殊而書之也。○注「不書」至「篡也」。○校勘記出「故篡也」，云：「閩、監、毛本同。鄂本無『故』字。」僖二十四年：「晉侯夷吾卒。」注：「篡，故不書葬，明當絶也。」其篡明者書葬，莊九年書「齊小白入于齊」，僖十八年書「葬齊桓公」；隱四年書「衛人立晉」，桓十三年書「葬衛宣公」，以「立」、「入」皆篡辭故也。篡不明者不書葬，此及夷吾是也。

○冬，十月，癸酉，衛侯鄭卒。【注】不書葬者，殺公子瑕也。【疏】包氏慎言云：「十月書癸酉，月之十六日。辛酉乃癸酉之前十二日，十月之癸酉不誤，即九月之辛酉其誤審矣。」○注「不書」至「瑕也」。

○即僖三十年「秋，衛殺其大夫元咺及公子瑕」是也。咺有罪，故止書瑕也。通義云：「前有歸惡元咺，嫌惡成公意未明，故復去葬以絶之。」

○宋人圍滕。

○楚子伐鄭。

○晉郤缺帥師救鄭。

○陳殺其大夫泄冶。【疏】校勘記云：「宋本、閩、監、毛本同。唐石經避諱作『洩』。」今左氏本作『洩』。大戴保傅篇〔一〕：「靈公殺洩冶，而鄧元去陳，以族從。」盧注：「鄧元知陳之必亡，故以族去。」通義云：「陳靈公淫于夏姬，泄冶諫而死。何氏膏肓以爲泄冶無罪，是也。」穀梁傳：「稱國以殺其大夫，殺無罪

〔一〕「保傅篇」，原誤記爲「禮三本」，叢書本同。以下引文實出於保傅篇，據改。

也。泄冶之無罪如何？陳靈公通于夏徵舒之家，公孫甯、儀行父亦通其家。或衣其衣，或衷其襦，以相戲於朝。泄冶聞之，入諫曰：『使國人聞之，則猶可；使仁人聞之，則不可。』君愧於泄冶，不能用其言，而殺之。」家語子路初見篇：「子貢曰：『陳靈公宣淫於朝，泄冶正諫而殺之，是與比干諫而死同，可謂仁乎？』孔子曰：『比干於紂，親則諸父，官則少師，忠報之心，在於存宗廟而已，固必以死争之，冀身死之後，紂當將悔悟，本志存於仁者也。泄冶之於靈公，位在大夫，無骨肉之親，懷寵不去，仕於亂朝，以區區之身，欲正一國之淫昏，死而無益，可謂狷矣。詩云：「民之多辟，無自立辟。」其泄冶之謂乎！』」按：家語本王肅僞書，就左傳引孔子語傅會爲此。泄冶於陳，是否同族，均無明据，何所見無骨肉之親？即異姓之臣，見君淫亂，若是不盡一言，謬效卷懷，開天下巧猾之端，非聖人教忠之旨。與杜預所謂泄冶直諫於淫亂之朝以取死，不爲春秋所貴者，同爲得罪名教之語也。

公羊義疏四十七

南菁書院　句容陳立卓人著

宣十年盡十二年

○十年，春，公如齊。

○公至自齊。

○齊人歸我濟西田。【疏】校勘記云：「閩、監、毛本同。唐石經磨改，西下增之字，鄂本亦有。」

齊已取之矣，其言我何？【注】据歸讙及闡，齊已取不言我。【疏】注「据歸」至「言我」。○釋文作「僤」，云：「本又作闡。」校勘記云：「閩、監、毛本『闡』作『僤』。」按：哀八年，「夏，齊人取讙及僤」，「冬，齊人歸讙及僤」，亦取之我魯，而來歸者不言我，故据以難。

言我者，未絶於我也。曷爲未絶於我？【注】据有俄道。【疏】校勘記出「未絶於我也」，云：「閩、監、毛本同。唐石經、鄂本『於』作『于』。」又出「曷爲未絶于我」，云：「唐石經、鄂本、閩、監本同。毛本『于』改『於』，疏同。」○注「据有俄道」。○校勘記云：「閩、監、毛本同。鄂本『俄』作『我』，是也，當据正。」舊疏引桓二年傳云：「至乎地之與人，則不然，俄而可以爲其有矣。」彼注云：「俄者，謂須臾之間，制得之頃也。」則疏本作「俄」字。舊疏又云：「言俄爾之間，則有絶於本主之道，爾來十年，何言未絶於我乎？故難之。」若作「我」字，据意不明。

齊已言取之矣，【注】齊已言語許取之。【疏】爾雅釋詁：「已，此也。」言齊此言語許取之也。莊子齊物論：「已而不知其然。」言此而不知其然也。淮南道應訓：「已雖無除其患。」言此雖不除其患也。

其實未之齊也。【注】其人民貢賦尚屬於魯，實未歸於齊。不言來者，明不從齊來，不當坐取邑。凡歸邑、物例皆時。【疏】注「其人」至「於齊」。○何氏以義言之也。○注「不言」至「取邑」。○舊疏云：「元年注云『亦因惡齊取篡者賂，當坐取邑』者，正以篡逆之賊天下共惡，齊乃許取其賂而與之同，似若漢律行言許受財之類，故云當坐取邑耳。今言不當坐取邑者，正以爾來十年仍不入己，見宣有禮，還復歸之，功過相除，可以減其初惡，是以春秋恕之，不復書來，以除其過，故曰不當坐取邑耳。」按：舊説非是。此注云：「不當坐取邑。」謂魯不坐取邑耳。因不從齊來，故不書來故也。舊解謂恕齊不書來，不坐取邑，誤矣。通義云：「歸地例，上有取文者，爲内邑明，則不言來；上無取文者，言來也。」按：言歸者，見魯不當坐取邑；不言來者，起末之齊也。○注「凡歸」至「皆時」。○歸邑時，此及定十年「夏，齊人來歸運、讙、龜陰田」是也。歸物時者，莊六年「冬，齊人來歸衛寶」是也。其哀八年「齊人歸讙及僤」在日月之下，知不蒙上日月也。

○夏，四月，丙辰，日有食之。【注】與甲子既同，事重，故累食。【疏】包氏慎言云：「四月書丙辰，据曆爲月之三日。賈、服解經日食或有在三日者，此類是也。賈氏精於四分法，定非臆造。劉歆以爲二月二日朔，亦同。」沈氏欽韓云：「元志：『今曆推之，是月丙辰朔，加時在晝，交分十四日九百六十八分入食限。』」○注「與甲」至「累食」。○即上八年「秋，七月，甲子，日有食之，既」是也。彼注云：「是後楚莊王圍宋，析骸易子，伐鄭勝晉，鄭伯肉袒，晉師大敗於邲，中國精奪，屈服強楚之應。」此爲楚盛中國衰，故爲事重，日累食，著異也。五行志下之下云：「十年四月，丙辰，日有食之。董仲舒、劉向以爲，後陳夏徵舒弒其君，楚滅蕭，晉滅二國，王札子殺召伯、毛伯。」均與何義殊。「劉歆以爲，二月魯、衛分。」臧氏壽恭推四月乙卯朔，合辰在奎七度，二日丙辰在奎八度。

○己巳，齊侯元卒。【疏】包氏愼言云：「四月又書乙巳〔一〕，月之十六日。」

○齊崔氏出奔衛。

崔氏者何？齊大夫也。【疏】白虎通姓名篇：「楚有昭、屈、景，齊有高、國、崔。」襄二十五年左傳東郭偃謂崔杼曰「今君出自丁」，是崔亦齊公族也。新唐書：「丁公子季子食采於崔，因以爲氏。季子〔二〕生穆伯，穆伯生沃，沃生野，八世孫夭〔三〕生杼。」按：夭見僖二十八年左傳，杼見襄二十五年。

其稱崔氏何？【注】据齊高无咎出奔名。連崔氏者，與尹氏俱稱氏，嫌爲采邑。【疏】注「据齊」至「奔名」。○即成十七年「秋，齊高无咎出奔莒」是也。○注「連崔」至「采邑」。○即隱三年書「尹氏卒」是也。若不連氏問，嫌崔爲采邑矣。

貶。曷爲貶？【注】据外大夫奔不貶。【疏】注「据外」至「不貶」。○舊疏云：「即上引『高无咎出奔莒』之屬是也。」

〔一〕「乙巳」，據經文當作「己巳」。
〔二〕「季子」二字原脱，叢書本同，據新唐書校補。
〔三〕「夭」字原誤疊，叢書本同，據新唐書校删。

譏世卿。世卿非禮也。【注】復見譏者，嫌尹氏王者大夫，職重不當世。諸侯大夫任輕可出〔一〕也，因齊大國禍著，故就可以爲法戒。明王者尊莫大於周室，彊莫大於齊國，世卿猶能危之。【疏】穀梁傳：「氏者，舉族而出之之辭也。」彼注引：「何氏廢疾云：氏者，譏世卿也。即稱氏，爲舉族而出。尹氏卒，甯可復以爲舉族死乎？鄭釋之曰：『云舉族死，是何妖問甚乎？舉族而出之之辭者，固譏世卿也。崔杼以世卿專權，齊人惡其族，令出奔，既不欲其身反，又不欲國立其宗後，故孔子順而書之曰：「崔氏出奔衛。」若其舉族盡去之爾。』」是鄭氏爲公、穀調人也。劉氏申何云：「傳無譏世卿之義，鄭爲飾之，非遁詞乎？又以爲順齊人而書之，豈筆削之義乎？且如鄭説，後又安得有崔杼乎？易下繫辨『六子』之辭，獨以艮人爲吉。何君一語真乃〔二〕解頤，鄭不兼五子之病乎？」左氏以爲「非其罪也」，彼疏引：「何氏膏肓以爲公羊譏世卿而難左氏，蘇氏釋云〔三〕：『崔氏祖父名不見經，則知非世卿。且春秋之時，諸侯擅相征伐，猶尚不譏世卿，雖曰非禮，夫子何由獨責？』」按：襄二十五年傳謂「崔氏出自丁」，明丁公之後世爲大夫，故得詳其世系。又崔夭見諸僖二十八年城濮之戰，隨伯者敗楚，必非微者矣，何得以名不見經爲嫌？故劉氏箴膏肓評曰：「鄭駁異義引詩、書以難譏世卿之義，不知春秋之禮，謂卿之子當試之以士，考

〔一〕「出」，原訛作「世」，叢書本同，據公羊注疏校改。
〔二〕「乃」，原訛作「可」，叢書本同，據劉逢禄穀梁廢疾申何校改。
〔三〕「云」，原訛作「之」，叢書本同，據左傳正義校改。

績之後始黜陟之，不宜驟登卿位也。於詩、書之義何不合之有？春秋時世卿之禍亟矣，擇其尤著者譏之。周尹氏、齊崔氏皆先著其世，而後徵其禍，何待祖父之名見乎？且詩刺尹氏太師，入春秋來，無其祖父接内之事，安得見於經？故於其卒也見不當世，世乃有立王子朝之禍。崔氏之復歸，例不得書，故於其奔也見不當世，世乃有弒其君光之禍，至敵國相征。孟子所謂『春秋無義戰』也。蘇氏豈不知耶？」按：春秋世卿之禍最多，魯三家、晉六卿、齊田氏其尤烈者，故春秋於世卿譏之尤力。蘇氏但以非禮目之，不亦傎乎？春秋於戰伐侵入必書，皆爲兵連禍結、重兵害衆之故。但不爲大惡爾，何得謂無譏文乎？○注「復見」至「世也」。○正以尹氏已於隱三年見譏，此復譏崔氏，故解之也。○注「因齊」至「危之」。○舊疏云：「欲道等是諸侯，科取即得，所以不於僖二十八年『衛元咺出奔晉』之經見之者，因齊大國有弒君之禍著，明於出奔故也。」按：孔子當齊景、悼之世，蓋已逆見有齊其爲陳之禍，故於齊特著之與？晉亦大國，後亡於世卿，不於欒盈等書氏者，彼各有所主，稱氏不明，故不得氏。且欒書弒君在先，春秋未著，與杜漸防微義不能相起也。

○公如齊。【注】不言奔喪者，尊内也，猶不言朝聘。【疏】注「不言」至「朝聘」。○舊疏云：「正以上文四月『己巳，齊侯元卒』，則知此經『公如齊』者，奔喪而往。而言尊内也者，欲道定十五年『公薨于高寢』，『邾婁子來奔喪』，彼則書之，今此否者，尊内故也。」猶不言朝聘者，隱元年注云：「春秋王魯。王者無朝諸侯之義，故内適外言如，外適内言朝聘，所以别外尊内也。」是也。

〇五月，公至自齊。【疏】舊疏云：「致例時，而書五月者，爲下癸巳出之。」

〇癸巳，陳夏徵舒弑其君平國。【疏】包氏慎言云：「五月書癸巳，月之十日。」

〇六月，宋師伐滕。

〇公孫歸父如齊葬齊惠公。

〇晉人、宋人、衛人、曹人伐鄭。

〇秋，天王使王季子來聘。

王季子者何？天子之大夫也。其稱王季子何？【注】据叔服不繫王、不稱子，王札子不稱季。【疏】注「据叔」至「稱季」。〇文元年，「天王使叔服來會葬」，是不繫王、不稱子也。下十五年，「王札子殺召伯、毛伯」，是不稱季也。叔服以叔配字，不言王子；王札子稱字，不稱長幼之稱。又叔服、王札子皆王之兄弟，故据以爲難也。

貴也。其貴奈何？母弟也。【注】子者，王子也。天子不言子弟，故變文，上季繫先王以明之，著其骨肉貴，體親也。【疏】注「子者」至「明之」。○穀梁傳：「其曰王季，王子也。其曰子，尊之也。」天子不言母弟者，文元年注云：「叔服者，王子虎也。不繫王者，不以親疏録也。不稱王子者，時天子、諸侯不務求賢，而專貴親親，故尤其在位子弟，刺其早任以權也。」是也。其「王子瑕奔晉」，「天王殺其弟年夫」，言子弟者，注言「尤其在位任權」，故朝聘會盟不書，若其奔與殺不復在位矣，何權之任乎？通義云：「頃王之子，匡王之弟也，不如年夫稱弟者，先君之母弟稱叔季，例也。加子者，王之貴屬殊於蔡叔、紀季，唯尊内亦得言季子耳。文繫王使，君前不名者，從内録尊敬辭。」按：本紀以定王爲匡王之弟，則不得謂爲先君之母弟也。天子大夫稱字，不必從内録尊敬辭也。子即王子，公、穀義同，亦不必爲加殊之辭。○注「著其」至「親也」。○舊疏云：「以其稟氣於先王，故言骨肉貴；以其今王母弟，故曰體親也。」

○公孫歸父帥師伐邾婁，取蘱。【疏】左氏、穀梁作「繹」。按：「蘱」字，廣韻在十八隊，隊爲脂微等部之去聲；「繹」，廣韻在二十二昔，爲魚模等部之入聲。古韻不同部，不得相通叚，必有一誤。杜云：

「繹，邾邑。魯國鄒縣北有繹山。」按：文十三年〔一〕左傳稱「邾文公卜遷於繹」，則繹爲邾婁都，魯不得取之，恐二傳誤也。通義云：「辭與取根牟等同，而文承伐下，諱而不盈。不如須朐日者，異於公取。」

○大水。【注】先是城平陽，取根牟及蘱，役重民怨之所生。【疏】注「先是」至「所生」。○五行志上〔二〕：「宣公十年秋，大水，饑。董仲舒以爲，時比伐邾取邑，亦見報復。兵仇連結，百姓愁怨。劉向以爲，宣公殺子赤而立，子赤，齊出也，故懼，以濟西田賂齊。邾子貜且亦齊出也，而宣比與邾交兵，臣下懼齊之威，創邾之[illegible]，皆賤公行而非其正也。」按：城平陽、取根牟及蘱事，見上八年冬、九年、十年秋取〔三〕。應與董、劉旨大同。

○季孫行父如齊。

〔一〕「十三年」，原誤記爲「十二年」，據左傳正義校改。

〔二〕「上」字原訛倒在「宣」之下，叢書本同，據漢書校乙。

〔三〕「十年」二字原脱，取根牟在上九年秋，取蘱在上十年秋，據補。又「取」字殆衍。

○冬，公孫歸父如齊。

○齊侯使國佐來聘。【疏】通義云：「未踰年而稱侯以使者，既於王見居喪之正法，其餘即悉因其廢禮之實，以刺譏當世矣。」

○饑。

何以書？以重書也。【注】民食不足，百姓不可復興，危亡將至，故重而書之。明當自省減，開倉廩，贍振乏。哀公問於有若曰：「年饑，用不足，如之何？」有若對曰：「盍徹乎？」曰：「二，吾猶不足，如之何其徹也？」對曰：「百姓足，君孰與不足？百姓不足，君孰與足？」【疏】注「民食」至「振乏」。○校勘記出「贍振乏」，云：「鄂本『乏』作『之』，此誤。」按：紹熙本作「之」。周書文傳解：「有十年之積者王，有五年之積者霸，無一年之積者亡。生十殺一者，物十重；生一殺十者，物頓空。十重者王，頓空者亡。」又糴匡解：「年饑則勤而不賓，舉祭以薄，樂無鐘鼓，凡美禁。畜不皁羣，車不雕攻，兵備不制，民利不淫。征當商旅，以救窮乏，問隨鄉，下鬻熟，分助有匡，以綏無者，於是救困大荒。有禱無祭，國不稱樂，企不滿壑，刑罰不修，舍用振穹。君親巡方，卿參告糴，餘子倅運，開廩同食，民不藏糧，曰有匡。禆民畜惟牛羊。」○注「哀公」至「與足」。○見論語顏淵篇。

○楚子伐鄭。

○十有一年，春，王正月。

○夏，楚子、陳侯、鄭伯盟于辰陵。【注】不日月者，莊王行霸，約諸侯，明王法，討徵舒，善其憂中國，故爲信辭。【疏】杜云：「辰陵，陳地，潁川長平縣東南有辰亭，故長平城，在今開封府西北六十里。」穀梁作「夷陵」。夷陵之爲辰陵，猶夷儀之爲陳儀也。水經注洧水篇：「洧水又東南逕辰亭東，俗謂之田城，非也。蓋田、辰聲相近，城、亭音韻連故也。經書魯宣公十一年，『楚子、陳侯、鄭伯盟于辰陵』也。京相璠曰：潁川長平有故辰亭。」惠氏棟左傳補注引：「酈元曰：今此城在長平城西北。長平城在東南，或杜氏不謬，傳寫之誤耳。」一統志：「辰亭在陳州府淮甯縣西六十里。」○注「不日」至「信辭」。○正以不信日、小信月、大信時故也。明王法，討徵舒，見下。憂中國，即斥討陳事也。

○公孫歸父會齊人伐莒。

○秋，晉侯會狄于欑函。【注】離不言會。言會者，見所聞世治近升平，内諸夏而詳録之，殊夷狄也。下發傳於吴者，方具説其義，故從外内悉舉者明言之。【疏】杜云：「櫕函，狄地。」○注「離不」至「狄也」。○隱二年「公會戎于潛」，注云：「所傳聞之世，外離會不書。書内離會者，春秋王魯，明當先自詳〔一〕正，躬自厚而薄責於人，故略外也。」此離不言會，謂所傳聞世也。隱元年注云：「於所傳聞世，見治起於衰亂之中，用心尚麤觕，故内其國而外諸夏，先詳内而後治外，録大略小，内離會書，外離會不書是也。於所聞之世，見治升平，内諸夏而外夷狄，書外離會，宣十一年，『秋，晉侯會狄于櫕函』是也。」通義云：「『會』文在狄上者，殊狄也。」所謂内諸夏也。○注「下發」至「言之」。○舊疏云：「即成十五年，『叔孫僑如會晉士燮以下會吴于鍾離』，傳云：『曷爲殊會吴？外吴也。曷爲外也？春秋内其國而外諸夏，内諸夏而外夷狄。』王者欲一乎天下，曷爲以外内之辭言之？言自近者始也。注云：『明當先正京師，乃正諸夏；諸夏正，乃正夷狄，以漸治之。』是也。」

○冬，十月，楚人殺陳夏徵舒。

此楚子也？其稱人何？【注】据下入陳稱子。【疏】注「据下」至「稱子」。○即下「楚子入陳」是也。

〔一〕「詳」，原訛作「持」，據公羊注疏校改。

貶。曷爲貶？【注】据徵舒有罪。

不與外討也。【注】辟天子，故貶見之，即所謂貶絶，然後罪惡見。【疏】通義云：「謹按，蔡人殺陳佗，從討賊辭。此不爲討賊辭者，佗淫於蔡，與使蔡人得討之。徵舒之罪無與於楚，非天子之命、方伯之位，義不得討也。」繁露楚莊王篇：「楚莊王殺陳夏徵舒，春秋貶其文，不予專討也。」○注「辟天」至「惡見」。○正以非天子命，不得外討，故貶也。昭元年傳：「春秋不待貶絶而罪惡見者，不貶絶，以見罪惡也。貶絶然後罪惡見者，貶絶以見罪惡也。」此討陳夏徵舒，嫌無貶文，故必貶以起不與也。

不與外討者，因其討乎外而不與也。雖内討亦不與也。【注】雖自討其臣下，亦不得與也。【疏】注「雖自」至「與也」。○此就傳文不與外討申言之。傳言不與外討，嫌内討得與，故復辨之。明此特因楚莊外討，故就言不與外討爾。通義云：「諸專殺大夫書，是也。」按：弑君之賊，内討亦與，故隱四年：「衛人殺州吁于濮。」傳：「其稱人何？討賊之辭也。」注：「討者，除也。明國中人人得討之，所以廣忠孝之路。」是也。又隱十一年傳：「君弑賊不討，不書葬，以爲無臣子也。」檀弓曰：「臣弑君，凡在官者殺無赦。子弑父，凡在宫者殺無赦。」注：「言諸臣子孫無尊卑皆得殺之，其罪無赦。」是宜得與也。知此傳文不與，自謂内討其大夫，孟子所謂「無專殺大夫」是也。

曷爲不與？【注】据善爲齊誅之。【疏】注「据善」至「誅之」。○即昭四年：「秋，七月，楚子以下伐吳，執齊慶封，殺之。」傳：「此伐吳也，其言執齊慶封何？爲齊誅也。」注：「月者，善義兵。」又云：「稱侯而執者，伯討也。」是也。彼慶封脅齊君亂齊國，猶善楚子之討，故据以難。

實與【注】不言執，與討賊同文。【疏】注「不言」至「同文」。○若書執，則是稱人以執。僖四年傳：「稱人而執者，非伯討也。」此言殺，故云「與討賊同文」。舊疏云：「正以昭八年『夏，楚人執陳行人干徵師，殺之』言執，非討賊之文。隱四年『衛人殺州吁』、莊九年『齊人殺無知』，皆不言執，以見此不言執，乃與討賊同文，故知實與矣。」穀梁傳：「其外徵舒於陳，何也？明楚之討有罪也。」注：「雍曰：經若書楚子入陳殺夏徵舒者，則入者内不受，是無以表徵舒之悖逆，楚子之得正。」沈氏欽韓云：「二百四十二年之中，正弑君之罪而得討賊之義者，楚莊一人而已，可爲中夏羞也。」

而文不與。文曷爲不與？諸侯之義，不得專討也。諸侯之義不得專討，則其曰實與之何？上無天子，下無方伯，天下諸侯有爲無道者，臣弑君，子弑父，力能討之，則討之可也。【注】與齊桓專封同義。不書兵者，時不伐。【疏】校勘記云：「昭十一年疏引作『臣弑君，子殺父』，蓋弑字本皆作殺，後改弑君，而仍殺父耳。」白虎通誅伐云：「諸侯之義，非天子之命，不得動衆起兵誅不義者，所以强幹弱枝，尊天子卑諸侯也。論語曰：『天下有道，則禮樂征伐自天子出；天下無道，則禮樂征伐自諸侯出。』上無天子，下無方伯，諸侯有相滅亡者，力能救之則救之可也。論語曰：『陳恒弑其君，孔子沐浴而朝，請討之。』」御覽引書大傳云：「諸侯之義，非天子命，不得動衆起兵殺不義者，所以强幹弱枝，尊天子卑諸侯也。」然則，諸侯不得專討者，義之正，故禮記王制云：「諸侯賜弓矢，然後征；賜鈇鉞，然後殺。」是也。若上無天子，下無方伯，有弒君弒父者，力能討則討之，故陳恒弒君，孔子請討，此義之變也。必曰力能討之者，君子量力不責也。故哀十四年左傳：「孔子對哀公曰：『陳恒弒其君，民之不與者半，以魯之衆加齊之半，可克也。』」是其義也。○注「與齊」至「同義」。○見僖元年、二年、十四年傳。繁露楚莊王篇：「莊王之行賢，而徵舒之罪重，以賢君討重罪，其於人心善，若不貶，孰知其非正經？春秋常於其嫌德者，見其不得也。是故齊桓不予專地而封，晉文不予致王而朝，楚莊弗予專殺而討，三者不得，則諸侯之得，殆貶〔一〕矣。此楚靈之所以稱子而討也。春秋之辭多所況，是文約而法明也。」○注「不書」至「不伐」。○舊疏云：「欲決昭四年，『秋，楚子以下伐吴，執齊慶封，殺之』，彼實有兵，故言伐。今此不書兵者，時實不伐，非是省文之義耳。」按：左傳云：「楚子爲陳夏氏亂故，伐陳，謂陳人：『無動！將討於少西氏。』」是亦用兵，而言不伐者，蓋楚子入陳，陳人無動，不煩兵力，故不書兵也。執慶封須先伐吴，與此異也。

○丁亥，楚子入陳。【注】日者，惡莊王討賊之後，欲利其國。復出楚子者，爲下納善不當貶，不可因上貶文。【疏】包氏慎言云：「十月書丁亥，月之三日。」○注「日者」至「其國」。○舊疏云：「正以春秋之義，入例書時，傷害多則書月。今此書日以詳其惡，故如此解。」左傳：「遂入陳，殺夏徵舒，轘諸栗門。因

〔一〕「貶」，或作「此」，詳見春秋繁露義證。這段引文在本書中出現兩次，均作「貶」。

縣陳。」注：「滅陳，以爲楚縣。」史記陳杞世家：「已誅徵舒，因縣陳而有之。」是討賊後欲利其國事也。惠氏士奇春秋説云：「陳夏徵舒之亂，是時楚子實先入陳，而後討賊。春秋退入陳於後，而進討賊於前，蓋先褒之而後貶之。先褒之者，以爲陳人力不能討，齊爲大國，晉爲盟主，亦長養殺君之賊，而晏然不一興師；楚子獨能討而正之，故先書討賊以褒之。然内實懷縣陳之心，而外爲討賊之義，故後書入，復書納以貶之。人皆知稱人爲貶，而不知稱人爲褒，討賊稱人者，言人人皆欲討之，乃天下之公心也。」穀梁傳云：「入者，内勿受也。日入，惡入者也。」彼以納二子書日，惡莊王爲異。○注「復出」至「貶文」。○左傳：「申叔時曰：『夏徵舒弑其君，其罪大矣。討而戮之，君之義也。抑人亦有言曰：牽牛以蹊人之田，而奪之牛。牽牛以蹊者，信有罪矣；而奪之牛，罰已重矣。諸侯之從也，曰討有罪也。今縣陳，貪其富也。以討召諸侯，而以貪歸之，無乃不可乎？』王曰：『善哉！吾未之聞也。反之，可乎？』乃復封陳。」陳杞世家亦云：「申叔時使於齊，還不賀。莊王問其故，對曰：『今王以徵舒爲賊弑君，故徵兵諸侯，以義伐之，已而取之以利其地，則後何以令於天下？』莊王曰：『善。』乃迎陳靈公太子午於晉而立之，復君陳如故。孔子讀史記，至楚復陳曰：『賢哉！楚莊王！輕千乘之國而重一言。』」是其納善事也。通義云：「先言殺，後言入者，大其能悔過，得而弗居，故不因上貶文，且復録日以入，善義兵也。」舊疏云：「春秋之義，以納爲篡辭，而言『爲下納善』者，正以上有起文，故與凡納異。何者？上有討賊之文，而即言納二子於陳，故知其善，所謂美惡不嫌同辭矣。」按：何注謂「下納善」者，即謂納諫不取陳事。下猶後也，見大雅下武傳。舊説以下納善爲善其納公孫寧、儀行父，非也，傳注於下納二子皆無善文也。書日以起其利人之國，書子以起其悔過，正相起也。解詁箋云：「日者，惡納黨亂臣也。復出楚子者，正上貶文，不正則不見也。」

○**納公孫甯、儀行父于陳。**【疏】二傳「甯」作「宁」。

此皆大夫也，其言納何？【注】据納者，謂已絶也。今甯、儀行父上未有出奔絶文，故見大夫，反言納也。【疏】通義云：「据糾及接菑、蒯聵之等，皆納使爲君。」○注「据納」至「納也」。○定十四年「衞世子蒯聵出奔宋」，哀二年「晉趙鞅納衞世子蒯聵于戚」，是上有出奔絶文，故下言納，是納爲已絶之辭。今甯、儀行父未見出奔，故解之爲見任大夫而反言納也。僖二十五年「納頓子于頓」，亦無頓子出奔文，言納者，彼注云：「頓子出奔不書，小國例也。」正以小國出入不兩書也。子糾亦無出奔文，言納者，彼爲其不能納書也。

納公黨與也。【注】徵舒弑君，甯、儀行父如楚訴徵舒。徵舒之黨從後絶其位。楚爲討徵舒而納之，本以助公見絶，故言納公黨與。不書徵舒絶之者，以弑君爲重。主書者，美楚能變悔改過，以遂前功，卒不取其國而存陳。不繫國者，因上入陳可知。【疏】注「徵舒」至「黨與」。○何氏以意言也。上年左傳云「二子奔楚」，世家同，明其如楚訴也。杜云：「二子，淫昏亂人也。君弑之後，能外託楚以求報君之仇，内結强援於國，故楚莊得平步而討陳，除弑君之賊。於時陳成公播蕩於晉，定亡君之嗣，靈公成喪，賊討國復，功足以補過，故君子善楚復之。」劉氏解詁箋云：「傳言二人黨惡，即詩刺『乘我乘駒，朝食于株』者，非以其訴楚討賊得免罪也。納者，內弗受，未有善辭也。主書者，刺楚不誅惡人。若以二人無罪，美楚存陳，當書『陳公孫甯、儀行父自楚歸于陳』矣。」按：二子爲公黨與，非經傳所與，故書納，非善辭也。然楚子存陳之善，自不可泯，當別論之。杜預之説，自不可從。○注「不書」至「爲重」。○舊疏云：「若書徵舒絕之，宜云陳公孫甯、儀行父出奔楚矣。」○注「主書」至「存陳」。○舊疏云：「美楚能變悔改過。」謂之入陳是也。「以遂前功」，討徵舒是也。○注「不繫」至「可知」。○舊疏云：「欲決哀二年『納衛世子』云云，繫衛是也。」左疏引賈逵云：「二子不繫之陳，絕於陳也。惡其與君淫，故絕之，善楚有禮也。」解詁箋云：「甯、儀行父不繫國者，因上未有出奔絕文，故絕之於陳也。」亦本賈義。穀梁疏引麋信云：「二子不繫陳者，以其淫亂，明絕之也。」其説亦通。彼疏：「或當上有入陳之文，下云于陳，故省文耳。」則即何氏義。按：穀梁傳云：「納者，內弗受也。輔人之不能民而討猶可，入人之國，制人之上下，使不得其君臣之道，不可。」亦不以納爲善辭。

○十有二年，春，葬陳靈公。

討此賊者，非臣子也，何以書葬？【注】据惠公殺里克，不書卓子葬。【疏】注「据惠」至「子葬」。

○即僖十年，「春，晉里克弑其君卓」，下即云：「夏，晉殺其大夫里克。」不書卓葬也。

君子辭也。楚已討之矣，臣子雖欲討之，而無所討也。【注】無所復討也。不從殺泄冶〔一〕不書葬者，泄冶有罪，故從討賊書葬，則君子辭與泄冶罪兩見矣。不月者，獨甯、儀行父有訴楚功，上已言納，故從餘臣子恩薄略之。【疏】注「無所復討也」。○通義云：「怨陳臣子力不能討，假手於楚而討之也。劉敞曰：既葬而後乃討賊，賊雖已討，葬猶不追書也，閔公是已。討賊雖遲，而葬在討賊之後，則葬得書，此陳靈公是已。凡君弑，賊不討不敢葬；父弑，讎不復不敢葬。不敢葬，則亦不敢除其服，是故寢苫枕戈，志必復而後已。此賊不討不書葬之義也。所以春秋有其賊未討，雖久弗葬而弗非也。」按：傳意似怨陳臣子無所復討爾。舊疏云：「卓子之賊，亦是惠公已討之，其臣子雖欲討之，亦無所討。而不作君子辭者，正以惠公之殺里克不作討賊之意，是以春秋不書卓子葬，以責其臣子也。楚莊本討賊，而殺徵舒。一賊不可再討，故不責之。」○注「不從」至「罪故」。○校勘記云：「鄂本『泄』作『洩』，下同。」舊疏云：「何氏作膏肓，以爲泄冶無罪，而此注云有罪者，其何氏兩解乎？」「蓋以諫君之人，罪之無文，而左氏罪之，故言無罪矣。而此何氏以爲有罪者，其更有他罪乎？」○注「從討」至「見矣」。○注義書葬兼二義：一則賊已討，無復再討，故書葬以見怨辭；一則泄冶有罪，不必從殺無罪大夫去葬也。故云兩見矣。○注「不月」至「略之」。○正以大國諸侯卒日葬月，今不月，故解之。通義云：「不月者，淫夏氏，罪重，故奪臣子辭。」解詁箋云：「何氏膏肓以爲泄冶無罪是也。不書葬，則君子辭不著。不月者，討賊者非

〔一〕「泄冶」，原訛作「泄治」，叢書本不誤，據改。下二例同。

臣子，本不得書葬。又殺泄冶，當云葬，故不足也。」按：孔、劉説皆通。穀梁注引：「泰曰：楚已討之矣，臣子雖欲討之，無所討也，故君子即而恕之，以申臣子之恩。稱國以殺大夫，則靈公之惡不嫌不明，書葬以表討賊，不言靈公無罪也。踰三年而後葬，則國亂居可知矣。非日月小有前卻，則書時不嫌。」皆本公羊義。何氏謂從餘臣子恩薄略之，亦以責靈公也。甯、儀行父雖有訴楚功，特公黨與耳，故書納以起内弗受之義。

〇楚子圍鄭。

〇夏，六月，乙卯，晉荀林父帥師及楚子戰于邲。晉師敗績。【疏】包氏慎言云：「六月書乙卯，六月無乙卯，五月之十四日也。」杜云：「邲，鄭地。」大事表云：「今開封府鄭州東六里有邲城。」水經注濟水篇：「濟水又東，逕敖山北，又東合滎瀆，瀆首受河水，有石門，謂之爲滎口石門也〔一〕。而地形殊卑，蓋故滎、播所導，自此始也。」「濟水於此又兼邲目。春秋宣公十三年，晉、楚之戰，楚軍於邲，即是水也。京相璠曰：在敖北。」方輿紀要：「其地蓋即滎口受水之處，今在河陰縣。而元和志：『邲城在鄭

〔一〕「石門也」三字原脱，叢書本同，據水經注校補。

州管城縣東六里。』管城縣，明初省入鄭州。」大事表又云：「亦爲邲水，即今之汴。濟水於此又兼名邲，即晉〔一〕楚戰處。」説文邑部：「邲，晉邑。」非是。

大夫不敵君，【疏】繁露王道篇：「春秋曰大夫不適君，遠此偪也。」適、敵通。禮記樂記注：「適，讀爲無敵之敵。」是也。

此其稱名氏以敵楚子何？【注】据城濮之戰，子玉得臣貶也。【疏】注「据城」至「貶〔二〕也」。○即僖二十八年：「夏，晉侯以下及楚人戰于城濮。楚師敗績。」傳：「此大戰也，曷爲使微者？子玉得臣也。子玉得臣則其稱人何？貶。曷爲貶？大夫不敵君也。」是也。

不與晉而與楚子爲禮也。【注】不與晉而反與楚子爲君臣之禮，以惡晉。【疏】注「不與」至「惡晉」。○舊疏云：「『不與』至『禮也』，但作一句連讀之。注云：『不與晉而反與楚子爲君臣之禮。』亦爲一句連讀之。」通義云：「言不以晉人爲直，而善楚子爲有禮也。林父録名氏反爲不與晉者，莊王之師，進以義，退以仁，卓然君子之行。林父不度德力，輕取敗衂，中國遂衰，故特出主名，專見其罪。得臣、囊瓦可以貶稱人者，下有奔殺事，足相起。此上下無起文，須就戰見其名氏，乃所以斥責林父也。董生言春秋之用辭，已明者去之，未明者著之。今君臣常辭，城濮、伯莒已明，故於此得變文，以託別義。」「舊作一句連

〔一〕「晉」字原脱，據春秋大事表校補。
〔二〕「貶」，原訛作「敗」，據注文校改。

讀者非。」按：繁露竹林篇：「春秋之常辭也，不予夷狄而予中國爲禮。至邲之戰，偏然反之，何也？曰：春秋無通辭，從變而移。今晉變而爲夷狄，楚變而爲君子，故移其辭以從其事。夫莊王之舍鄭，有可貴之美。晉人不知其〔一〕善而欲擊之，所救已解，如挑與之戰，此無善善之心而輕救民之意也，是以賤之，而不使得與賢者爲禮。」又觀德篇：「春秋常辭，夷狄不得與中國爲禮，至邲之戰，夷狄反道，中國不得與夷狄爲禮，辟楚莊也。」則繁露亦似作一句讀，謂不與晉之得與楚爲禮也，所以爲反之也。舊疏云：「内諸夏以外夷狄，春秋之常。今敘晉於楚子之上，正是其例。而知其惡晉者，楚莊德進行修，同於諸夏，討陳之賊，不利其土，入鄭皇門不取其地，既卓然有君子之信，甯得殊之？既不合殊，即晉侯之匹，林父人臣，何得序於其上？既序人君之上，無臣子之禮明矣。臣而不臣，故知惡晉也。」

曷爲不與晉而與楚子爲禮也？【注】据城濮之戰貶得臣者，不與楚爲禮。【疏】注「据城」至「爲禮」。○彼注云：「子玉得臣，楚之驕蹇臣，數道其君侵中國，故貶，明當與君俱治也。」雖不言不與爲禮，不與可知。

莊王伐鄭，勝乎皇門，【注】勝，戰勝。皇門，鄭郭門。【疏】注「勝，戰勝」。○經義述聞：「家大人曰：爾雅：『勝，克也。』謂莊王克鄭，入自皇門，非謂戰勝也。凡克國、克邑，皆曰勝。下文云：『今君勝鄭而不有。』隱二年左傳曰：『司空無駭入極，費庈父勝之。』文十五年傳曰：『凡勝國，曰滅之。』襄十年傳曰：『城

〔一〕「其」字原脱，據春秋繁露校補。

小而固，勝之不武，弗勝爲笑。』哀元年傳曰：『國勝君亡，非禍而何？』十三年傳曰：『國勝乎？太子死乎？』晉語曰：『趙襄子使新稚穆子伐狄，勝左人、中人。』孟子公孫丑篇：『三里之城，七里之郭，環而攻之而不勝。』並與此勝字同義。」按：戰勝固克，何氏本其由言之。○注「皇門，鄭郭門」。○大事表云：「其南門曰皇門。吴氏曰：諸侯國各以其所向之地爲門名。皇，周邑，蓋走王圻之道。」按：莊二十八年左傳：「楚伐鄭，入於桔柣之門。」杜注：「鄭遠郊門。」下文云「入自純門」，「縣門不發」，當是近郊門，則皇門當内城門矣，史記注引賈逵云：「鄭城門。」

放乎路衢。【注】路衢，郭内衢。道四達謂之衢。【疏】注「路衢」至「之衢」。○爾雅釋宫云：「四達謂之衢。」左傳：「至於逵路。」注：「塗方九軌曰逵。」郭注爾雅云：「交道四出。」定八年疏引：「李巡云：四達各有所至曰衢。孫炎云：交通四出。」蓋衢爲四道交錯之名。大戴禮子張問入官篇：「六馬之離必於四面之衢。」周禮保氏注説「五馭」，有「舞交衢」是也。釋名釋道云：「齊、魯間謂四齒杷爲欋〔一〕。」亦取義於四也。楚辭天問注：「九交道曰衢。」淮南繆稱訓注：「道六通謂之衢。」荀子勸學注：「衢道，兩道也。」並與爾雅不合。通義云：「放，至也。」

鄭伯肉袒，【疏】爾雅釋訓云：「襢裼，肉袒也。」郭注：「脱衣而見體。」説文肉部：「膻，肉膻也。」引詩：「膻

〔一〕「欋」，原訛作「權」，叢書本不誤，據改。

裼暴虎。」今詩作「襢」。詩大叔于田釋文「襢，本又作袒」是也。説文「袒」訓「衣縫綻〔一〕」，則袒本叚借字。詩疏引：「李巡云：『襢裼，脱衣見體，曰肉袒。』孫炎云：『袒去裼衣。』」按：孫、李不同。郭注本李説。如説文肉袒之袒當作膻，李、郭説是也。袒去裼衣不見體亦曰袒，當作但，説文人部：「但，裼也。」衣部：「裼，但也。」是也。則孫氏所説是也。按：袒與肉袒異。禮鄉射禮注：「袒，左免衣也。」謂袒，去左袖露臂衣，肉袒則見體矣。賈疏云：「凡事無問吉凶，皆袒左。唯有受刑袒右。」則肉袒，禮亦宜然。左傳云：「鄭伯肉袒牽羊以迎。」史記注引賈逵云：「肉袒牽羊，示服〔二〕爲臣隸也。」

左執茅旌，【注】茅旌，祀宗廟所用迎道神，指護祭者。斷曰藉，不斷曰旌。用茅者，取其心理順一，自本而暢乎末，所以通精誠，副至意。【疏】史記始皇本紀：「贊：鄭伯茅旌鸞刀，嚴王退舍。」新序四引作「左執旄旌」。韓詩外傳亦載此傳文，「執」作「把」。按：作「旄」非是。○注「茅旌」至「祭者」。○任氏兆麟述記云：「茅旌，祀宗廟所用迎道神。道祭，謂祭行也。月令孟冬之月：『其祀行。』注：『行在廟門外之西。』周禮大馭注：『犯之者，封土爲山象，以菩芻棘柏爲神主。』按：『男巫旁招以茅』，招即迎之義也。古者用茅招神表位，亦以爲主。士虞禮：『祭于苴。』注：『苴，所以藉祭也。孝子始將納尸以事其親，爲神疑於其位，設苴以定之耳。』楚語：『屏攝之位。』注：『昭，謂屏，屏風也。攝形如今要扇，皆所以明尊卑，爲祭祀之

〔一〕「衣縫綻」，叢書本同，説文各本均作「衣縫解」。
〔二〕「示服」二字原脱，叢書本同，據史記三家注校補。

位，近漢亦然。』此指表神之所在，非爲神主也，若五經異義云『大夫束帛依神，士結茅爲菆』。此直以茅旌爲神主也。」○注「斷曰藉」。○周禮司巫：「及蒩館。」注：「蒩之言藉也，祭食有當藉者。館，所以承蒩，謂若今筐也。」禮士虞禮云：「苴刌茅長五寸。」注：「苴猶藉也。」又云：「取黍稷祭于苴。」注云：「苴，所以藉祭也。」苴刌茅者，謂刌茅以爲苴，而置黍稷之祭於其上有藉義也，故謂之藉。刌者，斷焉。易大過初六：「藉用白茅，无咎。」是也。蒩義同苴，説文艸部：「蒩，茅藉也。」周禮甸師：「共蕭茅。」鄭注：「茅以共祭之苴。苴以藉祭。」鄉師：「共茅蒩。」鄭注：「蒩，士虞禮所謂『苴刌茅長五寸，束之』者是也。」蓋斷茅以用者爲藉，名曰苴，或作蒩。凡甸師、鄉師、司巫、士虞禮、説文所記皆是也。○注「不斷曰旌」。○經義述聞云：「謹按，春官司巫：『祭祀則共蒩館。』鄭注：『蒩之言藉也，祭食有當藉者。』引士虞禮：『苴刌茅長五寸。』史記封禪書曰：『古之封禪，江淮之間，一茅三脊，所以爲藉也。』是茅之藉物者或曰藉，或曰苴，而無稱旌之文。何注『斷曰藉，不斷曰旌』，未知何据也。茅爲草名，旌則旗章之屬，二者絶不相涉，何得稱茅以旌乎？今按，茅當讀爲旄，旄正字，茅借字也。蓋旌之飾，或以羽或以旄。春官司常：『析羽爲旌。』爾雅注：『旄首曰旌。』李巡注：『旄牛尾著干首。』是也。其用旄者則謂之旄旌矣。地官掌節：『道路用旌節。』鄭注：『今使者所持節。』是也。後漢書光武紀注：『節，所以爲信也，以竹爲之，柄長八尺，以旄牛尾爲其眊，三重。』桓十六年左傳：『壽子載其旌以先。』邶風二子乘舟傳作『竊其節而先往』。正義引史記衛世家『盜其白旄而先』，而釋之曰：『或以白旄爲旌節也。』漢書蘇武傳：『仗漢節牧羊，臥起操持節，旄盡落。』是節即旄旌也。周語曰：『敵國賓至，行理以節逆之。』然則，鄭伯執旄旌者，其自比於行人執節以逆賓與？何氏据借字作解，而不求其正字，非也。旄从毛聲，茅从矛聲，古毛聲、矛聲之字往往相通，如詩『髧彼兩髦』之髦，説文作『髳』；『如蠻如髦』之髦，牧誓作『髳』，是其例也。新序雜事篇載此事正作『旄旌』，唐余知古渚宫舊事同，蓋出嚴氏春秋也。較何氏本爲長。」按：史記宋世家：「武王伐殷，微子肉袒面縛，左牽羊，右把茅。」又左傳云：「前茅慮無。」注：「或曰時楚以茅爲旌識。」蓋古有此制，今不可考矣。茅旌、鸞刀皆祭祀所用，示不能有其宗廟之意。若謂執旄旌以自比行人，則執鸞刀又將何爲乎？惠氏士奇禮説云：「蒩，説者以爲藉祭之物，而祭之用蒩，非徒藉祭而已。志六穀之名謂之幟，即肆師之『表齍盛』也；護羣神之位謂之旌，即左傳之『羣屏攝』也，皆以蒩爲之，一共之鄉師，一共之甸師，而司巫共館，所謂包匭菁茅，故館一作包。然則茅之爲物薄，而用也重矣。鄭伯左執茅旌，蓋以宗廟將不血食，歸首於楚，以爲不如是，不足以動仁人孝子之心也。」「鄭衆亦云屏攝，攝束茅以爲屏蔽。韋昭以屏爲屏風，攝爲要扇，非是。」○注「用茅」至「至意」。○詩邶風静女：「自牧歸荑。」傳：「荑，茅之始生也。」箋云：「茅，潔白之物也。自牧田歸荑，其信美而異者，可以供祭祀。」易大過疏云：「用絜白之茅，言以絜素之道奉事於上也。」是也。説文艸部：「茅，菅也。」

右執鸞刀，【注】鸞刀，宗廟割切之刀，環有和，鋒有鸞。執宗廟器者，示以宗廟不血食，自歸首。【疏】注「鸞刀」至「有鸞」。○禮記郊特牲云：「割刀之用，鸞刀之貴，貴其義也。聲和而後斷也。」又祭義云：「祭之日，君牽牲，卿、大夫序從。既入廟門，麗於碑。卿、大夫袒，而毛牛尚耳，鸞刀以刲，取膟膋。」又祭統云：「鸞刀羞嚌。」是鸞刀爲宗廟割切之刀矣。釋名釋兵云：「刀，到也，以斬伐到其所乃〔一〕擊之也。其末曰鋒，言若蜂刺之毒利也。其本曰環，形似環也。」鸞刀之鸞當作鑾，説文金部：「人君乘車，四馬鑣，八鑾鈴，象鸞鳥聲，和則敬也。」鑾和並車馬之飾，鑾刀亦取象和鑾，法其有節，故詩小雅信南山云：「執其鸞刀。」傳：「鸞刀，刀之有鸞者，言割中節也。」正義：「鸞即鈴也。」是也。禮記經解注引韓詩内傳曰：「鸞在衡，和在軾。」大戴禮保傅篇同。詩蓼蕭傳曰：「在軾曰和，在鑣曰鸞。」是和、鸞皆鈴也。其分别環鋒，未知何有本否。○注「執宗」至「歸〔二〕首」。○舊疏云：「言己宗廟將墮滅，斟酌在楚耳，故言自歸首矣。」今律之犯罪自首，謂自行投首也。云血食者，禮器云：「君親制祭。」注：「謂朝事進血膋時所制者。」又云：「血、毛詔於室。」灌地迎神後，取血及毛告神爲先也。

以逆莊王，曰：「寡人無良邊垂之臣，【注】諸侯自稱曰寡人，天子自稱曰朕。良，善也。無善，喻有過。言己有過於楚邊垂之臣，謙不敢斥莊王。【疏】注「諸侯」至「曰朕」。○禮記曲禮記諸侯云：「其與民言，自稱曰『寡人』。」注：「謙也，於臣亦然。」正義：「寡人者，言己是寡德之人也。」其實與鄰國諸侯言，自稱亦曰寡人，此傳是也。臣子稱諸異邦曰「寡君」，稱夫人曰「寡小君」，取義同也。朕者，爾雅釋詁：「朕，我也。」白虎通號篇：「或稱朕何？亦王者之謙也。朕，我也。」獨斷上：「朕，我也。古者

〔一〕「乃」，原訛作「以」，叢書本同，據釋名疏證補校改。
〔二〕「歸」，原訛作「自」，據注文校改。

尊卑〔一〕共之，貴賤不嫌則可同號之義也。堯曰『朕在位七十載』，皋陶與帝舜言，曰『朕言惠可底行』，屈原曰『朕皇考』，此其義也。至秦，天子獨以爲稱。漢因而不改也。」按：曲禮：「君天下曰天子。朝諸侯，分職授政任功，曰予一人。」又曰：「天子未除喪，曰予小子。」此古天子之稱。其稱朕者，秦、漢以後稱也。其諸侯有稱不穀者，有稱孤者。左傳隱三年疏：「老子曰：『孤、寡、不穀，王侯之謙稱。』」故以下諸侯自稱，亦多稱不穀。○注「良善」至「有過」。○詩邶風日月云：「德音無良。」傳：「良，善也。」廣雅釋詁：「良，善也。」說文畗部：「良，善也。」無善，即有過也。○注「言己」至「莊王」。○邊垂，猶邊陲也。成十三年左傳「虔劉我邊陲」，韓詩外傳作「垂」。說文土部：「垂，遠邊也。从土〔二〕𠂹聲。」猶稱執事之屬也，故不敢斥莊王。

以干天禍，【注】干，犯也。謙不敢斥莊王，歸之於天。【疏】注「干犯」至「於天」。○國語晉語云：「則上下不干。」注：「干，犯也。」史記管蔡世家：「乃背晉干宋。」索隱：「干謂犯也。」楚辭謬〔三〕諫：「恐犯忌而干諱。」注：「干，觸也。」觸、犯義同。言天禍者，左傳云：「孤不天。」注：「不爲天所佑。」是也。

是以使君王沛焉，【注】沛焉者，怒有餘之貌，猶傳曰：「力沛若有餘。」【疏】注「沛焉」至「有餘」。○毛

〔一〕「卑」，原訛作「貴」，叢書本同，據獨斷校改。
〔二〕「土」，原訛作「士」，叢書本不誤，據改。
〔三〕「謬」，原作「繆」，叢書本同。雖繆亦可通謬，但仍據楚辭校改。

本「若」誤「者」。文十四年[一]傳文也。漢書禮樂志：「沛施祐[二]。」注：「沛然，泛貌也。」後漢書袁術傳：「沛然俱起。」注：「沛然，自恣縱貌也。」又李固傳：「誠當沛然思惟善道。」注：「沛然，寬廣之意。」又耿純傳：「況沛然自足。」注引何氏此注云：「沛，有餘優饒貌[三]。」自引者以意增減，非有別本也。蓋沛訓爲大，故沛然爲有餘之意。怒有餘曰沛然，力有餘亦曰沛然，故引文十四年傳喻之也。新序「沛焉」作「昧焉」。廣雅釋詁：「怖，怒也。」自是怖字，於此無涉。

辱到敝邑。【注】遠自勞辱到於鄭也。諸侯自稱國曰敝邑。【疏】注「遠自」至「鄭也」。○韓詩外傳作「使大國之君沛焉遠辱至此」。○注「諸侯」至「敝邑」。○隱四年左傳「敝邑以賦與陳、蔡從」之屬是也。

君如矜此喪人，【注】自謂己喪亡。【疏】新序作「君如憐此喪人」。禮記檀弓：「喪亦不可久也。」注：「喪，謂亡失位。」故死，謂之喪，失位亦謂之喪。昭二十五年傳「喪人其何稱」，檀弓「喪人無寶」，即大學之「亡人」也，皆言如己喪亡之義也。

錫之不毛之地，【注】墝埆不生五穀曰不毛。謙不敢求肥饒。【疏】史記鄭世家云：「若君王不忘厲、宣王，桓、武公，哀不忍絶其社稷，錫不毛之地。」○注「墝埆」至「肥饒」。○公羊問答曰：「詩邱中有麻傳

[一]「年」字原脱，叢書本同，據文意校補。
[二]「祐」，原訛作「祜」，叢書本同，據漢書校改。
[三]「有餘」句，李賢注後漢書及何休公羊注均無「優饒」二字。

云：『邱中墝埆之處。』漢書食貨志注：『磽，磽确也，謂瘠薄之田也。』淮南子：『舜耕歷山，田者爭處墝埆，以肥饒相讓。』管子：『而欲土地之毛。』注：『毛，謂嘉〔一〕苗。』穀梁傳：『毛澤未盡。』注：『邵曰：凡地所生謂之毛。』」引此傳曰：「錫之不毛之地。」按：左傳隱三年「澗溪沼沚之毛」，注：「毛，草也。」又昭七年「食土之毛」，注：「毛，草也。」凡生地者皆曰毛，不必苗穀也。蜀志諸葛亮傳：「深入不毛。」亦謂不生草木者也。載師：「宅不毛者，有里布。」先鄭注：「宅不毛者，謂不樹桑麻者也。」蓋凡地所生者皆曰毛。故古今注云：「地以名山爲輔，石爲之骨，川爲之脈，草木爲之毛。」其五穀亦毛之一，載師令民種植，故据桑麻言也。何氏此注亦舉其重者言之。墝者，説文作「磽」，石部云：「磽，礊石也。」漢書賈山傳：「地之磽者。」注：「磽，确，瘠薄也。」孟子告子云：「則地有肥磽。」一切經音義引孟子注：「磽，埆，薄瘠地也。」又引通俗文云：「物堅硬謂之磽埆。」淮南原道：「田者爭處墝埆。」注：「墝埆，讀人相墝椽之墝。墝埆，疊韻字，單舉則墝，亦訓埆。」淮南修務訓：「肥墝高下。」注：「墝，埆也。」楚語：「瘠磽之地。」注：「磽，确也。」是也。趙注孟子云：「墝，薄也。」墝埆，與肥饒對，故云「不敢求肥饒」也。

使帥一二耋老而綏焉。【注】六十稱耋，七十稱老。綏，安也。謙不敢多索丁夫，願得主帥一二老夫以自安。【疏】唐石經「耋」作「耊」。○注「六十」至「稱老」。○舊疏云：「七十稱老，曲禮文。按，今曲禮曰『七十曰耋』，與此異也。蓋何氏所見與鄭注者不同，或者此耋字誤耳。」經義雜記曰：「徐疏當作『今曲

〔一〕「嘉」，原訛作「黍」，叢書本同，據公羊問答及管子注校改。

禮六十曰耆』。徐據今禮記曰耆不作耋，故下云『或者此耊字誤也』。」錢氏大昕潛研堂答問云：「曲禮『七十曰老』，公羊疏乃云：『今曲禮七十曰耋。』豈徐彦所見本異乎？曰：陸德明釋文云：『本或作八十曰耋，九十曰耄。』徐所見本蓋即此本，故引以證何氏『六十稱耋』之異同。後人轉寫譌八爲七耳。八十曰耋，見於毛詩故訓傳，又見許氏説文。厥後劉熙釋名、王肅注易、郭璞注爾雅皆主此義。易『大耋之嗟』，鄭注謂『年踰七十』，亦與許、鄭義不遠。曲禮有『曰耋』二字，當是古本，而陸以爲後人妄加，失之矣。何氏六十以上稱耋之説，與犍爲舍人爾雅注相同。服虔注左傳又云『七十曰耋』，蓋漢人説耋義各不同，當以八十爲正也。」按：爾雅釋言〔一〕：「耋，老也。」詩疏引孫炎云：耋者，皮膚變黑色如鐵也。郝氏義疏云：「耋，説文及釋名俱本毛傳以爲八十。易釋文引馬融注及詩正義引左傳服虔注並云『七十曰耋』。釋言云『耋』，左傳正義又引舍人云『年六十稱也』。杜預僖九年注從服虔。何休注從舍人。是耋無正訓，故爲六十、七十、八十之異，要爲老壽之稱則同。故爾雅以耋爲老也。」○注「綏，安也」。○詩周南樛木：「福履綏之。」傳：「綏，安也。」小雅南有嘉魚「嘉賓式燕綏之」，箋：「綏，安也。」○注「謙不」至「自安」。○釋文：「索，舊本作策，音索。」通義云：「喪人，喪國之人，鄭伯自謂也。二二耋老，謂其卿大夫。」按：左傳云：「其俘諸江南以實海濱，亦唯命。其翦以賜諸侯，使臣妾之，亦唯命。」是已自等俘臣，故何氏謂不敢多索丁男也。孔義未安。

〔一〕「釋言」，原誤記爲「釋詁」，據爾雅注疏校改。

請唯君王之命。【疏】左傳：「鄭伯肉袒牽羊以逆，曰『孤不天，不能事君，使君懷怒以及敝邑，孤之罪也。敢不唯命是聽？其俘諸江南』云云。又曰：『若惠顧前好，徼福於厲、宣、桓、武，不泯其社稷，使改事君，夷於九縣，君之惠也，孤之願也，非所敢望也。敢布腹心，君實圖之。』」鄭世家：「鄭襄公肉袒掔羊以迎，曰：『孤不能事邊邑，使君王懷怒以及弊邑，孤之罪也。敢不惟命是聽？君王遷之江南，及以賜諸侯，亦惟命是聽。若君王不忘厲、宣王，桓、武公，哀不忍絶其社稷，錫不毛之地，使復得改事君王，孤之願也，然非所敢望也。敢布腹心，惟命是聽。』」皆與此詳略互見。

莊王曰：「君之不令臣交易爲言，【注】是亦莊王謙不斥鄭伯之辭。令，善也。交易，猶往來也。言君之不善臣，數往來爲惡言。【疏】注「是亦」至「之辭」。○正以楚莊諉罪於不令之臣，故爲謙不斥鄭伯之辭。○注「令，善也」。○詩小雅湛露云：「莫不令德。」箋：「令，善也。」爾雅釋詁：「令，善也。」書臯陶謨：「何畏乎巧言令色孔壬？」史記夏本紀作「巧言善佞人」是也。○注「交易」至「惡言」。○校勘記出「數往來」，云：「宋本同。閩、監、毛本『數』作『屢』。釋文作『屢往』，又作『數』，音朔。」按：屢、數音義同。易繫辭下傳：「交易而退。」亦謂彼此交互變易，故有往來之義也。讀書叢録云：「交通作狡。狡，猾也。易，輕也。言不善臣數爲狡猾輕慢之言。説文：『傷，輕也。一曰交傷。』其即本此。」按：洪氏説亦可通。

是以使寡人得見君之玉面，而微至乎此。」【注】微，喻小也，積小語言，以致於此。【疏】舊疏云：「若祭統云：『請君之玉女。』注：『言玉女者，美言之也。君子於玉比德焉。』然則，此言玉面者，亦美言之也。」按：史記陳丞相世家：「如冠玉耳。」亦謂美也。○注「微喻」至「於此」。○通義云：「微，略也。深入國邑而言略至乎此，遜辭也。」經義述聞云：「謹案，邶風式微傳云：『微，無也。』言寡人得見君面，徒以君之不令臣激怒使然耳。而其實貳而伐之，服而舍之，無或至於滅國遷君，若此之甚也。微至於此，即是赦鄭之語，故下文遂言撝軍退舍。何訓微爲小，而加積言語三字，殆失之迂矣。上文已云『交易爲言』矣，何又云『積小言語』耶？且鄭伯請不毛之地，待命甚殷，豈得置之不答而但言伐鄭之由乎？韓詩外傳載此文而省去『君如矜此喪人』四句，遂使『微至乎此』文義不明，蓋西漢時人已不識傳意矣。」按：何意以「微至乎此」仍據不令臣爲言，自是重複，且彼不過謙不斥鄭伯諉過臣下之辭，何爲數數言之？王義以微爲無，亦迂，不如孔氏較爲直捷。

莊王親自手旌，【注】自以手持旌也。緇廣充幅長尋曰旐，繼旐如燕尾曰旆，加文章曰旗，錯革鳥曰旟，注旄首曰旌。【疏】韓詩外傳作「莊王受節，左右麾楚軍」。○注「自以」至「旌也」。○通義云：「手旌，手持師節也。周禮曰：『析羽爲旌。』」按：書牧誓：「右秉白旄以麾。」逸周書克殷解：「武王乃手大白以麾。」左傳桓十年：「壽子載其旌以先。」衛世家作「盜其白旄以先」。然則白旄也，大白也，旌也，一物也。手執之爲旌節，載之武車則爲師節。司馬法：「偃伯靈臺。」注：「伯，師節。」是也。亦曰武節，漢武帝詔「躬秉武節」是也。古文伯、帛、白通。康叔封衛，分以「少帛」，即武王之「小白」也。○注「緇廣」至「曰旌」。○皆爾雅釋天文。舊疏云：「其間少有不同者，蓋所見異，或何氏潤色之。」校勘記出「緇廣」，云：「解云：今爾雅釋天『繒』作『緇』字。按，此則何注本作『繒廣充幅』，當訂正。」又出「加文章曰旗」，云：「旗當作旂，疏同。疏引爾雅及孫炎注皆作旐。」又「注，監、毛本作註，非。」疏同。按：釋天郭注云：「帛全幅長八尺。」舊疏引孫炎注：「緇，黑繒也。」與何本作「繒」義合。説文㫃部：「旐，龜蛇四游，以象營室，游游而長。」引周禮曰：「縣鄙建旐。」如郭義。帛全幅廣二尺四寸爲旐，其長八尺也，蓋用黑色繒，故爾雅作「緇」。旐畫龜蛇，屬北方，色宜黑。又禮記檀弓：「設旐，夏也。」旐從夏制，知黑色矣。鄭注周禮引爾雅云：「緇布〔一〕廣充幅長尋曰旐。」於「緇」下增「布」字，布充幅廣二尺二寸，非何義也。釋名釋兵云：「龜蛇曰旐，旐，兆也。龜知氣兆之吉凶，建之於後，察度事宜之形兆也。」釋天又〔二〕：「繼旐曰旆。」何氏增「如燕尾」三字，故郭彼注云：「帛續旐末，爲燕尾者也。」舊疏引孫炎云：「帛續旐末亦長尋，詩云『帛旆英英』是也。」説文云：「繼旐之旗也，沛然而垂。」釋名云：「白旆，殷旌也。以帛繼旐末也。」「雜帛爲旆，以雜色綴其邊爲燕尾也，將帥所建，象物雜也。」蓋以雜色帛言之，何不言帛？當從同也。亦作「茷」，詩疏及釋文「旆」俱作「茷」，左傳之「綪茷〔三〕」是也。旆，正字；茷，叚借也。釋天又云：「有鈴曰旂。」郭注：「縣鈴於竿頭，畫交龍於旒。」周禮司常云：「交龍爲旂。」注：「諸侯畫交龍，一象其升朝，一象其下復也。」儀禮疏引白虎通云：「禮記曰：『天子乘龍，載大旂，象日月升龍。』」即何氏所云加文章也。釋天又云：「錯革鳥曰旟。」郭云：

〔一〕今本爾雅「緇」下無「布」字，周禮引誤增。
〔二〕「又」下殆脱一「云」字。
〔三〕「綪茷」，原訛作「蒨茷」，叢書本同，據左傳校改。

「此謂合〔一〕剥鳥皮毛置之竿頭，即禮記云『載鴻及鳴鳶』。」舊疏引李巡云：「以革爲之，置於旐端。」詩六月傳：「鳥章，錯革鳥爲章也。」李、郭所本也。詩疏引孫炎云：「錯，置也。革，急也。畫急疾之鳥於縿也。」按：鄭志答張逸云：「畫急疾之鳥隼。」則孫氏所本。而説文云：「錯革畫鳥於上，所以進士衆。旟，衆也。」引周禮曰：「州里建旟。」則又置革而兼畫矣。御覽引爾雅舊注云：「刻爲革鳥，置竿首也。」與諸家義又不合。何氏無説，未知所從。釋天又云：「注旄首曰旌。」郭注：「載旄於竿頭，如今之幢，亦有旒。」詩疏引：「李巡云：『旄牛尾。牛尾著干首。』孫炎云：『析五采羽注旄上也。其下亦有旒縿。』」説文云：「游車載旌，析羽注旄首，所以精進士卒。」按：禮記明堂位云：「緌，有虞氏之旌也。」注云：「注旄杠首，所謂大麾。」不言析羽，蓋有虞氏質，但著牛尾於竿首。釋名云：「析羽曰旌。旌，精也，有精光也。緌，有虞氏之旌也。注旄竿首，其形燊燊然也。」故謂之緌。周則加五采羽於其上與？周禮序官：「夏采。」注：「謂有虞氏〔二〕以夏翟羽爲緌。」未知然否。釋名又云：「交龍爲旂。旂，倚也。畫作兩龍相依倚也。」「鳥隼爲旟。旟，譽也。軍吏所建，急疾趨事，則有稱譽也。」義並同。

左右撝軍，退舍七里。【疏】楚世家云：「莊王自手旗，左右麾軍，引兵去三十里而舍，遂許之平。」左傳：「退三十里，而許之平。」注：「退一舍，以禮鄭。」淮南子覽冥訓：「武王於是左操黄鉞，右秉白旄，瞋目

〔一〕「合」，原訛作「全」，據爾雅注疏校改。

〔二〕「有虞氏」下原衍一「已」字，叢書本同，據周禮校删。

而撝之。」注：「撝，揮也。」公羊問答曰：「或以爲即用鄭伯之茅旌以撝，可從否？ 曰：此俗儒之臆説也。淮南子：『武王左操黄鉞，右秉白旄，瞋目〔一〕而撝之。』注：『撝，揮也。舍，次，宿也。』按，此軍中之儀制也，見司馬法。設鄭伯不執茅旌，軍中將無以指揮之具乎？ 是不然矣。」按：説文手部：「麾，旌旗，所以指麾〔二〕也，从手靡聲。」段注云：「凡旌旗皆得曰麾，故許以旌旗釋麾。叚借之字作戲。淮陰侯傳、項羽本紀皆曰『戲下』是也。又凡旗之所指曰指麾，『師之耳目，在吾旗鼓』是也。坶誓曰：『右秉白旄以麾。』小雅曰：『麾之以肱。』」按：此之撝，即彼之麾也，莊王即持旌以左右撝軍也。説文手部「撝」字下：「以手指。」撝爲別一義。蓋以手指撝者作撝，以旌旗指撝者當作麾也。退舍之説，亦與左氏家不同。賈云：「司馬法『從遯不過三舍』，三舍，九十里。」是以舍爲三十里之定名。杜亦云：「退一舍以禮鄭。」此云七里，謂退次於七里外爲平也。故新序作「麾軍還舍七里」也，非三十里之舍也。史記稱嚴王退舍，即用此傳，不必謂三十里也。

將軍子重諫曰：「南郢之與鄭相去數千里，【注】南郢，楚都，不能二千里，言數千里者，欲深感莊王，使納其言。【疏】通義云：「子重，楚左軍將公子嬰齊也。」〇注「南郢，楚都」。〇漢書地理志「南郡江陵」下云：「故楚郢都。楚文王自丹陽徙此。後九世平王城之。後十世秦拔我郢，徙東。」史記楚世家

〔一〕「瞋目」二字原脱，叢書本同，據公羊問答校補。
〔二〕「麾」，原訛作「摩」，叢書本同，據説文校改。

正義：「括地志云：紀南故城在荆州江陵縣北五十里。」志又云：「又至平王，更城郢，在江陵縣東北六里，故郢城是也。」○注「不能」至「其言」。○正以不二千里而言數千，皆甚言之辭，以動王滅鄭也。

諸大夫死者數人，廝役扈養死者數百人。【注】艾草爲防者曰廝，汲水漿者曰役，養馬者曰扈，炊亨者曰養。【疏】校勘記云：「廝，唐石經、閩本同。監、毛本『廝』改『厮』，非，注同。」按：紹熙本亦作「廝」。新序雜事篇作「斯役死者數百人」。○注「艾草」至「曰養」。○史記張耳陳餘傳注：「韋昭曰：析薪爲廝。」漢書揚雄傳：「蹂屍輿廝。」注：「廝，破析也。」又嚴助傳：「廝輿之卒。」注：「廝，析薪者。」廝亦或作斯，哀二年左傳注〔一〕：「去斯役。」易旅：「斯其所取災。」王弼注：「而爲斯賤之役。」是也。方言：「官婢女廝謂之娠。」注：「女廝者，婦人給使，亦謂之娠。」玉篇：「廝，使也，賤也。」斯訓爲析，故謂析薪者曰廝。此艾草與析薪事相近，故艾草爲防者亦曰廝。其實廝爲賤役之通稱，淮南覽冥訓：「廝徒馬圉。」注：「廝，役也。」一切經音義引字書：「謂賤役者也。」廣雅釋詁：「廝，賤也。」廣韻：「廝，養也。」漢書嚴助傳注：「張晏曰：廝，微也。」是也。史記蘇秦列傳：「廝徒十萬。」索隱：「廝，養馬之賤者。」則廝與扈同矣。正義又以「廝」爲「炊亨供養雜役」，則又與「養」同。總之，爲雜役之名，故不必有定詁也。艾草爲防者，詩小雅車攻篇：「東有甫草。」傳：「甫，大也；田者，大芟〔二〕草以爲防。」釋文「芟」作「艾」。穀梁昭八年傳：「艾蘭以

〔一〕「注」字原脱，叢書本同。「去斯役」非左傳正文，出自杜預注，據補。

〔二〕「芟」，原作「艾」，叢書本同。艾，可通刈、芟。下文有「釋文芟作艾」，故仍據毛詩正義校改。

爲防。」注：「防，爲田之大限。」田獵者必大芟殺野草以爲防限，止舍其中，所謂「置旃以爲轅門，以葛覆質以爲槷，流旁握」是也。明行軍亦宜然也。役者，説文殳部：「役，戍邊也。」引申之，服使賤者皆曰役。廣雅釋詁云：「役，使也。」楚辭大招云：「不歡役只。」注：「役，賤也。」周禮甸師：「以薪蒸役外内饔之事。」注：「役，爲給役也。」又典祀：「徵役於司隸而役之。」注：「役之，作使之。」又罪隸：「掌役百官府。」注：「役，汲其小役〔一〕。」汲水漿亦賤者事，對則異，散則通，不必爲汲水漿者專名焉。扈者，惠氏棟云：「閔元年僕人鄧扈樂即圉人犖。圉人，即養馬者也。封氏聞見記：百官從駕曰扈從。又云：扈從蓋臣下侍從至尊，各供所職。蓋扈、圉同部字，圉正字，扈叚借也。扈爲隨從服役之稱，故廣雅訓扈爲使，亦不必專爲養馬者也。」養者，後漢書劉玄〔二〕傳：「竈下養。」注引此傳「炊烹曰養」。傳下脱「注」字也。易説卦傳：「兑爲羊。」釋文云：「虞翻作『羔』。」集解載虞注：「女使也。」朱震漢上易傳引鄭本作「陽」，注此「陽」謂：「爲養无家女，行賃炊爨。今時有之，賤於妾也。」與炊亨之義合。「陽」即「養」之借。漢書兒寬傳：「嘗爲弟子都養。」師古曰：「養，主給烹炊者也。」史記注引韋昭云：「炊烹曰養。」見陳餘傳下。蓋飲食所以養人，故炊烹者名養。虞氏易作「羔」。經義述聞謂：「羔當爲恙。」「借恙爲養也。」「扈養之養通作恙，猶爾雅『恙憂』之『恙』通作『養』也。」其實亦役使通稱，故廣雅亦訓爲使。史記秦始皇紀：「監門之養。」索隱：「養，即

〔一〕「汲其小役」，十三經注疏本作「給其小役」。下文據「汲」發論。何休解詁亦曰「汲水漿者曰役」。抑或有他本乎？抑或注疏本有誤？

〔二〕「劉玄」，原作「劉元」，陳立爲避康熙皇帝玄燁之名諱，改玄爲元，兹恢復本字。

卒也。」是卒亦稱養。四者通爲役使之稱，對言之則各别耳。書費誓：「臣妾逋逃。」史記魯世家集解引鄭注：「臣妾，廝役之屬也。」古者，兵車一乘，甲士三人，步卒七十二人，外有餘子二十五人，蓋即廝役扈養也。戰國策魏策〔一〕「卒不過三十萬」，而廝徒負養在其中。廣雅釋詁：「廝、扈、養，役使也。」孫子作戰篇注：「養二人，主炊。」墨子備城門篇：「守法：五十步丈夫十人，丁女二十人，老小十人。」守城法或有婦人，蓋亦給使炊烹役與？通義云：「謹按，司馬法：『守車〔二〕一乘，炊子〔三〕十人，廄養五人，樵汲五人。』樵謂之廝，汲謂之役。漢書陳餘傳有『廝養卒』，蘇林曰：『廝，取薪者也。』古廝與斯通，詩『斧以斯之』，蓋所由取名也。扈，圉也，傳言『鄧扈樂』是也。漢書兒寬『爲弟子都養』，而鄭君讀易兑爲養，以爲無家女，行賃炊爨，是炊、烹者通名養矣。」毛本「亨」作「烹」，俗字。

今君勝鄭而不有，無乃失民臣之力乎？」【注】無乃，猶得無。【疏】新序雜事篇：「今剋而不有，無乃失民力乎？」鄭世家云：「楚羣臣曰：『自郢至此，士大夫亦久勞矣。今得國，舍之何如？』」楚世家云：「楚羣臣曰：『王勿〔四〕許。』」左傳亦曰：「左右曰：『不可許也！得國無赦。』」

〔一〕「魏策」，原誤記爲「韓策」，叢書本同，據戰國策校改。
〔二〕「守車」，原訛作「兵車」，公羊通義即訛，據司馬法校改。
〔三〕「炊子」，原訛作「炊家子」，衍一「家」字，公羊通義即衍，據司馬法校删。
〔四〕「勿」，原作「弗」，叢書本同，據史記校改。

莊王曰：「古者，杅不穿，皮不蠹，則不出於四方。【注】杅，飲水器。穿，敗也。皮，裘也。蠹，壞也。言杅穿、皮蠹，乃出四方。古者，出四方朝聘、征伐，皆當多少圖有所喪費，然後乃行爾。喻已出征伐，士卒死傷，固其宜也，不當以是故滅有鄭，恥不能早服也。【疏】注「杅，飲水器」。○唐石經、諸本同。釋文：「杅音于。」舊疏云：「其音于，若今馬盂矣。舊説云：杅是衦字，若今食佈矣。按，今音作于，則舊説非。」校勘記云：「按，説文有『盂，飯器也』、『杅，槾也，所以涂也』。然則，古經皆叚杅爲盂。」公羊問答云：「問：注『杅，飲水器』，説文：『盂，飲[一]器。』二字不同，何也？曰：杅即盂之叚借字也。既夕禮：『兩敦兩杅。』注：『杅，盛湯漿。』尸子：『君如杅，民如水。杅方則水方，杅員則水員。』」按：後漢書引方言：「盌，謂之杅。」又呂强傳注：「盂，椀屬也。亦作盂。」禮記玉藻：「出杅。」注：「杅，浴器也。」既夕禮注：「今文杅爲桙。」蓋爲盛水之具也，故玉藻疏云：「杅，浴之盆也。」是也。新序作「盂」。荀子君道云：「槃圓而水圓，杅方而水方。」按：此與既夕皆飲器，與玉藻之浴器別，名同物異也。○注「穿，敗也」。○説文穴部：「穿，通也，从牙在穴中。」通，故敗，引伸義也。○注「皮，裘也」。○説文皮部：「剥取獸革者謂之皮。」按：經、傳稱皮多指有毛者言。周禮大宗伯「孤執皮帛」、小行人「璋以皮」注並云：「皮，虎豹皮。」禮聘禮：「庭實皮則攝之。」注：「皮，虎豹之皮。」又云：「乘皮設。」注：「儷皮，麋鹿皮也。」孟子梁惠王篇：「事之以皮幣。」注：「皮，狐貉之裘。」儀禮士昏禮：「儷皮。」注：「皮，鹿皮。」是皆据有毛者別之，若無

[一]「飲」，原訛作「飯」，叢書本同，據公羊問答及説文校改。

毛者謂之革。故此言「皮，裘也」。○注「蠹，壞也」。○國策秦策云：「則是一舉而壞韓、蠹魏。」又云：「有漢中，蠹。」高注並云：「蠹，害也。」一切經音義引字林云：「蠹，木中蟲也，穿食器物者也。」左傳襄二十七年云：「財用之蠹。」注：「蠹，害物之蟲。」蓋蠹本所以壞物，因謂蠹爲壞。襄三十一年傳：「而朽蠹以重敝邑之罪。」是也。○注「古者」至「有鄭」。○通義云：「朽積而穿，器有餘也；皮藏而蠹，幣有餘也。此與漢書云『粟陳腐，不可食；錢貫朽，不可校』其喻相類。言師出則費財，故國必餘富，然後敢從四方之事。以明今伐鄭，致有損喪，固其所也。」○注「恥不能早服也」。○毛本「能」誤「得」。

是以君子篤於禮而薄於利。【注】篤，厚也。不惜朽皮之費，而貴朝聘征伐者，厚於禮義，薄於財利。【疏】校勘記云：「唐石經、鄂本同。閩、監、毛本『于』作『於』，是也。」新序雜事篇云：「以是見君子重禮而賤利也。」韓詩外傳：「是以君子之重禮而賤財也。」新語云：「故君子篤於義而薄於利。」○注「篤，厚也」。○詩大雅皇矣云：「則篤其慶。」箋：「篤，厚也。」又唐風椒聊云：「碩大且篤。」傳：「篤，厚也。」爾雅釋詁：「篤，厚也。」按：說文二部：「竺，厚也。」又馬部：「篤，馬行頓遲。」竺，正字；篤，借字也。

要其人而不要其土。【注】本所以伐鄭者，欲要其人服罪過耳，不要取其土地，猶古朝聘欲厚禮義，不顧朽皮。【疏】注「本所」至「土地」。○校勘記出「耳」字，云：「閩、監、毛本同，是也。鄂本『耳』作『爾』。」按：此即左傳云：「怒其貳，而哀其卑。叛而伐之，服而舍之，德、刑成矣。伐叛，刑也；柔服，德也。二者立矣。」是也。

告從，【注】從，服從。【疏】注「從，服從」。○昭十一年左傳：「不昭不從。」注：「言順曰從。」禮記樂記：「率神而從天。」注：「從，順也。」順即服從之義，故襄十年左傳云：「從之將退。」注：「從，猶服也。」是也。説文：「从，相聽也，从二人。」禮記郊特牲云：「從人者也。」注：「從，謂順其教令。」謂鄭服從也。左傳：「王曰：『其君能下人，必能信用其民矣。』」楚世家亦有其語。鄭世家云：「莊王曰：『所爲伐，伐不服也。今已服，尚何求乎？』」

不赦不詳。【注】善用心曰詳。【疏】注「善用心曰詳」。○公羊問答云：「詳者，祥也，古字通爾。易：『視履考詳。』虞注：『詳，善也。』易大壯『不詳也』，釋文王肅本作『祥』。荀子修身篇：『則可謂不詳少者矣。』注：『詳當作祥。』」按：周書皇門解：「以昏求臣，作威不詳。」又淮南説山訓：「六畜生多耳目者不詳。」孔注、高注並云：「詳，善也。」易繫辭下傳虞注：「吉事爲詳。」詳之本義爲詳審，凡从羊之字多取義於吉與善，故詳爲善用心也。或詳即祥之借。新序雜事篇作「作告從而不赦，不祥也」，韓詩外傳作「人告以從而不舍，不祥也」是也。繁露王道篇：「莊王曰：古者〔一〕，杅不穿，皮不蠹，則不出。君子篤於禮，薄於利；要其人，不要其土。告從不赦，不詳。」「强不淩弱。」下云：「此春秋之救文以質也。救文以質，見天下諸侯所以失其國者亦有焉。」意謂春秋美楚莊，爲其以質待諸侯，故大之以救文也。

吾以不詳道民，災及吾身，何日之有！」【注】何日之有，猶無有日。【疏】新序雜事篇云：「吾

〔一〕「古者」下原衍一「曰」字，叢書本同，據春秋繁露校删。

以不祥立乎天下，菑之及吾身，何日之有矣！」韓詩外傳亦作「吾以不祥立乎天下，災及吾身，何取之有」。

既則晉師之救鄭者至。【注】荀林父也。【疏】既猶已也，猶論語憲問篇「既而曰」之既也。已爲語終詞，書洛誥云：「公定〔一〕，予往已。」是也。結上楚子服鄭事也。左傳、楚世家敘晉救鄭，俱在「潘尫入盟，子良出質」後，故左傳云：「及河，聞鄭既及楚平，桓子欲還。」是也。鄭世家云：「晉聞楚之伐鄭，發兵救鄭。其來持兩端，故遲。比至河，楚兵已去。晉將率或欲渡，或欲還，卒渡河。」故此以既字括之也。通義云：「本楚伐鄭，而晉救之，故經以楚爲客，晉爲主也。救鄭不書者，舉重，與戰不言伐同例。」〇注「荀林父」。〇左傳：「晉師救鄭。荀林父將中軍。」鄭世家云「莊王聞，還擊晉。鄭反助楚，大破晉軍於河上」者，林父奉君命故也。

曰：「請戰！」【注】荀林父請戰。【疏】注「荀林父請戰」。〇按：左傳：「桓子欲還，曰：無及於鄭而勦民，焉用之？」唯先縠欲戰，此云「林父請戰」者，林父主帥故也。左傳：「韓獻子謂桓子曰：『彘子以偏師陷，子罪大矣。子爲元帥，師不用命，誰之罪也？失屬亡師，爲罪已重，不如進也。事之不捷，惡有所分。與其專罪，六人同之，不猶愈乎？』師遂濟。」故注順其文，謂荀林父請戰也。

莊王許諾。將軍子重諫曰：「晉，大國也，【注】國大衆彊。【疏】新序雜事篇云：「晉，彊國也，

〔一〕「定」，原訛作「言」，叢書本同，據尚書校改。

道近力新。楚師疲勞，君請勿許。」韓詩外傳亦云：「晉，彊國也，道近力鋭。楚師奄罷，君其勿許。」

王師淹病矣，【注】淹，久也。諸大夫厮役死者是。【疏】注「久也」。○爾雅釋詁云：「淹，久也。」左傳云：「二三子無淹久。」注：「淹，留也。」留，故久。晉語云：「振廢淹。」離騷經：「日月忽其不淹兮。」韋注、王注並云：「淹，久也。」亦作「奄」，詩周頌臣工：「奄觀銍艾。」箋云：「奄，久。」是也。左傳：「令尹孫叔敖曰：昔歲入陳，今兹入鄭，不無事矣。」是淹久事也。○注「諸大」至「者是」。○正以上子重云：「諸大夫死者數人，厮役扈養死者數百人。」是其病也。

君請勿許也。」莊王曰：「弱者吾威之，彊者吾辟之，是以使寡人無以立乎天下。」【注】以是故，必使寡人無以立功名於天下。【疏】新序雜事篇云：「莊王曰：不可，彊者吾避之，弱者我威之，是寡人無以立乎天下也。」韓詩外傳同。通義云：「言避晉，將爲天下羞。」按：左傳所記，與此小異。左傳：「聞晉師既濟，王欲還，嬖人伍參欲戰，令尹孫叔敖弗欲。伍參言於王曰：『君而逃臣，若社稷何？』王病之。」是也。

令之還師，而逆晉寇。【注】言還者，時莊王勝鄭去矣，會晉師至，復還戰也。言寇者，傳序經意，謂晉如寇虜。【疏】注「言還」至「戰也」。○左傳：「告令尹改乘轅而北之，次於管以待之。」○注「言寇」至「寇虜」。○通義云：「晉稱寇者，敵國辭。」按：春秋惡晉，傳故寇晉也。

莊王鼓之。【疏】周禮鍾師：「掌鼙，鼓縵樂。」注：「鼓，讀如『莊王鼓之』之鼓。」今彼注脱一「之」字。新序雜事篇云：「莊王援枹而鼓之。」韓詩外傳同。

晉師大敗。晉衆之走者，舟中之指可掬矣。【注】時晉乘舟度邲水戰，兵敗反走，欲急去，先入舟者斬後扳舟者指，指隋舟中，身隋邲水中而死。可掬者，言其多也。以兩手曰掬。禮，天子造舟，諸侯維舟，大夫方舟，士特舟。【疏】新序雜事篇云：「晉師大敗。晉人來渡河而南，及敗，犇走欲渡而北，卒争舟，而以刃擊引，舟中之指可掬也。」韓詩外傳云：「晉師大敗，士卒奔者争舟，而指可掬也。」左傳：「遂疾進師，車馳卒奔，乘晉軍。桓子不知所爲，鼓於軍中曰：『先濟者有賞！』中軍、下軍争舟，舟中之指可掬也。」○注「時晉」至「而死」。○此何氏推度當時情勢言之，不必有成文也。校勘記云：「鄂本『度』作『渡』。按，下注云『使得過渡邲水去也』，作『渡』字，此誤。」○注「可掬」至「曰掬」。○杜云：「兩手曰匊。」釋名釋姿容云：「掬，局也，使相局近也。」詩唐風椒聊云：「蕃衍盈匊。」傳：「兩手曰匊。」又小雅采緑云「不盈一匊」，傳同。小爾雅廣量：「兩手謂之匊[一]。」舊注：「一升也。」考工記疏引小爾雅云：「二升爲匊。二匊爲豆，豆四升。」則匊亦量名。古律度量衡多取法人身[二]，蓋一手爲溢，小爾雅云：「一手之盛謂之溢也。」禮喪服傳注：「二十兩[三]曰溢，爲米一升二十四分升之一。」蓋一手一升稍强，兩手則二升

[一]「匊」，叢書本同，今小爾雅作「掬」。

[二]「身」，原訛作「長」，叢書本不誤，據改。

[三]「二十兩」，原訛作「二十四兩」，衍「四」字，叢書本同，據儀禮注疏校删。

也。胡氏承珙小爾雅義證云：「古量甚小。漢二斗七升，當今五升四合。以古之五，當今之一。則溢爲米一升二十四分升之一，不過當今二合稍贏。一手之盛，足有此數，則一匊不過四合也。」說文勹部：「在手曰匊。」禮記曲禮：「受珠玉者以掬。」注：「掬手中。」蓋以手掬之則作匊，若訓爲兩手之掬，則當作𦥑〔一〕。說文：「𦥑，叉手也。从𠀎彐。」手指相向，兩手之象形也。○注「禮天」至「特舟」。○爾雅釋水文也。說文引此四句作禮，蓋古禮經文。臧氏庸拜經日記云：「何邵公引爾雅釋文而稱禮者，魏張揖上廣雅表言爾雅，『秦叔孫通撰，置禮記』，此蓋漢初之事。大戴禮記中當有爾雅數篇，爲叔孫通所取入。故白虎通引釋親文稱爲禮親屬記，風俗通引釋樂文爲禮樂記。則禮記中有爾雅，信矣。」詩大雅大明云：「造舟爲梁。」傳：「天子造舟，諸侯維舟，大夫方舟，士特舟。」箋云：「天子造舟，周制也。殷時未有等制。」疏引王基云：「自殷以前質略，未有造、維、方、特之差。周公制禮，因文王敬太姒，重初昏，行造舟，遂即制之，以爲天子禮，著尊卑之差，以爲後世法是也。」造舟者，郭注爾雅云：「比船爲橋。」詩疏引：「李巡云：『比其舟而渡曰造舟。』孫炎曰：『造舟，比舟爲梁也。』」舊疏引爾雅舊説云：「以舟爲橋，詣其上而行過，故曰造舟也。」與孫、李、郭皆異。因造有至訓，附會爲此説耳。郝氏懿行義疏云：「蓋比併其船，加板於上。孔穎達謂即今浮橋是也。方言：『艁舟謂之浮梁。』閒居賦云：『浮梁黝以徑度。』皆其義也。至其併船之數，釋文引郭圖云：『天子併七船。』按，禮，自上而下降殺以兩，若以諸侯四、大夫二、士一推之，則天子當

〔一〕「𦥑」，原訛作「臼」，叢書本同，據說文解字校改。下「𦥑，叉手也」之「𦥑」亦訛作，并改。

併六船也。」按：郝氏用孔疏，謂即浮橋是也。造舟始於文王。文王親迎太姒，造舟爲梁。造，猶作也。蓋文王創作之制，後世定爲天子法，故名造舟。其七船、六船，或定禮後彌加彌文，未必文王造舟即有此制也。維舟者，郭云：「維連四船。」詩疏引李巡曰：「中央左右相維持，曰維舟。」舊疏引孫炎云：「維連四船。」音義曰：「維持使不動摇也。」蓋連繫四船，不致散離。孔穎達謂：「維舟以下，則水上浮而行之，但船有多少爲等差耳。」方舟者，郭云：「併兩船。」詩疏引李巡云：「併兩船，曰方舟。」説文：「方，併船也。象兩舟省，總頭形。或从水作汸。」方言云：「方舟謂之潢。」郭注：「揚州人呼渡津舫爲潢。荆州人呼杭音横。」按：方、潢、舫、杭、航，音義同也。方之初義爲併船之名，引申之，凡方皆訓併。如車不得方軌，謂不得併軌也。禮鄉射記：「不方足，謂不併足也。」其詩周南南有喬木云「不可方思」，邶風谷風「方之舟之」，傳並用釋言文，訓「方」爲「泭」者。爾雅又云：「庶人乘泭。」注：「併木以渡。」蓋編木以渡，與併船相類，故俱可名方。方舟爲大夫制，詩所詠不必大夫故也，則對文異，散亦通矣。特舟者，郭云：「單船。」舊疏引李巡云：「一舟曰特舟〔一〕。」是也。此及毛詩傳説，俱不引「庶人乘泭」者，所見本異，或所引不具也。説苑復恩云：「天子濟於水，造舟爲梁。諸侯維舟爲梁，大夫方舟。」並不引「士特舟」，是其例也。

莊王曰：「嘻！吾兩君不相好，【注】敵大夫戰，言兩君者，林父本以君命來。【疏】與鄭世家「莊王還擊晉，鄭反助楚，破晉軍於河上」稱晉君義同。

〔一〕「舟」字原脱，叢書本同，據公羊注疏校補。

百姓何罪？」令之還師，而佚晉寇。【注】佚猶過，使得過渡邲水去也。晉見莊王行義於陳，功立威行，嫉妒欲敗之，救鄭雖解，猶擊之不止，爲其欲壞楚善行，以求上人，故奪不使與楚成禮，而序林父於上，罪起其事。言及者，以臣及君，不嫌晉直，明晉汲汲欲敗楚爾。陸戰當舉地，而舉水者，大莊王閔隋水而佚晉寇。【疏】通義云：「緩晉師，令得逸去也。以上並申明與楚子爲禮之事。」○注「佚猶」至「去也」。○爾雅釋言：「逸，過也。」廣雅釋詁：「逸，過也。」國語周語：「是有逸罰。」注：「逸，過也。」逸、佚通，亦作軼。文選蕪城賦：「佚周令。」注：「佚與軼通。」廣雅釋詁：「軼，過也。」是也。新序雜事篇：「莊王曰：『嘻！吾兩君之不相能也，百姓何罪？』乃退師以軼晉寇。」亦作軼。○注「晉見」至「其事」。○校勘記出「以求二人」，云：「鄂本作『上人』，此誤。」按：紹熙本亦作「上」。舊疏云：「即上十一年討夏徵舒，是其行義也。討陳既得，鄭人遂服，是其功立威行也。」救鄭雖解者，晉師未至之時，楚師已解去，非謂晉人擊之令解也。猶擊之不止者，謂欲一逐而擊之，非謂已擊也。繁露竹林云：「夫莊王之舍鄭，有可貴之美。晉人不知其〔一〕善，而欲擊之。所救已解，如挑與之戰，此無善善之心，而輕救民之意也。」如，而也。義與何氏合也。○注「言及」至「楚爾」。○校勘記出「大臣及君」，云：「鄂本『大』作『以』，此誤。『大』字剜改，當本作『以』。」按：紹熙本亦作「以」。繁露玉杯云：「戰伐之事，後者主先，苟不惡，何爲使起之者居下？是其惡戰伐之辭已！」是春秋之例，在下者惡，故莊二十八年：「齊人伐衛。衛人及齊人戰。」傳：「春秋伐

〔一〕「其」字原脱，據春秋繁露校補。

者爲客，伐者爲主。」使衛主之，衛未有罪爾，故書齊於下以要齊。僖十八年宋公以下伐齊，下云：「宋師及齊師戰於甗。」伐者爲主，齊宜爲主，而與宋爲主者，彼傳云：「不使齊主之，與襄公之征齊也。」故退齊於下。此亦楚在下，嫌楚不直，故解之。爲其以臣敵君，其罪已著。不嫌楚曲，明晉之汲汲也。隱元年傳：「及，猶汲汲也。」〇注「陸戰」至「晉寇」。〇水經注河水篇：「河水又東，逕卷縣北。晉、楚戰，晉軍争濟，舟中之指可掬，楚莊祀河，告成而還，即是處也。」此與僖二十二年「戰於泓」同義。彼注云：「舉水者，大其不以水厄人。」是也。隋，説文肉部云：「裂肉也。」又自部〔一〕陸云：「敗城自曰陸。」篆文作「墯」。繫傳云：「今俗作隳。」隋水，謂落水也，宜陸之借字。白虎通號篇云：「楚勝鄭而不告，從而攻之。又令還師，而佚晉寇。圍宋，宋因而與之平，引師而去。知楚莊之霸也。」韓詩外傳載此事，末引詩曰：「柔亦不茹，剛亦不吐。」皆與公羊大莊王之義合。穀梁家徐邈云：「先林父者，内晉而外楚也。」非聖人善善之義。

〇秋，七月。

〇冬，十有二月，戊寅，楚子滅蕭。【注】日者，屬上有王言，今反滅人，故深責之。【疏】包氏慎

〔一〕「自部」，原譌作「土部」，據説文解字校改。

言云：「十二月書戊寅，月之十日。」杜云：「蕭，宋附庸國。」大事表云：「杜注：『沛國蕭縣。』今江南徐州有蕭縣，北十里有蕭城。莊十二年，蕭叔大心殺南宮牛立桓公有功，封爲附庸。宣十二年，楚滅之，後仍入爲宋邑。」水經注獲水篇：「又東，過蕭縣南。蕭縣南對山，世謂之蕭城南山。」「城東西及南三面，側臨獲水，故沛郡治。城南舊有石橋，高二丈。縣本蕭叔國，宋附庸，楚滅之。」地理志沛郡蕭云：「故蕭叔國，宋別封附庸也。」○注「日者」至「責之」。○舊疏云：「春秋之義，滅例書月，即莊十年『冬，十月，齊師滅譚』之屬是。今乃書日，故解之也。言屬上有王言，謂適上文云『莊王曰：「嘻！吾兩君不相好，百姓何罪？」令之還師，而佚晉寇』者，王霸之言也。王者之道，宜存人矜患，今反滅人，爲過深矣，是故書日，變於常例，故曰深責之耳。」通義云：「莊王行進於中國，乃純以中國禮責之，故楚滅國録日，始於此也。」

○**晉人、宋人、衛人、曹人同盟于清丘。**【疏】杜云：「清丘，衛地，今在濮陽縣東南。」大事表云：「今大名府開州東南七十里有清丘，高五丈。」水經注瓠子河篇：「瓠瀆又東南，逕清丘北，春秋宣公十二年『晉人、宋、衛、曹同盟于清丘』。京相璠曰：『在今東郡濮陽縣東南三十里。』」一統志：「清丘山在曹州府菏澤縣西南三十五里。清丘在大名府開州東南七十里。」方輿紀要云：「丘高五尺，唐置清丘縣。」通義云：「考之左傳，是晉先穀、宋華元、衛孔達也。大夫而專司盟，於是始。故壹貶稱人，疾之。」

〇宋師伐陳。【疏】校勘記云：「唐石經諸本同。解云：『宋師伐陳』者，按，諸家經皆有此文，唯賈氏注者闕此一經，疑脱耳。盧文弨曰：『賈氏所闕，當並「衛人救陳」亦闕，否則救陳之文何所承乎？』」

〇衛人救陳。

公羊義疏四十八

南菁書院　句容陳立卓人著

宣十三年盡十五年

○十有三年，春，齊師伐衛。【疏】〔一〕左氏、穀梁作「伐莒」，二者必有一誤。

○夏，楚子伐宋。

○秋，螺。【注】先是新饑，而使歸父會〔二〕齊人伐莒。賦斂不足，國家遂虛，下求不已之應。【疏】注

〔一〕「【疏】」之標誌原脱，叢書本同，據全書體例校補。
〔二〕「會」，原譌作「令」，叢書本同，據公羊注疏校改。

「先是」至「之應」。○即上十年冬書「饑」是也。「歸父會齊人伐莒」，見上十一年〔一〕。五行志中之下：「宣公十三年〔二〕，秋，螽。公孫歸父會齊伐莒。」

○冬，晉殺其大夫先穀。【疏】穀梁作「先縠」。唐石經穀梁亦作「縠」。彼釋文云：「縠，户木反。一本作縠，知唐初穀梁本有作『縠』者矣。」

○十有四年，春，衛殺其大夫孔達。

○夏，五月，壬申，曹伯壽卒。【注】日者，公子喜時父也。緣臣子尊榮，莫不欲與君父共之，故加録之，所以養孝子之志。許人子者，必使父也。【疏】包氏慎言云：「五月書壬申，月之十三日。」○注「日者」至「父也」。○舊疏云：「正以曹爲小國，卒月葬時。即昭十八年『三月，曹伯須卒』、『秋，葬曹平公』之屬是。今而書日，故以加録解之也。」喜時事，見昭二十年「曹公孫會自鄸出奔宋」，傳「所以養孝子之志」

〔一〕「十一年」，原誤記爲「十二年」，據春秋公羊傳校改。
〔二〕「十三年」，當作「十一年」，漢書原文即誤。

者，舊疏云：「正以喜時之讓，而春秋尊榮其父，故曰養孝子之志也。」猶襄二十九年傳云：「以季子爲臣，則宜有君者也。」是也。許人子者，必使父者，襄二十九年傳云：「許人子者，必使子也。」孝子之至莫大乎尊親，尊榮與君父共，所以隆父子之親，厚君臣之義。必使子者，必使人子尊榮其父也。校勘記云：「元本同。閩、監、毛本『父』上有『人』字。按，疏中引注亦作『必使人父也』，此脱。」謂喜時爲子，必使其父亦尊榮，是以加録之也。

○晉侯伐鄭。

○秋，九月，楚子圍宋。【注】月者，惡久圍宋，使易子而食之。【疏】注「月者」至「食之」。○正以圍例時，此月，故解之。易子而食諸事，見下十五年傳。

○葬曹文公。【疏】通義：「以上月爲此葬出也。日卒則月葬，月卒則時葬，例之正也。」

○冬，公孫歸父會齊侯于穀。

○十有五年，春，公孫歸父會楚子于宋。【注】宋見圍，不得與會。地以宋者，善内爲救宋行，雖不能解，猶爲見人之厄則矜之，故養遂其善意，不嫌與實解宋同文者，平事見刺皆可知。【疏】注「宋見」至「善意」。○隱元年「及宋人盟于宿」，注：「宿，不出主名者，主國主名與可知，故省文，明宿當自首其榮辱也。」是春秋之例，凡盟會地，與國初者，皆主國與盟也。今宋見圍，不得與會可知，而地以宋，故解之，知宋不得與者，以下五月始書「宋人及楚人平」故也。如此書者，正以善内爲救宋行會，有見人之厄則矜之意，春秋美其志，故書于宋，若宋已與會然，所以養成其善也。穀梁隱元年傳：「春秋成人之美，不成人之惡。」此類是也。○注「不嫌」至「可知」。○舊疏云：「舊云見刺者，謂魯人見刺也者，疑之。」按：平事見刺者，即經[一]「宋人及楚人平」。傳云：「此皆大夫也，其稱人何？貶。曷爲貶？平者在下也。」注：「言在下者，譏二子在君側，不先以便宜反報歸美于君，而生事專平，故貶稱人。」是其平事見刺也。魯以春會楚子，至夏，宋楚始平，明魯未能解宋圍，故不嫌與實解宋同文也。舊疏引舊説疑之，浦氏鏜云：「之疑非字誤。」按：此經方以于宋善内，何有刺之？通義云：「地以宋者，與僖二十七年同説。」彼引杜云：「宋方見圍，無嫌于與盟，故直以宋地。」非何義。何注彼云：「地以宋者，起公解宋圍爲此盟也。宋得與盟，則宋解可知。」是二者文同義異。

[一]「經」，原誤記爲「傳」，據公羊傳校改。

○夏，五月，宋人及楚人平。

外平不書，此何以書？【注】据上楚鄭平不書。【疏】注「据上」至「不書」。○即上十二年「莊王伐鄭，勝于皇門，放于路衢。鄭伯肉袒」云云。莊王親自手旌，左右撝軍，退舍七里，是其平事也。

大其平乎己也。【注】己，二大夫。【疏】注「己，二大夫」。○謂華元、子反專己爲平，故曰己也。後漢書王望傳：「昔華元、子反，楚、宋之良臣，不稟君命，擅平二國。春秋之義，以爲美談。」本此大義也。

何大乎其平乎己？【注】据大夫無遂事。【疏】注「大夫無遂事」。○莊十九年傳語。「大夫不得遂」，今云「大其平乎己」，二者義反，故据以難。

莊王圍宋，軍有七日之糧爾，盡此不勝，將去而歸爾。【疏】舊疏云：「考諸舊本，或云『軍有七日之糧爾，七日盡此不勝，將去而歸爾』。即云『更留七日，盡此資糧而不得勝，將去宋而歸爾』。今定本無下『七日』二字。」校勘記云：「唐石經、諸本同。定本是也。」

於是使司馬子反，【疏】通義云：「子反，楚右軍將公子側也。」

乘堙而闚宋城。宋華元亦乘堙而出見之。【注】堙，距堙，上城具。【疏】校勘記出「闚宋城」，云：「唐石經、鄂本、閩、監本同。毛本『闚』改『窺』，非。」韓詩外傳載此文，「堙」皆作「闉」。○注「堙，距堙，上城具」。○校勘記出「土城具」，云：「閩、監本同，誤也。鄂本『土』作『上』，當據正。」按：紹熙本亦作「上」。公羊問答云：「問：『堙，距堙，上城具』，有據否？曰：左傳：『晏弱城東陽，而遂圍萊。甲寅，堙之環城，傅于堞。』孫武子攻城篇：『攻城之法，脩轒輼，具器械，三月而後成距堙。』注：『謂踊土稍高而前，以傅其城也。』」按：左傳襄六年注：「堙，土山也。」蓋於城外積土而高，乘以登城者。築土爲之，故从土作垔也。説文作「垔」，訓爲「塞」，引書「鯀垔洪水」，今本作「堙」。與此義爲虚實之分也。左傳云：「登諸樓車。」史記注引服虔云：「樓車窺望敵軍，兵法所謂雲梯也。」亦堙之類。堙，蓋用土築之爾。

司馬子反曰：「子之國何如？」華元曰：「憊矣！」【疏】一切經音義引通俗文云：「疲極曰憊。」説文心部：「㥜，㦞也。」漢書樊噲傳：「又何憊也？」注：「憊，力極也。」易遯象傳：「遯，有疾憊也。」釋文引鄭注：「困也。」又「既濟：憊也」。釋文引陸注：「憊，困劣也。」謂國困極也。困極事見下。

曰：「何如？」【注】問憊意也。

曰：「易子而食之，析骸而炊之。」【注】析，破。骸，人骨也。【疏】左傳：「使華元夜入楚師，登子反之牀，曰：寡君使元以病告，曰：敝邑易子而食，析骸以爨。」語與此同。唯以華元入楚師爲異然，不若公羊之詳，情勢亦不合。杜云：「爨，炊也。」用此傳也。説文火部：「炊，爨也。」方言：「爨，齊謂之炊。」韓詩外傳作「爨」，下同。○注「析，破」。○一切經音義引聲類：「析，劈也。」廣雅釋詁：「析，分也。」淮南俶真訓：「析才士之脛。」注：「析，解也。」説文木部：「析，破木也。」故詁析爲破也。○注「骸，人骨也」。○左傳釋文云：「骸，本又作骨。」廣雅釋器：「骸，骨也。」説文骨部：「骸，脛骨也。」説苑復恩云：「邯鄲之民，炊骨易子而食之。」是骸即骨也。故史記宋世家、楚世家、吕氏春秋行論篇並引作「骨」。

司馬子反曰：「嘻！甚矣憊！雖然，【注】雖如所言。【疏】注「雖如所言」。○禮記大傳注云：「然，如是也。」言雖如是所言也。

吾聞之也，圍者，【注】古有見圍者。【疏】韓詩外傳作「吾聞圍者之國」。

柑馬而秣之，【注】秣者，以粟置馬口中。柑者，以木銜其口，不欲令食粟，示有畜積。【疏】校勘記云：「唐石經『秣』從〔一〕『末』。『柑』當作『拑』。」按：紹熙本亦作「秣」，从「末」。韓詩外傳「柑」作「箝」。○注「秣者」至「口中」。○公羊問答云：「説文：『餗，食馬穀也。』今借作秣。」按：成十六年左傳：「秣馬利兵。」注：「秣，穀馬也。」禮部韻略釋疑引字林云：「秣，食馬穀。」詩小雅鴛鴦云：「摧之秣之。」傳：「秣，粟也。」又周南漢廣云：「言秣其馬。」傳：「秣，養也。」周禮太宰：「七曰芻秣之式。」注：「芻秣，養牛馬禾穀也。」漢書魏相傳：「禁秣馬、酤酒、貯積。」注：「秣，以粟米飤〔二〕馬也。」○注「柑者」至「畜積」。○釋文云：「柑，以木銜馬口。」公羊問答云：「後漢書崔寔傳：『方將拑勒鞬輈以救之。』注引何氏此注，『拑』與『鉗』通。後漢書袁紹傳：『百辟鉗口。』注：『以木銜其口也。』」按：此經注「柑」字皆當作「拑」。説文竹部：「箝，籋也。从竹拑聲。」又金部：「鉗，以鐵有所劫束也。从金甘聲。」又手部：「拑，脅持也。从手甘聲。」後漢書單超傳：「上下鉗口。」注：「拑與鉗古字通。」漢書袁盎傳注：「箝，籋也。」又五行志注：「拑，籋也。」又江充傳

〔一〕「從」，原譌作「作」，叢書本同，據阮元校勘記校改。按：「從」當作「从」。

〔二〕「飤」，説文：「飤，糧也。从人、食。」段注：「按，以食食人物，其字本作食，俗作飤，或作飼。」

注：「鉗，鑷也。」以木攝馬口如鉗，故曰拑。或作箝，鬼谷子有「飛箝」篇，注云：「箝，謂牽持緘束，令不得脱。」蓋拑、箝、鉗皆可，惟不得作柑。柑乃果名也。吴氏經説云：「柑，从木。釋文、唐石經並同。而説文無柑木者。『某，从木从甘』，訓『酸果』。與柑馬素無涉。夌雲謂：柑當止作甘，即銜也。甘、銜古今字。以金置馬口中曰銜，行馬則銜之，止馬則卸之，故銜从金行聲。甘，説文作㔾〔一〕，从口含一，象口中有物形，正銜在馬口中象也。古文一字兼數義者甚多，則甘即柑之本字明矣。説文：『拑，脅持也。』『鉗，以鐵有所結束也。』此謂持以手，束以鐵，若口之含物然，故从手从金。銜，馬口所銜，不能銜物，古即有以木爲之者，不當从木。柑，俗字也。馬口有柑，則不能食，置粟馬前，示敵以粟有餘也。注謂『以粟置馬口中』，非是。」按：注意，秣本飤馬之名，故云以粟置馬口中也。因有柑銜其口，故須人置之也。此本權以示敵有蓄積爾。

使肥者應客，【注】示飽足也。

是何子之情也？」【注】猶曰：何大露情？【疏】論語子路篇：「則民莫敢不用情。」集解引孔〔二〕注曰：「情，實也。」禮記大學：「無情者，不得盡其辭。」鄭注：「情，猶實也。」淮南繆稱訓：「不戴其情。」高注：「情，誠也。」太露情，即誠實之謂也。韓詩外傳「是」作「今」，今與是皆指事之辭。

〔一〕「㔾」，原訛作「目」，叢書本同，據説文解字校改。

〔二〕「孔」下原衍一「子」字，據論語注疏校删。

華元曰："吾聞之，君子見人之厄則矜之，【注】矜，閔。【疏】注"矜，閔"。○詩小雅鴻雁："爰及矜人。"傳："矜，憐也。"華嚴經音義引字統云："矜，怜也。"書呂刑云："矜我一日。"釋文引馬注："矜，哀也。"方言："矜，哀也。齊、魯之閒曰矜，秦、晉之閒曰哀。"哀、憐皆有閔義。

小人見人之厄則幸之。【注】幸，僥幸。【疏】韓詩外傳二"厄"字皆作"困"，同。○注"幸，僥幸"。○國語晉語云："武不行而勝，幸也。"又荀子王制云："朝無幸位，民無幸生。"注並云："僥幸也。"按：後漢書鮑永傳："誠慙以其衆幸富貴。"注："幸，希也。"小人見人之厄則希幸之也。希所不當希曰幸。小爾雅廣義："非分而得謂之幸。"論衡幸偶篇："孔子曰：君子有不幸，而無有幸；小人有幸，而無不幸。"是也。蓋猶言幸災樂禍也。

吾見子之君子也，是以告情于子也。"【疏】左傳："寡君使元以病告。"是即以情告子之事也。

司馬子反曰："諾！【注】諾者，受語辭。【疏】注"諾者，受語辭"。○廣雅釋詁云："諾，譍也。"說文同。詩魯頌閟宮云："莫敢不諾。"箋："諾，應聲也。"荀子王霸云："刑賞已諾。"注："諾，許也。"許即受語辭也。文選傚曹子建樂府白馬篇："一朝許人諾。"注："相然許之辭也。"

勉之矣！【注】勉，猶努力。使努力堅守之。【疏】注"勉猶"至"守之"。○呂覽達鬱篇："臣乃今將爲君勉之。"注："勉，勵也。"小爾雅廣詁："勉，力也。"勉勵、勉力，皆有努力之義。故法言孝至篇："所以行之〔一〕一，曰勉。」注云：「勉，勵也。」左傳昭二十年：「爾其勉之。」注云：「勉謂努力也。」方言：「猶勉努也。」注：「勉努者，如今人言努力也。」是也。故古詩十九首内有「努力加餐飯」，李陵與蘇武詩有「努力崇明德」，皆勉語也。

吾軍亦有七日之糧爾，盡此不勝，將去而歸爾。」揖而去之，反于莊王。【注】反報于莊王。【疏】注「反報于莊王」。○國語晉語：「反使者。」注：「反，報也。」史記樂書〔二〕：「反其所自始。」正義：「反猶報也。」反即訓報，故云反報也。

莊王曰：「何如？」司馬子反曰：「憊矣！」曰：「何如？」曰：「易子而食之，析骸而炊之。」莊王曰：「嘻！甚矣憊！雖然，【注】雖已憊〔三〕。【疏】注「雖已憊」。○范望注太玄務測曰：「然，猶是也。」言雖是憊也。

吾今取此然後而歸爾。」【注】意未足也。【疏】經傳釋詞云：「而，猶乃也。」「言然後乃歸也。」莊十二年〔四〕穀梁傳：『國而曰歸，此邑也，其言歸何？』言國乃曰歸也。論語泰伯篇『而今而後』，言乃今乃後

〔一〕「之」下原衍一「者」字，據法言校删。
〔二〕「樂書」，原誤記爲「禮書」，叢書本同。以下引文實出自樂書，據史記校改。
〔三〕「憊」，原訛作「備」，叢書本不誤，據改。
〔四〕「十二年」，原誤記爲「十三年」，據穀梁傳校改。

也。」注言「意未足者」，謂但會宋憊不足也，志在必取爾。

司馬子反曰：「不可！臣已告之矣，軍有七日之糧爾。」莊王怒曰：「吾使子往視之，子曷爲告之？」【疏】毛本「子」誤「則」。

司馬子反曰：「以區區之宋，【注】區區，小貌。【疏】注「區區，小貌」。○廣雅釋詁：「區，小也。」又釋訓云：「區區，小也。」文選朱浮與彭寵書：「柰何以區區漁陽而結怨天子？」李注：「區區，言小也。」襄十七年左傳：「宋國區區。」釋文：「區區，小貌。」漢書楚元王傳：「豈謂區區之禮哉！」注：「區區，謂小也。」又楊王孫傳：「何必區區獨守所聞？」注：「區區，小意也。」區有小義，故區區爲狀辭。

猶有不欺人之臣，可以楚而無乎？是以告之也。」莊王曰：「諾。【注】先以諾受，絶子反語。【疏】注「先以」至「反語」。○孟子梁惠王篇：「公曰：諾。」注：「諾，止不出。」此亦諾止不取之義，恐子反仍諫故也。

舍而止。【注】更命築舍而止，示無去計。【疏】注「更命」至「去計」。○左傳：「申叔時僕，曰：『築室，反耕者，宋必聽命。』從之。宋人懼。」注：「築室於宋，分兵歸田，示無去志。」左傳敘於華元見子反前爲異。説文亼〔一〕部：「市居曰舍。」漢書高帝紀：「欲止宫休舍。」注：「舍謂屋舍也。」太玄：「去舍彼枯園。」注：

〔一〕「亼」，原訛作「厶」，叢書本同，據説文解字校改。

「舍，居也。」周禮司戈盾：「及舍。」注：「止也。」築室而止，故亦詁舍爲止。韓詩外傳無「諸。舍而止」。通義云：「先勉受子反語，言將舍宋，止而弗攻。」以此爲莊王語，非何義。

雖然，【注】雖宋已知我糧短。【疏】玉篇虫部：「雖，辭兩設也。」經傳釋詞：「然，詞之轉也。」莊王雖勉諸子反，而意仍不然。

吾猶取此，然後歸爾。」【注】欲徼糧待勝也。【疏】注「欲徼糧待勝也」。○此亦何氏以意測之。通義云：「繼乃道王本意，終弗舍而止，剋其憊甚，七日不解，必内潰云爾。」夫七日不去，楚糧亦絶，何以使宋内潰？故云「徼糧待勝也」。

司馬子反曰：「然則，君請處于此，臣請歸爾！」【疏】白虎通諫静篇：「親屬諫不得放者，骨肉無相去離之義也。春秋傳曰：『司馬子反曰：「君請處乎此，臣請歸。」子反者，楚公子也，時不待〔一〕放。』明人臣三諫不從，宜去。子反，楚公子，故不從，仍返國也。

莊王曰：「子去我而歸，吾孰與處于此？吾亦從子而歸爾。」引師而去之。故君子大其平乎己也。【注】大其有仁恩。【疏】左傳：「華元登子反之牀，起之，曰：『寡君使元以病告，曰：「敝邑易子而食，析骸以爨。雖然，城下之盟，有以國斃，不能從也。去我三十里，唯命是聽。」』子反

〔一〕「待」，原訛作「得」，叢書本同，據白虎通校改。

懼，與之盟，而告王。退三十里，宋及楚平。華元爲質，盟曰：『我無爾詐，爾無我虞。』」似是華元要劫爲盟，與此詳略互見。蓋盟在先，反報莊王在後也。繁露竹林篇：「司馬子反爲其君使，廢君命，與敵情，從其所請，與宋平，是内專政而外擅名也。專政則輕君，擅名則不臣，而春秋大之，奚由哉？曰：爲其有慘怛之恩，不忍餓一國之民，使之相食。推恩者遠之而大，爲仁者自然而美。今子反出己之心，矜宋之民，無計其閒，故大之也。」是即何氏大其有仁恩之義也。繁露又云：「難者曰：春秋之法，卿不憂諸侯，政不在大夫。子反爲楚臣，而恤宋民，是憂諸侯也；不復其君，而與敵平，是政在大夫也。湨梁之盟，信在大夫，而春秋刺之，爲其奪君尊也。平在大夫，亦奪君尊，而春秋大之，此所閒也。且春秋之義，臣有惡，擅名美，故忠臣不顯諫，欲其由君出也。書曰：『爾有嘉謀嘉猷，入告爾君于内，爾乃順之于外，曰：此謀此猷，惟我君之德。』此爲人臣之法也。古之良大夫，其事君皆若是。今子反去君近而不復，莊王可見而不告，皆以其解二國之難，爲不得已也。奈其奪君名美何！此所惑也。曰：春秋之道，固有常有變，變用於變，常用於常，各止其科，非相妨也。今諸子所稱，皆天下之常，雷同之義也。子反之行，一曲之變，術〔一〕偹之義也。夫目驚而體失其容，心驚而事有所忘，人之情也。通於驚之情者，取其一美，不盡其失。詩云：『采葑采菲，無以下體。』此之謂也。今子反往視宋，聞人相食，大驚而哀之，不意之至於此也，是以心駭目動，而違常禮。禮者，庶於仁，文質而成體者也。今使人相食，大失其仁，安著其禮？方救其

〔一〕「術」，春秋繁露淩曙注本作「術」，原注：「術，疑作獨。」

質，奚恤其文？故曰：『當仁不讓。』此之謂也。春秋之辭，有所謂賤者，有賤乎賤者。夫有賤乎賤者，則亦有貴乎貴者矣。今讓者，春秋之所貴。雖然，見人相食，驚人相爨，救之忘其讓，君子之道，有貴於讓者也。故說春秋者，無以平定之常義疑變故之大則，義〔一〕幾可諭矣。」反覆大子反之義，極爲平允。韓詩外傳云：「君子善其平己也。華元以誠告子反，得以解圍，全二國之命。詩云：『彼姝者子，何以告之？』君子善其以誠相告也。」是亦公羊義也。

此皆大夫也，【疏】校勘記云：「唐石經、鄂本、閩、監本同。毛本『皆』誤『其』。」按：紹熙本亦作「皆」。

其稱人何？貶。曷爲貶？【注】据大其平。

平者在下也。【注】言在下者，譏二子在君側，不先以便宜反報歸美于君，而生事專平，故貶稱人。等不勿貶，不言遂者，在君側無遂道也。以主坐在君側遂爲罪也，知經不以文實貶也。凡爲文實貶者，皆以取專事爲罪。月者，專平不易。【疏】注「言在」至「稱人」。○後漢書馮衍傳顯志賦云：「娸子反於彭城兮。」注：「娸，吕忱字林：『音仕眷〔二〕反，勉也。』東觀記作『譏』字。此雖作『娸』，蓋亦譏刺之意。」謂二子專平之美，不歸於君故也。繁露陽尊陰卑篇云：「是故春秋君不名惡，臣不名善，善皆歸於君，惡皆歸於臣。臣之義比於地，故爲人臣者，視地之事天也。」又五行對云：「風雨者，地之所爲，地不敢有其功名，必

〔一〕「則義」二字原倒置，叢書本同，據春秋繁露校改。
〔二〕「眷」，原訛作「春」，據後漢書注校改。

上之於天，命若從天氣〔一〕者。勤勞在地，名一歸於天，非至有義，其孰能行此。」○注「等不」至「道也」。○校勘記出「等不勿貶」，云：「疏標起訖亦作『等不勿貶』，言與不勿貶相等，謂貶也。此本『勿』作『物』，誤，今訂正。」按：紹熙本亦作「勿」。莊十九年：「遂及齊侯、宋公盟。」傳：「大夫無遂事，此其言遂何？聘禮，大夫受命不受辭，出境有可以安社稷利國家者，則專之可也。」彼公子結不在君側，故得言遂。此與彼殊，故雖貶大夫專平，不書遂也。舊疏云：「若言遂，當言楚圍宋，宋華元、楚子反遂平于宋矣。」然子反亦不得書字。貶言遂者，僖三十年「公子遂如京師，遂如晉」之屬是也。○注「以主」至「罪也」。○正以遂者，專事之辭。此主書者，雖大其平，仍坐其在君側行遂事也。○注「知經」至「爲罪」。○通義云：「平例舉國，獨此稱人，故知見貶義。不發文實傳者，在君側無專道，實亦不與也。雖大其平，猶不與，所以醇事君之義，杜要上之漸。」舊疏云：「爲文實貶者，皆以時無王霸，諸侯專事，雖違古典，于時爲宜，是以春秋文雖貶惡，其實與之。即僖元年齊師云云，救邢貶齊侯稱師，刺其專事，不言狄人滅邢而爲之諱，見其〔二〕實與是也。」按：此專坐在君側專事爲罪，非謂無明王方伯專事罪之，故直貶稱人，以起其專，無爲實與文不與，故經無與文也。○注「日者專平不易」。○定十一年：「冬，及鄭平。」注：「不書月者，易故也。」是不書月爲易，則書月爲不易矣，猶定十年：「春，王三月，及齊平。」注：「月者，頰谷之會，齊侯欲執

〔一〕「氣」，原訛作「命」，叢書本同，據春秋繁露校改。

〔二〕「其」，原訛作「非」，據公羊注疏校改。

定公，故不易。」是也。通義云：「凡平而後有反復者月，信者時。」何氏無此義。

○**六月，癸卯，晉師滅赤狄潞氏，以潞子嬰兒歸。**【疏】包氏慎言云：「六月書癸卯，月之二十一日。」杜云：「潞，赤狄之别種。潞氏，國，故稱氏，子爵也。」大事表：「今潞安府潞城縣東北四十里有古潞城，爲赤狄潞氏國。按，潞氏封域極廣，國都在潞安，而其邊邑則在今直隸廣平府曲梁縣，直接山東之界，延袤二省。傳云：『荀林父敗赤狄于曲梁，遂滅潞。』蓋師出其東，而轉攻之，以絶其奔逸也。」一統志：「潞縣故城在潞安府潞城縣東北。」

潞何以稱子？【注】据其滅稱氏。【疏】通義云：「据赤狄君未嘗見。」按：此爲氏，與爵對舉，故注云：「据其滅稱氏也。」孔改所據，無謂。

潞子之爲善也躬，足以亡爾。【注】躬，身。【疏】經義述聞云：「謹按，躬行善事，無取滅亡之理，此非傳意也。古字躬與窮通，躬當讀爲窮。潞子之爲善也窮，言潞子之爲善也，其道窮也。蓋潞子去俗歸義，而無黨援，遂至于窮困。下文曰：『離于夷狄，而未能合于中國。晉師伐之，中國不救，狄人不有。』是其窮於爲善之事也。何注失之。孔氏通義又以躬字屬下讀，而云足以亡其躬。按，經云『以潞子嬰兒歸』，未嘗殺之也，不得云亡其躬。古人字多叚借，必執本字以求之，則迂曲而難通矣。」按：王氏説甚允。

○注「躬，身」。○説文身部：「躳，身也。」論語子路：「吾黨有直躬者。」孔注：「直躬，直身而行。」繁露仁義法篇：「潞子於諸侯，無所能正，春秋予之有義，其身正也。」蓋亦以躬作身解。

雖然，君子不可不記也。離于夷狄，【注】疾夷狄之俗而去離之，故稱子。【疏】注「疾夷」至「稱子」。○繁露觀德篇：「潞子離狄而歸黨，以得亡，春秋謂之子，以領其意。」漢書景武昭宣元功臣表：「昔書稱『蠻夷率服』，詩云『徐方既來』，春秋列潞子之爵，爲其慕諸侯也。」應劭曰：「潞子離狄內附，春秋嘉之，稱其爵，列諸盟會也。」是其進稱子，爲其疾夷俗也。

而未能合于中國。【注】未能與中國合同禮義，相親比也，故猶繫赤狄。【疏】校勘記云：「唐石經、鄂本、閩、監本同。毛本『于』改『於』。」○注「未能」至「赤狄」。○若醇同中國，當書晉師滅潞氏矣。

晉師伐之，中國不救，狄人不有，是以亡也。【注】以去俗歸義亡，故君子閔傷進之。日者，痛録之。名者，示所聞世始録小國也。録以歸者，因可責而責之。責而加進之者，明不當絶，當復其氏。【疏】昭六年左傳：「女喪而宗室，於人何有？人亦於女何有？」注：「言人亦不能愛女也。」又二十六年傳：「是不有寡君也。」注：「有，相親有也。」詩王風葛藟：「亦莫我有。」古以「有」爲相親愛之義，故廣雅：「仁、虞、撫，有也。」是也。狄人不有，狄人不相親愛也。○注「以去」至「進之」。○繁露王道篇：「救文以質，見天下諸侯所以失其國者亦有焉，潞子欲合中國之禮義，離乎夷狄，未合乎中國，所以亡也。」又云：「觀乎潞子，知無輔自詛之敗。」自詛，即自阻也，釋名釋言語云：「詛，阻也。使人行事阻限于言也。」繁露仁義法述此事，又云：「故曰：義在正我，不在正人，此其法也。」潞子能正我，故進之也。○注「日者，痛録之」。○舊疏云：「正以凡滅，例月。今此書日，故以爲哀痛而詳録之耳。」通義云：「凡滅國而以君歸者，例日，惡其虐之甚。」然「以隗子歸」不書日也。○注「名者」至「國也」。○舊疏云：「僖二十六年，『秋，楚人滅隗，以隗子歸』。彼注云：『不名者，所傳聞世見治始起，責小國略。』然則此書名者，示所聞世始録小國也。」通義云：「謹案，所聞之世，小國君猶未名，名嬰兒者，亦以行進録之也。」○注「録以」至「責之」。○僖二十六年注云：「書以歸者，惡不死位。」是録以歸爲責辭。潞子去俗歸義，爲春秋所閔，本可不録責，而書以歸爲責辭，正以其行進在可責之限，春秋備責賢者之故也。○注「責而」至「其氏」。○舊疏云：「言其行既進，明不當絶滅其國，還當復其潞氏以爲國矣。」按：此春秋興滅國之義也。穀梁傳：「其日，潞子嬰兒賢也。」論語述而篇：「與其進也，不與其退也。」戴氏望注云：「春秋列國進乎禮義者，與之；退則因而貶之。潞子離狄内附，稱其爵，列諸盟會，許其慕諸夏也。」按：孟子滕文公篇：「吾聞用夏變夷者。」又曰：「吾聞出于幽谷遷于喬木者，未聞下喬木而入于幽谷者。」下引魯頌曰：「戎狄是膺，荊舒是懲。」是則春秋進潞子義也。

○秦人伐晉。

○王札子殺召伯、毛伯。

王札子者何？長庶之號也。【注】天子之庶兄。札者，冠且字也。禮，天子庶兄冠而不名，所以尊之。子者，王子也。天子不言子弟，故變文上札〔一〕，繫先王以明之。不稱伯仲者，辟同母兄弟，起其爲庶兄也。主書者，惡天子不以禮尊之而任以權，至令殺尊卿二人。不言其大夫者，挈也。惡二大夫居尊卿之位，爲下所提挈而殺之。大夫相殺不稱人者，正之。諸侯大夫顧弒君重，故降稱人。王者至尊不得顧。【疏】注「天子」至「尊之」。○白虎通王者不臣篇：「諸父、諸兄不名。諸父、諸兄者，親與己父、兄，有敵體之義也。詩云：『王曰叔父。』春秋傳曰：『王札子何？長庶之稱也。』」桓四年注亦云：「諸父、兄不名。」經曰「王札子」、詩曰「王謂叔父」是也。蓋謂既冠之後，天子字而不名，所以尊之也。○注「子者」至「明之」。○文元年注：「不稱王子者，時天子、諸侯不務求賢，而專貴親親，故尤其在位子弟，刺其早任以權也。」故變文上札，不稱王子札也。上繫先王者，知爲今王之庶兄矣。校勘記出「故變文上札」，云：「閩、監、毛本同。此本上作王，誤。」按：紹熙本亦作「上」。○注「不稱」至「兄也」。○上十年：「天王使王季子來聘。」傳：「其稱王季子何？貴也。其貴柰何？母弟也。」是同母兄弟稱伯仲，此但稱其字，故起其爲庶兄也。所以分别之者，隱七年注云：「春秋變周之文，從殷之質，質家親親。明當親厚異於羣公子也。」○注「主書」至「二人」。○舊疏云：「正以經不稱爵，知非公，故云不以禮尊之矣。正以堪殺二卿，故知任以權也。」通義云：「春秋文不空設，皆爲後世法。觀於王札子，知貴戚之禍；觀於三世内娶，知

〔一〕「上札」，阮元刻本作「王札」。下【疏】曰：「故變文上札，不稱王子札也。」似以作「上札」爲是。

外戚之禍。」是也。○注「不言」至「殺之」。○此明兼譏二子義也。舊疏云：「由其爲下所提挈而殺之，失大夫位，故不云大夫也。云〔一〕居尊卿之位者，正以稱其伯仲字，知是尊卿耳。」○注「大夫」至「得顧」。○毛本「重」作「仲」，誤。文十六年傳：「大夫弑君稱名氏，賤者窮諸人。大夫相殺稱人，賤者窮諸盜。」是則大夫相殺稱人，今此不稱人，故解之云「正之」者。舊〔二〕疏云：「正之使稱王札子〔三〕故也。」所以正之者，諸侯大夫欲分别弑君、殺大夫，故降稱人，顧弑君重故也。王者至尊，無有弑理，不必顧，故大夫相殺不假降之稱人矣。

○秋，螺。【注】從十三年之後，上求未已，而又歸父比年再出會，内計税畝，百姓動擾之應。【疏】注「從十」至「之應」。○校勘記出「内計税畝」，云：「閩、監、毛本同。鄂本『計』作『議』。」上十三年「秋，螺」，注云：「先是新饑，而使歸父會齊人伐莒。賦斂不足，國家遂虚，下求未已。」此年又螺，故注承上言之也。歸父比年再出，即上十四年「公孫歸父會齊侯于穀」、十五年「公孫歸父會楚子于宋」也。税畝，見下。漢書五行志中之下云：「十五年，秋，螽。宣無熟歲，數有軍旅。」

〔一〕「云」字原脱，叢書本同，據公羊注疏校補。
〔二〕「舊」，原訛作「舉」，叢書本不誤，據改。
〔三〕「子」字原脱，叢書本同，據公羊注疏校補。

○仲孫蔑會齊高固于牟婁。【疏】左氏、穀梁作「無婁」。按：牟、無古音之轉。禮士冠禮記：「毋追，夏后氏之道也。」釋文：「毋音牟。」公食大夫禮注：「鴽音毋〔一〕。」釋文：「毋音牟。」方言一：「憮、牟，愛也。韓、鄭曰憮，宋、魯之閒曰牟。」杜云：「無婁，杞邑。」大事表云：「公羊作牟婁，蓋即莒人所取，然此時已爲莒邑。杜注疑有誤。」

○初税畝。

初者何？始也。【疏】爾雅釋詁云：「初，始也。」十行本作「畞」，唐石經作「畒」，閩、監本作「畝」，毛本作「畝」，紹熙本亦作「畞」。按：説文作「晦」：「六尺爲步，百步爲晦。」或从十久作「畞」。鍇曰：「十其制，久聲。」

税畝者何？履畝而税也。【注】時宣公無恩信於民，民不肯盡力於公田，故履踐案行，擇其善畝穀最好者，税取之。【疏】孟子萬章篇：「取之於民也，猶禦也。」趙注：「今諸侯賦斂不由其道，履畝强求，猶禦人也。」○注「時宣」至「取之」。○毛本「案」改「按」。五行志中之下：「是時民患上力役，解於公田。宣

〔一〕「鴽音毋」，儀禮注疏公食大夫禮注作「鴽無母」，此誤。

是時初税畝。税畝，就民田畝擇美者税其什一〔一〕，亂先王制而爲貪利。」與何氏説合。通義云：「穀梁傳曰：『去公田而履畝，十取一也。』蓋古者八家同井，中爲公田，藉而不税。今去公田，則九家同井，而每畝税取其什之一，近貢法也。或以爲什二而税，非也。論語言二者，是哀公用田賦以後耳。」按：如所言，則什一而貢，猶是先王正法，春秋何爲責之？與履字義亦不合。穀梁傳謂古者什一藉而不税，「初税畝者，非公之去公田而履畝，十取一也」，似亦與何義同。孟子公孫丑篇：「耕者助而不税。」趙注：「助佐公〔二〕家治公田，不横税賦，若履畝之類。」亦用公羊義也。杜注左傳云：「公田之法，十取其一。今又履其餘畝，復什收其一，故哀公曰：『二，吾猶不足。』遂以爲常，故曰初。」亦非。按：彼傳云：「穀出不過藉。」謂不過藉民之力以取所出穀爾，不當履民畝而税之也。似杜亦失傳意。穀梁疏引徐邈説：「以爲除去公田之外，又税私田之什一耳。」與杜合，亦非穀梁義。

初税畝何以書？譏。何譏爾？譏始履畝而税也。【疏】潛夫論班禄篇：「履畝税而碩鼠作。」鹽鐵論取下篇：「德惠塞而嗜欲衆，君奢侈而上求多，民困于下，怠於公事〔三〕，是以〔四〕有履畝之税，碩鼠之詩作也。」彼當出魯、韓詩。此下云：「什一行而頌聲作。」似正對碩鼠詩言。

〔一〕「一」字原脱，叢書本同，據漢書校補。
〔二〕「公」下原衍一「田」字，叢書本同，據孟子注疏校删。
〔三〕「怠」，原訛作「急」，叢書本同，據鹽鐵論校改。
〔四〕「以」字原脱，叢書本同，據鹽鐵論校補。

何譏乎始履畝而税？【注】据用田賦不言初，亦不言税畝。【疏】注「据用」至「税畝」。○哀十二年「用田賦」是也。

古者什一而藉。【注】什一以借民力，以什與民，自取其一爲公田。【疏】注「什一」至「公田」。○下注云「一夫一婦受田百畝，公田十畝」，與漢書食貨志同。是爲一夫受田一百十畝，百畝入己，十畝入公，是爲以什與民，自取其一，蓋一在十之外也。周禮載師職：「凡任地，近郊十一，遠郊二十而三，甸稍〔一〕縣都皆無過十二，唯其漆林之征二十而五。」蓋據王畿之内所共多，故賦税重也。此傳税法，據諸侯邦國言，蓋國地狹小，役少賦暇，故無遠近之差也。又周禮所記或是貢法。通義云：「孟子曰『助者，藉也』，不言徹言助者，傳順經意，有從殷之質，故取法其善者。」段氏玉裁説文注云：「耡，殷人七十而耡。耡，耤税也。从耒助〔二〕聲。周禮曰：『以興耡利甿。』」今孟子作「助」，周禮注引作「莇」。「耡即以借釋之，耤税者，借民力以食税也。遂人〔三〕注云：『鄭大夫讀耡爲藉，杜子春讀耡爲助，謂起民人令相佐助。』按，鄭意，耡者合耦相助，以歲時合耦于耡，謂於里宰治處合耦，因謂里宰治處爲耡也。許以周禮證七十而耡，

〔一〕「稍」，原訛作「梢」，叢書本同，據周禮校改。禾之末與木之末或可通借。
〔二〕「助」，原訛作「耡」，叢書本同，據説文段注校改。
〔三〕「遂人」，原訛作「遂大夫」，叢書本同，據周禮校改。

蓋其意同。」廣雅疏證云：「大雅韓奕篇：『實畝實藉。』鄭箋曰：『藉，税也。』宣十五年〔一〕左傳：『穀出不過藉。』杜預注云：『周法，民耕百畝，公田十畝，借民力而治之。』税不過此。王制：『古者公田藉而不税。』鄭注云：『藉之言借也。』借民力治公田，美惡取於此，不税民之所自治也。說文：『殷人七十而耡，耡，耤税也。』耡字亦作莇，又作助。助與藉古音同聲。孟子公孫丑篇：『助而不税。』即藉而不税也。論語顏淵篇：『盍徹乎？』鄭注：『周法什一而税謂之徹。徹，通也，爲天下之通法。』孟子滕文公篇：『夏后氏五十而貢，殷人七十而助，周人百畝而徹，其實皆什一也。徹者徹也，助者藉也。』趙氏注：『徹猶人徹取物也。藉者借也，猶人相借力助之也。』鄭氏注匠人云：『貢者，自治其所受田，貢其税穀。莇者，借民之力以治公田，又使收斂焉。徹者，通其率以什一爲正也。』」姚氏文田求是齋自訂稿云：「徹之制度終不能明，惟周禮司稼云〔二〕：『巡野觀稼，以年之上下出斂法。』是知徹無常額，惟視年之凶豐，此其與貢異處。助法正是八家合作，而上收其公田之入，無煩更出斂法。然其弊必有如何休所云『不盡力於公田』者。故周直以公田分授八夫，至斂時，則巡野觀稼，合百十畝通計之，而取其什一，其法亦不異於助。故左傳云：『穀出不過藉。』然民自無公私緩急之異，此其與助異處。自魯宣公因其舊法而倍收之，是爲什而税二矣。謂之徹者，直是通盤核算，猶徹上徹下之謂，蓋非通融之義。故孟子既分釋徹、助之義，而又據大田之詩以

〔一〕「十五年」，原誤記爲「十六年」，據春秋左傳校改。
〔二〕「云」，原訛作「人」，據周禮校改。

證其與助同法。先儒以貢、助並用爲辭，殆未然矣。」按：如姚義，似即宣公履畝之法，謂又取二也，猶爲杜説所牽。萬氏斯大學春秋隨筆云：「孟子言三代田制莫善於助。言助法之形體曰：方里而井，井九百畝，其中爲公田；八家皆私百畝，同養公田。非謂成周之徹法如此也。漢書食貨志直本此以言周制，後儒多相因不變。若是，則周人乃百畝而助矣，何名爲徹哉？惟趙岐注孟子云：『周人耕百畝者，徹取其十畝以爲賦。』斯言得之矣。司馬法云：『畝百爲夫，夫三爲屋，屋三爲井。』小司徒亦云：『九夫爲井。』據此二文，是周人井九百畝，分之九夫，每夫百畝，中以十畝爲公田，君取其入而不收餘畝之稅。宣公於公田之外，更稅餘畝之十一，故曰稅畝也。」周氏柄中四書辨正云：「充宗之説，良不誣也。徹本無公田，故孟子曰『惟助爲有公田』，言惟助有，則徹無，以明其制之異。言雖周亦助，見助豐凶相通，徹亦豐凶相通，明其意之同。若徹原是助，則人人共知，孟子何用詞費？徹無公田。詩曰『雨我公田』者，商家同井，公田在私田外；周家九夫爲井，公田在私田中。夏小正云：『農服于公田。』公田之稱可施於貢，獨不可施於徹乎？然則周何以變八夫爲九夫？此自任鈞臺言之矣。蓋自商至周，歷六百餘年，生齒必日煩，無田可給，不得不舉公田授之民，及列國兵争，殺戮過甚，民數反少，於周初而徹法之壞已甚，故孟子欲改行助法，所謂與時宜之者。」此真通人之論也。鍾氏褎葰厓考古録云：「孟子論井田之制，以夏爲貢，殷爲助，周爲徹，顯分其制，及引大田之詩。又謂雖周亦助，可知助徹乃通名也。夏后氏五十而貢，其實亦是什一，獨不能通助徹之名者，蓋因諸侯去籍，孟子末由考之耳。夏小正正月〔一〕：『農及雪澤，初服于公田。』傳云：『古有公田焉者，古者〔二〕先服公田，而後服其田也。』可知公田之制自夏已然。公劉雖由夏居戎，亦循有邰之舊而不改也。然則，貢即助即徹，皆不離乎什而稅，誤以公劉創什一之稅可乎？大抵周家典禮，多夏、殷之制，特其斟酌損益，少有不同耳。」按：鍾氏説極爲明晰。貢者以上言徹者取也，以下言助者指其事言，要皆借民力什取一耳。孟子不憚煩言者，容當時列國井田已壞，故特申明舊制，極言貢不如助。蓋時冒貢之名，非貢之實，若時尚沿殷、周之舊，何庸畢戰問哉！且夏時興創貢法，若如龍子所言，豈神禹之所爲哉！商君阡陌之開，殆所本有素矣。周氏謂殷周之異，一則八家爲井，一則九家爲井，一則公田在私田外，一則公田在私田中。何注據殷制，故云以什與民，自取其一，周則取一在十中矣。其説似亦可通。王制疏云：「凡賦法無過十一。故孟子云：『輕於十一，大貉小貉。重於什一，大桀小桀。』十一而稅，堯舜之道。』但周之圻内有參差，統而言之皆什一。若圻外，先儒約孟子、樂緯，皆九夫爲井，八家共治公田八十畝，已外二十畝，以爲八家井竈廬舍，是百畝之外别爲助，是十外稅一。郊外既十外稅一，郊内亦十外稅一。假令治一夫之田，得百十碩粟，而貢十碩，是亦什外稅一也。劉氏以爲匠人注引孟子：『野九夫而稅一，國中什一。』諸侯謂之徹者，通其率以十一爲正，則謂野九夫之田而稅一，國中十

〔一〕「正月」，原誤記爲「二月」，叢書本同，據大戴禮記夏小正校改。
〔二〕「者」，原訛作「言」，據大戴禮記校改。

一夫之田而税一，是二十夫之田中而税二。計地言之，是十中税一。計夫實税，猶十外税一。與先儒同也。」

古者曷爲什一而藉？【注】据數非一。【疏】注「据數非一」。○正以周禮載師有二十而一，有十一，有十二，有二十而三，有二十而五。又論語顔淵篇：「哀公曰：『二，吾猶不足。』」又孟子告子篇：「白圭曰：『吾欲二十而取一。』」是輕重之數非一也。

什一者，天下之中正也。多乎什一，大桀小桀；【注】奢泰多取於民，比於桀也。【疏】孟子告子下：「欲重之於堯舜之道者，大桀小桀也。」趙注：「堯舜以來，什一而税，足以行禮，故以此爲道。欲重之，過什一，則夏桀爲大桀，子爲小桀也。」尚書大傳説「多方」云：「古者什税一，多於什税一，謂之大桀小桀。」舊疏云：「夏桀無道，重賦於人。今過什一，與之相似。若十取四五，則爲桀之大貪；若取二三，則爲桀之小貪。」較之趙義爲長。按：此及下小貉大貉等語，似當時成語，故此傳及孟子、書傳並引用焉。○注「奢泰」至「桀也」。○舊疏引：「舊説云：不言紂者，近事不嫌不知。」按：桀之與紂，科取其一，無定義也。舊疏云：「所以不言紂者，略舉以爲説爾。」

寡乎什一，大貉小貉。【注】蠻貉無社稷宗廟百官制度之費，税薄。【疏】釋文「貉」作「貊」。論語衛靈公篇「雖蠻貊之邦行矣」，亦作「貊」。孟子又云：「欲輕之於堯舜之道者，大貉小貉也。」趙注云：「今欲輕之，二十稅一者，夷貉爲大貉〔一〕，子爲小貉也。」舊疏云：「若十四五乃取其一，則爲大貉行；若十二十三乃取一，則爲小貉行。」亦不取趙義。趙氏專以二十稅一爲小貉，亦泥。蓋輕於什一即是貉也，不必至二十取一也。尚書大傳又云：「少於什稅一，謂之大貊小貊。王者什一而稅，頌聲作矣。故書曰：『越惟有胥賦小大多政。』」伏氏以小桀大桀、小貊大貊，明多方大小二字。政者，正也，今書作正，小大多得其正也。江氏聲尚書集注音疏云：「胥，繇役，繇役亦賦也，故曰胥賦。蓋胥賦即稅正，即謂什一中正。謂胥賦之輕重，一本於中正，小之不致爲小桀小貊，大之不致爲大桀大貊。」與此舊疏同。故詩疏引鄭志答張逸曰：「稅法有常，不得薄。今魏君不取於民，唯食園桃而已，非徒薄于什一，故刺之。」亦即大貉小貉之類與？○注「蠻貉」至「稅薄」。○孟子又云：「夫貉，五穀不生，唯黍生之。無城郭宮室、宗廟祭祀之禮，無諸侯幣帛饔飧，無百官有司，故二十取一而足也。」說文：「貉，北方豸種。从豸各聲。孔子曰：『貉之言惡也。』」此言蠻者，連舉之爾。史記匈奴列傳：「居于北蠻。」是北方亦稱蠻也。又云：「隨畜牧而轉移，逐水草遷徙，毋城郭常處耕田之業。」明無社稷宗廟等也。

什一者，天下之中正也。什一行，而頌聲作矣。【注】頌聲者，太平歌頌之聲，帝王之高致也。春秋經傳數萬，指意無窮，狀相須而舉，相待而成，至此獨言頌聲作者，民以食爲本也。夫飢寒並至，雖堯舜躬化，不能使野無寇盜；貧富兼并，雖臯陶制法，不能使彊不淩弱。是故聖人制井田之法而口

〔一〕「貉」字原脱，叢書本不誤，據補。

分之。一夫一婦受田百畝，以養父母妻子。五口爲一家，公田十畝，即所謂十一而税也。廬舍二畝半，凡爲田一頃十二畝半，八家而九頃，共爲一井，故曰井田。廬舍在内，貴人也。公田次之，重公也。私田在外，賤私也。井田之義，一曰無泄地氣，二曰無費一家，三曰同風俗，四曰合巧拙，五曰通財貨。因井田以爲市，故俗語曰市井。種穀不得種一穀，以備災害；田中不得有樹，以妨五穀。還廬舍種桑荻雜菜，畜五母雞、兩母豕，瓜果種疆畔，女工蠶織。老者得衣帛焉，得食肉焉，死者得葬焉。多於五口名曰餘夫，餘夫以率受田二十五畝。十井共出兵車一乘。司空謹別田之高下善惡，分爲三品：上田一歲一墾，中田二歲一墾，下田三歲一墾；肥饒不得獨樂，墝埆不得獨苦，故三年一換主易居，財均力平。兵車素定，是謂均民力，彊國家。在田曰廬，在邑曰里。一里八十户，八家共一巷。中里爲校室，選其耆老有高德者名曰父老，其有辯護伉健者爲里正，皆受倍田，得乘馬。父老比三老孝弟官屬，里正比庶人在官吏。民春夏出田，秋冬入保城郭。田作之時，春，父老及里正旦開門坐塾上，晏出後時者不得出，莫不持樵者不得入。五穀畢入，民皆居宅，里正趨緝績，男女同巷，相從夜績，至於夜中，故女功一月得四十五日作，從十月盡正月止。男女有所怨恨，相從而歌。飢者歌其食，勞者歌其事。男年六十、女年五十無子者，官衣食之，使之民間求詩。鄉移於邑，邑移於國，國以聞於天子，故王者不出牖户，盡知天下所苦，不下堂而知四方。十月事訖，父老教於校室，八歲者學小學，十五者學大學。其有秀者移於鄉學，鄉學之秀者移於庠，庠之秀者移於國學。學於小學，諸侯歲貢小學之秀者於天子，學於大學，其有秀者命曰進士。行同而能偶，別之以射，然後爵之。士以才能進取，君以考功授官。三年耕，餘一年之畜；九年耕，餘三年之積；三十年耕，有十年之儲。雖遇唐堯之水，殷湯之旱，民無近憂，四海之内莫不樂其業，故曰頌聲作矣。【疏】鹽鐵論未通云：「什一而藉，民之力也。豐耗美惡，與民共。民饉，己不獨衍；民衍，己不獨饉。故曰：『什一者，天下之中正也。』」又取下篇：「德惠塞而嗜慾衆〔一〕，君奢侈而上求多，民困於下，怠〔二〕於公事，是以有履畝之稅，碩鼠之詩作也。」履畝、碩鼠爲一事，當出三家詩序，知此云「頌聲作」者，正爲碩鼠詩而言。公羊與三家詩皆今文，故説相近。潛夫論班祿云：「履畝稅而碩鼠作。」是其明證。又潛夫論下云：「賦斂重而譯〔三〕告通，班祿頗而傾父刺，行人乏而緜蠻諷。」皆上見序，下見詩。則碩鼠與履畝相連爲一事矣。傳云「什一行而頌聲作」，與履畝稅而碩鼠作相對，所以隱譏之也。周禮疏引：「異義：『今春秋公羊説：十一而稅，過於十一，大桀小桀；減於什一，大貉小貉。什一稅，天下之正，什一行而頌聲作。故周禮説國中園廛之賦，二十而稅一，近郊十而稅一，遠郊二十而稅三。有軍旅之歲，一井九夫百畝之賦，出禾二百四十斛，芻秉二百四十斛，釜米十六斗。謹按，公羊十一稅，遠近無差。漢制收租田有上中下，與周禮同義。』」玄之聞也，周禮制稅法，輕近而重遠者，爲民城道溝渠之役，近者勞遠者逸故也。其授民田，家所養者多，與之美田；所養者少，則與之薄田，其調均之而是〔四〕，故可以爲常法。漢無授田之法，富者貴美且

〔一〕「衆」，原訛作「重」，叢書本同，據鹽鐵論校改。
〔二〕「怠」，原訛作「急」，叢書本同，據鹽鐵論校改。
〔三〕「譯」，原訛作「譚」，叢書本同，據潛夫論校改。
〔四〕「是」，原作「足」，阮元校勘記曰：「閩、監、毛本『是』作『足』，非。」據改。

多，貧者賤薄且少，美薄之收不通相倍蓰，而云上中下與周禮同義，未之思也。又周禮六篇，無軍旅之歲，一井九夫百畮之稅，出禾芻秉釜米之事，何以得此言乎？」是周禮與春秋不必强合。公羊舉其稅之正者言，明爲後世立法故也。漢書賈山傳：「昔者，周蓋千八百國，以九州之民養千八百國之君，用民之力不過歲三日，什一而藉。君有餘財，民有餘力，而頌聲作。」又王莽傳：「古者，設廬井八家，一夫一婦田百畝，什一〔一〕而稅，則國給民富，而頌聲作。此唐虞之道，三代所遵行也。」皆本此爲説。○注「頌聲」至「致也」。○詩譜云：「頌之言容。天子之德，光被四表，格於上下，無不覆燾，無不持載，此之謂容。於是和樂興焉，頌聲乃作。」又云：「頌者，美盛德之形容，以其成功告於神明者也。」是頌者，太平歌頌之聲也，帝王之高致者。舊疏云：「謂帝王之行清高，乃致頌聲，故曰高致也。」舊疏又云：「文、宣之時，乃升平之世也。而言頌聲作者，因事而言之故也。何者？文、宣之世，乃升平之世，言但能均其衆寡，等其功力，平正而行，必時和而年豐，什一而稅之，則四海不失業，歌頌功德而歸鄉之，故曰頌聲作矣。不謂宣公之時，實致頌聲。」○注「春秋」至「本也」。○舊疏云：「言春秋經與傳數萬之字，論其科指意義實無窮，然其上下經例相須而舉，其上下意義相待而成。以此言之，則非一言可盡。至此獨言頌聲作者，正以此處論稅畝之事，若稅畝得所，以致太平，故云民以食爲本也。」繁露玉杯云：「春秋赴問數百，應問數千，同留經中，繙援比類，以發其端，卒無妄言，而得應於傳。」民以食爲本，故於此稅畝，特著頌聲作之故，以見相須

〔一〕「一」字原脱，叢書本同，據漢書校補。

而舉，相待而成也。○注「夫飢」至「淩弱」。○校勘記：「『飢寒並至』，鄂本、閩本同。監、毛本『飢』改『饑』，下及疏同。」漢書食貨志：「鼂錯説上曰：民貧則姦邪生。貧生於不足，不足生於不農，不農則不地著，不地著則離鄉去家，民如鳥獸，雖有高城深池，嚴刑重法，猶不能禁也。夫寒之於衣，不待輕煖；飢之於食，不待甘旨；飢寒至身，不顧廉恥。人情，一日不再食則飢，終歲不製衣則寒。夫腹飢不得食，膚寒不得衣，雖慈母不能保其子，君安能有其民哉！」鹽鐵論授時云：「周公之相成王也，百姓饒樂，國無乏人，非代之耕織也。易其田疇，薄其税斂，則民富矣。上以奉君親，下無飢寒之憂，則教可成也。」是即飢寒並至，雖堯舜不能爲治也。食貨志又云：「衣食足而知禮節，倉廩實而知榮辱。」史記平準書：「漢興七十餘年之閒，民則家給人足，都鄙廩庾皆滿，故人人自愛而重犯法也。」平準書又云：「當此之時，網疏而民富，役財驕溢，或至兼併，豪黨之徒以武斷於鄉曲。」是即强陵弱事也。彊陵弱，見隱三年左傳。○注「是故」至「税也」。○閩、監、毛本作「什一」。食貨志又云：「故又建步立疇[一]，正其疆界。六尺爲步，步百爲晦，晦百爲夫，夫三爲屋，屋三爲井，井方一里，是爲九夫。八家共之，各受私田百畝，公田十畝，是爲八百八十畝。」後漢書劉寵傳注：「謹按春秋井田記，人年三十歲，受田百畝，以食五口。五口爲一户，父母妻子也。」繁露爵國云：「以井田準數之，方里而一井，一井而九百畝而立口，方里八家，一家百畝，以食五口。」孟子言「八口之家」者，子女容有多者，舉其極言焉。○注「廬舍」至「井田」。○食貨志又云：「餘

[一]「疇」，耕地也。漢書原文作「晦」，古畝字。意同。

二十畝以爲廬舍。出入相友，守望相助，疾病則救，民是以和睦，而教化齊同，力役生産可得而平也。」蓋百畝爲一頃，八家得八頃，又公田八十畝，廬舍二十畝，共一頃，是爲八家而九頃也。韓詩外傳：「古者八家而井，田方里而爲井，廣三百步長三百步爲一里。其田九百畝，廣一步長一步爲一畝。廣百步長百步爲百畝，八家爲鄰，家得百畝。家爲公田十畝，餘二十畝共爲廬舍，各得二畝半。八家相保，出入更守，疾病相憂，患難相救，有無相貸，飲食相召，嫁娶相謀，漁獵分得。仁恩施行，是以民和親而相好。詩曰：『中田有廬，疆埸有瓜。』」劉寵傳注引井田記又云：「公田十畝，廬舍五畝，成田一頃十五畝。八家而九頃二十畝，共爲一井。」孟子滕文公篇：「方里而井，井九百畝，其中爲公田，八家皆私百畝，同養公田。」趙注：「方一里者，九百畝之地也，爲一井。八家各私得百畝，同共養其公田之苗稼。公田八十畝，其餘二十畝以爲廬井宅園圃，家二畝半也。」公羊問答：「問：注『廬舍二畝半』，食貨志之外有徵乎？曰：孟子曰『五畝之宅』，趙注：『廬井，邑居各二畝半以爲宅，冬入保城二畝半，故爲五畝也。』説文：『廬，寄也。秋冬去，春夏居。』『廛，二畝半也。』〔一〕按，廛即里也。何下注云：『在田曰廬，在邑曰里，春夏出田，秋冬入保。』皆與許、趙同，不獨合於漢志。」王制疏引樂緯〔二〕云：「九家爲井，八家共治公田八十畝，已外二十畝爲廬舍井竈。」是也。○注「廬舍」至「市井」。○劉寵傳注：「井田記曰：廬舍在内，貴人也。公田次之，重

〔一〕「廛，二畝半也」，今説文各版本均作「廛，一畝半也」，段注作「二畝半」，曰：「『二』，各本作『一』，今正。」
〔二〕「樂緯」，原誤記爲「書緯」，叢書本同，據禮記正義校改。

公也。私田在外，賤私也。井田之義，一曰無泄地氣，二曰無費一家，三曰同風俗，四曰合巧拙，五曰通貨財。因井爲市〔一〕，交易而退，故稱市井也。」風俗通云：「謹按，古者二十畝爲一井，因爲市交易，故稱市井。」閻氏若璩釋地續云：「後漢劉寵列傳：『拜會稽太守，山民愿朴，乃有白首不入市井者。』父老自稱山谷鄙生，未嘗識郡朝。郡朝，太守之廳事也。此可證市井貼在國都言。注引風俗通義，以井爲井田，則在野矣，非市交易之處。井，共汲之所。」又引張守節曰：「古人未有市，及井若朝，聚井汲水，便將貨物於井邊售賣，故言市井。」按：因井爲市，蓋始於三代以前。初作井田，時民情儉朴，無非尋常食用，故於井田閒交易，非必汲水之井也。後世漸趨於文，百貨交易必於都會聚集之所，因亦謂之市井，孟子萬章篇「所謂在國曰市井之臣」是也。○注「種穀」至「葬焉」。○校勘記云：「食貨志無荻字，此荻當作萩。荻者，楸之叚借字；楸者，梓也。」又出「女上蠶織」，云：「閩、監、毛本同。浦鏜云：『工』誤『上』。按，『上』同『尚』。」按：紹熙本作「工」。穀梁傳曰：「古者公田爲居，井竈葱韭盡取焉。」注：「損其廬舍，家作一園，以種五菜，外種楸桑，以備養生送死。」食貨志又云：「種穀必雜五種，以備災害。田中不得有樹，以妨五穀。力耕數耘，收穫如寇盜之至。還廬樹桑，菜茹有畦，瓜瓠果蓏殖於疆易。雞豚狗彘無失其時，女修蠶織，則五十可以衣帛，七十可以食肉。」詩小雅信南山云：「中田有廬，疆場有瓜。」箋云：「中田，田中也。農人作廬焉，以便其田事。」孟子梁惠王篇：「五畝之宅，樹之以桑，五十者可以衣帛矣。雞豚狗彘之畜，無失其時，

〔一〕「因井爲市」句，原訛倒爲「因市爲井」，叢書本同，據後漢書校乙。

七十者可以食肉〔一〕矣。」又盡心篇：「五畝之宅，樹牆下以桑，匹婦蠶之，則老者足以衣帛矣。五母雞二母彘，無失其時，老者足以食肉矣。」梁惠王又云：「穀與魚鱉不可勝食，材木不可勝用，是使民養生送死無憾也。」與何氏注同。故周禮載師職云：「凡宅不毛者，有里布。」鄭司農云：「宅不毛者，謂不樹桑麻也。」又閭師職：「凡庶民，不畜者祭無牲，不耕者祭無盛，不樹者無椁，不蠶者不帛，不績者不衰。」注：「掌罰其家事也。」皆所以責民樹畜者也。禮記王制云：「六十非肉不飽，七十非帛不煖。」孟子梁惠王趙注：「古者，年五十乃衣帛矣。」任氏大椿深衣釋例云：「大司徒『六曰同衣服』注：『民雖有富者，衣服不得獨異。』按，雜記注：『麻衣，白布深衣。』深衣注：『庶人吉服深衣。』管子立政篇：『刑餘戮民，不得服絲。』然則，非刑餘者可服絲矣。春秋繁露服制篇：『散民不敢服采，刑餘戮民不敢服絲。』然則，散民不服采耳，絲得服也。又繁露度〔二〕制篇：『古者，庶人衣縵。』縵，無文帛也。尚書大傳：『命民得乘飾車駢〔三〕馬，衣文錦〔四〕。未有命者，不得衣，不得乘。』『庶人墨車單馬，衣布帛。』然則，命民亦得衣文，不命之民亦得衣帛，與鄭注『庶人白布深衣』異術。今考士昏禮注：『士而乘墨車，攝盛。』蓋士庶人往往有攝盛之事。鄭注：『深衣，爲庶人之服。』言其常服皆布也。若行盛禮，或當攝盛，則衣絲也。刑餘戮民，并不得攝盛

〔一〕「食肉」，孟子原文作「無失肉」，不缺少肉吃之義，與「食肉」意同。
〔二〕「度」，原訛作「廣」，據春秋繁露校改。
〔三〕「駢」，原訛作「軿」，叢書本同，據尚書大傳校改。
〔四〕「錦」上原衍一「軿」字，叢書本同，據尚書大傳校删。

矣。周禮閭師：『不蠶者不帛。』疏引孟子曰：『五十可以衣帛。』以不蠶，故身不得衣帛。然則不蠶，雖五十不得衣帛。蠶而未五十，亦不得衣帛，則庶人布深衣其常也。鹽鐵論：古者，庶人耋〔一〕老然後衣絲，其餘則麻枲而已，故命曰布衣。」按：此言老者，不別五十、六十、七十之異，統言老者，非帛不煖，非肉不飽。井田法行，則不至有不煖不飽之患，其非老者，亦不必不衣帛食肉焉。公羊問答云：「桑荻何也？曰：荻，爾雅釋草『蕭荻』注：『即蒿也。』荻字，當從穀梁作『楸』。古『楸』字往往作『荻』。史記貨殖傳『千樹荻』，『楸』之誤也。今食貨志『種桑』下無『荻』字。」齊氏召南考證以食貨志無種荻之文駮何氏，直未讀穀梁也。○注「多於」至「五畝」。○食貨志：「農民户一人已受田，其家衆男爲餘夫，亦以口受田如比。士〔二〕工商家受田，五口乃當農夫一人。」孟子滕文公云：「餘夫二十五畝。」注：「餘夫者，一家一人受田，其餘老小尚有餘力者，受二十五畝，半於圭田，謂之餘夫也。受田者，田萊多少有上、中、下。周禮曰：『餘夫亦如之。』亦如上、中、下之制也。王制曰『夫圭田無征』，謂餘夫圭田，皆不出征賦也。」與何義合。何云「多於五口」，則不拘何人，故趙岐兼言老幼也。食貨志云：如比則如「一夫百畝」之例，與孟子餘夫二十五畝之餘夫不同。地官遂人云：「上地，夫一廛，田百畝，萊五十畝，餘夫亦如之。中地，夫一廛，田〔三〕百畝，萊百畝，餘夫亦如之。下地，夫一廛，田百畝，萊二百畝，餘夫亦如之。」注：「萊，不耕者。

〔一〕「耋」，原訛作「髦」，叢書本同，據鹽鐵論校改。
〔二〕「士」下原衍一「農」字，據漢書校删。
〔三〕「田」，原訛作「曰」，叢書本不誤，據改。

鄭司農云：『户計一夫一婦而賦之田，其一户有數口者，餘夫亦受此田也。廛，居也。』楊子雲有『田一廛，謂百畝之居也』。」後鄭無注，其注載師云：「餘夫在遂地之中，如比則士工商以事入在官，而餘夫以力出耕公邑。」彼疏云：「六鄉七萬五千家。家以七夫爲計，餘子弟多，三十壯有室，其合受地，亦與正夫同。」孟子云：「餘夫二十五畝。」與正夫不同者，彼餘夫是二十九以下，未有妻室受口田，故二十五畝。若三十有妻，則受夫田百畝，故鄭注内則云：「三十受田給征役。」「士〔一〕與工商之家，丈夫成人受田各受一夫，則上注云『半農夫者』是也。其家内無丈夫，其餘家口不得如成人，故五口乃當農夫一人矣。」「百里内置六鄉，以九等受地，皆以一夫爲計，其地則盡〔二〕，至於餘夫，無地可受。則六鄉餘夫等，並出耕在遂地中、百里之外。其六遂之餘夫，亦並在遂地之中受田矣。」如是，則遂人之餘夫，不同於孟子之餘夫。而趙氏引以證孟子，則以遂人所云「餘夫亦如之」即孟子之「受二十五畝」者矣。趙氏解遂人餘夫亦如之，非謂必如受田百畝。意謂上地里二十五畝，萊半之；中地二十五畝，下地二十五畝，萊則五十畝矣。未知何意然否？○注「十井」至「一乘」。○論語學而：「道千乘之國。」注：「包曰：古者井田，方里爲井，井十爲乘。」毛氏奇齡經問云：「古千乘之國，地方百里，出革車千乘，故稱千乘之國。方里而井，百里之國爲萬井，而出千乘，是十井出一乘，不問可知。周禮乃謂九夫爲井，四井爲邑，四邑爲丘〔三〕，四丘爲甸，甸六

〔一〕「士」，原訛作「土」，叢書本不誤，據改。
〔二〕「盡」，原訛作「晝」，叢書本不誤，據改。
〔三〕「丘」，原作「𠀉」，缺筆以避孔子名諱，徑改，下同。

十四井出車一乘，則是百里之國止出兵車一百五十乘，何名千乘乎？」「曰：周禮小司徒職：『唯有九夫爲井，四井爲邑，四邑爲丘，四丘爲甸。』四句其下甸出一乘云云，皆司馬法文。杜預引此注左傳，不注明司馬法三字，而混并在周禮文下，或遂以之訴周禮。特所謂司馬法者，原非周制。史記，齊景公時有司馬穰苴，曾著兵法。戰國時，齊威王使大夫追論古司馬兵法，而附穰苴於其中，名曰司馬法。今其書不傳。然且有兩司馬法，兩言出車之制，其一又云：『六尺爲步，步百爲畝，畝百爲夫，夫三爲屋，屋三爲井，井十爲通，通十爲成，成出革車一乘。』此馬融引之注論語，鄭康成引之注周禮。然皆非是。大抵侯國以百里爲率，百里之地以開方計之，實得萬里。孟子『方里而井』，萬里者，萬井也。乃以甸出一乘計之，甸方八里，實得六十四井。以成出一乘計之，成方十里，實得百井，百井出一乘，則萬井止百乘，六十井出一乘，則萬井止出一百五十有六乘。雖爲之説曰成之十里，即甸之八里，以甸八里外有治溝洫之夫，各受一井，得二里，不出車賦，仍是十里。然其與千乘之賦，則總不合。於是馬融謂侯封不止百里，當有方三百一十六里有奇。而鄭康成直據周禮，謂公五百里，侯四百里，伯三百里，子二百里，男百里，以求合於成甸出車之數。夫列爵惟五，分土惟三，真周制也。公侯百里，伯七十里，子男五十里，王制之等也。故易曰：『震驚百里。』言建侯象雷，震地止百里。而春秋傳曰：『列國一同。』一同者，『百里之地。』孟子謂周公、太公其始封，皆止百里，非地有不足，而限制如此。在漢後，五經諸家，如何休、張苞、包咸、范甯輩，皆歷爲是説，而乃以五等班禄亂周家三等之制。以一人之書盡反易、春秋、尚書、孟子、王制之文，豈可訓也！」按：毛氏主包説，與百里千乘正合，以六十四井五百餘夫出一乘，似亦過少。昭元年注亦云：「十井爲一乘。公侯封方百里，凡千乘；伯四百九〔一〕十乘，子男二百五十乘。」孟子盡心下：「武王之伐殷也，革車三百兩，虎賁三千人。」此一乘有士十人，故魯頌閟宫：「公車千乘，公徒三萬。」并士十人、徒二十人數之也。禮記坊記云：「故制國不過千乘。」注：「古者方十里，其中六十四井出兵車一乘，此兵賦之法也。」成國之賦不過千乘，亦與此不合。○注「司空」至「國家」。○校勘記出「换主」，云：「閩、監、毛本同，誤也。鄂本『主』作『土』，當據正。」按：紹熙本亦作「土」。「彊國家」，毛本「彊」誤「疆」。禮記王制云：「司空執度度地，居民山林沮澤，時四時，量地遠近，興事任力。」注：「事，謂築邑、廬、宿、市也。」食貨志云：「民受田，上田夫百畝，中田夫二百畝，下田夫三百畝。歲耕種者〔二〕爲不易上〔三〕田，休一歲者爲一易中田，休二歲者爲再易下田，三歲更耕之，自爰其處。」孟子滕文公：「死徙無出鄉。」注：「徙，爲爰土〔四〕易居平肥磽也。」彼之爰土，即此之换土也。爰土即國語晉語之轅田。注引賈侍中云：「轅，易也，爲易田之法。」左傳僖十五年亦云「作爰田」。彼之平肥磽，即此之肥饒不得獨樂，磽确不得獨苦。所謂不易之地家百畝，一易之地家二百畝，再易之地家三百畝，無偏枯不均也。左傳疏引服虔、孔晁皆云：「爰，易也。賞衆以田，易其疆畔。」易亦换也，古爰、换同音，故畔换即畔援也。説文走部：「趄田，易居也。」段氏注云：「周禮大司徒：

〔一〕「九」，原訛作「七」，據公羊注疏校改。
〔二〕「者」字原脱，據漢書校補。
〔三〕「上」，原訛作「土」，叢書本不誤，據改。
〔四〕「土」，原訛作「田」，叢書本同，據孟子注疏校改。

『不易之地家百畝，一易之地家二百畝，再易之地家三百畝。』大鄭云：『不易之地歲種之，地〔一〕美，故家百晦；一易之地，休一歲乃復種〔二〕，地薄，故家二百畝；再易之地，休二歲乃復種，故家三百畝。』遂人：『辨其野之土，上地、中地、下地，以頒田里。上地，夫一廛，田〔三〕百畝，萊五十畝；中地，夫一廛，田百畝，萊百畝；下地，夫一廛，田百畝，萊二百畝。』注：『萊，謂〔四〕休不耕者。』公羊何注云：『司空別田之高下善〔五〕惡，分爲三品，三年一換土易居。』漢書食貨志：『三歲更耕，自爰其處。』地理志：『秦孝公用商鞅，爲制轅田。』張晏曰：『周制三年一〔六〕易，以同美惡。商鞅始割列田地，而立阡陌，令民各有常制。』孟康曰：『三年爰土易居，古制也。末世既廢，商鞅相秦，復立爰田。上田不易，中田一易，下田再易。爰但在其田，不復易居矣。按，何云換主〔七〕易居，班云更耕自爰其處，孟〔八〕云爰土易居，許云趄田易居。爰、轅、

〔一〕「地」字原脱，叢書本同，據周禮注疏校補。
〔二〕「種」字原脱，叢書本同，據周禮注疏校補。
〔三〕「田」字原脱，叢書本不誤，據補。
〔四〕「萊謂」，原誤倒作「謂萊」，叢書本同，據周禮注疏校乙。
〔五〕「善」，原訛作「美」，叢書本同，據公羊注疏校改。
〔六〕「一」，原訛作「以」，叢書本同，據説文段注校改。
〔七〕「主」，原訛作「土」，據説文段注校改。
〔八〕「孟」，原訛作「趙」，據説文段注校改。

趄、換四字，音義同也。古者每歲易其所耕，則田廬皆易。云〔一〕三年者，三年而上中下田皆徧焉。三年後一年仍耕上田，故曰自爰其處。孟康説古制易居爲爰田，商鞅自在其田不復易居，爲轅田。名同實異，孟説是也。依孟則商鞅田分上中下而少多之。得上田者百畝，得中田者二百畝，得下田者三百畝，不令得田者彼此相易。其得中田二百者，每年耕百畝，二年而徧。得下田三百畝者，亦每年耕百畝，三年而徧。故曰上田不易，中田一易，下田再易。爰自在其田，不復易居。周禮之制，得三等田者彼此相易。今年耕上田百畝，明年耕中田二百畝之百畝，又明年耕下田三百畝之百畝，又明年仍耕上田之百畝，如是乃得有休一歲、休二歲之法，故曰三歲更耕，自爰其處。與商鞅法雖異而意則同。」然不若商鞅之自在其田不復易居之便民也。周家亦唯鄉、遂可行之，若用井法，八夫授地，各有定則，公田廬舍按口而給。若年年更换，不勝其擾。且此八百八十畝者，若有一易再易在其中，則不容有此數，則不得有此多夫，窒礙種種，恐非久計也。◯注「在田」至「曰里」。◯食貨志又云：「在埜曰廬，在邑曰里。」注：「師古曰：廬各在田中，而里聚居也。」段氏説文注云：「説文：『廬，寄也。秋冬去，春夏居。』『廛，畝半也，一家之居。』大雅『于時廬旅』，毛傳：『廬，寄也。』小雅『中田有廬』，箋云：『中田，田中也，農人作廬焉，以便其田事。』宣十五年公羊注：『一夫受田百畝，廬舍二畝半。』孟子梁惠王注：『廬井，邑居各二畝半以爲宅。』焦氏循孟子正義云：按，許廬義與下廛義互相足。在野曰廬，在邑曰廛，皆二畝半也。趙氏尤明里即廛也。詩伐檀毛傳

〔一〕「云」，原訛作「之」，叢書本同，據説文段注校改。

云：『一夫之居曰廛。』遂人：『夫一廛。』先鄭云：『廛，居也。』後鄭云：『廛，城邑之居。』載師：『以廛里任國中之地。』後鄭云：『廛里者，若今云邑里居〔一〕。廛，民居之區域也。里，居也。毛、鄭皆未明言二畝半，要其意同也。許於廬不云二畝半，於廛曰二畝半，以錯見互相足。』按：今說文廛下作畝半，焦氏不知所據何本。閻氏若璩釋地三續云：「炳燭齋隨筆曰：五畝之宅，説者皆云古者受宅二畝半在田，二畝半在邑。此説之極不通者，古今皆習同，莫知其非，可笑也。匠人營國不過方九里。九九八十一爲方一里，八十一方一里之地爲田九百畝，以八十一倍算，不過七萬二千七百畝耳。其中有王宮，有左祖右社，面朝後市。又道涂九經九緯，每經涂闊九軌。又六卿，以至於三百六十官，各有公署。自公卿而下，至於上中下士，各有館舍，如詩所云『退食自公』、『適子之館』者。又有賓館、神祠、作坊、倉庫、囚獄，以上諸項，處于王城之中，必三分居二，所存不過二三萬畝耳。而六鄉之民已七萬五千家，工商各不下萬家，即人受半畝勢必不給，況二畝半乎？孟子云『願受一廛而爲氓』，禮記云『儒有一畝之宮』，參觀之，足知二畝半之説妄矣。以今世數目驗之，民有地二十步即可造屋三四間，足以成家矣。則古者一畝百步之地，當必容四五家。二畝半之地，當必容十餘家矣。愚按，此説可疑，存之，以待博雅君子。」按：所疑甚是。農人春夏赴田，秋冬入城。近郊猶可，遠者若令歲歲兩移，民力固不給，亦何不憚煩，因疑邑者不必王城國城内，蓋近田隙地，如今時之村落鄉鎮然。虞舜一年成聚，二年成邑，何必城内耶？春夏耕作，就田爲廬，以便作

〔一〕「今云邑里居」，原脱訛爲「今之邑居」，叢書本同，據周禮注疏校改。

息。收穫以後，聚居都會，習法讀禮，講武入學，易於趨事也。○注「一里八十户」。○食貨志云：「五家爲鄰，五鄰爲里，四里爲族，五族爲黨，五黨爲州，五州爲鄉，鄉，萬二千五百〔一〕户也。」本周禮爲説，與此不同。韓詩外傳云「八家爲鄰」，則以鄰即井，又與漢志異。八十户爲里，正合十井之數，或當時十井之家聚集一區，因而成里與？此與「里仁爲美」之里同，不必拘五都之數。又如十室之邑，豈必四井之地乎？蓋十井出一乘，無事則校室講學，有事則治兵振旅。朝夕相親可守可戰，衆寡得其中，遠近適其平，古聖所爲，寓兵於農焉。○注「八家共一巷」。○説文：「𨞢，里中道，从䢼从共，皆在邑中所共也。」廣雅釋宫：「衖，道也。」一切經音義引三蒼云：「衖，里中别道也。」此云八家一巷，蓋一井之夫所共。何氏亦以意言之，無正訓也。○注「中里爲校室」。○校勘記云：「毛本『校』改『挍』。按，毛本作『挍』，避所諱，全書皆然。」中里，猶小雅之信南山之「中田」。中田謂田中，中里謂里中也。廣雅釋詁云：「校，教也。」本孟子爲説。校、庠、序，皆鄉學名，對文異，散則通。「鄭人遊於鄉校」，即以校名，不必專主夏曰校也。詩鄭風子衿〔二〕「刺學校廢也」，箋云：「鄭國謂學爲校，言可以校正道藝。」因凡校量勤惰之處，亦謂之校，此校室是也。食貨志云：「於里有序，而鄉有庠。序以明教，庠則行禮而視化焉。」史記儒林傳：「公孫弘乃謹與太常臧、博士平等議曰：聞三代之道，鄉里有教，夏曰校，殷曰序，周曰庠。」閻氏若璩釋地又續云：「陳氏禮

〔一〕「鄉，萬二千五百」句原訛作「二萬五千五百」，據漢書校改。
〔二〕「子衿」，原訛作「青衿」，叢書本同，據毛詩正義校改。

書曰：孟子論井田，而及夏曰校，商曰序，周曰庠。蓋校、庠、序者，鄉學也。鄉飲酒，主人迎賓于庠門之外。鄉簡不帥教，耆老皆朝于庠，則庠，鄉學名也。周官州長令民『射于州序』，黨正『屬民飲酒于序』，則序亦鄉學名也。鄭人之所欲毁者，謂之鄉校，則校亦鄉學名也。然鄉曰庠，記曰黨曰庠；州有序，記言遂有序何也？古之致仕者，教子弟於閭塾之基，則家有塾云者，非家塾也。合二十五家而教之閭塾，謂之家有塾。則合五黨而教之鄉庠，謂之黨有庠可也。周禮遂官各降鄉官一等，則遂之學亦降鄉一等而謂之州長，其爵與遂大夫同，則遂之學其名與州序同可也。小戴本禮記之書，陳氏能將儀禮、周官、左氏及孟子融會於一，無少牴牾，真經術之文也。」然則，此中里爲校室，亦即家塾之意，不徒考校惰勤出入，其有不帥教者，亦在所簡，至十月事訖，專爲校學之所焉。○注「選其」至「乘馬」。○校勘記出「辯護」，云：「『辯』當作『辨』，辨即今人所用之辦字。辨護，謂能幹辦護衛也。」食貨志云：「鄰長位〔一〕下士，自此以上，稍登一級，至鄉而爲卿也。」鄰長即此父老里正也。説文人部：「健，伉也。」又犬部：「犺，健犬也。」漢書宣帝紀：「伉健習騎射。」注：「伉，强也。」伉健猶强健也。强健，故能辦護也。公羊問答云：「何以謂之辨護也？曰：詩疏引中候握河紀云：『説帝堯受河圖之禮云：稷辯護。』注：『辯護，供射用相禮儀。』是監典謂之護也。」按：説文：「辦，致力也。」史記項羽紀：「項籍常爲主辦。」故今俗猶以幹辦稱人能

〔一〕「位」，原訛作「爲」，叢書本同，據漢書校改。

矣。護亦辨意，晉書紀瞻傳：「帝使謂瞻曰：卿雖病，但爲朕卧護六軍〔一〕，所益多矣，」護猶治也。公羊問答又云：「問：經得乘馬，然則有不得乘馬者乎？曰：此古制也。春秋繁露：『散民不敢〔二〕服襍采，百工商賈不敢服狐貉，刑餘戮民不敢服絲玄纁〔三〕乘馬，謂之服制。』尚書大傳曰：『古之帝王，必有命民〔四〕。能敬長矜孤、取舍好讓者，命於其君，得乘飾車駢馬，衣文錦。未有命者，不得衣，不得乘；衣乘者有罰。』今里正得乘馬，非散民可知矣。」按：書臯陶謨云「車服以庸」〔五〕，即命爲士之義，故文選注引書大傳曰：「未命爲士，車不得有飛軨。」又或作「不得朱軒」，皆與不得乘馬義同。御覽引韓詩傳「古者必有命民」云云，與尚書大傳同。彼又云：「是故民雖有錢財侈物，而無禮義功德，即無所用其錢財。故其民皆興仁義，而賤不争貴，强不淩弱，衆不暴寡。是唐虞之所以象典刑，而民不犯也。」潛夫論浮侈篇：「古者必有命民，然後乃得衣繒綵而乘車馬。」説苑修文云：「古者必有命民。命民能敬長憐孤，取舍好讓，居事力者，命於其君。命然後得乘飾輿駢馬。未得命者不得乘，乘者皆有罰。故其民雖有餘財侈物，而無仁義

〔一〕「六軍」，原訛作「六年」，叢書本同，據晉書校改。

〔二〕「敢」，原訛作「得」，叢書本同，據公羊問答及春秋繁露校改。

〔三〕「纁」字原脱，據春秋繁露校補。

〔四〕「民」，原作「人」，殆所據尚書大傳爲唐槧本，避唐太宗李世民名諱，改民爲人。兹恢復民字。

〔五〕「臯陶謨」爲誤記，「車服以庸」句出自舜典、益稷，非臯陶謨，當據改。

功德，則無所〔一〕用其餘財侈物。故其民皆興仁義而賤財利。賤財利則不争，不争則强不淩弱，衆不暴寡。是唐虞所以興象刑而民不敢犯法〔二〕，亂斯止矣。」與韓詩外傳大同，皆得乘馬事也。倍田者，蓋倍於凡民。周禮載師職「有官田」，注云：「庶人在官者，其家受田。」此父老里正當亦庶人在官，王制注所云「官長所除，不命於天子國君者」也。按：王制云：「制：農田百畝。百畝之分，上農夫食九人，其次食八人，其次食七人，其次食六人。下農夫食五人。庶人在官者，其禄以是爲差。」然則，庶人在官，其禄至厚者，亦止同上農夫。此云倍者，蓋彼謂六卿之府史胥徒，以禄代耕，此爲擇之民閒，能治田事者，同一授田，故倍之以示異，理亦宜然。或何氏别有所據。○注「父老」至「官吏〔三〕」。○校勘記出「父老，此三老」，云：「鄂本『此』作『比』，當據正。」又出「庶人在官吏」，云：「鄂本『官』下有『之』字。」儀禮經傳通解同。」按：紹熙本與鄂本同。公羊問答云：「三老，孝弟之名，始於何代？曰：漢書高帝紀：『舉民年五十以上，有修行，能帥衆爲善，置以爲三老。鄉一人。擇鄉三老一人爲縣三老。』注：『百官表云：十里一〔四〕亭，亭有長，十亭一鄉，鄉有三老，掌教化，皆秦制也。』高后紀：『初置孝弟力田二千石者一人。』」按：何以漢制況古制也？問答又云：「里正於經有據乎？曰：此即雜記『里尹主之』，注：『王度記曰：百户爲里，

〔一〕「所」字原脱，據説苑校補。
〔二〕「法」字原脱，據説苑校補。
〔三〕「官吏」，原訛作「之官」，叢書本同，據【注】文校改。
〔四〕「一」，原訛作「有」，據漢書校改。

里一尹，其禄如庶人在官者。』按，尹即正也。」白虎通辟雍篇：「古者教民者，里皆有師，里中之老有道德者，爲里右師，其次爲左師，教里中之子弟以道藝、孝弟。」彼之左右師，蓋即此之父老里正也。○注「民春」至「城郭」。○食貨志云：「春，令民畢出在壄；冬，則畢入於邑。其〔一〕詩曰：『四之日舉止，同我婦子，饁彼南畝。』又曰：『十月蟋蟀入我牀下，嗟我婦子，聿爲改歲，入此室處。』所以順陰陽，備寇賊，習禮文也。」孟子梁惠王篇：「五畝之宅。」注：「冬入保城。」毛氏奇齡四書賸言補云：「趙注〔二〕『廬井邑居各二畝半』，則已五畝。又云『冬入保城，二畝半』，何解？漢書食貨志云：『在野曰廬。』則廬井者，井間之廬也。又云：『在邑曰里。』則邑居者，里邑之居也。爾雅：『里，邑也。』鄭康成稱里居，與趙稱邑居並同。蓋廬井二畝半在公田中，一名廬舍。何休云：一夫受田百畝，又受公田十畝，廬舍二畝半。謂一夫受田一百十畝，又分受公田之二十畝，各得二畝半作廬舍也。此易曉者。至在邑之二畝半，以國城當之，則大謬不然。管子内政云：『四民勿使襍處，處工就官府，處商就市井，處農就田野。』而韋昭謂『國都，城郭之城，唯士工商而已，農不與焉』。則二畝半在邑，止在井邑，與國邑無涉。蓋古王量地置邑其在國邑外，如公邑、家邑、丘邑、都邑類，凡所屬井地，皆可置宅然。且諸井邑中，亦惟無城者，可處農民〔三〕；若有城，

〔一〕「其」，原訛作「故」，據漢書校改。
〔二〕「趙注」原被省去，茲據四書賸言補增補，以使引文前後呼應，上下貫通。
〔三〕「民」，原訛作「井」，叢書本同，據四書賸言補校改。

如費邑、郈邑者，所稱都邑，則農不得入。管子與韋氏之言稍有據〔一〕，而趙邠卿乃有『冬入保城』之説，或係衍文，或係脱簡，且或原有師承，如周禮『夫一廛』，鄭康成所謂『城邑之居』者，則或諸邑有城者，亦置里居，事未可知。若在國城，則周禮載師明有『國宅無征，園廛二十而一』之文。鄭司農注云：『國宅，國城中宅也。』而鄭康成則云：『國宅者，凡官所有之宫室，與吏所治者。』又名國廛，與園〔二〕宅、園廛農民所居正相分别，安可以農民園廛溷當之官吏之國宅乎？則此二畝半，當云在井邑，不問有城與無城，並得入保。」「此舉近地井里而言，如四井爲〔三〕邑，則必邑中有里居，乃可爲保守之地，故其居名里居，又名邑居。」倪氏思寬二初齋讀書記云：「晉語尹鐸請於趙簡子曰：『以爲繭絲乎？抑爲保障乎？』韋注：『小城曰保。』引禮記『遇入保者』以爲證。然則，趙注當亦指井邑中小城言之。若既無城，何名入保？毛氏説未免于率。」周氏柄中辨正云：「季彭山讀禮疑圖言農民所宅，必是平原可居之地，别以五畝爲一處，不占公田。取於便農功，邇饋餉，去田亦不宜遠。其所聚居，或止八家，或倍八家以上，各隨便宜，聚爲一邑，置堡以相守望，故舉成數言，則有千室之邑。千室之邑，非必都邑然後爲邑。而都邑亦豈可寓農民哉？農民之宅鄉里也，即制里以導其妻子養老者也。國中之廛，市廛也，但爲士旅寄居之所、工商懋遷之區而已。」按：毛氏、倪氏、周氏三家説，各有是處。農民田閒自有廬舍，專爲耕作之需。秋冬入保，邑里大約

〔一〕「稍有據」，四書賸言補原文作「稍可據也」。

〔二〕「園」，原訛作「國」，叢書本不誤，據改。

〔三〕「爲」，原訛作「有」，叢書本同，據四書賸言補校改。

皆近田，而人民聚集之處亦容有城堡，如今北省凡村寨皆有城垣、闉闍，是必舊有，沿爲俗焉。毛氏謂里宅無城者，拘周氏謂里廬爲一，亦不合也。○注「田作」至「得入」。○食貨志云：「春，將〔一〕出民，里胥平旦坐於右塾，鄰長坐於左塾，畢出然後歸，夕亦如之。入者必持薪樵，輕重相分，斑白不提挈。」孟康曰：「里胥，如今里吏也。」師古曰：「門側之堂曰塾。坐於門側者，督促勸之，知其早晏，防怠惰也。」白虎通辟雍云：「立春而就事。朝則坐於里之門，弟〔二〕子皆出就農而後罷。夕亦如之，皆入而後罷。其有出入不時、早晏不節者，有過。」通考引書大傳云：「距冬至四十五日，始出學，傅農事。上老平明坐于右塾，庶老坐于左塾，餘子畢出，皆歸。夕亦如之，餘子皆入。父之齒隨行，兄之齒雁行，輕任并，重任分，斑白者不提挈。出入皆如之。」此其謂造士塾者。李如圭儀禮釋宮云：「夾門之堂謂之塾。」爾雅釋宮曰：「門側之堂謂之塾。」郭氏曰：「夾門堂也。」門之內外，其東西皆有塾，一門而塾四，其外塾南向，內塾北向也。廟門體制全備。此是里門，未必定有四塾之制也。○注「五穀」至「月止」。○食貨志云：「冬，民既入，婦人同巷，相從夜績，女工一月得四十五日。必相從者，所以省費燎火，同巧拙而合習俗也。」公羊問答云：「荀悦漢紀作『女工一月得四十五日功』，知食貨志有脱字。」○注「男女」至「其事」。○食貨志云：「男女有不得其所者，相與歌詠，各言其傷。」越絶書本事云：「夫人情泰而不作，窮則怨恨，怨恨則作，猶詩人失

〔一〕「將」，原訛作「秋」，叢書本同，據漢書校改。
〔二〕「弟」，原訛作「餘」，叢書本同，據白虎通校改。

職怨恨憂思作詩也。」詩考引：「韓云：伐木廢，朋友之道缺，序云：『勞者歌其事。』」御覽引：「韓詩云：飢者歌食，勞者歌事。」文選謝叔源遊西池詩注引：「韓詩曰：伐木廢，朋友之道缺，勞者歌其事。詩人伐木，自苦其事〔一〕，故以爲文。」摯虞文章流別云：「古之作詩也，發乎情，止乎禮義。情之發，因辭以形之；禮義之指，須事以明之。」漢書藝文志云：「哀樂之心感，而歌詠之聲發。誦其言謂之詩，詠其聲謂之歌。」史記自序：「詩三百篇，大抵聖賢發憤之所爲作也。此人皆意有所鬱結，不得通其道也，故述往事思來者。」蓋風、雅多採自民間〔二〕，雅、頌多士大夫歌詠之作也。故文中子：「薛收曰：小人歌之，以覺其俗；君子賦之，以見其志；聖人采之，以觀其變。」漢書匡衡傳：「室家之道修，則天下之理得。詩始國風，原〔三〕性情而明人倫也。」蓋觀化自近始，故陳詩可以知民隱也。○注「男年〔四〕」至「四方」。○禮記王制云：「天子五年一巡守。」「命太師陳詩，以觀民風。」注：「陳詩，謂采其詩而觀之。」文中子十：「薛收問曰：今之民胡無詩？子曰：詩者，民之性情也。性情能亡乎？非民無詩，職詩者之罪也。此謂詩亡，無采詩之官也。」食貨志云：「孟春三月，羣居者將散，行人振木鐸徇於路，以采詩，獻之太師，比其音律，聞於天子，故曰王者不窺牖户而知天下。此先王制土處民，富而教之之大略也。」説文丌部：「𨑒，古之遒人，

〔一〕「其事」二字原脱，叢書本同，據文選注校補。
〔二〕本句中的雅當指小雅。小雅的大部分作品出自貴族，也有一部分採自民間歌謠。下句中的雅當指大雅。
〔三〕「原」，原作「所以厚」，叢書本同，據漢書校改。
〔四〕「男年」，原作「男子」，叢書本同，據【注】文校改。

以木鐸記詩言。」襄十四年左傳：「師曠引夏書曰：『遒人以木鐸徇于路，官師相規，工執藝事以諫。』正月孟春，於是乎有之。」杜注：「木鐸徇于路，采〔一〕歌謡之言也。」然則，此之求詩者，即班之行人，記之遒人，以木鐸徇于路，使民閒出男女歌詠，書之簡牘，遞薦於天子也。段氏云：「其字从辵、丌。辵者，行也；丌者，薦也。」漢書藝文志又云：「古者有采詩之官，王者所以觀風俗，知得失，自考正也。」韓詩外傳：「昔者，聖人不出户而知天下矣。以己之情量之也：己惡飢寒，知天下之欲衣食也；己惡勞苦，知天下之欲安佚也。」正以飢者歌食，勞者歌事。故聖人推己及物，而四方周知也。孟子離婁：「王者之迹熄，而詩亡。」宋氏翔鳳釋地辨證云：「息，止也。言此官止而不行，則下情不上通，天下所苦，天子不知，政教流失，風俗陵夷，皆由於此，謂之詩亡可耳。儀封人曰：『天將以夫子爲木鐸。』謂王者不采風，將使夫子周流四方，以行其教。」春秋之志，其見於此與？彼以孟子之迹，即説文之迒，故言此官不行也。劉歆與揚雄書云：「三代、周、秦，軒車使人、遒人使者以歲八月巡路，求代語僮謡歌戲。」揚答劉書云：「嘗聞先代輶軒之使，奏籍之書，皆藏於周秦之室。」又云：「翁孺猶見輶軒之使所奏言。」二書皆即遒人之事也。逌、輶、遒三字同音，逌人即遒人。揚、劉皆謂使者采集絶代語釋別國方言。故許隱括之曰「詩言」，班、何則但云「采詩」也，劉云「求代語僮謡歌戲」，則詩在其中矣。周禮大行人：「屬象胥諭言語、協辭令，屬瞽史諭書名、聽聲音，豈非揚、劉所謂使者，班所謂行人與？説者雖殊，可略見古考文之事，爲政之不外正名

〔一〕「采」，左傳杜注原文作「求」。

矣。」〔一〕按：何氏謂年六十云云，未知所據。○注「十月」至「大學」。○食貨志云：「是月，餘子亦在於序室。八歲入小學，學六甲五方書計之事，始知室家長幼之節。十五入大學，學先聖禮樂，而知朝廷君臣之禮。」白虎通辟雍云：「若既收藏，皆入教學。」通考引書大傳云：「耰耡已藏，新穀已入，歲時事已畢，餘子皆入學。」周禮黨正注云：「三時務農，將闕于禮，至此農隙而教之尊長養老，見孝弟之道也。」禮記疏引書傳略説云：「大夫七十而致仕。大夫爲父師，士爲少師，教於州里。」禮記學記云：「古之教者，家有塾。」注：「古者仕焉而已者，歸教於閭里，朝夕坐於門側之堂，謂之塾。」鄭之塾即此之校室，同爲教督之所故也。○注「其有」至「進士」。○校勘記出「進士」，云：「鄂本『進』作『造』。儀禮經傳通解同，當據正。」按：紹熙本亦作「造」。食貨志云：「其有秀異者，移鄉學于庠序；庠序之異者，移國學于少學〔二〕。諸侯歲貢少學之異者于天子，學于大學〔三〕，命曰造士。」禮記王制云：「命鄉論秀士，升之司徒，曰選士。司徒論選士之秀者，而升之學，曰俊士。」此學即大學〔四〕，在城中王宫之左者也。又云：「升於學者不征於司徒，曰造士。」白虎通辟雍云：「其有賢才美質知學者，足以開其心，頑鈍之民亦足以別於禽獸而知人倫，故無不教之民。孔子曰：『以不教民戰，是謂棄之。』明無不教民也。」按：王制云：「耆老皆朝于庠。」注：「此庠，

〔一〕自「劉歆與揚雄書」至「正名矣」一段，截取自段注説文。

〔二〕「少學」，原作「小學」，據漢書校改。下句同。「少學」，相對於「太學」而言。

〔三〕「大學」，原訛作「左學」，叢書本同，據漢書校改。禮記王制鄭玄注：「左學，小學也。」一説右學、左學皆大學也。

〔四〕同上校。

謂鄉學也。」而此云由鄉學移之庠者，此鄉學即謂教於校室，由里正父老移之州長、黨正等，故曰移於庠。王制以庠序皆鄉學，對國學言，言各有當，不相妨也。○注「行同」至「授官」。○食貨志云：「行同能偶，則別之以射，然後爵命焉。」王制云：「習射上功，習鄉上齒。大司徒帥國之俊士與執事焉。」明上德絀惡，皆習射焉。按：有鄉射，有大射。鄭氏鄉射禮目録云：「州長春秋以禮會民，而射於州序之禮。」又大射儀目録云：「名曰大射者，諸侯將有祭祀之事，與其羣臣以觀其禮。」盛氏世佐儀禮集編云：「射義云：『諸侯之射也，必先行燕禮。』又云：『諸侯君臣盡志於射，以習禮樂。』此篇所陳是也。蓋古者天子以射選諸侯卿大夫士，即有虞氏『侯以明之』之遺法，貢士之取舍、諸侯之黜陟皆繫焉。故諸侯與其臣，相與盡志於此，以求安譽，而免流亡也。將祭而擇士，習之於澤，試之於射宫，唯天子之制則然。篇内無擇士之義，鄭乃引射義所言天子之制釋之，誤矣。」褚氏寅亮儀禮管見云：「聖王之重射，義有二：選諸侯也，擇士也。禮記射義曰：『射爲諸侯也。射中則得爲諸侯，射不中則不得爲諸侯。』此所謂選諸侯也。其曰：『天子之制，諸侯歲獻貢士于天子，天子試之於射宫，其中多者得與於祭，中少者不得與於祭。』此所謂擇士也。又曰：『數與於祭而君有慶，數不與於祭而君有讓。數有慶而益地，數有讓則削地。』此則於擇士之中而寓黜陟，操諸侯之微權也。」按：盛氏、褚氏俱極分晰，蓋因祭而射以擇士，此大射之一事。其主意仍在擇賢否、定黜陟，蓋自鄉射已然。故胡氏匡衷儀禮釋官云：「鄉射有二：一是州長令民習射，一是鄉大夫貢士後以此詢衆庶。」是也。○注「三年」至「之儲」。○王制云：「故三年耕，必有一年之食；九年耕，必有三年之食。以三十年之通，雖有凶旱水溢，民無菜色。」食貨志云：「故孔子曰：『道千乘之國，敬事而信，節用而愛人，使民以時。』故民皆勸功樂業，先公而後私。其詩曰：『有渰凄凄，興雲祁祁，雨我公田，遂及我私。』民三年耕，則餘一年之蓄。衣食足而知榮辱，謙讓生而爭訟息，故三載考績。孔子曰：『苟有用我者，期月而已可也，三年有成。』成此功也。三考黜陟，餘三年食，進業曰登；再登曰平，餘六年食；三登曰泰平，二十七年遺九年食。然後王〔一〕德流洽，禮樂成焉。故曰『如有王者，必世而後仁』，繇斯道也。」按：王制注云：「通三十年之率，當必有九年之蓄。」疏云：「『通三十年之率』者，每年之率入物分爲四分，一分擬爲儲積，三分爲當年所用。二年又留一分，三年又留一分，是三年總得三分爲一年之蓄。三十年之率，當有十年之蓄。此云『當有九年之蓄』者，崔氏云：『三十年之閒，大略有閏月十二，足爲一年，故爲九年之蓄也。』王肅以爲，二十七年有九年之蓄，言三十年者，舉全數。兩義皆通。」鄂本「畜」作「蓄」。新書憂〔二〕民云：「王者之法，民三年耕而餘一年之食，三十歲而民有十年之蓄。」是也。○注「雖遇」至「作矣」。○食貨志云：「故堯、禹有九年之水，湯有七年之旱，而國無捐瘠者，以畜積多而備先具也。」後漢書楊震傳：「臣聞，古者九年耕必有三年之儲，故堯遭洪水，人無菜色。」又郎顗傳：「昔堯遭九年之水，人有十載之畜者，簡稅防災，爲其方也。」新書又云：「故禹水九〔三〕年，湯旱七年，甚也，野無青草，而民無饑色，道無乞人。歲復之後，猶禁陳耕。古之爲天下，誠有具也。」即王制之凶旱水溢民無菜色也。王制疏

〔一〕「王」，原訛作「以」，據漢書校改。
〔二〕「憂」，原訛作「愛」，據新書校改。
〔三〕「九」，原訛作「八」，叢書本同，據新書校改。

引律曆志云：「十九歲爲一章，四章爲一部，二十部爲一統，三統爲一元，則一元有四千五百六十歲。初入元一百六歲有陽九，謂旱九年。次三百七十四歲陰九，謂水九年。以一百六歲并三百七十四歲，爲四百八十歲。注云：六乘八之數。次四百八十歲有陽九，謂旱九年。次七百二十歲陰七，謂水七年。次七百二十歲陽七，謂旱七年。又注〔一〕云：七百二十歲者，九乘八之數。次六百歲陰三，謂水三年。次六百歲陽五，謂旱五年。注云：六百歲者，以八乘八，八八六十四；又以七乘八，七八五十六，相并爲一千二百歲，於易七八不變，氣不通，故合而數之，各得六百歲。次四百八十歲陰三，次四百八十三陽三。從入元至陽三，除去災歲，總有四千五百六十年。其災歲兩个陽九年，一个陰九年，一个陰陽各七年，一个陰陽各五年，一个陰陽各三年，災歲總〔二〕有五十七年，并前四千五百六十年，通爲四千六百十七歲。此一元之氣終矣。如志此言，是爲陰陽水旱之大數也。」

○冬，蝝生。

未有言蝝生者，此其言蝝生何？【注】蝝即螺也，始生曰蝝，大曰螺。【疏】注「蝝即」至「曰螺」。

○五行志中之下：「冬，蝝生。劉歆以爲，蝝，蚍蠹之有翼者，食穀爲災，黑眚也。董仲舒、劉向以爲，蝝，

〔一〕「注」字原脱，叢書本同，據禮記正義校改。

〔二〕「總」，原訛作「縣」，叢書本不誤，據改。

螟始生也。」孟康曰：「螕蠹音蚍蜉。」爾雅釋蟲云：「蝝，蝮蜪。」左疏引：「李巡云：『蝮蜪，一名蝝。蝝，蝗子也。』郭注：『蝗子未有翅者。』劉歆以爲蚍蜉有翅者，非也。」説文虫部：「蝝，復陶也。」「劉歆説，蝝，蚍蠹子也。董仲舒説，蝝，蝗子也。」郝氏爾雅疏云：「杜預注從董、劉，以爲螽子，是也。魯語：『蟲舍蚳蝝。』韋注：『蝝，蝮陶也，可食。』鄭注祭統亦以『陸産之醢』爲蚳蝝之屬矣。今呼蝝爲蝮蝻子，蝻讀若闌〔一〕。釋文：『蝮，蒲篤反。』」按：蝗子今通謂之蝻，固可食。然不能常有，未必用爲祭品。或魯語及祭統注之蝝，別爲一物與？

蝝生不書，此何以書？幸之也。【注】幸，僥倖。【疏】注「幸，僥倖」。○左傳云：「冬，蝝生。饑。幸之。」獨斷上：「王仲任曰：君子無幸而有不幸，小人有幸而無不幸。春秋傳民之多幸，國之不幸也，言民之得所不當得，故謂之幸。」按：王仲任語見論衡幸偶篇〔二〕。宣公簒國之君，變古易常，而能受過變悟，蝝不爲災，故春秋以幸書之也。僥倖者，禮記中庸云：「小人行險以徼幸。」

幸之者何？【注】聞災當懼反喜，非其類，故執不知問。

猶曰受之云爾。受之云爾者何？上變古易常，【注】上謂宣公，變易公田古常舊制而税畝。【疏】通義云：「上，上文也。」按：注以「上」爲宣公，義亦通，不必改作上文解也。幸宣公能變，故就上言

〔一〕「闌」，原訛作「閩」，據爾雅義疏校改。

〔二〕論衡曰：「君子有不幸而無有幸，小人有幸而無不幸。」與獨斷文有異。

之。繁露必仁且智亦云：「春秋之法，上變古易常，應是而有天災。」明以上指公言。

應是而有天災，【注】應是變古易常，而有天災，衆民用饑。【疏】注「應是」至「用饑」。○各本「衆」作「蝝」，誤。五行志中之下：「一曰螟始生，是時民患上力役，解於公田。宣是時初税畝，亂先王制，而爲貪利，故應是而有蝝生，屬蠃蟲之孽。」後漢書陸康傳：「夫什一而税，周謂之徹。徹者，通也。言其法度可通萬世而行也。故魯宣〔一〕税畝，而蝝災自生。」鹽鐵論論菑云：「故好行善者，天助以福，符瑞是也。好行惡者，天報以禍，妖災是也。春秋曰：『應是而有天災。』」經義述聞云：「春秋記災異者數矣。自董仲舒推言災異之應，何休又引申而爲之説，郅詳且備。然尋檢傳文，惟宣十五年冬，蝝生，有變古易常，應是而有天災之語，其餘則皆不言致此之由，亦不以爲禍亂之兆。如隱三年，『日有食之』，何注：『是後衛州吁弑君，諸侯初僭，魯隱係獲，公子翬進諂謀。』九年，『大雨震電』，注曰：『不還國於桓〔二〕之所致。』『大雨雪』，注：『此桓將怒而弑隱公〔三〕之象。』然傳但云記異，未嘗言某事所致、某事之象也。隱五年，『螟』，注：『先是隱公張百金之魚，設苛令急法，以禁民之所致。』桓元年，『大水』，注曰：『先是桓簒隱，百姓痛傷，悲哀之心既蓄積，而復專易朝宿之邑，陰逆而與怨氣并之所致。』五年，『大雩』，注曰：『先是桓公無王

〔一〕「宣」，原訛作「室」，叢書本同，據後漢書校改。
〔二〕「於桓」二字原脱，叢書本同，據經義述聞及公羊注疏校補。
〔三〕「隱公」，原脱「隱」字，叢書本同，據經義述聞及公羊注疏校補。

而行，比爲天子所聘，得志益驕，去國遠狩，大城祝丘，故致此旱。』然傳但云記災，未嘗言某事所致也。其他記災記異者不可枚舉，而皆無一語及於感應。乃知公羊之學，惟據人事以明法戒，不〔一〕侈天道，以涉譸張。蓋天人之際，荒忽無常，君子於其所不知，蓋闕如也。自董仲舒推言災異之應，開讖緯之先，何氏又從而祖述之，迹其多方揣測，言人人殊。謂之推廣傳文，則可；謂之傳之本指，則未見其所以〔二〕然也。至於穀梁，明言災異者尤鮮。而劉向說莊七年『恒星不見，夜中，星隕如雨』，僖十四年『沙鹿崩』，十六年『六鷁退飛』，昭二十五年『有鸜鵒來巢』，皆流入占驗之學，而考之本傳，則絕無此語。豈非論衡所謂『語增』者與？」按：如董、何所言，某災某事所致，某異某事所應，固屬拘泥。然聖人借天戒以明人事，不明言所致，幾若人之所爲，與天無涉。敬天之怒之謂何？後世占驗之學，自後人衍之者之過，不必歸咎於前人矣。劉子政於王氏專政，於災異之變，痛苦陳言，成帝不悟，竟移漢鼎，得以占驗之學目之與？論語季氏篇云：「畏天命，畏大人，畏聖人之言。」天命即吉凶禍福之命，災異其命之兆見者也。魯宣變古易常，即不畏聖人之言也。繁露順命篇云：「魯宣違聖人之言，變古易常，而災立至。聖人之言可不慎？」是也。故春秋握誠圖云：「孔子作春秋，陳天人之際，記異考符。」又繁露二端云：「因惡夫推災異之象於前，然後圖安危禍亂於後者，非春秋之所甚貴也，然而春秋舉之爲一端者，亦欲其省天譴，而畏天威。內

〔一〕「不」，原訛作「又」，據經義述聞校改。
〔二〕經義述聞無「所以」二字。

動於心志，外見於事情，修身審〔一〕己，明善心以反道者也，豈非貴微重始慎終〔二〕，推效者哉！」又必仁且知云：「災異以見天意。天意有欲也，有不欲也。所欲所不欲者，人内以自省，宜有懲於心，外以觀其事，宜有驗於國，故見天意者之於災異也，畏之而不惡也，以爲天欲振吾過，救吾失，故以此儆我也。春秋之法，上變古易常，應是而有天災者，以爲幸國。孔子曰：『天之所幸有爲不善，而屢極。』楚莊王以天不見災，地不見孽，則禱於山川曰：『天其將亡予耶？不説吾過，極吾罪也。』以此觀之，天災之應過而至也，異之顯明可畏也，此乃天之所欲救也，春秋之所獨幸也。聖主賢君尚樂受忠臣之諫，而況受天譴也。」又曰：「天地之物，有不常之變者謂之異，小者謂之災。災常先至，而異乃隨之。災者，天之譴也；異者，天之威也；譴之而不知，乃畏之以威。詩云：『畏天之威。』殆此謂也。凡災異之本，盡生於國家之失，國家之失乃始萌芽，而天出災異以譴告之；譴告之，而不知變，乃見怪異以驚駭之；驚駭之，尚不知畏，恐其殃咎乃至。以此見天意之仁，而不欲害人也。」其於災異昭應之理，至爲明顯。大事表云：「班氏云：『昔殷道弛，文王演周易；周道敝，孔子述春秋。』『漢董仲舒治公羊，推陰陽，爲儒者宗。宣、元之後，劉向治穀梁，傳〔三〕以洪範，與仲舒錯。至向子歆治左氏，言五行，又與向異。』歐陽子曰：『聖人殁而異端起。秦漢以來，學者惑於災異，天文五行之説，不勝其繁。』故其作五代史，書天而不書人。二者之説果孰從乎？

〔一〕「審」，原訛作「行」，叢書本同，據春秋繁露校改。
〔二〕「終」，原訛作「行」，叢書本同，據春秋繁露校改。
〔三〕「傳」，原訛作「專」，叢書本同，據春秋大事表校改。

曰：二者雖殊，其義一也。諸子即天以命人，歐陽子以人合天，均無失乎易、春秋之旨而已。不言天，則天道廢，故謫見於天，則王者避正殿，不舉樂，戒百官，省闕失，此春秋書災異之意，易所謂後天而奉天時也。專言天，則人事惑，故大戊修德而祥桑枯死，宋景公有君人之言而熒惑退舍。此春秋書災異而不言其所以然之意，易所謂『先天而天弗違』也。後天者曰天意見矣，可不懼乎；先天者曰吾修吾人事而已，在天者吾何知焉。嗚呼〔一〕！其要歸于責人事以回天變，故詳書災異而不列其事應，以示吉凶無常。人君側身修省，無日敢即怠荒之意，垂教可謂至矣〔二〕。余觀春秋所載地震、山崩、水旱、螟螽、蟊蜚、鸛鵒之類，多見於莊、宣、昭、定、哀之世，天意豈不顯然哉！」

其諸則宜於此焉變矣。【注】言宣公於此天災饑後，能受過變寤，明年復古行中，冬大有年，其功美過於無災，故君子深爲喜而僥倖之。變蝝言蝝，以不爲災書，起其事。【疏】桓六年傳：「其諸以病桓與？」注：「其諸，辭也。」經傳釋詞云：「其諸，擬議之詞也。」是也。○注「言宣」至「倖之」。○校勘記云：「鄂本『其』作『有』。上云幸，僥幸；此倖加人旁，非。」通義云：「變古易常，初稅畝是也。蝝應變而生，故始生未爲災，而即書之。幸其見譴咎之蚤，宜於此時立震懼變動，深察天意，而大〔三〕改過，則必有金縢

〔一〕「在天者吾何知焉。嗚呼」句原脱，叢書本同，據春秋大事表校補。

〔二〕「故詳書災異而不列其事應，以示吉凶無常。人君側身修省，無日敢即怠荒之意，垂教可謂至矣」數句原脱，叢書本同，據春秋大事表校補，以足其説義。

〔三〕「大」，原訛作「其」，叢書本同，據公羊通義校改。

反風之應，宣公不痞〔一〕，卒致凶饑。易中孚傳曰：『陽感天子不旋日，諸侯不旋時，大夫不過期。』〔二〕此之謂也。」以宣公不變，故下書饑，與何義異。○注「變蝝」至「其事」。○蝝爲蝝子，周之冬夏之秋，物已成熟，蝝子始生，不能爲害，故書以起之。宣公受過變痞，易饑而爲大有年，故幸之也。下之饑，猶緣於秋蝝，不緣於蝝生也。孔氏謂宣公見蝝不變，卒致凶饑，則何爲幸之乎？蝝始生而民即饑，不得如此之速。

○饑。【疏】差繆略云：「公羊無此經。」按：今唐石經公羊及各注疏本皆有，或以何氏無注疑公羊或無。按：上注云「衆民用饑」，則何氏本有此經矣。

〔一〕「痞」，公羊通義原文作「能」。

〔二〕「陽感」以下引文出自易緯稽覽圖。公羊通義作易中孚傳，當爲誤記。

公羊義疏四十九

南菁書院　句容陳立卓人著

宣十六年盡十八年

○十有六年，春，王正月，晉人滅赤狄甲氏及留吁。【注】言及者，留吁行微不進。【疏】左傳注云：「甲氏、留吁，赤狄別種。」大事表云：「今潞安府屯留縣東南十里有純留城，即留吁地，晉滅之，爲純留邑。甲氏在今直隸之廣平府雞澤縣。」一統志：「純留故城在今潞安府屯留縣南，春秋赤狄留吁邑。」按：史記匈奴傳：「晉文公攘戎翟，居于河西圁、洛之間，號曰赤狄、白翟。」索隱：「圁作圜。地理志：圜水出上郡白土縣。」正義引括地志云：「白土故城在鹽州白池東北三百九十里。」又云：「近延州、綏州、銀州。本春秋時白狄所居。」又云：「潞州本赤狄地。」史文謂在圁、洛間，未詳。○注「言及」至「不進」。○甲氏書氏，與上年潞氏同。彼注云：「明不當絶，當復其氏。」是也。留吁不書氏，知其行微，故及以絶之。杜、范皆以甲氏等爲潞之餘黨，蓋亦欲離于夷狄而未能合于中國者。

○夏，成周宣謝災。【疏】校勘記云：「鄂本、閩本同。監、毛本『謝』作『榭』，下及注疏並同。唐石經缺。釋文『宣謝災』，左氏作『宣榭』。惠棟云：襄九年疏引作『謝』，古無『榭』字，或止作射，周邿敦銘曰『王格于宣射』是也。三傳皆作謝，俗从木。又『災』，左傳作『火』。」按：紹熙本亦作「謝」。公羊釋文引左氏作「宣謝火」，穀梁釋文亦作「謝」，知三傳無从木者矣。九經古義云：「棟案，左氏古文『榭』本作『射』，邿敦銘云云。又劉逵引國語云『射不過講軍實』，今本作『榭』。說文無『榭』，經、傳通作『謝』。荀卿子曰『臺謝甚高』，泰誓曰『惟宮室臺榭』，釋文『本又作謝』。吴射慈亦作謝慈。是『射』與『謝』通。」左氏襄三十一年傳：「宮室卑庳，無觀臺榭。」釋文：「榭音謝，本亦作謝。」原注：「摯虞三輔決録注云：『漢末大鴻臚射咸，本姓謝，名服。天子以爲將軍出征，姓謝名服不祥，改之爲射氏名咸。』載見廣韻。此由晉時不識古文，曲爲之説。」按：禮記玉藻：「卜人定龜。」注：「謂靈射之屬。」釋文：「射，爾雅作『謝』。」荀子王伯篇注：「謝與榭同。」潛研堂答問云：「説文無榭字，則臺榭之榭，亦當爲射。蓋因習射以得名也。」

成周者何？東周也。【注】後周分爲二，天下所名爲東周。名爲成周者，本成王所定名，天下初號之云爾。【疏】注「後周」至「東周」。○此據作春秋時言也。昭二十二年：「劉子、單子以王猛入于王城。」傳云：「王城者何？西周也。」又二十六年：「天王入于成周。」傳云：「成周者，東周也。」注：「是時，王猛自號爲西周，天下因謂成周爲東周矣。」故傳就當時所名解之。書洛誥云：「我乃卜澗水東、瀍水西，惟洛食。我又卜瀍水東，亦惟洛食。」疏引鄭注云：「觀召公所卜之處，皆可長久居民，使服田相食瀍水東。既成，名曰成周，今洛陽縣是也。召公所卜處名曰王城，今河南縣是也。」鄭舉漢地志爲驗，後漢洛陽、河南皆屬河南尹。郡國志：「洛陽，周時號成周。河南，周公時所城洛邑，春秋謂之王城。」是也。馬融注周禮大司徒亦云：「王國東都王城，今河南縣是。」與鄭同也。成周亦號下都，胡氏渭禹貢錐指云：「王城即郟邑，漢爲河南縣，其故城在今洛陽縣西北。下都即成周，漢爲洛陽縣河南郡治，其故城在今洛陽縣東北二十里。二城東西相去四十里，而今洛陽縣居其中。古時澗水經河南故城西入洛，瀍水經河南故城東入洛。故澗東瀍西爲王城，而瀍東爲下都。洛誥之文甚明也。」續漢志注「雒陽」引帝王世紀云：「城東西六里，南北九里。」「河南」注引：「博物記曰：『王城方七百二十丈，郛方一十里，南望雒水，北至郟山。』地道記曰：『去雒城四十里。』」成周在東，王城在西。敬王居成周，故曰東王必大克也。○注「名爲」至「云爾」。○舊疏引鄭注書序云：「居攝七年，天下太平而作此邑，乃名曰成周。」是爲本成王所定名也。時二都並建，洛邑爲東都，平王東遷，以豐鎬爲西周。敬王後以王城爲西周，成周爲東周矣。

宣謝者何？宣宮之謝也。【注】宣宮，周宣王之廟也。至此不毀者，有中興之功。室有東西廂曰廟，無東西廂有室曰寢，無室曰謝。【疏】穀梁注：「宣榭，宣王之榭。」本此爲說。杜以爲「講武屋，別在洛陽者」。疏引服虔云：「宣揚威武之處。」五行志引左氏說：「榭者，講武之坐屋。」與公羊異。○注「宣宮」至「之功」。○毛詩疏〔一〕引：「異義：魯詩說：丞相匡衡以爲殷中宗、周成、宣王皆以時毀。古文尚書說：經稱中宗，明其廟宗而不毀。謹案，春秋公羊御史大夫貢禹說，王者宗有德，廟有毀。宗而復毀，非

〔一〕「毛詩疏」，原誤記爲「禮記疏」，以下引文實出自毛詩正義，據改。

尊德之義。鄭從而不駮。」是何本先師舊説也。漢書五行志云：「元鳳四年，孝文廟正殿災，劉向以爲，孝文、太宗之君與成周宣謝火同義。」明亦以成、宣爲宗而不毁也。顧氏炎武左傳補正云：「吕大臨考古圖郱敦銘曰：『王格于宣榭。』宣榭者蓋宣王之廟也。榭，射堂之制也。其文作印〔一〕，古射字，執弓矢以射之象，因名其堂曰射。其堂無室，以便射事，故凡無室者皆謂之榭。宣王之廟制如榭，故謂之宣榭。春秋記成周宣榭火，以宗廟之重而書之，如桓、僖宫之比。」通義云：「成周非王居，而宣宫在焉。凡邑有宗廟先君之主曰都。此周之下都，得有先王廟，若漢時原廟矣。左傳『敬王入于成周，盟于襄宫』，亦廟之在成周者也。」按：漢書韋玄成傳：「劉歆議曰：七者，其正法數，可常數者也。宗不在此數中。宗，變也，苟有功德則宗之，不可預爲設數。故於殷太甲爲太宗，太戊爲中宗，武丁爲高宗。周公爲無逸之戒，舉殷三宗以勸成王。繇〔二〕是言之，宗無數也。」蓋即特廟，特者不在七廟中而特立一廟者也。據歆説，宗不在數中，則殷之三宗在六廟外，周之成、宣在七廟外矣。昭七年左傳：「余敢忘高圉、亞圉？」或亦先公廟之不毁者也。馬融説，高圉、亞圉，「周人所報而不立廟」。蓋不以宗而不毁爲然矣，與何、鄭説皆異。劉歆習古文，則古文尚書、春秋皆與公羊家同。○注「室有」至「曰謝」。○爾雅釋宫文。此疏引李巡曰：「室有東西廂謂宗廟。」殿有東西小堂也。孫炎曰：「夾室前堂。」郭注本之。郝氏爾雅義疏云：「廟之制，中爲

〔一〕「印」，顧炎武左傳杜解補正原文如此，公羊義疏之叢書本、經解本、備要本均訛作「印」。字當作「[illegible]」。

〔二〕「繇」，原訛作「繫」，叢書本同，據漢書校改。

大室，東西序之外爲夾室。夾室之前小堂爲東西廂，亦謂之東西堂。」後漢書注引埤蒼云：「箱，序也，字或作箱。」「廟所以有廂者，箱之言相，謂左右助勴也。故公食大夫禮注：『箱，俟事之處。』覲禮注：『東箱，東夾之前，相翔待事之處。』文選爲賈謐作贈陸機詩注引爾雅『廟』作『廊』，蓋字形之誤。又引舍人曰：『殿有東西小堂也。』」寢者，郭云：「但有太室。」郝氏義疏：「寢之制，但有太室，而無左右夾室，故無東西廂。」按：古路寢，制如明堂、燕寢，有堂有室有夾室有房，正如上所陳廟制。故周禮隸僕注云：「五寢，五廟之寢也。前曰廟，後曰寢。」月令正義：「廟是接神之處，其處尊，故在前。寢，衣冠所藏之地，對廟爲卑，故在後也。」不得有〔一〕東西廂之制。蓋寢者平常臥息之所。説文作「寑」，云：「臥也。」釋名釋宫室云：「寢，寢也，所寢息也。」推人道以事神，固不必備有堂户房階室之制與？亦所謂致死而致生之，不智而不可爲也。榭者，郭云：「榭，即今堂埠。」禮疏引李巡云：「但有大殿無室名曰榭。」書疏引孫炎云：「榭，但有堂也。」郝氏義疏云：「左傳注：『以榭爲屋歇前。』正義謂：『歇前者無壁也。如今廳事〔二〕也。』按，廳事〔三〕即後世之堂皇。漢書胡建傳：『列坐堂皇上。』集解：『堂無四壁曰皇。』是也。然則，無壁者無室，但有堂，故杜謂屋歇前矣。」通義云：「謝，讀如序，則物當棟之序。謝之言射也，堂後無室，本射堂之制，故以名焉。」按：禮鄉射禮云：「豫則鉤楹内，堂則由楹外。」注：「庠之制，有堂有室也。豫讀如『成周宣榭火』

〔一〕「有」下原有一「無」字，寢別於廟者，無東西廂，惟室而已。有「無」字，則句義不可解。叢書本同衍，徑删之。
〔二〕「事」，原訛作「是」，據爾雅義疏校改。
〔三〕「事」字原脱，據爾雅義疏校補。

之榭，凡屋無室曰榭。今文豫爲序，序乃夏后氏之學，亦非也。」則鄭不以榭即序也。然鄭於禮經豫字「但讀如謝」，不即破其字爲謝，而於記「序則物當棟」，亦不破序字。蓋以序榭皆無室，謝、序、豫又同音，字得相通也。禮與記之「堂則物當楣」，皆指庠言，庠大於序，故有堂有室也。鄭彼注自謂豫讀如榭音，非以爲榭，彼之豫自謂州黨學之序爾。

何言乎成周宣謝災？【注】据天子之居稱京師，宋災〔一〕不別所燒。【疏】注「据天」至「京師」。○桓九年，「紀季姜歸于京師」是也。彼傳：「京師者何？天子之居也。」○注「宋災」至「所燒」。○襄十年「宋災」是也。舊疏云：「特据宋災者，以其王者之後，與周〔二〕相類也。」

樂器藏焉爾。【注】宣王中興所作樂器。【疏】校勘記云：「漢書五行志曰：『榭者，所以臧樂器。』唐石經、諸本作『藏』，俗字。」按：説文無「藏」字〔三〕。穀梁傳：「周災，不志也。其曰宣榭，何也？以樂器之所藏目之也。」疏：「徐邈所據本云周災至。注云重王室也。」則與范本異。五行志云：「成周宣榭火。榭者，所以臧樂器。宣其名也。董仲舒、劉向以爲，十五年王札子殺召伯、毛伯，天子不能誅。天戒若曰：不能行政令，何以禮樂爲而臧之？左氏經曰：『成周宣榭火，人火也。人火曰火，天火曰災。』榭者，講武之坐

〔一〕「災」，原訛作「炎」，叢書本不誤，據校改。
〔二〕「周」，原訛作「宋」，叢書本同，據公羊注疏校改。
〔三〕説文新附收「藏」字。

屋。」臧氏琳經義雜記云：「按，左氏以宣謝爲講武之屋〔一〕。服、杜注皆本漢書。服謂宣揚威武，更得命名之義。火爲人火，見守戒之無人，而武功之廢弛也。公、穀以宣謝爲藏樂器之所。董、劉義同。故漢志云：『謝者，所以藏樂器。宣，其名也。』蓋樂以宣節陰陽故名宣謝。何氏不得其解，而以爲宣王，並以樂器爲宣王中興所作，既違公羊本文，復乖左氏之義。」按：説經須守家法，左氏之義不得据以相難。公羊本文明云「宣宮之謝」，宣宮猶言桓宮、僖宮也，非謂宣王之廟乎？何得謂其違公羊本文乎？按：禮記禮運「以爲臺榭」，注：「榭，器之所臧也。」是藏物之所通曰榭。爾雅釋宮：「闍謂之臺，有木者謂之榭。」是不必講武之屋也。詩車攻序：「宣王會諸侯於東都，因田獵而選車徒焉。」蓋是時必有講武之所，嗣因有中興之功，宗而不毁。或即因立宣廟，廟宜静肅，不能再爲肄武，即因爲藏樂器所專。○注「宣王」至「樂器」。○舊疏云：「蓋夷、厲之時，樂器有壞，故宣王作之，不謂更造别樂。何者？考諸古典，不見宣王别有樂名也。」按：周本紀云：「懿王之時王室遂衰。」禮記郊特牲云：「下堂而見諸侯，天子之失禮也，由夷王以下。」又禮運云：「我觀周道，幽、厲傷之。」明禮樂俱有敗壞也。本紀又：此「宣王即位，二相輔之，修政，法文、武、成、康之遺風」。又詩車攻諸篇美宣王復古，容亦作樂器焉。

成周宣謝災何以書？記災也。外災不書，此何以書？新周也。【注】新周故分别有災，不與宋同也。孔子以春秋當新王，上黜杞，下新周而故宋，因天災中興之樂器，示周不復興，故繫宣

〔一〕「屋」上原衍「坐」字，叢書本同，據經義雜記校删。

謝於成周，使若國文，黜而新之，從爲王者後記災也。【疏】校勘記：「『新周也』，唐石經、諸本同。惠棟云：當作『親周』，古親新通，新讀爲親。按，春秋繁露三代改制質文篇云：『絀夏親周故宋。』史記孔子世家云：『春秋據魯親周故殷。』皆作『親』字。何注云：『孔子以春秋當新王，上黜杞，下新〔一〕周而故宋。』是何注本作『新周』也，當亦爲嚴、顏之異。按，董子：『史記親周皆新周之誤。』錢大昕言之當矣。惠棟未憭此。」今按：阮氏之説是。○注「新周」至「同也」。○決襄三十年「宋災」，不別所災也。○注「孔子」至「故宋」。○此春秋通三統之義。注爲全書發其例也。劉氏逢禄釋例云：「顏子問爲邦。子曰：行夏之時，乘殷之輅，服周之冕。終之曰樂則韶舞。蓋以王者必通三統，而治道乃無偏。而不舉之處，自後儒言之，則曰法後王；自聖人言之，則曰三王之道若循環，終則復始，窮則反本，非僅明天命所授者博，不獨一姓也。夫正朔必三而改，故春秋損文而用忠；文質必再而復，故春秋變文〔二〕而從質。受命以奉天地，故首建五始。至于治定功成，鳳皇來儀，百獸率舞，而韶樂作焉。則始元終麟之道，舉而措之，萬世無難矣。」其言以春秋當新王之意，至爲明顯。孔子曰：「我欲託之空言，不如著之實事〔三〕。」故假魯以立王法。所謂春秋王〔四〕魯也，以魯當新王，故新周。新周者，新黜周，等王者後也。新周，則故宋，合宋、周，春秋爲三

〔一〕「新」，原訛作「親」，據阮元校勘記及公羊傳何休注校改。
〔二〕「文」，原訛作「王」，叢書本同，據釋例校改。
〔三〕「不如著之實事」句，古籍多作「不如載之行事之深切著明也」。
〔四〕「王」，原訛作「之」，叢書本同，據文意校改。

統，故黜杞等之小國也。臧氏琳經義雜記云：「公羊言新周，核之董、劉〔一〕説，則以天意以樂器空存，無補實政，故災之，而望周之重新。聖人書之，所以承天意也。乃何氏謂孔子以春秋當新王，繫宣謝於成周，使若國文黜而新之，此言更爲誣矣。」通義云：「周之東遷，本在王城，及敬王避子朝之難，更遷成周。作傳者据時言之，故號成周爲新周，猶晉徙于新田謂之新絳，鄭居郭鄶之地謂之新鄭云爾。傳道此者，言成周雖非京師，而先王宫廟有大災變，火爲除舊布新之象。其後敬王果新邑於此，故春秋大之，同於京師而録其災也。天道不遠，三五復反，向使周人寅畏，謹異修政更始，興宣王之禮樂，則子朝之亂必不作，可以無居新周之事。傳所以深探經旨，上本天意，稱言約而取意遠矣。治公羊者，舊有『新周故宋』之説，『新周』雖出此傳，實非如注解；『故宋』，傳絶無文〔二〕，唯穀梁有之，然意尤不相涉，是以晉儒王祖游譏何氏黜周王魯，大體乖硋，志通公羊，而往往還爲公羊疾病者也。」按：「新周故宋」，見之董生繁露、史公孔子世家，必西漢經師相傳之義。孟子所謂「罪我者其惟春秋」，即斥「新周故宋」等義，真七十子微言大義也，非何氏之刱解。魏晉俗儒不識經師大旨，孔氏反祖以非何氏，此孔沖遠譏劉炫，所謂「蠹生于木，而反食木者」也。孔氏於「三世」已多違舊義，而於「三統」之義又全更滅，率此以解公羊，其瞽者之無相與？臧氏本非今文家，置之不足責可也。○注「因天」至「災也」。○舊疏云：「使周成爲國，與宋、齊之屬相

〔一〕「劉」字原脱，叢書本同，據經義雜記校補。
〔二〕「文」，原訛作「又」，叢書本同，據公羊通義校改。

似。」包氏愼言云：「春秋何新乎周？曰：孔子一生夢見周公，美周之文，而其作春秋書『王正月』，傳曰：『王者孰謂？謂文王也。』周之禮制剏自文王，而成於武王、周公。言文王以統武王、周公也。周監二代，以成郁郁之文，春秋監周，以爲萬世文章之祖。新周者，揚周之文於萬世也。周道傷于厲王，宣王中興，文武之道燦然復明。平王東遷，所守者宣王之法耳。成周宣謝，宣王方策所藏也。孔子適周，問禮老聃，柱下所守，宣王之留貽也。宣榭災，而舊章之存者鮮矣，故孔子有春秋之作。春秋爲後世新王制法，一王初起，皆用先王之禮樂，故曰新周。周監二代，春秋監周，殷亦二代，故黜杞故宋。論語曰：『夏禮吾能言之，杞不足徵也；殷禮吾能言之，宋不足徵也。文獻不足故也，足則吾能徵之矣。』杞、宋不足徵，而文獻之可徵者唯周。一姓不再興，周之不興，於宣謝之火兆其萌。孔子修史，至此而喟然於周道之衰，故不曰京師宣謝火，又不曰王室宣謝火，而特曰成周，同之列國，猶王之爲風也。傳曰：『成周者何？東周也。宣謝者，宣宮之謝，樂器藏焉爾。』孔子曰：『如有用我者，吾其爲東周乎？』有能用孔子者，孔子能興文武之道於成周，則雅、頌可作；不能用，而憲章文武以作春秋，則周之禮樂不僅爲周之禮樂，而爲萬世之禮樂，周雖亡，猶存也。荀子曰：『孔子仁智且不蔽，故學亂術，足以爲先王者也。一家得周道，舉而用之，不蔽於成積也。』是之謂新周也云爾。」按：包氏之論，深得春秋書成周之旨。書成周，明與爲王者後記災文同。襄九年：「宋火。」傳云：「外災不書，此何以書？爲王者之後記災也。」是也。

○**秋，郯伯姬來歸。**【注】嫁不書者，爲媵也。來歸書者，後爲嫡也。死不卒者，已棄，有更適人之道，或時爲大夫妻，故不得待以初也。棄歸例，有罪時，無罪月。【疏】左傳云：「出也。」禮記雜記云：「諸侯出夫人。使者將命，曰：『寡君不敏，不能從而事社稷宗廟，使使臣某敢告於執事。』主人對曰：『寡君固前辭不教矣。寡君敢不敬須〔一〕以俟命！』有司官陳器皿，主人有司亦官受之。」鄭注：「器皿，其本所齎物也。律，弃妻畀所齎。」范云：「爲夫家所遣。」○注「嫁不」至「嫡也」。○春秋之例，內女嫁爲諸侯夫人者皆書，如隱二年「伯姬歸于紀」、莊二十五年「伯姬歸于杞」之屬是也。此郯伯姬出嫁不書，故以爲媵也。按：隱七年：「叔姬歸于紀。」注：「伯姬之媵也。至是乃歸者，待年父母國也。」彼亦媵，得書者，彼注：「媵賤，書者，後爲嫡，終有賢行。紀侯爲齊所滅，紀季以酅入于齊，叔姬歸之，能處隱約，全竟婦道，故重録之。」知此被棄來歸，無賢行，故從媵賤常例不書也。莊二十九年：「紀叔姬卒。」注：「國滅卒者，從夫人行，待之如初。」是內女由媵爲嫡，詳其卒，葬從夫人行。此來歸亦書，故知爲嫡也。此伯姬蓋爲他國之媵，若內女姪，則當書嫡之歸郯，如紀伯姬之屬也。通義云：「來歸者，出也。始嫁不書者，容郯子爲世子時歸之。」其説亦通。○注「死不」至「初也」。○毛本「以」誤「有」。按：此決紀叔姬書卒故也。紀叔姬自莊十二年歸酅後，能全婦道，故詳其卒葬。此不然，故死不卒，但録其來歸而已。禮記雜記云：「諸侯出夫人，夫人比至於其國，以夫人之禮行。至，以夫人入。」注：「行道以夫人之禮者，棄妻致命其家，乃義絶，不用此爲始。」是則在道至入時，猶以夫人禮待矣。通義云：「已出，則失其貴，故後不見卒也。」按：孔

〔一〕「須」字原脱，據禮記正義校補。

説非是。禮喪服大功章「君爲姑姊妹女子子嫁于國君者」，女子在家〔一〕期，出嫁大功。諸侯雖絶期，爲其尊同，故服其親服，則女子許嫁諸侯而卒，則服期可知，故僖九年書「伯姬卒」，明當有期之恩也。齊衰不杖期章又有「姑姊妹女子子適人無主者」，注：「無主後者，人之所哀憐。」此雖指大夫以下，以諸侯不得有無主之事，然推無主加服之義，則被出而歸，雖爲夫家所絶，而父母兄弟視之，似不得竟同絶期之例，則被出卒者，理合恩録書卒。諸侯女嫁於大夫者，禮無服，爲其尊不同，故莒慶之叔姬、高固之子叔姬皆無卒文也。○注「棄初也」。此郯伯姬不書卒，故何氏云「已棄，有更適人之道，或時爲大夫妻，故不得待以歸」至「罪月」。○有罪時者，此書秋是也；無罪月者，成五年「春，王正月，杞叔姬來歸」是也。成八年「杞叔姬卒」，恩録之。明其終于父母，全歸道，故云無罪。益見孔氏「已出，則失其貴」之説非矣。

○冬，大有年。【疏】詩大雅豐年云：「豐年多黍多稌。」箋云：「豐年，大有年也。」正義：「宣十六年穀梁傳曰：『五穀大熟爲大有年。』公羊以爲『大豐年』，是也。桓三年經書『有年』，穀梁傳『五穀皆熟爲有年』，公羊傳曰『僅有年』。彼春秋之文相對而爲例，他經散文不必然也。魯頌曰『歲其有年』，亦當謂大豐年矣。」按：上年傳云「則宜於此變矣」，注言「宣公於此天災饑後，能受過變寤，明年復古行中，冬有大年」，是宣公省悟後，應是而大有年矣。通義云：「税畝而饑，所以譴君也。繼饑而旋大有年，乃天之愛民也。

〔一〕「家」，原訛作「室」，叢書本同。儀禮喪服疏有「在家期，出嫁大功」句，據改。

君恒税之而天又薦饑之，則民無生。」按：孔氏此説，不值一噱。天之愛民，原不必因國家重斂加之薦饑。惟是孔子書之春秋究何主意？抑書以褒天乎？亦褒天以貶魯與？此皆好爲立異，而不知其語之駮也。

○十有七年，春，王正月，庚子，許男錫我卒。【疏】包氏慎言云：「正月書庚子，月之二十六日也。」

○丁未，蔡侯申卒。【疏】包氏慎言云：「正月無丁未，二月之四日也。」

○夏，葬許昭公。

○葬蔡文公。【注】不月者，齊桓、晉文没後，先背中國與楚，故略之。與楚在文十年。【疏】注「不月」至「十年」。○舊疏云：「正以卒日葬月，大國之常例，今此蔡侯不月，故解之。」與楚在文十年，彼注云「楚子、蔡侯次于屈貉」者是也。莊氏存與春秋正辭云：「屈貉之役，左氏以爲陳侯、鄭伯在焉，而又有宋公後至，麇子[一]逃歸。春秋一切不書，主書蔡侯者，甚惡蔡也。蔡同姓之長，而世役於楚，自絕諸夏。商臣弒父，罪大惡極，犬彘將不食其餘。蓋竊位以來，諸侯尚未有與盟會者，蔡莊侯首道以摟上國，獨與同惡相濟同氣相求，不再傳而蔡亦有弒父之禍，遂使通春秋，唯商臣與般相望於數十年之間。若蔡莊侯者，所謂用夷變夏者也。按：蔡自桓二年會于[二]鄧，懼楚。自獻舞獲後，棄夏即夷，故僖十四年「蔡侯肸卒」，注：「不月者，賤其背中國而附父仇，故略之甚也。」是也。終齊桓之世未嘗與盟會事。晉文敗楚城濮，得臣被戮，始與乎踐土、温、翟泉之會。晉文没後，首道中國以事楚，屈貉之次是也。故春秋尤賤而略之。通義云：「文公從楚，當莊王之世，猶爲與賢，比肸責輕，故葬但不月而已。」肸潰宜絕，故不書葬，故移不月之文於其卒。蔡侯申但責其背中國與楚，故書葬而去月以起之，非比肸責輕也。楚莊之賢，春秋亦不得已而與之，所謂夷狄之有君，不如諸夏之亡也。若必使中國君長比而從之，非聖人内夏外夷之心也。孔氏於屈貉經下採其座主莊侍郎之語，是也。此又以爲比肸責輕，何先後之不侔耶？

〇**六月，癸卯，日有食之。**【注】是後邾婁人戕鄫子，四國大夫敗齊師于搴，齊侯逸獲。君道微，臣道强之所致。【疏】包氏慎言云：「六月書癸卯，月之二日。劉歆以爲三月晦朓。元志姜岌以六月甲辰

［一］「麇子」，原訛作「圈子」，叢書本同，據左傳校改。

［二］「于」字原脱，叢書本同。「鄧」爲地名，據義當有「于」字。左傳：「蔡侯、鄭伯會于鄧，始懼楚也。」

朔，不應食。大衍是年五月在交限，六月甲辰朔交分已過，食限蓋誤。以今曆推之，是歲五月乙亥朔入食限，六月甲辰朔入交二日已過食限。大衍是。」按：五行志云：「晦而月見西方謂之朓。朔而月見東方謂之仄慝。仄慝則侯王其肅，朓則侯王其舒。」「劉歆以爲，舒者侯王展意顓事，臣下促急，故月行疾也。肅者王侯縮朒不任事，臣下弛縱，故月行遲也。當春秋時，侯王率多縮朒不任事，故食二日仄慝十八，食晦日朓者一，此其效也。」○注「是後」至「所致」。○毛本「强」作「彊」。五行志下之下：「宣公十七年，六月癸卯，日有食之。董仲舒、劉向以爲，邾支解鄫子，晉敗王師于貿，戎敗齊于鞌。」按：邾婁戕鄫子，見下十八年。四國大夫敗齊師，見成二年。齊侯佚獲見成二年傳。

○己未，公會晉侯、衛侯、曹伯、邾婁子，同盟于斷道。【疏】包氏慎言云：「六月書己未，月之十八日。」杜云：「斷道，晉地。」大事表云：「傳云：卷楚，一地二名，今沁州東有斷梁城。」方輿紀要：「卷城在開封府原武縣西北九里。」按：如左傳文，上云「會于斷道，討貳也」，「盟于卷楚，辭齊人」，似斷道與卷楚二地，卷楚亦不得以卷當之。杜云「卷楚即斷道」，固是臆説。顧棟高謂在沁州，不知何據。通義云：「是盟同欲仇齊，而不與信辭者，傷中國無伯之甚。」

○秋，公至自會。

○冬，十有一月，壬午，公弟叔肹卒。【注】稱字者，賢之。宣公篡立，叔肹不仕其朝，不食其禄，終身於貧賤。故孔子曰：「篤信好學，守死善道，危邦不入，亂邦不居。天下有道則見，無道則隱。」此之謂也。禮，盛德之士不名，天子上大夫不名。春秋公子不爲大夫者不卒，卒而字者，起其宜爲天子上大夫也。孔子曰：「興滅國，繼絶世，舉逸民，天下之民歸心焉。」【疏】包氏慎言云：「十一月書壬午，月之十三日。」○注「稱字者，賢之」。○穀梁傳：「其曰公弟叔肹，賢之也。」春秋稱字多賢辭。僖十六年：「公子季友卒。」傳：「其稱季友何？賢也。」亦稱字故也。○注「宣公」至「貧賤」。○穀梁傳：「其賢之何也？宣弑而非之也。非之，則胡爲不去也？曰：兄弟也，何去而之？與之財，則曰我足矣。織屨而食，終身不食宣公之食。君子以是爲通恩也，以取貴於春秋。」注引：「泰曰：宣公弑逆，故其禄不可受。兄弟無絶道，故雖非而不去。論情可以明親親，言義足以厲不軌。書曰：『公弟，不亦宜乎！』」新序節士云：「魯宣公者，文公之弟也。文公薨，文公之子赤立爲魯侯。宣公殺子赤而奪其國。公子肹者，宣公之同母弟也。宣公殺子赤而肹非之。宣公與之禄，則曰我足矣，何以兄之食爲哉？織屨而食，終身不食宣公之食。其仁恩厚矣，其守節固矣，故春秋美而貴之。」鹽鐵論論儒云：「闔廬殺僚，公子札去而之延陵，終身不入吴國。魯公殺子赤，叔肹退而隱處，不食其禄。虧義得尊，枉道取容，效死不爲也。」按：衛侯之弟鱄去君稱名者，彼注云：「刺鱄兄爲彊臣所逐，既不能救，又移心事剽，背爲姦約。獻公雖復，因喜得反，誅之，小負未爲大惡，而深以自絶。所謂守小信而忘大義，拘小介而失大忠。」故不得與叔肹等也。○注「故孔」至「謂也」。○論語泰伯篇文，集解：「包曰：言行當常然。」義疏：「篤信好學者，令篤厚於誠信，而好學先王之道也。守死善道者，寧爲善而死，不爲惡而生，故云『守死善道』。危邦不入者，謂初仕時也，見彼國將危，則不須入仕也。亂邦不居者，謂我國已亂，則宜避之不居住也。天下謂天子也，見謂出仕也。」何義當亦同，不必以天下爲天子爾。劉氏逢禄論語述何云：「守死善道，如公弟叔肸、孔父、仇牧、荀息之屬。」○注「禮盛」至「不名」。○白虎通王者不臣篇云：「盛德之士不名，尊賢也。春秋曰『公弟叔肸』。」又云：「不名盛德之士者，不可屈以爵禄也。」孟子萬章云：「盛德之士，君不得而臣，故不名也。」禮記月令「聘名士」，彼疏引蔡注云：「名士者，謂其德行貞純，道術〔一〕通明，王者不得臣，而隱居不在位者也。」○注「天子」至「夫也」。○桓四年注云：「上大夫不名，祭伯是也。」白虎通又云：「上大夫不名者，貴賢者而已。共成先祖功德，德加於百姓者也。」今本脱「上大夫」三字。隱元年注：「天子上大夫字，尊尊〔二〕之義也。」是天子上大夫亦不名也。公子不爲大夫，即不見於經，亦不書卒。叔肸不仕其朝，不食其禄，卒而字之，故爲起其宜爲天子大夫也。○注「孔子」至「心焉」。○論語堯曰篇文，彼無孔子曰。漢書外戚恩澤侯表注引論語：「孔子陳帝王之法〔三〕：『興滅國』云云。」文選兩都賦序、求爲諸孫置守家人表兩注俱引論語「興滅國，繼絶世」，逸民傳論注引論語「舉逸民，天下之人歸心焉」，上俱冠「子曰」字。説苑君道篇：「武丁思先王之政，興滅國，繼絶世，舉逸民。」又敬慎篇同以此爲武丁事。蓋皆述帝王之治，不必專斥一人事。此

〔一〕「道術」二字原脱，叢書本同，據禮記正義校補。
〔二〕「尊」字當疊，原脱一「尊」字，據公羊注疏校補。
〔三〕「法」，原訛作「文」，叢書本同，據顔注漢書校改。

主引「舉逸民」，連上述之也。

○十有八年，春，晉侯、衛世子臧伐齊。

○公伐杞。

○夏，四月。

○秋，七月，邾婁人戕鄫子于鄫。

戕鄫子于鄫者何？ 殘賊而殺之也。【注】支解節斷之，故變殺言戕。戕則殘賊，惡無道也。言于鄫者，刺鄫無守備，小國本不卒，故亦不日。【疏】周禮疏引：「駁異義，鄭君以爲左氏宣十八年秋七月，『邾人戕鄫子于鄫』，傳曰：『凡自内虐其君曰弒，自外曰戕。』即邾人戕鄫子是也。自弒其君曰弒者，『晉人弒其君州蒲』是也。雖他國君，不加虐亦曰殺。若加虐殺之，乃謂之戕，取殘賊之義也。若自上殺下及兩下自相殺之等，皆曰殺。」穀梁傳：「戕猶殘也，捝殺也。」周禮疏引鄭氏書梓材注同。是戕爲殘賊之義也。列子說符云：「遂共盜而戕之。」殷敬順釋文：「戕，一本作殘。」潛研堂答問云：「穀梁注：『捝，謂捶打。』亦晉人語。說文無打字，宜何從？曰：此必朾之誤。說文：『朾，橦也。』朾與橦、椓連文，知橦亦有橦擊義。又問：釋文引字林云『木杖』，考說文『棁』訓『木杖』，『梲』訓『解梲』，卻是兩字。陸似溷爲一，曰捝，殺之。捝本當从木旁，陸引木杖訓之，則陸所見本猶作棁字，隸改从手旁，而唐石經因之，非古本之舊也。」按：穀梁云「捝殺」，與何氏「支解〔一〕節斷」義殊，其殘一也。五行志：「董仲舒、劉向以爲，後邾支解鄫子。」是西漢舊說，故何依用之焉。周禮大司馬云：「放弒其君則殘之。」注引王霸記曰：「殘滅其爲惡。」公羊傳：「戕鄫子于鄫者何？殘賊〔二〕而殺之也。」惠氏士奇禮說云：「殘之者，或焚或轘。春秋戕鄫子，穀梁傳以『捝殺』，注：『捝爲捶打。』方言謂之『㨆』：『關西人呼打爲㨆，晉魏河内之北謂㨆爲殘。』蓋殘賊而殺之爲捝殺。詮言訓：『羿死於桃棓。』注：『棓，大杖。』桃木爲之以擊殺羿，則似古有是刑，而邾人行之。故春秋書曰『戕』。小爾雅亦曰『戕，殘也』。蓋邾人假其名以行其虐也。殘乃『九伐』之正法，豈捝殺之謂哉？董、劉以爲支解。解四支斷骨節蓋近乎殘矣。殘之言轘也，殺君者轘，古之法也，說者謂起於秦，誤矣。」○注「支解」至「道也」。○說文肉部：「胑，體四胑也。」叚作支，孟子告子篇：「惰其四支。」易坤文言傳：「而暢於四支。」是也。說文刀部：「解，判也，从刀判牛角。」左傳宣四年：「宰夫解黿。」莊子養生

〔一〕「解」字原脱，叢書本同，據何休注校補。
〔二〕「賊」字原脱，據公羊傳校補。

主：「庖丁解牛。」是也。支解，即史記呂后紀「太后遂斷戚夫人手足」是。漢書陳湯傳：「支解人民。」〔一〕注：「謂解截其四支也。」刑極殘賊，故今律：支解活人者，首犯淩遲，妻子流，亦以惡無道之甚也。杜云：「弑、戕皆殺也。弑者，積微而起，非一朝一夕之漸。戕者，卒暴之名〔二〕。」故春秋變殺言戕也。○注「言于」至「守備」。○左疏引賈逵云：「邾使大夫往，戕賊之。」杜氏釋例云：「有國之君，當重門設險，而輕近暴客，變起倉卒，亦因事而見戒也。」○注「小國」至「不日」。○舊疏云：「滅例月，莊十年『冬，十月，齊師滅譚』之屬是也。邾婁無道，殘滅人君於其國都，與滅相似，亦宜書日以責其暴，而不日者，正以鄫爲微國，本不合卒，是以略之不書其日也。而僖十九年『夏，六月，己酉，邾婁人執鄫子，用之』，亦是無道，與此相似，而書日者，彼注云：『日者，魯不能防正其女，以至於此，明其痛其女禍而自責之。』是也。」

○甲戌，楚子旅卒。【疏】穀梁「旅」作「呂」。説文：「呂，脊骨也。象形。昔太岳爲禹心呂之臣，故封呂侯。又膂，篆文呂，从肉从旅。」則旅蓋膂之省體，即呂也。呂覽季冬紀：「律中大呂。」注：「呂，旅也。」是也。包氏慎言云：「七月書甲戌，月之九日。」穀梁傳：「夷狄不卒，卒，少進也。卒而不日，日〔三〕，少

〔一〕「支解人民」，漢書原文爲：「怒殺康居王女及貴人、人民數百，或支解投都賴水中。」

〔二〕「名」，原訛作「爲」，叢書本同，據左傳正義校改。

〔三〕「日」，原訛作「之」，叢書本同，據穀梁傳校改。

進也。」

何以不書葬？【注】据日而名。【疏】注「据日而名」。○舊疏云：「書日書名，一是諸夏大國之例，是以弟子因遂責其不與大國例同書葬也。」

吳、楚之君不書葬，辟其號也。【注】旅，即莊王也。葬從臣子辭當稱王，故絶其葬，明當誅之。至此卒者，因其有賢行。【疏】禮記坊記云：「春秋不稱楚、越之王喪。」注：「楚、越之君僭號稱王，不稱其喪，謂不書葬也。春秋傳曰：『吳、楚之君不書葬，辟其僭號也。』」今本無僭字，蓋鄭所据本異，或鄭以意加也。楚世家云：「熊渠曰：『我蠻夷也，不與中國之號謚。』乃立其長子康〔一〕爲句亶王，中子紅爲鄂王，少子執疵爲越章王。」蓋僭王在夷王時矣。自熊通自立爲武王後，始世僭號耳。吳世家：「壽夢立而吳始益大，稱王。」故皆不書葬，明其宜絶也。○注「旅，即莊王也」。○楚世家：「穆王十二年卒，子莊王侣立。」左傳序莊王立在文十四年。○注「葬從」至「誅之」。○包氏慎言云：「按，絶葬明誅，言當膺顯戮也。」穀梁傳曰：「變之不葬有三：失德不葬，弑君不葬，滅國不葬。」僭號失德之大者同之。弑君滅國日，是亦當殺當滅焉而已。杜云：「吳、楚之葬，僭而不典，故絶而不書，同之夷蠻，以懲求名之僞。」按：坊記云：「天無二日，土無二王，示民有君臣之別。」五等諸侯，卒皆稱爵。葬者，臣子之事，故一例，從尊稱公。若吳、楚書葬，則宜書葬吳某王，葬楚某王，與周王號嫌矣，故絶其葬，若無臣子辭，以示誅絶。春秋正名

〔一〕「康」字原脱，叢書本同，據史記校補。

之嚴也。包氏説極爲切實。杜氏注尤隔膜之論也。○注「至此」至「賢行」。○文十八年，「秦伯罃卒」，彼注云：「秦穆公也。至此卒者，因其賢[一]。」按：楚自莊世書荆人，僖世始書楚，所傳聞世諸夏猶其外數，故楚君不得見經。商臣弑父之賊，又在誅絶之列，故至莊王書卒，亦因其可進而進之義也。先儒以秦穆、楚莊合齊桓、晉文、宋襄爲五霸，以其爲春秋之所與故也。

○公孫歸父如晉。

○冬，十月，壬戌，公薨于路寢。【疏】包氏慎言云：「十月書壬戌，月之二十八日。」

○歸父還自晉，至檉，遂奔齊。【疏】左氏「檉」作「笙」。釋文云：「本作『檉』，亦作『朾』。」按：彼引「徐音勑貞反」，則亦作檉矣。杜云：「笙，魯竟也。」

還者何？善辭也。【疏】通義云：「善曰還，不善曰復。」杜云：「大夫還不書，春秋之常也。今書歸父還奔，善其能以禮退。」

〔一〕「賢」，原訛作「實」，叢書本同，據公羊注疏校改。

何善爾？歸父使於晉，【注】上如晉是。還自晉，至檉，聞君薨家遣。【注】家爲魯所逐遣，以先人弒君故也。【疏】注「家爲」至「故也」。○左傳：「季文子言於朝曰：『使我殺嫡立庶，以失大援，仲也夫。』臧宣叔怒曰：『當其時不能治也，後之人何罪？子欲去之，許請去之。』遂逐東門氏。」成十五年傳云：「公子遂殺叔仲惠伯，殺子赤而立宣公。宣公死，成公幼，臧宣叔者相也。君死不哭，聚諸大夫而問焉，曰：『昔者叔仲惠伯之事，孰爲之？』諸大夫皆雜然曰：『仲氏也，其然乎？』於是遣歸父之家，然後哭君〔一〕。」是君薨家遣事也。

墠帷，【注】埽地曰墠，今齊俗名之云爾。將祖踊，故設帷重形。【疏】注「掃〔二〕地」至「云爾」。○校勘記云：「釋文注作『埽地』，此从手旁，非。」公羊問答：「此於經有据乎？曰：説文云：『墠，野土也。』『東門之墠』傳曰：『墠，除地町町者。』疏：『封土謂之壇，除地謂之墠。』賈公彦以爲『四邊委土爲壝，於中除地爲墠。墠内作壇，謂若三壇同墠之類也』。」按：襄二十八年左傳：「舍不爲壇。」疏引服虔本作「墠」，解云：「除地爲墠。」王肅本作「壇」，而解云：「除地坦坦。」則亦讀如墠矣。韓詩傳〔三〕作「東門之墠」。据詩釋文正義，似毛詩本作「壇」，而諸家解從「墠」，蓋叚墠爲壇也。定本即作「墠」矣。説文説壇字云：「壇，祭場

〔一〕「君」字原脱，叢書本同，據公羊注疏校補。

〔二〕「掃」，依上【注】當作「埽」，叢書本作「埽」，版本異字，參見下【疏】阮元校語。

〔三〕「韓詩傳」，原訛作「諱詩傳」，叢書本不誤，據改。

也。」祭埸則埽地去草矣。蓋二字可通用也。左傳注「除地爲壇而張帷」，左傳作「壇」也。焦氏循左傳補疏云：「壇字釋文音善。曲禮『踰竟爲壇位』，注：『壇位，除地爲壇。』釋文亦音善。周禮大司馬：『暴内陵外則壇之。』注：『壇讀如「同墠」之墠。』鄭司農讀從『憚之以威』之憚。書亦或爲墠。釋文壇依注作墠。金縢三壇同墠。祭法一壇一墠。是除地爲墠，封土爲壇，二字自别。而墠、壇音近，得相通借。故詩『東門之墠』，一作『東門之壇』。毛詩解爲『除地町町』，則墠是而壇借。此傳借壇爲墠，同。」按：齊俗名之，何氏以方言釋之也。焦説明晰。○注「將袒」至「重形」。○禮記檀弓云：「尸未設飾，故帷堂。仲梁子曰：夫婦方亂，故帷堂，小斂而徹帷〔一〕。」然鄭注云：「斂〔二〕者，動摇尸，帷堂，爲人褻之。言『方亂』，非也。」似帷爲死者設，其殯後又有帷。檀弓云：「帷殯，非古也，自敬姜之哭穆伯始也。」注：「禮，朝夕哭不帷。」蓋朝夕哭當暫去帷，以見殯殊，而敬姜哭穆伯不去帷，故記以爲非古也。此歸父在外，或設帷，爲將袒踊，爲一時權禮與？

哭君成踊。【注】踊，辟踊也。禮必踊者，如嬰兒之慕母矣。成踊，成三日五哭踊之禮。禮，臣爲君本服斬衰，故成踊，比二日朝莫哭踊，三日朝哭踊，莫不復哭踊，去事之殺也。【疏】注「踊辟」至「母矣」。○禮記檀弓云：「辟踊，哀戚之至也。有算，爲之節文也。」注：「算，數也。」疏：「撫心爲辟，跳躍爲踊。孝子喪

〔一〕「小斂而徹帷」句原脱，叢書本同。然下引「鄭注」是據此句中「斂」字而發，故據禮記校補。

〔二〕「斂」，原訛作「飲」，叢書本不誤，據改。

親，哀慕至懣，男踊女辟，是哀痛之至極〔一〕也。」說文走部：「踊，喪辟〔二〕踊。」段注云：「今禮經、禮記皆作踊。足部曰：『踊，跳也。』是二字義殊也。左傳『曲踊三百』、『踊于幕庭』之類，皆从足。若『即位哭，三踊而出』之踊當从走。」「撫心爲擗，跳躍爲踊。」辟，叚借也。雜記：「曾申問於曾子曰：哭父母有常聲乎？曰：中路嬰兒失其母也，何常聲之有？」注：「言若小兒亡母啼號，安得常聲乎？所謂哭不偯。」故云如嬰兒之慕母也。左傳：「即位哭，三踊而出。」注：「依在國，喪禮設哭位，公薨故。」〇注「成踊」至「殺也」。〇三日五哭禮，見禮記奔喪篇。奔喪注云：「三日五哭者，始聞喪，訖夕爲位，乃出就次，一哭也，與明日，又明日之朝、夕，而五哭。不五朝哭，而數朝、夕，備五哭而止。亦爲急奔喪，己私事當畢，亦明日乃成服。凡云五哭者，其後有賓，亦與之哭而拜之。」正義：「謂初聞喪爲一哭，明日朝、夕二哭，又明日朝、夕二哭，總爲五哭。所以三日爲五哭者，爲急欲奔喪，以己私事須營早了，故三日而五哭止也。」以歸父在外，因家遣不能歸國，故行變禮，但三日五哭踊〔三〕，如奔喪禮也。成踊者，士喪禮注：「成踊〔四〕三者三。」疏云：「凡九踊也。」檀弓疏：「若不裁限，恐傷其性，故辟踊有算，爲準節文章。準節之數〔五〕，其事不一。每一

〔一〕以上引文中「懣」原訛作「憊」，「辟」原訛作「僻」，「極」字原脱，據禮記正義校改。
〔二〕「辟」，原訛作「擗」，據説文解字校改。
〔三〕「踊」，原訛作「蹈」，據文意校改。
〔四〕「踊」，原訛作「蹈」，叢書本同，據疏「凡九踊」校改。
〔五〕「之數」二字原脱，叢書本同，據禮記正義校補。

踊三跳，三踊九跳，都爲一節。士舍死日三日而殯，凡有三踊。初死日襲，襲而踊；明日小斂，小斂而踊；又明日大斂，大斂又踊，凡三日爲三踊也。大夫五踊，舍死日四日而殯，初死日一踊，明日襲又一踊，至三日小斂朝一踊，至小斂時又一踊，至四日大斂朝不踊，當大斂時又一踊，凡四日爲五踊。諸侯七踊，舍死日〔一〕六日而殯，初死日一踊，明日襲又一踊，至三日小斂朝一，當小斂時又一，四日無事一，五日又一，至六日朝不踊，亦當大斂時又一，凡六日七踊。周禮王九踊，舍死日八日而殯，死日一，明日襲一，其間二日爲二，至五日小斂爲二，其間二日爲二，至八日大斂，則其朝不踊也。大斂〔二〕時又一，凡八日九踊。故云『爲之節文』也。」故雜記云：「公七踊，大夫五踊，士三踊。」注：「謂死及小斂、大斂而踊，君、大夫、士也，則皆三踊矣。君五日而殯，大夫三日而殯，士二日而殯。士小斂之朝不踊，君、大夫大斂之朝乃不踊也。」然何氏云，比三日，朝哭莫不哭，則三日四哭，與五哭踊不合。或何氏之三日，蓋三日後禮與？又喪大記云：「鋪絞、紟踊，鋪衾踊、鋪衣踊，遷尸踊、斂衣踊、斂衾踊、斂絞、紟踊。」則踊節有七。孔氏謂士小斂一踊，大夫、諸侯小〔三〕斂朝夕各一踊，大斂止斂時一踊之説，恐非。按：奔喪禮云：「至于家〔四〕，入門左，升自西階，殯東西面坐，哭盡哀，括髮袒，降，即堂東位，西鄉哭，成踊。襲絰于序東，絞帶，反位，拜賓，

〔一〕「日」字原脱，據禮記正義校補。
〔二〕「斂」字原脱，叢書本不誤，據補。
〔三〕「小」字原訛倒於「諸侯」之上，不辭。叢書本作「大夫、諸侯小斂」，是，據改。
〔四〕「奔喪」至「于家」句，原訛脱倒作「奔禮于云至家」，叢書本不誤，據改。

成踊。」「於又哭，括〔一〕髮袒，成踊。于三哭，猶括髮袒，成踊。三日成服。」奔母之喪，「如奔〔二〕父喪禮。於又哭，不括髮」。臣爲君斬衰，似三哭皆括髮。又奔喪云：「聞喪不得奔喪，乃爲位，括髮袒，成踊，襲絰，絞帶，即位。」又凡〔三〕爲位者壹袒，然則歸父惟壹袒與？又「大夫哭諸侯，不敢拜賓」，注：「謂哭其舊君。」未知歸父之哭宣公爲舊君以否？

反命乎介，【注】因介反命。禮，卿出聘，以大夫爲上介，以士爲衆介。【疏】校勘記云：「唐石經、諸本同。成十五年傳作『反命于介』。」左傳云：「復命於介。」○注「因介反命」。○杜云：「介，副也。將去，使介反命於君。」疏：「聘禮復命之禮云：『公南鄉，使者執圭，反命曰：以君命聘〔四〕于某君，某君受幣于某宮，某君再拜，以享某君，某君再拜。』若聘君薨于後，歸，執圭，復命于殯。升自西階，不升堂。子即位，不哭。辯復命如聘。子臣皆哭，與介入，北鄉哭，出袒括髮。入門右，即位踊。是君之存亡皆有復命之禮。今身將出奔，不復親自復命，故立介於位。介當南面，歸父於介前，北面執圭復命。既復命之後，北面哭，乃退，括髮訖，前即位，北面哭，三踊而出。以復命之語語介，使知令〔五〕介以此言告於殯也。」○注「禮

〔一〕「括」字原誤倒於「又哭」之上，叢書本不誤，據改。
〔二〕「奔」字原訛於上「奔母之」之下，不辭，叢書本不誤，據改。
〔三〕「凡」字原訛倒於上「即」下「位」上，叢書本不誤，據改。
〔四〕「聘」，原訛作「某」，叢書本不誤，據改。
〔五〕「令」，原訛作「會」，據左傳正義校改。

卿」至「衆介」。○禮聘禮云：「遂命使者。」注：「聘使卿。」「使者再拜稽首，辭。君不許，乃退。」又云：「既圖事，戒上介，亦如之。」蔡氏德晉儀禮本經云：「上介大夫爲之，所以副使者，或聘使有故，則上介攝其事，是其任亦重，故亦稽首辭如使者也。」又云：「宰命司馬戒衆介，衆介皆逆命，不辭。」注：「衆介者，士也。士屬司馬。周禮司馬之屬，司士掌作士，適四方，使爲介。」

自是走之齊。【注】主書者，善其不以家見逐怨懟，成踊哭君，終臣子之道，起時莫能然也。言至檉者，善其得禮於檉。言遂者，因介反命是也，不待報，罪也。遂弒君本當絶，小善録者，本宣公同篡之人，又不當逐。不日者，伯討可逐，故從有罪例也。【疏】注「主書」至「然也」。○左傳書曰「歸父還自晉」，善之也。杜云：「大夫還，不書，春秋之常也。今書歸父還奔，善其能以禮退。」是與何義同。○注「言至」至「於檉」。○穀梁：「還者，事未畢也。自晉，事畢也。」未畢者，未復君命也。自晉，明聘事畢，故書于檉。見其得禮於檉也。○注「言遂」至「罪也」。○鄂本「罪」作「非」。大夫無遂事，歸父不待報而去，臣節究有未盡，故書遂以責之。○注「遂弒」至「當逐」。○校勘記云：「鄂本『遂』作『逐』，誤。又『不當逐』，鄂本同。閩、監、毛本又誤父。」遂，弒君之賊，宜絶其世録。歸父小善，以遂固宜討，宣公非討遂之人。故晉惠殺里克，僖十年傳曰：「曷爲不以討賊之辭言之？惠公之大夫也。」衛獻公殺甯喜，雖爲晉執之，猶不得爲伯討，故襄二十七年，從君殺大夫例，不與「衛人殺州吁」、「齊人殺無知」同文也。○注「不日」至「例也」。○舊疏云：「凡内大夫出奔例，無罪者日，即襄二十三年『冬，十月，乙亥，臧孫紇出奔邾婁』、昭十二年『冬，十月，公子整出奔齊』之屬是也。今此歸父亦無罪，不日者，正以仲遂弒君，其家合没，但與宣公同謀，魯人不合逐之。若作伯討之時，歸父可逐，故從有罪之例。」按：舊疏引臧孫紇、公子整，一明有罪，一明無罪也。歸父雖無過失，然弑君之子，本不合存，故從伯討以張義。如仲遂者，固宜天下有能力討則討之者也。春秋雖惡惡止其身，然遂之罪未比尋常，魯人此逐，即以其父弑君逐之，故不得全同無罪例也。通義云：「不日者，無罪也。以歸父、公子整與敖、紇、僑如〔一〕較之，可決内大夫出奔有罪日無罪不日例。」與何義乖。

〔一〕「僑如」二字原脱，叢書本同，據公羊通義校補。